公共传播学文库·研究系列

媒介社会学
信息化时代媒介现象的社会学解读

张宁 著

中山大学出版社
·广州·

版权所有　翻印必究

图书在版编目（CIP）数据

媒介社会学：信息化时代媒介现象的社会学解读/张宁著.—广州：中山大学出版社，2010.9
（公共传播学文库·研究系列）
ISBN 978-7-306-03731-2

Ⅰ.媒…　Ⅱ.张…　Ⅲ.传播媒介—文化社会学—研究　Ⅳ.G206.2

中国版本图书馆 CIP 数据核字（2010）第 157499 号

出 版 人：祁　军
策划编辑：章　伟
责任编辑：章　伟
封面设计：林绵华
责任校对：赵　婷
责任技编：黄少伟
出版发行：中山大学出版社
电　　话：编辑部 020-84111996，84111997，84113349，84110779
　　　　　发行部 020-84111998，84111981，84111160
地　　址：广州市新港西路 135 号
邮　　编：510275　　传　真：020-84036565
网　　址：http://www.zsup.com.cn　E-mail：zdcbs@mail.sysu.edu.cn
印 刷 者：虎彩印艺股份有限公司
规　　格：787mm×1092mm　1/16　20.75 印张　440 千字
版次印次：2010 年 9 月第 1 版　2018 年 12 月第 5 次印刷
印　　数：5001~6000 册　定　价：39.80 元

如发现本书因印装质量影响阅读，请与出版社发行部联系调换

目 录

导言　走进媒介社会学 ………………………………………………………… 1

第一章　从社会学视角看大众传播媒介 ……………………………………… 3
第一节　现代社会与大众传播媒介 ……………………………………… 3
第二节　媒介社会学的理论渊源 ………………………………………… 12
第三节　聚焦媒介内容——休梅克的媒介社会学 ……………………… 16

第二章　大众媒介的传播构造 ………………………………………………… 20
第一节　大众媒介与社会传播过程 ……………………………………… 20
第二节　大众传播媒介的社会功能 ……………………………………… 32
第三节　传播的基本模式 ………………………………………………… 41
第四节　信息环境与虚拟现实 …………………………………………… 47

第三章　媒介传播与社会体系 ………………………………………………… 54
第一节　大众传播媒介的传播特点 ……………………………………… 54
第二节　传播媒介与社会发展 …………………………………………… 64
第三节　媒介的普及与社会的发展——欧美社会 ……………………… 67
第四节　媒介的普及与社会的发展——日本社会 ……………………… 69
第五节　媒介的普及与社会的发展——中国社会 ……………………… 71
第六节　信息、媒介与社会发展 ………………………………………… 72

第四章　媒介与社会的相关理论 ……………………………………………… 76
第一节　媒介的社会功能 ………………………………………………… 76
第二节　媒介与社会的关系理论 ………………………………………… 81
第三节　标准媒介理论 …………………………………………………… 84
第四节　有关媒介与社会的其他理论 …………………………………… 87

第五章　媒介传播的社会效果 ………………………………………………… 92
第一节　子弹效果论时期 ………………………………………………… 92
第二节　有限效果论时期 ………………………………………………… 96

  第三节 强力效果论时期……102
  第四节 强力效果论时期的重要理论……107

第六章 影响媒介内容的社会要素……138
  第一节 媒介内容的形成——新闻生产……138
  第二节 媒介内容产生的特点及相关研究……141
  第三节 探讨媒介内容形成的社会理论……145

第七章 媒介内容与媒介工作者及其价值观……149
  第一节 媒介工作者的职业特性……149
  第二节 媒介工作者的文化人类学倾向……154
  第三节 媒介工作者对媒介内容的影响……159
  第四节 媒介工作者及其价值观对媒介内容的负面影响……163
  第五节 从"9·11"报道看中西媒介工作者的价值观差异……168

第八章 媒介内容与媒介组织……171
  第一节 媒介组织及其方针……171
  第二节 媒介的媒介体制与经营方针……177
  第三节 媒介工作惯例对媒介内容的影响……179
  第四节 媒介内部因素与外部竞争对媒介内容的影响……183
  第五节 伊拉克战争中中美媒体的报道比较……185

第九章 媒介内容与政治权力……190
  第一节 政治权力对媒介控制的必然性……190
  第二节 政治权力影响媒介内容的目的……195
  第三节 政治权力影响媒介内容的方式……198
  第四节 美国政治权力对媒介内容的影响……204
  第五节 不同政治体制的影响方式比较……210
  第六节 政府对战争信息的传播控制……214

第十章 媒介内容与商业组织……217
  第一节 经济发展与大众传播媒介……217
  第二节 商业组织的社会传播……218
  第三节 广告对媒介内容的影响……222
  第四节 商业化趋势带来的媒介内容变化……225

第五节　媒体妖魔化机制的表象与成因 …………………………………………… 227

第十一章　媒介内容与社会组织 ………………………………………………………… 236
　　第一节　社会组织与大众传播媒介 ………………………………………………… 236
　　第二节　社会组织影响媒介内容的手段 …………………………………………… 238
　　第三节　社会组织影响媒介内容手段的变化与效果 ……………………………… 240
　　第四节　非政府组织与大众传播媒介 ……………………………………………… 243
　　第五节　绿色和平组织与媒介 ……………………………………………………… 251
　　第六节　中国女性社会组织与媒介内容 …………………………………………… 254

第十二章　媒介内容与受众 ……………………………………………………………… 259
　　第一节　受众的性质与特点 ………………………………………………………… 259
　　第二节　受众对大众传播媒介的意义 ……………………………………………… 262
　　第三节　受众对媒介内容的影响 …………………………………………………… 268
　　第四节　受众对报纸媒体内容构成的影响 ………………………………………… 272
　　第五节　分众化时代受众对媒体的影响 …………………………………………… 273
　　第六节　《超级女生》的成功与受众的影响力 …………………………………… 274
　　第七节　《南方日报》2008年全国"两会"报网互动传播 ………………………… 276
　　第八节　受众的地域性与南方电视台的定位 ……………………………………… 279

第十三章　媒介内容与大众文化、意识形态 …………………………………………… 284
　　第一节　大众文化与大众传播媒介 ………………………………………………… 284
　　第二节　大众文化对大众传播媒介内容的影响 …………………………………… 287
　　第三节　女性文化与女性媒体的内容 ……………………………………………… 290
　　第四节　香港的低俗文化与偷窥报道 ……………………………………………… 293
　　第五节　电视娱乐节目对大众文化的迎合 ………………………………………… 295
　　第六节　社会意识形态对媒介内容的影响 ………………………………………… 296

第十四章　媒介社会与媒介素养教育 …………………………………………………… 302
　　第一节　媒介素养的起源和发展 …………………………………………………… 302
　　第二节　媒介素养的理念与原则 …………………………………………………… 304
　　第三节　大学生就业信息获取行为的媒介素养解读 ……………………………… 307
　　第四节　我国政府公务员的媒介素养 ……………………………………………… 313

参考文献 …………………………………………………………………………………… 317

导言　走进媒介社会学

"我看到了两个战争"。

桥本是日本 NHK 电视台的驻纽约记者，在 2003 年 3 月伊拉克战争爆发的时候，他时刻关注美国媒体的战争报道，并将这些报道进行综述后发回东京。伊拉克战争最为激烈的前几个月，桥本一直在纽约工作，每天接触的都是美国的报纸和电视，尤其是 CNN、ABC、NBC 等知名电视新闻网的报道。几个月后，战事有所缓和，桥本也因休假回到东京。出于职业的习惯，他将日本 NHK 电视台的有关伊拉克战争的电视新闻录像找来看了一遍，看后他有一个强烈的感觉，就是"我看到了两个战争"。

为什么桥本会有这样的感觉呢？这是一位资深记者比较美日两国媒体报道伊拉克战争后的直觉。在美国的几个月里，桥本看到的是美国电视媒体的战争画面，例如，美军顺利进入伊拉克中心地区，部分伊拉克人夹道欢迎美军，美军路过的地方街道井然；应该在战争报道中充斥画面的战争死伤者，无辜受害的平民，被炸毁的街道和房屋，无家可归的人们，医院里的伤员都很少看到，美军节节进攻，有序挺进伊拉克各个都市的画面成为中心。

但是，在日本媒体的伊拉克战争的报道中，既有美军进攻的画面，同时也不乏这样的镜头：在街边哭泣的妇女，失去孩子的父亲，无家可归的老人，医院里挤满了伤者，被炸毁的街道民房。桥本还发现，在美国媒体的电视画面中，很少出现伊拉克的老人、妇女和小孩，基本以中青年的男性为主。

同时，桥本还发现，NHK 的电视新闻经常转播或介绍其他国家如英国、法国、中国、阿拉伯等的媒体报道和电视画面，这样，日本的观众在看到本国电视台拍摄的战争画面的同时，还可以看到其他国家的媒体从不同角度拍摄的战争画面。而美国的电视新闻都是以本台制作的新闻为主，极少介绍美国以外国家的媒体的相关报道和电视镜头，即使有，也是转播美国其他电视台的报道，而半岛电视台的报道更是看不见。

为什么对于同一场战争，美国媒体和日本媒体的报道有上述的差异呢？

媒体在报道特定的问题或事件时，是出于怎样的立场和角度？

为什么会有这样的立场和视点？

这些特定的报道立场和报道角度会导致什么样的传播效果呢？

上述问题涉及大众媒体传播内容的构成问题,在大众传播学领域里,这些问题属于媒体内容研究。但是,这又不仅仅是媒体内容构成的问题,还涉及传播者、传播组织、传播效果和传播环境的问题。所以,如果用以往的大众传播学的视角来探讨这些问题的话,很难分清问题的所属,也很难得到明确的答案。

这些问题其实是媒介社会学的一个中心课题,即大众传播媒介的内容是如何形成的?大众传播媒介与各种社会因素有怎样的关系?有哪些社会因素对媒介的传播内容产生影响和制约?

本书将从这样的问题出发,探讨媒体与社会的关系,以及大众媒介的传播内容与各种社会因素的相互作用,并介绍媒介社会学的研究起源、媒介社会学的学科定义及其研究范围与研究现状。

第一章　从社会学视角看大众传播媒介

第一节　现代社会与大众传播媒介

一、社会环境中的大众传播媒介

现代社会可谓媒介社会，尤其是大众传播媒体，如报纸、杂志、书籍、广播、电视、通信卫星，还有网络，已经渗透到人们的日常生活里。大众媒介传播的信息成了人们认识世界、了解周围环境的不可缺少的东西，是许多人的固定消费品之一。各国的政府发布政策和指令，总统和政治家进行选举，企业的广告宣传，都有求于传播媒介。教育的发展和媒介也有着密切的关系，人们的大部分知识是从印刷媒体和电子媒体上学到的。可以说，一个民族的文化传统和宗教习惯，一个国家的政治体系和经济发展，一个人的价值观和知识水准，都和其周围的传媒环境息息相关。

在远古时代，书籍文章是重要的传播媒介，所以我国历史上有焚书坑儒、文字狱等事件，它说明政治与传播媒介的密切关系。20世纪初期，报纸是重要的传播媒介，中国维新运动的维新派和辛亥革命的革命家都纷纷办报以宣扬自己的主张，它说明报纸在当时作为新信息传播工具的重要作用。到了20世纪二三十年代，广播作为新兴媒介受到人们的青睐，因此有了轰动一时的"火星撞地球"事件[①]，到了六七十年代，电视的普及又造成了"电视的一代"，美国的青少年犯罪率的上升和电视上的犯罪镜头有着密切的关系。90年代的海湾战争更是因电视台直播而被称为"电视上的战争"[②]。

而从20世纪70年代开始迅猛发展的通讯资讯网络对社会的影响更是深远，人们实现了在短时间内跨国境的相互交流和知识资源的共有，实现了通过电脑的屏幕接触世界

[①] 1938年10月30日，美国哥伦比亚广播公司的一个广播剧使用了新的播报风格，使许多听众误认为火星人真的侵略了地球，而导致很多人惊慌失措，逃离城市。这个案例被用来说明当时的大众传播媒介对公众影响力的巨大。希伦·洛厄里等著的《大众传播效果研究的里程碑》（中国人民大学出版社2004年版）一书中有描述。

[②] 2003年3月21日开始的美国对伊拉克战争是人类历史上首次完全由电视直播的战争。这既是战争的奇迹，也是电视的奇迹。通过CNN、BBC、FOX、半岛电视台等全球和区域电视媒介，全球百姓真真切切地"看"着从航空母舰上飞腾冲天的导弹，巴格达耀眼的炮火和燃烧的建筑物，亲耳"听"到巴格达刺耳的防空警报声，这一切都被电视媒体直播着。

而又节省能源、实现环保。但是，网络同时带来了不少社会问题，比如说，令各国政府大为头疼的黑客攻击，防不胜防的网络病毒，商业邮件的泛滥，黄色网页对青少年的危害，等等。由此可见，不论是早期的还是现代的大众传播媒介，它对当时的社会现状和以后的社会发展都有影响，既能使人们迅速便利地得到海量信息，促使社会向前发展；也能引起各种各样的社会问题，导致社会关系紧张。

大众传播媒介的内容和传播方式对人类的影响，大到促进和推动社会的进步和发展，小到左右人们的生活方式和观点观念，这些都是可以证实甚至可以目睹的。但是，是不是可以简单地说，大众传播媒介对人类社会产生了重大的影响呢？

学者们认为，这只是一方面、一个角度的认识和看法，其实，在社会这个大环境中，大众传播媒介与各种社会要素，如政治、经济、大众文化、宗教、历史等都有密切的关系，大众传播媒介和媒介的传播行为依赖于特定的社会环境，是在一定的社会环境中生存和发展的。也就是说，大众传播媒介的传播内容在一定程度上是受特定的政治制度、经济水平、文化宗教等社会条件影响的。如果从社会系统论的角度把整个社会看成是一个完整的有机整体，那么媒介组织可以看成是无数个社会子系统即社会组织中的一个分子，媒介组织的制度、政策、方针、报道方向都是和社会这个有机整体相互联系的，同时也与其他各类社会组织相互影响、相互作用。图1-1表明了大众传播媒介作为社会环境中的一个子系统与社会的关系。

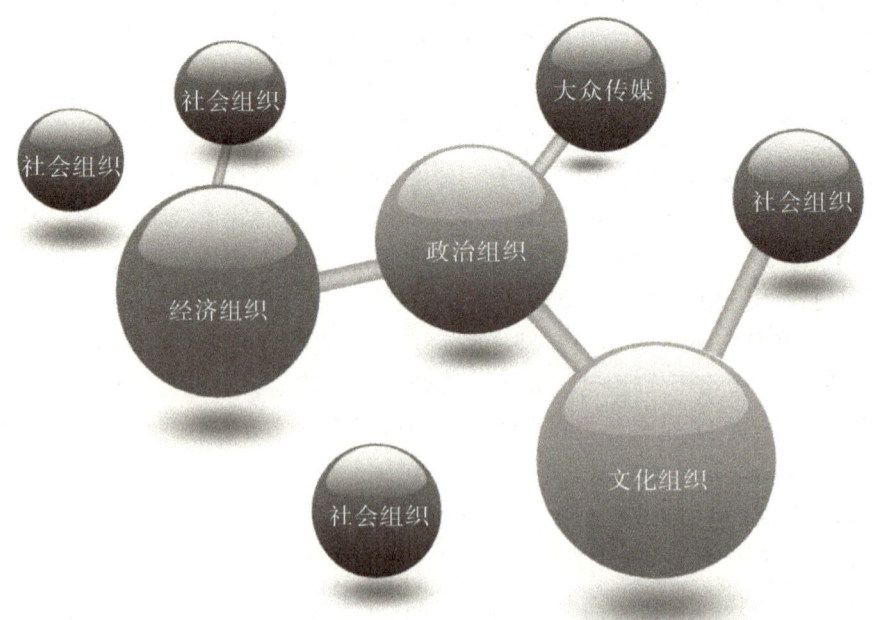

图1-1 社会环境中的大众传播媒介

一般来说，社会环境对大众媒介有制约作用，具体表现在三个方面：①社会环境决定大众媒介的制度；②社会环境决定大众媒介的发展水平；③社会环境决定媒介的职业理念和经营方式。

作为社会的一个子系统，大众传播媒介不能独立于社会环境而生存，社会环境首先决定媒介的性质，也就是决定媒体制度的具体内容。媒体的所有制一般可以分为国有、公有和私有三种形式，大众媒介具体以哪一种形式存在，取决于它所处的社会环境，具体说是特定的政治、经济制度和社会文化。民主国家的大众媒体一般有较高程度的独立性和自主权，而独裁国家的媒体则会被政府和其他权力组织牢牢控制。

一个社会的经济发展程度会直接影响大众传播媒介的发展水平，在经济不发达的国家或地区，大众媒介的传播能力和传播水平也不会太高。例如在20世纪五六十年代，我国的大众传播媒介以广播和报纸为主，传播区域以都市为中心，边远山区很难为大众传播媒体所覆盖。而现在，由报纸、广播、电视和因特网构成的传播区域遍及我国的城市和乡村，就连西部地区也用先进的因特网传播各种信息。这些媒体的发展变化都是伴随着我国的经济发展的，与我国经济制度的改革开放息息相关。

正如序章中的案例，对同一事件，美国媒体的论调和日本媒体的论调不同，英国电视的画面和德国电视的画面相异，中国网站报道的事件，法国的网站很可能不报。同样是新闻传播媒介，同样主张真实、迅速和公正，为什么报道的结果大相径庭呢？最直接的原因是，各国的传播媒介所处的社会环境不同，政治制度和经济发展水平不同，文化宗教背景也不同，传播媒介的制度体制不同，传播者的价值观和判断基准也不同。这些社会因素的存在，是大众传播媒介采用不同的观点报道同一事件的主要原因。

本书主张一种从社会学的角度研究分析媒介传播行为的观点。所谓从社会学的角度研究媒介的传播行为，是指不能将大众传播媒介的行为和对社会的影响单纯地看成是一个独立变数，以此来分析社会成员的观念行为变化和社会生活的变化发展。而是应该将传播媒介放在媒介所处的社会生态背景中，与特定的社会政治制度、经济发展、文化、历史和宗教等因素结合起来，分析媒介在各种社会行为中所起的作用。在社会系统里，媒介的传播行为更适合作为一种从属变数来看待，不同的社会形态中有不同的传播形态，如果将大众传播媒介的传播活动和影响力超脱这个大背景来论述的话，那无疑是一种将媒体放在真空状态下的研究。同时，研究传播媒体的各种传播行为，必须首先了解媒介传播活动的构成。

二、媒介传播活动的构成

以研究大众媒介的传播行为为中心的大众传播学是一门起源于20世纪20年代的社会科学。大众传播是指所有面向广大受众的快速、广域的信息传播形式，一般来说，报纸、杂志、书籍等印刷媒介，广播、电视、电影等电子媒介，卫星电视、因特网等新型通讯媒介都可被称为大众传播媒介。

大众传播媒介的传播活动由五个部分构成，即传播者、传播组织、传播内容、受众和传播效果（如图1-2所示）。这五个部分处于一个连锁的、相互作用的范畴中，而处于中心位置的传播内容则是一个连接体。传播内容既是传播者和传播组织的产品，又是连接受众、促成传播效果的直接因素，所以，媒介的传播内容可以看成是代表或者反映大众传播媒体传播活动的标志。

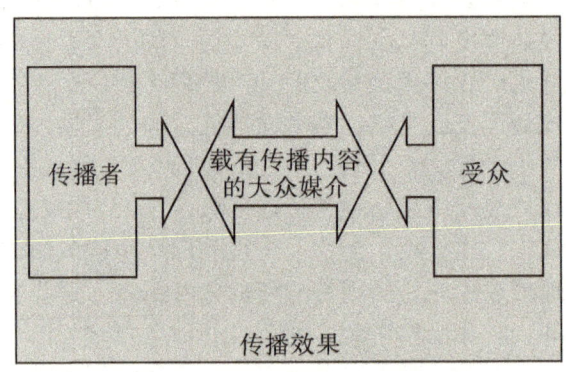

图1-2 大众传播媒介活动的构成

1. 传播者

所谓传播者，是指传播媒介的工作人员，如记者、编辑、媒体经营者和媒体控制者。传播者是传播活动的第一要素，也是最为活跃积极的要素，他们的世界观、价值观和判断事物的基准都会体现在新闻制作中。和一般人相比，媒体工作者具有独特的职业素质和新闻敏感，真实、迅速和公正地报道各种信息以满足读者的知情欲是他们的工作准则。他们必须遵守新闻工作者的职业道德，有自律意识。新闻工作者的新闻选择和判断基本上决定了公众看什么和听什么。这是因为传播者在传播过程中具有信息选择上的优先权和决定权。同时，传播工作者也是有个性的个体，有其特定的新闻选择标准和价值观，所以，对于同一事件，不同传播者的新闻焦点不尽相同。

例如，由于记者个人的资历、专业知识和对职业道德的认识把握的不同，他们采写和编辑的新闻内容也有所不同。一般来说，一名新闻记者的采写能力会受其资历、知识水平和职业道德三方面的限制。

新闻记者有职业"准入"规定，据相关规定，获得《新闻采编人员资格培训合格证书》是从事新闻采编工作的基本资格，也是核发新闻记者证的必要条件之一。只有获得资格证书后才能在新闻单位从事新闻采编工作，即有三点基本的职业资格要求：①要具备从事新闻工作的基本业务能力；②必须了解国家法律和有关新闻出版的法规规章，宣传纪律；③要遵守新闻职业道德规范。

新闻记者也有知识结构上的要求。记者的知识结构要素可概括如下：①新闻记者必须学会用更快的速度来完成采编任务,因此必须掌握新闻专业的基本技能和技巧;②新闻记者必须具有高度的分析能力和概括能力,善于分析各种问题;③精通一至两门专业知识,特别是文学和自然科学方面的传统学科知识;④综合能力强,能综合各学科知识,对发生的新闻事件作出判断;⑤广而专的知识面,在传播的环境里对新闻与传播学有透彻的了解,并熟悉政治学、社会学、经济学、历史学、哲学等等。从以上要素来看,对记者的知识结构要求有两个字:"广"与"博"。而在信息时代,能灵活熟练地掌握新媒体技术来完成采编工作也是一项重要的素质。

新闻记者还有职业道德上的要求。新闻职业道德是一种主要针对新闻传媒及其从业者的职业行为的道德原则和道德规范。它是用于调整新闻行业内外的矛盾关系,规范新闻传播职业行为的一种道德。新闻记者应具备的职业道德有:①尊重客观事实与真理的职业认识;②千方百计追寻新闻线索,揭示事实真相;③诚心诚意地服务社会与公众的职业态度,心向祖国,情系民众;④不畏艰辛,不计得失,自觉献身新闻事业的职业情感和职业作风。这些既是新闻职业道德的核心内容,也是新闻职业精神的集中表现。①

2. 传播媒体

传播媒体是指报社、电台、电视台、通讯社等新闻机构,这些新闻机构有其特有的新闻准则和编辑方针。这些准则和方针一方面反映了传播组织的性质和社会功能,一方面又是媒介组织对自己传播活动的定义和定位,这种定位往往决定了读者能看到、能读到什么样的新闻。一般说来,传播组织的方针是指经营方针,它主要包括媒介的性质、宗旨、传播立场、经营方向等根本性的问题。传播组织的编辑方针则是根据媒介经营方针对新闻传播活动作出的决策,它规定了媒介的受众、传播内容、传播的水准和风格特色,是媒介编辑工作必须遵循的准则。编辑方针既以媒介定位为依据,又是媒介定位在编辑工作中的落实。

这些方针和准则一般是不成文的,但是也有不少传播媒体特地为自己设定一个定位口号,表明了自己的传播立场和观点。这说明在新闻报道必须遵守真实、客观、公正等原则的大前提下,大众媒体组织还持有自己的主张,有自己选择新闻的标准和报道风格。

《纽约时报》有一句闻名天下的箴言:"All the News Thats Fit to Print."它的发行者之一奥克斯认为:"报纸应当成为纯粹的新闻工具,而不是流言蜚语的学校。"奥克斯决心办一份严肃型报纸,并且明白宣称"要用简明动人的方式,用文明社会中慎重的语言,来提供所有的新闻","要不偏不倚,无畏无私地提供新闻","要使《纽约时报》的篇幅成为研讨一切与大众有关的重大问题的论坛"。奥克斯提出了自己的媒介隽语:"刊印一切适于刊印的新闻。(All the News Thats Fit to Print.)"体现了一种维护高质量新闻品质的精神,这句话迄今仍天天登在《纽约时报》的报头上,成为这份世界

---

① 以上资料来源:http://kyw.swupl.edu.cn/show.aspx?id=350&cid=27 (2005-08-01)。

大报传播新闻的指南，或者说是对报纸宗旨的精炼概括，它既表明了报道新闻力求全面详尽，该登的决不遗漏，也表明了对于不宜刊登的，不符合"文明社会"要求的东西决不刊登的主张。这两行字一百多年来天天出现在同一位置上，既是报纸向读者的庄严承诺，也是对报社同仁的谆谆告诫，是古往今来在报纸上刊登时间最久的名句箴言。这一信条作为《纽约时报》的新闻铁律在报纸的新闻与广告两个层面上得到贯彻、发展和延续。在新闻报道上，《纽约时报》积极关注新闻事实的真相，以美国宪法第一修正案所赋予的新闻自由和美国公众的知情权为准则，力争客观公开地发表所有一切新闻事实。在广告上，《纽约时报》坚持自己的原则，保持与维护广告高尚的格调与品位，坚决不刊登欺骗、虚伪和令人误解的文字与图片，不刊登人身攻击的广告，不刊登有任何种族、宗教、性别、年龄、婚姻歧视的广告。①

3. 传播内容

传播内容是指由传播者选择和制作，符合传播组织方针的各种信息，这些信息包罗万象，应有尽有，有的传播内容转瞬即逝，立刻被读者遗忘，没有持久性，有的传播内容却可以引起强烈的社会反响，甚至危及社会的安定和政治体系的存续。

例如，2005年德国《镜报》在报道德国总理施罗德宣布撤销国防部长沙平职务时采用了这样的标题：《扫地出门仅用了50秒》。沙平去职源于德国《明星》杂志的一篇报道。这篇名为《国防部长不同寻常的生意》的文章，揭露沙平与法兰克福一公关公司的老板过从甚密。这位名为洪茨寅格的公关老板不仅为沙平解决经济难题，而且是沙平银行账户的全权代表。其中最令人怀疑的是，账户上有几笔来路不明的大宗汇款，汇款人均为洪茨寅格本人。当《明星》追问这些钱的来由时，洪茨寅格解释说，有几笔汇款是沙平当国防部长之前在公开场合的演讲费，最后一笔涉及6万马克的汇款则是作为沙平将来出自传时的预付稿费。《明星》在报道这些时毫不掩饰自己的怀疑：按照法律规定，政府的部长们在公开场合的任何活动是不允许收费的，并且从汇款时间来看，为何沙平在任国防部长之前赚的钱要在隔了几年之后才汇出？这篇报道使施罗德对沙平产生了无法遏制的震怒。沙平无法自圆其说，令施罗德感到问题严重而最后决定放弃沙平。于是在离大选还有9周的时候，施罗德召开新闻发布会，仅用短短几句话宣布："与沙平在联邦政府中的共同工作已丧失了基础。"因而请求联邦总统撤销沙平的国防部部长职务。此间新闻界评论说，德国历史上没有任何一位部长像沙平这样，在距大选这样短的时间里被解职。② 整个事件中媒体的力量不言而喻。

一般来说，传播内容可以大致分为新闻信息和娱乐信息两种，前一种传播内容时新性强，对社会的影响力强而时效短，后一种传播内容在潜移默化中影响人们的思考和判

---

① 以上资料来源：http：//www.woxie.com/article/list.asp？id=9379（2005-07-21）。
② 以上资料来源于新浪新闻中心：http：//news.sina.com.cn/w/2002-08-19/1034678802.html（2005-08-04）。

断，其社会影响力相对较弱，但时效比较长。

大众媒体的传播内容不仅仅是单纯的信息，它是能对社会生活产生不同程度影响的特殊信息。在现代信息化社会里，媒介传播内容对社会的影响越来越明显，由于媒体报道而发生的政治、经济事件比比皆是。然而，人们的注意力往往集中在媒介报道所引起的社会波动上，对媒体报道内容是如何形成的，媒体为什么会这样报道之类的问题却缺乏思考。

4. 受众

受众是指传播媒介的读者、听者或视听者，又称受传者，或称阅听人，是对大众媒介信息接收者的总称。具体而言，包括报刊书籍的读者，广播的听众，电影电视戏剧的观众，网络的浏览者，等等。受众一词是对大众社会媒体传播对象的一个写照，大众社会的公众被认为具有集体、盲从、轻信，缺乏独立思考和批判精神的特点，这个特点表现在对大众传播媒介信息的接受上则是被动，所以出现了"受众"一词。媒介的信息接收者是大众传播媒介的服务对象，也是传播内容的消费者。现代的媒介比较重视商业性，为了生存不得不在意消费者市场的动向，即受众想听什么，看什么，知道什么，对什么样的版面和报道风格感兴趣，怎样的报道才能稳定和扩大读者市场。所以说，媒介的传播内容一方面对受众产生了影响，一方面又和受众的需求息息相关。一般说来，受众可以分为两类：一是根据对信息的关注程度和内容的范围，分为一般受众和专门受众；一是根据接触媒介方式的差异，分为读者、听众、观众，以及网络的浏览者。

而受众对媒体的接触和喜好又是多种多样的。中央电视台在2002年举行了电视受众调查，这次调查抽取了全国31个省、自治区、直辖市（港、澳、台地区除外）的11950个成人样本，实际回收有效问卷11760份，有效率为98.41%。调查结果显示，我国95.8%的电视观众表示"经常"和"几乎每天"看电视，表明电视媒体在人们心目中的特殊位置。观众表示"经常"和"几乎每天"接触其他传媒的情况依次为：报纸（28.1%），杂志（18.7%），广播（13.0%），互联网（2.8%）。从电视节目类型来看，天气预报、国内新闻、电视剧、国际新闻、电影、大型直播类节目、综合文艺类节目、新闻评论类节目、法制类节目、歌舞音乐类节目是观众收看较多的前十类。不论对中央电视台的节目还是对全国电视节目总体情况，这种排序都是一致的。

同时，受众认为中央电视台具有明显优势的十种节目类型依次是：国内新闻，国际新闻，大型直播类节目，新闻评论类节目，综合文艺类节目，动物自然类节目，天气预报，体育节目，谈话类节目和法制类节目。表示对中央电视台电视节目感到"非常满意"和"比较满意"的观众比例为85.7%。相关调查数据还表明，中央电视台电视节目的权威性（85.9%）、可信性（81.8%）、节目的整体水平（59.2%），广告节目的规范性（63.0%）等方面也都得到了广大电视观众的较高认可。这次调查还了解了广大电视观众目前最为关注的十个社会焦点问题，这十个焦点依次是：社会治安（72.3%），教育（55.7%），假冒伪劣（52.2%），反腐倡廉（47.8%），食品安全

(44.5%)、医疗（44.2%）、"三农"问题（42.8%）、物价（39.3%）、2008年奥运会（37.6%）、台湾问题（34.2%）。①

5. 传播效果

传播效果是指大众传播媒介的传播内容在受众身上引起的心理、态度和行为的变化。具体来讲，它是指报刊、广播、电视等大众传播媒介的传播活动对受众和社会环境所产生的一切影响和结果的总体。这些传播效果可能是有意的、直接的、显在的，也可能是无意的、间接的、潜在的。从社会影响上看可能是明显的、突如其来的、影响广泛的，也可以是微妙的、不为人们所感知的。

有一个有趣的比喻可以形容大众传播媒介的传播效果的巨大，这就是"蝴蝶效应"。美国麻省理工学院气象学家洛伦兹为了预报天气，用计算机求解仿真地球大气的13个方程式。为了更细致地考察结果，他把一个中间解取出，提高精度再送回。而当他喝了杯咖啡以后回来再看时竟大吃一惊：本来很小的差异，结果却偏离了十万八千里！计算机没有毛病，于是，洛伦兹认定，他发现了新的现象，他称之为"蝴蝶效应"。也就是说，亚洲的蝴蝶拍拍翅膀，将使美洲几个月后出现比狂风还厉害的龙卷风！1979年12月，洛伦兹在华盛顿的美国科学促进会的一次讲演中提出，一只蝴蝶在巴西扇动翅膀，有可能会在美国的得克萨斯引起一场龙卷风。他的演讲和结论给人们留下了极其深刻的印象。从此以后，所谓"蝴蝶效应"之说就不胫而走，名声远扬了。

这种蝴蝶效应可以用来形容当代大众传播媒介的传播效果，即任何一点小小的浪花都有可能借助媒体发达之便利和媒体传播的威力演变成轩然大波。2003年，中国某著名日报网站发出《微软总裁比尔·盖茨在洛杉矶遭到暗杀身亡》的假新闻。文章中甚至有盖茨出席慈善活动的背景，被两枚发自附近的子弹袭击，立即被救护车送往附近的文森特医疗中心，于12点46分死亡等细节。很快，新浪、搜狐、人民网等各大网站相继转发，新浪网、搜狐网也向手机用户发出了新闻短信。但最后CNN证实这是假消息。不可思议的是，六天后韩国众多电视媒体和网络媒体再次重演了这一假新闻闹剧。类似事例不胜枚举。

美国一名23岁大学生曾在网上发放有关Emulex科技公司的虚假消息，使其股价在一天之内大幅下跌六成。新泽西州的15岁男孩列别德用8000美元做本钱，低价买入一些不受注意的股票，再以多个假名在Yahoo BBS上吹捧它们，最后高价卖出获利24万美元。"非典"期间的愚人节，一名停课在家的14岁香港少年将新闻组、ICQ上流传的"香港将宣布成为疫埠"的谣言复制成《明报》即时新闻网页的形态，并上传至近似明报网站的网址，导致当天下午香港居民抢购风潮；政府有关部门当天采取紧急措施辟谣，当晚以"不诚实使用电脑"罪将涉案少年拘捕……这些事例都表明，现代传播媒

---

① 以上资料来源：http://www.cctv.com/special/939/（2005-08-04）.

介的传播效果不可低估,在大众传播过程中,"蝴蝶效应"被加速,导致不少无法预料的后果发生。①

一般来说,大众传播对社会公众产生的效果具体表现在三个层面上:媒介传播的信息首先作用于人们的知觉和记忆,引起人们知识量的增加和知识结构的变化,这是在认知层面上产生的效果;其次,媒介传播的信息作用于人们的观念或价值体系,继而引起观念、喜好的变化,这是在心理和态度层面上产生的效果;最后,前两层的变化表现在受众的行动上,就成为行动层面上的效果。媒介的传播效果从认知到态度再到行动,是一个不断积累和深化的过程。媒体的传播效果是媒介传播者、传播组织的传播行为和受众接受传播内容的一个结果,但不是终极结果,每一次的传播效果都可以看成是一种传播回馈,继而对传播者和传播内容产生再次的影响。

三、传播活动要素之间的关系

作为传播活动的五个组成部分,传播者、媒介组织、传播内容、受众和传播效果彼此之间是什么关系呢?五者之间无疑是有密切联系的,同时,这五个部分还会相互作用和相互调节,这种相互作用相互调节的结果首先明显地表现在传播内容上。

传播者是一个社会里的当然的一分子,他首先是社会的一员然后才是媒介组织的工作者。在进入媒介组织之前,传播者已经被社会化,学习了这个社会的基本知识,懂得了在这个社会里生存下去的条件,也形成了这个社会特有的判断事物和分析事物的准则和做法。这些事前拥有的基础社会知识会不知不觉地被运用到新闻工作中去,传播工作者个人的社会经验和学历也会对其新闻敏感和新闻写作产生影响。

其次,媒介组织是社会系统里的一个组成部分,它想脱离社会主流文化和政治、无视社会现实而独树一帜是不可能的。政府对媒介有审查和管辖的权力,经济水准决定了媒介组织的报道能力和受众层次,文化和宗教的背景也规定了新闻报道的方位,所以,比较一下不同的社会制度下的传媒组织就可以看出,它们的新闻主张是完全不同的。

再次,受众作为社会的一员具有自己的信息接受方式,他们喜欢看自己感兴趣的东西,听自己听惯了的音乐,接受符合自己价值观的信息,也就是说,受众不是盲目地接受任何信息,而是有选择地接触媒介,有选择地消费信息的。这就使传播媒介在传播方式、传播风格、传播内容和媒介商品价格上有了限制,传媒不得不每时每刻地考虑来自受众、来自市场的因素。

最后,传播效果是检验传播内容是否符合社会需要的根据,具有较好反响的传播内容会被一传再传,或者被模仿传播,不受欢迎的传播内容则会减少。这都说明传播效果对传播内容具有反作用。

---

① 资料来源:http://news.xinhuanet.com/newmedia/2005-06/29/content_3147595.html (2005-06-09).

那么，传播者、传播组织、传播内容、受众、传播效果五者之间的关系如何定义？一般说来，传播内容由传播组织和传播者决定，传播内容会在某种程度上影响受众，反过来，受众对信息的反馈又受到传播组织和传播者的密切关注，继而对今后的传播内容产生影响。五者的关系密不可分，息息相关，是一种相互连动的关系。

日本媒体的一个报道案例就很好地说明了上述五个要素之间互相作用的关系，即使是同一个新闻，也会有不同的报道角度。

2001年中日两国为促成双方公众的文化交流，达成了两国间的自由观光旅游协定。第一个由中国人组成的日本自由行旅行团于6月到达东京，由于这是中日历史上中国公民第一次以旅游者身份来日，日本的各家媒体都纷纷报道了这个新闻，包括旅行团成员在成田机场受到献花和欢迎，东京都政府还设宴宴请了旅行团成员的消息。为期一周的旅行顺利结束后，旅行团启程回国，这一天日本媒体的报道就明显不同了，《朝日新闻》的新闻标题是《第一次中国人自由旅行团顺利结束访日 今天回国》，而《产经新闻》的新闻标题则是《第一次中国人自由旅行团结束旅程 无一人脱团》。

同一个新闻，正负两种不同的报道角度，可见《朝日新闻》与《产经新闻》的传播者在新闻价值观上的不同，这种不同，往往导致媒体传播内容上的差异。前则新闻从正面肯定了中日两国的文化交流，而后则新闻则刻意从负面角度显示新闻的卖点。这同时也反映了这两家报纸的立场和价值观。

同一新闻事件由于不同媒体采取了不同的报道角度和报道手法而形成不同的传播内容的案例是非常值得我们从各个角度分析的。

1976年10月，中国政坛发生了重大的变动，高层领导人变更，"四人帮"被捕。中国媒体用"巨大的胜利"、"金色的十月"来报道这次政治事件。这个新闻同时也被外国媒体积极报道，《英国每日电讯》在10月12日发布了一条新闻，眉题是《华粉碎极左分子》，主题是《毛的遗孀被捕》，副题是《四个领导人被指控策划北京政变》。

你认为《英国每日电讯》为什么会定出这样的新闻标题？英国媒体看中国政治事件的角度有什么特点？

第二节 媒介社会学的理论渊源

在五个传播活动构成要素的相互关系范畴里，每个要素的存在和作用对媒体传播活动本身都是举足轻重的。但是在至今为止的大众传播学研究领域里，有关传播效果的研究最受重视，研究成果最多。这是因为媒介的传播效果研究往往反映了一种控制与被控制的因果关系，这种研究最能引起各种社会控制机构的兴趣和投资。例如，广告商对媒体传播广告信息的效果感兴趣，商业利益集团对如何利用大众媒体传播商业信息、取得商业利益感兴趣，政治机构对如何传播政治信息保证社会的安定感兴趣，所有这些兴趣都涉及媒介传播效果的研究。

但是，研究者和研究的支持者们往往忽视了这样一个问题，即传播效果是基于传播内容，也就是媒介传播的信息而产生的，离开传播内容的研究，单纯地追求传播效果的研究，只能是陷入一种舍本取末式的研究。大众传播媒介对社会的影响不应该只看传播效果本身，同时也应该将研究的视野转向传播内容。传播内容也不仅仅是人们所认为的那样，是传播者和传播组织制作的单纯的产品，而是多种社会因素参与制作的一种社会的制品。重视社会环境中各种因素对传播内容和传播活动的影响，正是媒介社会学研究的起点。

一、什么是媒介社会学

近年来与"媒介社会学（Media Sociology）"类似的概念很多，如"传播社会学"、"媒介与社会"、"传媒与社会研究"、"新闻社会学"等等，而在我国以《媒介社会学》为名的著作除了英国学者戴维·巴特勒1986年的译著以外，好像还没有其他的出版物。戴维的《媒介社会学》虽然是以讨论媒介传播内容如何受各种社会因素影响为中心的，但是在这本著作中并没有正式提出并定义、探讨"媒介社会学"这个学术概念[①]。塞伦·麦克莱的《传媒社会学》也算一本媒介社会学的专著，与戴维一样，塞伦并没有关注从学科的角度讨论什么是媒介社会学，而主要分析了大众传播媒介对社会的影响力，正如其书名可以直译为"媒介的力量"那样[②]。

另一位美国的传播学学者休梅克在其《信息中介》中明确了媒介社会学的研究角度，但是她对媒介社会学仅有一些说明，并没有对其下定义。休梅克认为，媒介社会学这一术语多数情况下是出现在关于媒介内容的社会影响方面的研究中的，但实际上媒介社会学本身的意义不一定总是社会学意义上的。譬如，对新闻记者成为专业人员的社会化过程及其个人态度的研究，更多的是属于心理学的范畴而不是社会学的范畴。无论学者们将这类研究称为"媒介社会学"或者是"社会心理学"，它们都反映出一个日益流行的研究领域。休梅克强调的也许是希望更多的学者关注媒体内容的形成，她认为，许多原先研究媒介效果的研究者现在都纷纷质疑，为何在承认媒介内容是形成媒介社会影响力的重要因素之后，对媒介内容的研究却迟迟未能得到学者们的重视。[③]

黄成炬对近十多年来有关媒介社会学的研究做了一个梳理，发现了这样一种现象，即与"媒介社会学"有关的研究大致可以分为三类[④]：第一类是把媒介社会学作为一种明确的学科来树立建设，视其为社会学、传播学、新闻学的边缘学科。第二类是倾向于

[①] 参见戴维·巴特勒《媒介社会学》，赵伯英、孟春译，社会科学文献出版社1989年版。
[②] 塞伦·麦克莱著：《传媒社会学》，曾静平译，中国传媒大学出版社2005年版。
[③] Shoemaker, P. J. & Rees, S. D. (1991). *Mediating the Message: Theories of Influences on Mass Media.* NY: Content Longman.
[④] 黄成炬：《媒介社会学》，见鲁曙明、洪浚浩主编《传播学》，中国人民大学出版社2007年版，页57。

讲解关于大众传播的社会学原理，基本的立足点多偏向于社会学。第三类是从较为广泛的角度研究大众传播媒介与社会的相互关系的研究，这种研究视角不仅仅局限于从社会学角度解读各种媒介行为和传播现象，也没有很强烈的视"媒介社会学"为一门独立学科的观念，戴维和休梅克的研究角度和成果都可以大致归为这一类。

对媒介社会学的定义也存在不同的角度，黄成炬就认为应该以一种更为积极甚至是超前的方式把关于媒介与社会之间关系的研究都归入"媒介社会学"门下。基于这样的想法，他从狭义角度给予媒介社会学的定义就是"一门主要运用社会学原理和方法来研究大众传播媒介这一特定社会组织的性质与功能的传播学分支学科"，而从广义的角度则将其定义为"用社会理论和方法研究媒介与社会相互作用规律以及媒介内部组织运行原则的传播学分支学科"。①

本书同意上述定义，但是也认为从到目前为止的相关研究成果来看，休梅克所主张的"社会因素对媒介内容的影响"的有关研究最为丰富，而基于这一角度的研究也最有现实意义，因此，本书认为媒介社会学是一门把媒介研究和社会学研究结合起来，从社会学角度研究媒介行为和传播现象的学问，它主张媒介研究不能脱离社会制度和社会结构，不能把媒介单独地视为一个独立变数来分析其社会效果，而应该把媒介组织及其传播活动放在广泛的社会文化、政治制度和经济发展的背景里来研究。

二、社会学发展视野中的媒介社会学

英国传播学家麦奎尔认为从20世纪初期开始，大众传播学研究中的社会学角度就很明显了。在1983年版的《大众传播理论》中，这位知名学者还专门设置了"媒介理论和社会理论"这一章，主要阐述大众媒介与社会的关系，介绍有关大众传播的最具影响力的社会科学理论，并用框架说明它们的分类及相互联系。这本知名度很高的专著的亮点之一就是对媒介与社会关系作了深入而系统的探讨。例如，麦奎尔首先讨论了作为社会过程的大众传播媒介所具有的中介功能，然后将大众传播媒介的中介功能置于社会框架中，进一步探讨社会的主要组成机构、媒介与公众的相互联系。他还对媒介与社会理论作了细致的归纳整理，把媒介和社会的理论先放在一个三维空间中探讨媒介理论的主要议题，然后在此基础上介绍有关大众传播最有影响的社会科学理论，并说明它们的分类及相关联系，通过阐明所提出的整体框架，来确定大众传播的基本过程和各种关系。总之，麦奎尔在这本论著中将媒介社会学主要课题的研究发展脉络梳理归纳得十分完美。②

---

① 黄成炬：《媒介社会学》，见鲁曙明、洪浚浩主编《传播学》，中国人民大学出版社2007年，页58—59。
② 推荐阅读麦奎尔《大众传播理论》第三章，参见张国良主编《20世纪传播学经典文献》，复旦大学出版社2003年版。

麦奎尔可谓是媒介社会学研究的大家[①]，他的不少论著都可以看成媒介社会学的经典专著[②]。

正如麦奎尔展示给我们的那样，媒介研究的基本研究视角就是社会学，这可以从传播学的发展历程中得到证明。传播学的系统研究开始于第二次世界大战后，被称为传播学四大先驱的拉斯维尔、卢因、拉扎斯菲尔德和霍夫兰的研究形成了传播学的学科基础；这些关注分析媒介传播行为和效果的研究是从政治学、社会心理学和社会学的角度出发的，研究方法上也基本上都是心理学和社会学的实验法和调查法。而20世纪中期以后的欧洲社会批判学者也有不少媒介研究成果，但这些研究与上述美国学者的研究角度不同，他们更想借助社会学的各种社会批判理论来分析传播媒介与社会系统之间的关系，更注重媒介组织内部的权力构造和分析媒介组织在社会体系中承担的角色问题。

传播学家休梅克曾从"社会科学语境（The Social Science Context）"的角度说明从社会学角度研究媒体内容和作用的意义。她认为，新闻传播学与社会科学都是信息搜集的系统，这两者有许多相似之处，它们都尽力去真实地展现世界，都要求客观性，但都由于本身的特性而导致其提供的对于世界的观点和看法受到限制。传播学的研究者无法脱离产生媒体内容的文化背景来理解它们。

例如，媒体内容的产生有其特定的职业惯例，也就是那些被认为是习惯性的、正在进行的、模式化的新闻生产程序。对于新闻记者来说，这些惯例包括了诸如把关、采访路线的体系、议题报道时各方面的平衡，还有对于权威消息来源的依赖。对于社会科学家来说，惯例包括了进行系统性的观察，提出假设，以及依据数据对其进行验证。社会科学与新闻学的惯例有助于其实践者认清世界，解释模糊不清的状况。[③] 这样的惯例可以帮助新闻记者确立正确性和客观性，帮助研究者确立科学的可靠性和有效性。例如新闻记者如果采访可靠的信息来源，形成他们的评论，可以显示其作品的客观性；社会科学家则可以运用从这种被重复使用的方法入手展开研究。在这种情况下，由于两者都遵循了专业的程序，其研究结果可以说是有保障的。

下面介绍几本媒介社会学的经典专著，我们可以从这些专著中了解这个研究领域的

---

① 丹尼斯·麦奎尔（Denis McQuail）是著名传播学学者，荷兰阿姆斯特丹大学传播学终身教授，欧洲传媒研究小组成员，《欧洲传播学杂志》三位创始人之一。麦奎尔曾经就读于牛津大学并获得历史学学位，后在利兹大学获得博士学位。曾先后在以下大学担任教授或客座教授：美国宾夕法尼亚大学、哥伦比亚大学、哈佛大学、俄罗斯莫斯科大学，芬兰坦佩雷大学，英国南安普敦大学。在阿姆斯特丹大学任教长达二十多年。麦奎尔在传播学领域有着漫长而辉煌的研究经历。从1968年至今出版了十几本著作，广泛涉及传播研究的诸多领域。主要著作有：《迈向大众传播社会学》（*Towards a Sociology of Mass Communications*，1971）,《传播学》（*Communication*，1975），《大众传播研究模式论》（*Communication Models for the Study of Mass Communications*，1982），《大众传播理论》（*Mass Communication Theory*，1983），《媒介行为》（*Media Performance*，1992），

② 例如《大众传播社会学导论》（1969）、《大众传播社会学选读》（1972）、《麦奎尔大众传播理论》（2002）等。

③ 相关研究可参见 Tuchman，1977；Tuchman，1979；Kidder & Judd，1986；等等。

主要课题和成果：《麦奎尔大众传播学理论》（2000），《大众传播媒介与社会》（2005），《新闻：政治的幻象》（2005），《制作新闻：现实之构造》（1978），《决定新闻》（1979）。

第三节　聚焦媒介内容——休梅克的媒介社会学

之所以要对休梅克的相关研究作专节介绍，是因为这位传播学学者在媒介内容形成方面的研究比较受到关注。帕梅拉·J. 休梅克（Pamela J. Shoemaker）是美国纽约锡拉丘兹大学纽豪斯大众传媒学院的约翰·本·斯诺基金会教授，她撰写《大众传媒把关》一书时任美国俄亥俄州立大学的新闻学院院长，之前曾是得克萨斯大学的新闻学副教授。现在，她担任著名学术刊物《传播学理论》杂志的主编以及美国《新闻学季刊》的副主编，是传播学方面的知名学者。[①]

一、什么是媒介内容

休梅克的研究焦点是媒介内容。她认为媒介内容就是指各种各样的大众传播媒体所提供的语言方面和视觉方面的信息，简单地说就是大众媒体上出现的一切事物。例如，新闻、评论、资料、个人作品、图片、广告等。出于一个研究者习惯的角度，她还指出媒体内容的另一个特点，这就是可以从定量或者定性的角度给予测量，这个特点给媒介的内容研究带来了很大的方便。休梅克还举例说明，从数量上看，数量范围的媒介内容包括一则电视新闻所持续的秒数，或者是一篇报纸文章所占用的版面的面积。另外还可以这样计算媒介内容，例如：在一段既定的时间内关于一个特定国家的新闻的数量；在汽车广告中女性出现的次数；过去十年内儿童剧播放的数量；某个政治人物在政治新闻中出现的数量和图片数量；一个特定事件报道中媒体对某个特定词汇的使用数量。

休梅克认为这样的计量统计能够提供报道数量方面的重要信息，以及一些预见性的洞察。但是它们无法显示出这些报道的性质，也就是说媒介内容的倾向性特征。两份报纸报道某个国家的新闻数量可能接近，但是对于这个国家所发生的事情的观点或者评论却大不相同。某个政治人物在政治新闻中出现的数量和图片数量或者是一个特定事件报道中媒体对某个特定词汇的使用数量并不能直接表现媒体对某个政治人物的偏爱或者偏见。这就是说，媒介内容虽然可以测量，但是仅仅是单纯地测量并不能反映媒介内容的性质特征，媒介内容的分析和研究必须是数量上和质量上的。

休梅克认为媒介内容研究的意义在于通过媒介内容来推测社会的真实状况。社会上

[①] 其主要著作有：《不同政见群体的媒介覆盖范围》（*Media Coverage of Deviant Political Groups*，1984），《建构新闻内容的理论》（*Building a Theory of News Content*，1987），《大众传媒把关》（*Gatekeeping*，1991），《讯息中介：大众媒介内容影响的理论》（*Mediating the Message：Theories of Influence of Mass Media Content*，1991）等。

存在许多关于社会本身的信息来源,从从业人员的档案、办公室备忘录、商业财产清单到书籍、民意测验、媒介报道等,人们对于这个世界上真实发生的事情的推测或者说是对社会真实的评估都是运用了他们所能接触和支配的数据得出来的。但是一般而言,社会事实太过复杂,通过单纯的任何一种资料来源都难以将它客观地描述出来。媒介内容是反映社会的一个数据体系,它既可以帮助社会研究者去理解媒介的传播动向,也可以帮助普通的社会人从特定的角度了解社会的概况。

二、有关媒介内容的研究

休梅克认为,从众多的传播学的研究成果来看,不少研究者都承认了媒介内容是形成媒介社会影响力的重要因素,但是对媒介内容的研究却迟迟未能得到学者们的重视。其实,针对媒介内容的初期研究在20世纪早期已经出现,但是对于媒介内容的形成的科学研究是第二次世界大战之后才广泛发展起来的。较为现代的研究当数怀特在1950年的"把关人"理论,他提出新闻记者是媒介信息的"把关人",因为他们从即将成为"新闻"的当天事件中选择信息;[1] 同时也开始于 Warren Breed 对于新闻记者如何社会化以适应其工作的描述[2]。从此以后,越来越多的研究关注于媒介工作者和他们的雇主以及组织架构和整个社会本身对媒介内容的影响方式和结果。然而,虽然此类研究的数量增加了,它们之间的理论联系却很少被注意到。

于是休梅克决定做一件事,这就是对媒介内容形成的相关研究作一个整体的梳理和归纳。她认为,对于媒介内容的研究过去几十年中形成的研究成果已经提供了很多数据,但是这些数据的积累并非代表着媒介内容研究的理论体系的形成,尤其是与大众传播学的效果理论体系相比,可以说关于媒介内容的正式的定义和理论体系都还处于未定阶段。确切地说,相关成果的作者只是代表性地对他们所期望发现的事物作出一个简要的描述,然后检验了一个或多个假设,或者是求证了影响某些现象的一个或多个变量之间的关系,但是对多个被证实的理论假设之间关系的理论确定却没有完成。

一般的媒介内容研究都有研究假设,如这样一个假设:一个事件被判定得越具新闻价值,大众媒体就可能越显著地报道它。这个假设中的两个主要变量是事件新闻价值和报道显著性,在某种程度上,这两者都是可以计量的。例如全国性的政治事件客观上比某个城市的政治事件更具新闻价值,对这两者的新闻报道的安排和数量是可以计量的。这个假设预测,具有极高内在新闻价值的事件会得到更显著的报道,也许是在报纸的头版,或者是在电视新闻广播的开始;只具有普通新闻价值的事件虽然也会被报道,但通常是在报纸的内页或是新闻播放的中间;而缺乏新闻价值的事件可能根本就不会被大众媒体报道。

---

[1] White, D. M. (1950). The Gatekeeper. *Journalism Quarterly*, 27: pp. 383-390.
[2] Breed, W. (1955). Social Control in the Newsroom: A Functional Analysis. *Social Forces*, p. 33, pp. 326-355.

休梅克认为，检验几个相互关联的假设可以带来理论上的突破，从而帮助我们更好地对媒介内容进行预测。随着理论的完善，它们也典型地包括了研究者关于其课题的设想、关键概念的定义，以及对它们如何进行测量的建议。然而，在对数据的关注之中，大部分的媒介内容研究都缺乏此类理论联系，结果导致其中的普通线索被大量忽略了，理论的发展受到限制。

其实，一些学者已经围绕着多种理论视角展开了关于媒介内容的研究，收效颇丰。下面这些观点就是其中较为受到关注的。

1. 媒体如镜：媒介内容没有歪曲地反映社会现实

这种"镜式"理论认为大众媒体所发布的信息向受众传达了准确的社会真实，就像一架面对世界的电视摄像机，笔直地、直接地反映了社会现实的真实情况。这个观点认为媒介内容很少歪曲现实，大众媒体所发布的信息向受众传达了准确的社会真实——有如一架在世界上开着的电视摄像机。但是很显然，这种观点没有能长时间地站住脚，目前几乎没有人再相信媒介如镜这种"幻想"了。

2. 媒体工作者决定论：媒介内容受到媒体工作者的社会化及其态度的影响

这种传播者中心论假定，传播人员专业的、个人的、政治性的态度和他们所接受的专业训练等这些内在的心理因素，会较多地影响他们对事实的解读和新闻产品的形成。例如新闻会主张遵守服从社会集团之间的协议和规范，而一个新异的想法和行为在大多数情况下是不受欢迎的。

3. 媒介工作惯例决定论：内容受到媒体制作惯例的影响

从组织学的研究角度出发，有人认为媒介内容受到传播人员及其公司组织工作的方法所影响。比如说，新的记者会被教导把文章写成倒金字塔结构，把他们认为最重要的信息放在最前面，然后按照重要性的递减来安排剩下的内容。记者的这种思维和工作方式决定了新闻的内容。

4. 社会制度决定论：媒介内容受到社会制度和社会组织的影响

这项研究的观点认为经济和文化力量，以及受众、市场等这些因素，虽然处于传播者和传播组织的外部，但是也能决定媒介的内容。比如，主张市场决定论的人认为媒体为了保证广告商的产品信息有大量的观众读到，会倾向于为受众提供他们所想要的信息；而社会责任论的主张者则认为，传播者给予受众的应该是他们需要的信息（如社会管理和公共事务方面的信息），而不是他们所感兴趣的信息（如庸俗八卦信息）。

5. 意识形态决定论：媒介内容反映社会意识形态，主张维持意识形态的现状

这是出于霸权主义角度的一个假定，有人认为媒介内容明显受到社会中当权的意识形态的影响，由于掌握了经济权力的组织控制着经济制度，大众媒体作为其中的关键部分，不得不与那些组织保持一致的意识形态，而这种结果有助于整个社会维持现状，在其现行的状态中继续运行。

上述理论假设虽然关注的角度不相同，但是都有一个共同点，就是媒介的信息本身

不是自变量而是因变量,不是原因而是结果。这些理论提供了媒介社会学研究的一个基本点,即在这门学科里媒介内容被定义为因变量。媒介内容或者说媒介上的各种信息内容,都是受到媒介组织内部与外部众多的社会因素影响而形成的(如图1-3所示)。

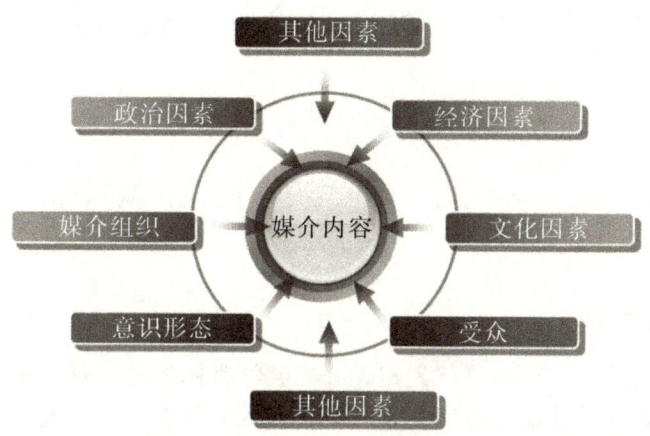

图1-3 作为因变量的媒介内容

第二章　大众媒介的传播构造

第一节　大众媒介与社会传播过程

一、几个基本概念

在本章开始的部分，有必要首先把媒介社会学常用的几个基本概念例如媒介、大众媒介、信息、传播者、受众等整理说明一下。在一些有关传播学的论文和教材中很明显地存在着概念混乱和混用的现象，这种概念混用现象会妨碍我们对相关事务的理解，例如"媒介"一词的意义就非常广泛，加上多种不规范的用法，很容易引起理解上的困难。

首先，什么是媒介？

《辞海》对媒介的定义为"使双方发生关系的人或事物"，这是一种较为广义的宽泛的解释，而在社会的各个领域里有对"媒介"一词的不同释义。例如，在物理学范畴内媒介就是"介质"；在生物学意义上的媒介是"载体"；在社会文化意义上的媒介则更多的是"中介物"。在传播学范畴里，媒介的含义被大大地限制了，传播学里的"媒介"不是宽泛意义上无所不包的"中介"或者"载体"，而是社会环境中人与人之间、人群与人群之间用于信息运载交流的工具。而传播行为一般又被分为人际传播、组织传播和大众传播三种，按照不同的传播形式的功能和属性，其使用的传播媒介也有所不同。例如，人际传播是人与人之间一对一进行信息传递，其传播媒介是电话、书信、邮件等；组织传播是一定规模的群体或组织内部的信息交流，其传播媒介则是组织内部的印刷物、广播电台、电视台、企业杂志、群发电子邮件等；大众传播是专业的传播组织面向不确定的社会成员运用先进的通讯传播技术进行的广范围的信息传播活动，其使用的媒介一般为报纸、广播、电视、杂志、书籍、电影等，新媒体的出现也增加了大众传播媒介的种类，如网络、手机等。

冯广超在其《数字媒体概论》中对媒介作了两种分类，即技术范畴的媒介和传播范畴的媒介。他认为，技术范畴上的媒介定义可以以国际电信协会的媒介定义为代表，国际电信联盟给媒介（medium）的定义是从技术的角度去分类的，分别从感觉、表述、表现、存储、传输媒体五个层面对媒介到底是什么作了解释。例如，属于感觉媒体的有声音、文字、图形、图像等；表述媒体是为了加工感觉而制造出来的一种媒体，如语言编码、图像编码等各种编码；表现媒体则是感觉媒体与通信电信号进行转化的媒体；存储媒体是用于存放媒体的一类媒体，如硬盘、光盘等；传输媒体则是用来将媒体从一处传到另一处的物理传输媒介，如各种通信电缆等。

而从传播范畴出发的媒介又可以从"信息承载体"和"传播组织体"两个层面来分别定义。第一种指的是具有承载信息传递功能的物质，例如人们为接受信息而经常接触的电视、广播、报纸、互联网等借助新兴的电子通信技术的媒介；第二种指的是从事信息的采集、加工制作和传播的社会组织，即传媒机构，譬如报社、通讯社、电视台、电台、出版社、网站等。后者又被人们统称为"媒体"，人们一般认为媒介（medium）指的是语言、文字、印刷、声音、影像内容信息，而媒体（media）指的是书本、报纸、杂志、广播、电视等传播媒介及其发行机构。

还有学者从媒介的历史发展角度把媒介分为三类：第一类是即时表现的媒介，即人们面对面传递信息的媒介，由人体本身的感觉器官来执行。如口语、表情、眼神、动作等。第二类是用于再现的媒介，信息的生产者和传播者需要使用物质工具或者机器来从事传播，这些媒介包括绘画、文字、摄影和印刷等。第三类是机器媒介。这类媒介不但需要传播者使用机器，接受方也必须使用机器，譬如电信、电话、唱片、电影、广播、电视、网络等。

现代大众传播学之父施拉姆给媒介的定义是"媒介就是插入传播过程之中，用以扩大并延伸信息传送的工具"①。他认为媒介就是大众传播流程的渠道和工具，起着承载、传递信息给大众的作用。这个定义的范围比较广。而麦奎尔的《麦奎尔大众传播理论》一书开篇的第一句话就是对"大众媒介"的说明和解释，他认为，大众媒介是对以大规模的方式运作、在或多或少的程度上能触及并影响社会中每一个人的传播方式的简称。比如报纸、杂志、电影、广播、电视和留声机，还有互联网等新媒介。②

由于上述定义媒介的角度和立场各不相同，"媒介"一词在现代社会生活中还是会被多角度理解，或者习惯性地被当成大众传播媒介的代名词。在媒介社会学里，出于研究和关注的课题的需要，我们把媒介的定义限定为用于"大众传播"的信息载体，具体说媒介就是报纸、杂志、广播、电视、网络等大众传播的信息载体，而对从事大众传播活动的报社、通讯社、电视台、电台、出版社、网站等则称为媒介组织。

其次，什么是信息？

简单地说，信息是媒介的被载体，传播学家申农认为信息就是在一种情况下能减少或降低不能确定的任何事物，这个定义说明信息是客观存在的，但既不是物质，也不是能量。郭庆光认为信息是物质的普遍属性，是一种客观存在的物质运动形式，它在物质运动过程中所起的作用是表述它所属的物质系统，在同其他任何物质系统全面相互作用

---

① 冯广超：《数字媒体概论》，中国人民大学出版社2004年版，页7。
② 麦奎尔著：《麦奎尔大众传播理论》（第4版），崔保国、李琨译，清华大学出版社2006年版，页3。

的过程中，以质、能、波动的形式所呈现的结构、状态和历史。①

简单地说，信息是指带有意义的符号或符号的集合体。人与人相互传播的时候，信息可以是声音、表情、动作，也可以是借助媒介的文字、画像或数据，是媒介担负或运输的内容。在人类社会里发生的传播，也就是社会传播，一般是由信息的生产（包括搜集、处理、加工、积蓄、传达）、流通、消费（包括接受、处理、加工、积蓄）这一连串的过程来实现的。这个过程是循环的，被消费的信息可以被再生产，再流通，再消费。只是，在循环流通的过程中，信息会不断受各种要素的影响而变化，不断改变原有的意义，产生新的意义。

施拉姆曾举过一个例子来说明"信息就是有意义的符号"这样一个道理。这个小故事讲的是在一所美国学校上学的西班牙学生胡安，一天，他和同学佩德罗发生纠纷，老师坚持要胡安为他所干的事向佩德罗"道歉"。她一再说："去向他道歉。"胡安不知道该说什么，因为西班牙语中没有这样的词，也没有道歉的习惯。老师以为，就像词语可以通过语言翻译一样，文化格局也可以用语言翻译过来。她接着说："跟他说对不起。"胡安拒绝这样做。于是，放学以后他就因为执拗、不听话和笼统地被说成恶习难改而被留在学校。然而胡安仍然不知道"道歉"是什么意思。但是如果他有求知欲的话，他可能会查英西字典，从中发现这个词在语言上错译成 APOLOGIA（辩护）。他不认识这个从英文借用的词，再去查学术字典，会惊奇地看到这种解释：DISCURSO EN ALABANZA DE UNAPERSONA（赞扬人的话）。这下他被老师气疯了！

为什么会发生这样一个不幸的小喜剧呢？老师力图给胡安"传播"某种信息：她对他行为的看法和要他干什么。她无法让胡安直接了解她的想法和感觉，只能使用某些她希望能把这些想法和感觉传给胡安的符号。"符号"是个好字眼，因为她向胡安表示的东西同她的想法和感觉不相干，就像路边的标志牌同大路不相干一样。她用了她所能用的种种符号：英语，肯定还辅以严肃的面部表情和声调。她希望胡安从这些符号中"看出"她要他接受的信息。

毛病出在什么地方呢？这些符号对胡安和对老师并不是同一个含义。也许人们对面部和声音发出的信息的理解要比对语言的理解一致一些，尽管在这件事情上老师大概认为自己的神态表明了正当的气愤或者慈母般的失望，但胡安仅仅认为她没有道理。而语言符号尤其难以有共同的理解。请注意，传播者同接收者之间的直接联系正如同老师给学生一个橘子或者一本书一样。语言不同于从电池到灯泡的电线中流动的电流，也不同于皮下注射。语言只是为了传递意思，使人们以某种希望他们做出的行为作出反应而采用的符号。老师想要表示的意思绝不是那个孩子理解的意思。② 这个例子形象地说明了语言作为一种有意义的符号的传递作用。

---

① 郭庆光：《传播学教程》，中国人民大学出版社2003年版，页4。
② 以上内容出自施拉姆《传播学概论》第四章《传播符号》，新华出版社1984年版。

第二章 大众媒介的传播构造

现代社会之所以被称为信息社会,是因为社会信息产业拥有巨大的生产力,而大众传播事业也是其中发展迅速、影响较大的一支力量。大众传播事业运营操作的信息有其独特的特点,表现在:第一,信息内容的公开性,通过在社会上的流通而显示其价值和影响力;第二,由于大众媒介组织的权威地位和专业性,其信息更具有可靠性;第三,大众媒介由于其传播迅速和范围广泛,相较于其他媒体,它的信息更容易被关注,即更容易成为被关注的社会议题;第四,由于大众媒介对高科技的使用,它比其他人际传播渠道更具有传播上的有效性,可以迅速、广泛、深入地被各个阶层的公众所接受。大众媒介的这些传播上的特点使得它成为社会信息传播的主要担当者,在影响社会舆论、引起社会关注等方面拥有巨大优势。

大众媒介的传播者具有什么特点?一般来说,在大众传播媒介组织工作的专业工作人员,例如报纸、广播、电视、网站、出版社的记者、编辑、广告、发行、管理等工作人员都可以说是大众媒介的传播者。与一般的社会传播组织或者传播者相比,大众媒介的传播者具有以下几个特点:

第一是专业性,由于大众媒介是专业的传播组织,其工作人员大多是具有专业传播知识和技能的专业人员,一般来说具有较高的社会科学或者自然科学的知识修养,能较好地掌握信息传播的具体工作。

第二是大众媒介的传播者一般情况下是以传播组织的形态展开传播活动的,不像人际传播活动那样多数情况下传播者是个人,大众传播是一种专业传播组织对不特定的个人或者人群的传播活动,传播的内容是集体工作的产品。

第三是作为大众媒介的传播组织一般都拥有较为先进的传播通讯工具和较为雄厚的资金,可以达到人际传播等其他传播方式所难以达到的传播速度、广泛的传播范围和深入的传播效果。这也是大众媒介的影响力所在。

由于上述三个特点,大众媒介传播者的传播地位比其他类型的传播者的地位更为权威和优越,所发挥的影响力也更强大。

大众媒介的受众具有什么特点?受众在英语中表述为"audience",原意为戏剧的观众或者演讲的听众,现有信息传播的接收者的意思。有人认为,当报纸、广播和电视三种不同性质的媒介陆续出现后,这三种媒介的信息接受者分别被称为读者(reader)、听众(listener)和观众(viewer),但是现代社会的信息接受者是读、听、看同时进行的,所以对现代媒介信息的接受者就用"audience"来统称,中文译为"观众"、"阅听者"或者"受众"。

受众是接受大众媒介传播信息的人群,因此他们有这样几个特点:人数相对较多;彼此之间相同的部分较少,甚至各不相同;同时他们还是不确定不知名的人群。[①] 也就是说,大众传播的传播者一般无法确定他们的传播对象的具体情况,与他们的传播对象

---

① Wright, C. R. (1959). *Mass Communication*. New York: Random House.

是缺乏沟通的；大众媒介的受众的阶层、职业、社会背景是千变万化的，所以大众媒介的传播活动的针对性不能与人际传播和组织传播相比。

从大众社会理论的角度出发，大众传播媒介的信息接受者被称为"受众"还有另外一层"被动"的意思。大众社会理论认为，大众传媒的出现和普及使社会成员失去了统一的行为参照系，成了彼此孤立、分散、缺乏组织性的群体，他们在大众媒介的强势传播活动中不是信息的挑选者而是被动的接受者，社会精英阶层可以通过大众媒介对大众进行控制和操作。大众社会理论认为受众是一种被动的存在，他们主要从大众传媒那里接受影响，而缺乏自我判断和分析的能力。麦奎尔也归纳出大众具有庞大的集合体、没有差异、主要是负面形象、缺乏秩序或组织以及他们是大众社会的反映这样几个特点。[①] 但是，这种观点也遭到传播学其他一些学派的批评，有不少学者认为，受众是有针对大众媒介传播活动的分析和批判能力的。

总之，媒介、信息、受众都是媒介社会学里经常使用并反复讨论的关键词，这些关键词虽然都有明确的学科定义和分类，但是社会的发展和媒介事业的不断进步也会促成这些词汇的内涵和外延的更新。

二、传播的社会过程

一个人作为社会的一员，和他人之间有着千丝万缕的关系，社会正是因此而成立、而维持，同时因此而变化的。换而言之，社会正是这样的人与人之间的相互关系的产物。人们因为相互的志向、信赖和依存而联结在一起，围绕某种权利关系而组成相互依存的网络或关系，国家、社会阶层、城市、学校、家庭都是各种关系的组合体。

人和人之间的相互关系，也就是上文所说的相互依存的网络和关系构造是以信息传播和交换以及人和物的移动来维持的。这种信息交换和人物交流正是一种社会的相互作用，也可以称为社会过程。如果把人和人之间的相互关系称为社会关系的话，那么，社会关系正是通过社会过程来更新和变化的。

社会关系和社会过程是分析传播现象时两个极为重要的概念。简单地说，社会关系是指行为者之间持续存在的、反复发生的、明显或不明显的相互行为。或者说，社会关系是按着规定的或自然发生的行为规范，使某种社会行为不断持续的一种关系。社会关系既是行为者之间相互关系的结果，又是维持这种相互行为的一种静态关系。而社会过程则是指信息传播和人物移动的动态的过程，是随着社会关系的成立而成立的。当然，由于信息的传播和交换，人和物的移动也可能产生新的社会关系。

那么，媒介传播的社会过程又是怎样的呢？

传播的社会过程是指由于信息的传播和交换，社会关系动态化、活跃化的过程。传播活动可以看成是社会信息系统的传递或社会信息系统的运行，人类社会的传播过程有

---

① 麦奎尔著：《麦奎尔大众传播理论》（第4版），崔保国、李琨译，清华大学出版社2006年版，页34。

别于其他类型的传播过程,它具有以下几个特点:

首先,人类社会的传播活动是一种信息共享活动,是把少数人拥有的信息化为多人共有的信息的过程,是一个趋于信息共享的过程,这种传播活动意味着社会信息的不断交流、互换和扩散。其次,由于传播是在一定社会关系中进行的,反映了一定的社会关系的现状,所以在这个社会过程中传播者和受众的传播方式和接受方式都具有各自社会阶层的特点,或者反映了特定的社会地位和角色。传播者也好,受众也好,都可以通过传播维持既有的社会关系,或者建立新的社会关系。再次,传播的社会过程反映了一种双向的社会互动行为,即传播者和受众之间存在信息的反馈,信息的流动也有强弱之分,正是这种信息的传授和反馈导致了人们的社会互动行为。最后,社会传播的成立需要一个重要前提,这就是传播者和受众双方要有共同的意义空间,即人们拥有大体一致或接近的生活经验和文化背景,这样,社会信息传播经过符号的传递和符号的解读才能得以实现。

三、作为社会中介的大众媒介

在社会传播过程中,大众媒介扮演的是怎样的角色?麦奎尔认为,大众媒介在广泛的社会过程中开展社会传播活动,提供的是一种中介的角色,起到的是中介社会关系的作用。① 他认为大众媒介的中介作用表现在两个过程中:第一,大众媒介中介了人们与他们无法亲身体验、亲眼观察的事物间的情况传递。例如,大众媒介上播放的人类探索宇宙的信息就是把大多数人无法亲眼观察的宇宙现象传递给他们,互联网上有关南极的信息对没有去过南极的人来说也是一种状况传递。第二,社会组织出于自我的目的与其他社会组织之间,或者社会组织与他们的传播对象之间的关系传递。例如,政府向社会公众传播新的政策法令,商业机构向消费者传递商品信息,教育机构向他们的传播对象普及社会知识,等等。

这种有关其他事物的状况的传递其实也帮助人们形成了一种社会关系,这种关系比起人与人之间的家族关系、朋友关系或者工作关系来说是比较薄弱和遥远的,但是这种由媒介搭建起来的关系的存在更加广泛,更加深入持久,也就是说,大众媒介把人们与社会现实连接起来了,从本质上说,大众媒介是在传播一种最为广义的知识,借助获得这种知识,人们获得了对社会的认识和对社会事物的理解。可以说,大众媒介的传播在很大程度上构建了人们对社会的认知和定义,不少传播学者直接认为,媒介就是社会生活标准、模式和规范的主要来源。

麦奎尔把媒介的中介角色归纳为六个要点(如图 2-1 所示)②,这种归纳应该说是基于大众传播媒介的社会活动主要形态的。

---

① 麦奎尔著:《麦奎尔大众传播理论》(第 4 版),崔保国、李琨译,清华大学出版社 2006 年版,页 54—55。
② McQuail (2000). *McQuail's Mass Communication Theory*. Lomdon: Sage. pp. 66-69. 或参见麦奎尔著《麦奎尔大众传播理论》(第 4 版),崔保国、李琨译,清华大学出版社 2006 年版,页 55—56。

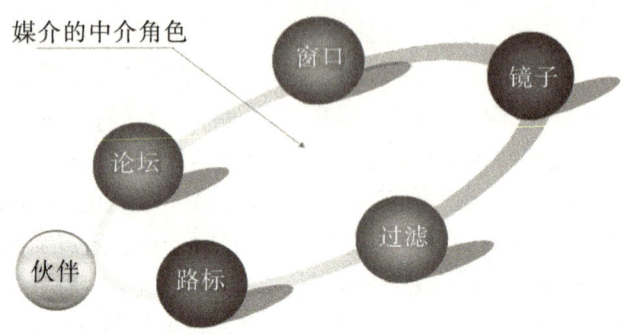

图 2-1 媒介的中介角色①

窗口角色犹如人们观察外部世界的窗口，不停地给人们提供各种信息；镜子角色暗示媒介可以真实、客观、公正地反映现实社会的百态；过滤角色指出媒介不但通过信息筛选形成特定的信息，传播的同时也忽略了其他媒介认为没有传播价值的信息；路标角色指明媒介的报道对公共舆论和人们对社会现实的认识有导航作用；论坛角色说明媒介的报道可以提供多种意见，供人们进行选择和反馈；伙伴角色是指媒介不但要为公众提供信息，同时也负责为他们解疑和回答。

四、社会传播系统的特点

多种多样的社会传播行为错综交叉，形成了复杂的社会传播系统。现代社会的传播系统具有以下几个特点：

（1）开放性。社会传播系统是一个开放型的系统，其主要功能是保持社会内部的联系和协调，即通过信息传播来达到各阶层的沟通和社会和谐，这个系统对内来说具有有效的传播渠道，对外来说具有信息发布功能。

（2）联系性。由于是一个完整的社会系统，各个子系统相互联结，相互交织，构成一个整体。

（3）多变性。政治经济制度和社会文化的复杂性导致任何社会的信息系统都会是一个多变量的系统，社会发展制度更新等诸变量的变化都会促成信息传播的新发展，或者引起社会传播障碍，导致传播隔阂。

（4）创新性。社会传播系统是一个可以自我创新和自我完善的系统，正是由于社会传播系统的创新性和可塑性，人类社会才能不断发现和克服各种传播障碍和问题，得到新的发展。

综上所述，传播的社会过程是以信息的传播和交换为主的相互作用的过程。如果把

---

① 改编自麦奎尔著《麦奎尔大众传播理论》（第4版），崔保国、李琨译，清华大学出版社2006年版，页55—56。

传播当成一种社会现象来看,那么传播就是指相互影响和相互联系着的社会行为者之间的信息传达、信息交换和信息共有。

在这里,信息共有是一个很重要的概念,在传播过程中的每一个人都是基于自己的经验和知识来传达、交换、理解并积蓄信息的,而人和人的经验与知识水准参差不齐,这样一来,对同一信息的理解必然是因人而异的,所以,所谓传播过程中的信息共有,其实只是部分的共有。在传播的社会过程中,信息一般会正常地得以传播,基本正常地被接受被理解,但是,得以传播的信息没有被正确接受、正确理解的时候也很多,这种状况被称为非传播(miscommunication)(如图2-2所示)。

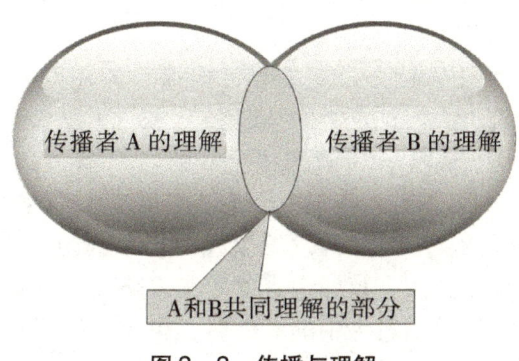

图2-2 传播与理解

五、社会传播的媒介路径

作为社会传播活动的基础单位,是由个人或者组织等传播者把自己内部的信息通过适当的渠道或者媒介传播出去并获得反馈信息的一个循环的过程,这个过程也被称为传播的路径。社会传播活动可以发生在任何一种社会环境中,其传播形态和路径也是多种多样的,按传播者的种类来分,大致可以分为人际传播、组织传播和大众媒介传播三种,这三类传播形态从各自传递信息的不同手法来看也有具体的区分。例如,人际传播活动是通过传播者向对方传递声音、表情、动作等符号来完成的;大众媒介传播则使用文字、音频、图片、画像等含有技术要素的符号来展开的;至于组织传播则兼有人际传播和大众媒介双方的特点。这种通过传载信息时使用符号的特点不仅可以用来区分不同的传播形式,也可以用来分析不同的传播路径的特点。

一般来说,通过传载信息时使用的不同的符号,我们可以把社会传播的路径大致分为"人际路径"和"媒介路径"两种。我们可以首先分析媒介路径的三个特点:第一,媒介路径的传播者不是个人或者小群体,而是具有专业传播水平的组织,报社、电台、电视台、网站等都是代表。但是虽然都是专业组织,并不是所有的传播组织都具有类似的专业程度和技术能力,组织规模也非常不同,既有拥有庞大传播集团的业界巨头,也有不起眼的小型传播组织。第二，由于媒介路径是面向广大的社会成员的，并且以获得最大程度的受众的关注为市场目标，这样媒介路径的传播内容的标准就不会是面对少数人或者是面向持有特殊经验的人群的，媒介路径的传播内容是面向社会最广泛人群传播最一般层次的社会信息，它的信息选择标准是最广泛人群的知识经验的最大公约数。第三，媒介路径与人际路径最明显的不同点在于，后者的信息传播基本上是平等的，而前者的传播由于被专业化、组织化和技术化了，一般的人不能轻易地成为媒介组织的传播者，而社会权势力量则可以相对容易地利用传播媒介，介入传播内容，控制传播效果。受众在使用媒介路径的传播活动面前，只能在接受信息、选择信息方面发挥自己的主动权，而在传播内容的选择、把关和构成方面一般来说是被动的（尽管网络媒介等新媒体的普及部分地使这种现象改观了）。

而从社会传播行为所处的社会位置来看，传播行为还可以被分类为"公共路径"和"私人路径"。竹内郁郎曾论述过"公共路径"和"私人路径"不同层次的内涵和如此分类的意义。他认为，首先，所谓的"公共路径"和"私人路径"并不是人们所想象的那样，人际传播就是"私人路径"，组织传播和大众传播就是"公共路径"。[①]例如在组织内部，把会议的文字资料分发给组织的各个部门的成员，这就是公共路径；而一个部门的成员私下谈论这次会议的内容就是私人路径。公共路径和私人路径是可以同时出现在大众传播和组织传播行为中的。同时，也应该认识到，在复杂的社会传播实践中，公共路径和私人路径有时是互相混载的，是无法严格区别的，之所以提出公共路径和私人路径这两个名词，其意义在于我们关注社会传播行为中的这些问题。

例如，有效的社会传播一般都是由公共路径和私人路径共同完成的，如果要提高一个组织（如企业）的内部效率，首先要有企业内部的公共路径的传播，例如企业的各种组织规则、生产目标和指标、管理层的指示和监督等；也需要有私人路径的传播，例如上级与下属的关系、同事同僚之间的合作和协调等。不同情况下难以确定两种传播路径哪种发挥的作用更大，但是组织内部的有效传播肯定需要公共路径和私人路径的同时存在并发挥作用。

同时，公共路径的传播内容的基准是一个被抽象化后的东西，是一个对于社会大多数来说的最大公约数，这样一来，公共路径的传播基准就会重视公共层面上的结果而忽视个人的感受，重视结果的平均值而轻视个人个性上和感情上的因素。作为一种补充，私人路径的传播往往就能起到对社会问题中个人的具体结果的重视。近年来，以居住地域或者特定的消费者为中心的社会组织积极通过小型的印刷媒体或者网页来传播其观点，引起社会的关注，这些组织的传播对于大众媒介的传播来说是私人路径，但是也能起到一定的社会影响力。

还有，当公共路径遗漏了某些社会信息，或者说故意不公布某个社会需要的信息

[①] 竹内郁郎：《大众传播的社会理论》（日语版），东京大学出版社1996年版，页18—19。

时，私人路径就会发挥较大的作用。例如公共危机事件发生时，有的大众传播媒介因各种人为因素不能及时传播事件信息，人际传播中的流言蜚语或者手机短信、网上信息等就会补充这些信息空间，有时会给公共危机处理带来管理上的不便。

另外，从信息流动的方向来看，社会传播可以分为"单向路径"和"双向路径"。前者指的是以大众传播为主的传播行为，由于是一个专业组织面向不确定的受众进行的传播活动，传播者无法立刻知道受众对信息的反馈，即使在特殊的情况下可以较快地了解反馈信息，但这种反馈信息也只是极少的部分受众的，不可能是所有人的。网络媒介的互动性似乎可以改变传统大众媒介的这个弱点，但是，通过网络媒介与传播者交流的也是部分的受众而不是全部受众。后者是指人际传播那样的传播行为，传播者在发送信息后可以立即知道对方的反馈，并进一步进行新的传播，这种即时的有来有往的信息交流过程就是双向路径的写照。

综上所述，传播的路径可以从不同的角度进行分类，同时，这些不同的路径在现实的社会传播中都不是单独被使用的，多种路径被同时使用是一般的现象，下面的这个分类表就表明了这一点。

表2-1 传播路径的交叉使用案例①

传播的路径			传播的案例
人际路径	公共路径	单向路径	组织内部的上令下传、指令的口头传达
人际路径	公共路径	双向路径	组织内部的会议、小组讨论
人际路径	私人路径	单向路径	流言蜚语、小道消息
人际路径	私人路径	双向路径	人际交谈、各种集会中的讨论、交流
媒介路径	公共路径	单向路径	大众媒介的传播、公共政策法制等的传播
媒介路径	公共路径	双向路径	政府间、社会组织间的信息公布、交流
媒介路径	私人路径	单向路径	特殊目的的信息收集
媒介路径	私人路径	双向路径	使用电话、电子邮件的交流、小众杂志，网络论坛

社会传播正如上表一样是多种路径交叉使用的活动，例如在以前，社会成员之间最广泛的传播活动是人际路径、私人路径和双向路径的交叉使用；而在通讯技术普及后的

---

① 改编自竹内郁郎《大众传播的社会理论》（日语版），东京大学出版社1996年版，页24。

现代社会，社会成员间的交流活动则多使用电话、电脑等通讯媒介，媒介路径成了主要路径之一。要说明的是，在不同的社会背景下，在不同的社会组织内部，虽然传播的路径多种多样，但是一般来说有主次之分，例如现代社会通讯技术发达，大众媒介的传播覆盖面和影响力是社会传播的主要力量，但也存在公共舆论的论坛，引导公共舆论方向的意见领袖的作用依然明显。

六、社会传播网络

社会传播的最小单位是各种各样的传播路径，无数个传播路径组成了社会传播网络。简言之，社会传播网络就是无数条传播路径相互交接、相互感应、相互作用而形成的覆盖社会的传播系统。而社会传播网络也有各种形态。例如，组织内部至上而下的传播网络一般是直线式的；小型组织以领导者为中心的传播网络是十字型的；而较为平衡且沟通的自由度较高的是五角星式；另外还有 Y 字形传播网络，多存在于复数领袖执政的组织内部；而 A 字型传播网络也被称为"秘书把关"型，组织的领袖通过助手传播各种指令；社会流言和街谈巷议的传播网络多具有随意性和不稳定性，其特点是不规则型（如图 2–3 所示）。

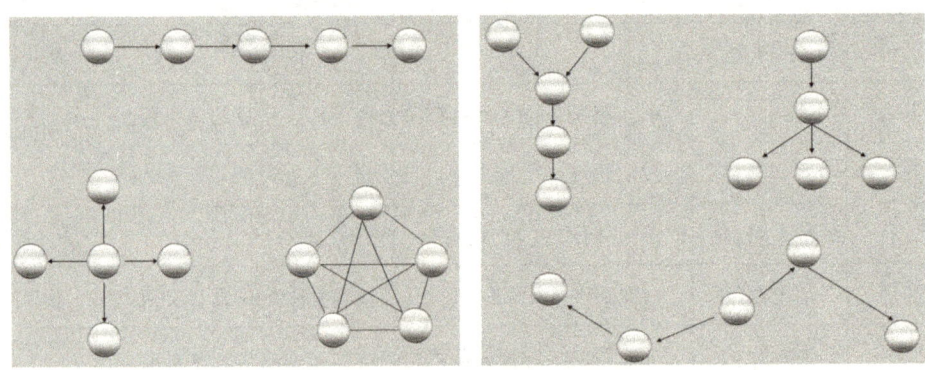

图 2–3　各种社会传播网络的形态

构成上述各种形态的传播网络的要素主要是社会成员之间的社会关系，社会关系是不断变化的，传播网络的形态也可能随社会关系的变化而变化。例如，在一个组织的内部，领导者如果比较专制独裁、高高在上，他与部下的关系是指令和被指令的，那么这个组织内部的传播网络很可能是直线式的，或者是 A 字型的；如果一个组织的领导者比较民主，重视与员工的交流，那么这个组织内部的传播网络很可能是五星式的。

而从社会系统的整体来看，社会传播网络可以有垂直方向的和水平方向的。垂直方向的传播网络代表社会管理权力自上而下通过信息传播的实施，例如一个国家由中央到省、市、地、县、乡、村等行政级别的信息传播就可以看成是垂直式传播，这种传播网络多显示了社会管理体系中的下级对上级的从属关系。而水平方向的传播网络代表相同的社会管理层面不同部门之间的信息沟通，例如，一项新的政策在市级单位的各部门传达，要求各部门领会政策要点，具体实施。这种传播网络显示了相同层次的社会阶层之间的沟通协调合作关系。

社会传播网络的密度也有"疏"和"密"之分。从行政体系架构来说，位于社会管理中心以及中心周围的范围内，传播网络是比较密集的，例如，以中央行政机关为中心，为了与其他部门和下属机关保持良好的信息交流，它周围的传播网络会比较密集。在组织内部根据部门职能的不同，其传播网络也会不同，例如，企业的管理部门和销售部门就比生产部门拥有密集的传播网络。从地理位置上来说，大型城市的传播网络比中小型城市和乡村的传播网络要雄厚，沿海开放地域的传播网络比内陆较为封闭地域的传播网络要密集。从社会发展的程度上来说，发达国家由于有公众和市场的信息需求，有先进的通讯技术的支持和保障，也由于社会信息化程度的需要，其社会传播网络会比不发达国家、发展中国家更为密集。

同时，社会传播网络的"密""疏"问题还可以延伸至社会传播网络的"软""硬"程度问题。社会传播网络的密集点一般都会有一个中心点，这个中心点如果只有一个的话，整个社会传播网络都会被笼罩在这个中心的指令之下，传播网络会因此变得单一、固定和僵化，整个传播网络可能只传播一个观点、一种声音。而占据这个传播中心点的权力拥有者可以轻易通过社会传播网络传达自己的指令，行使自己的权力，实行社会信息控制，这样的只有一个中心的社会传播网络是不符合社会民主化进程的。也就是说，社会传播网络需要有多个、多层次的信息中心点，可以提供多样的意见和声音，平衡社会信息的流量和流向。多个社会传播中心的存在可以丰富社会信息的内容，保证社会信息传播网络的"柔软"。例如，在一个民主社会里，作为社会管理者的政府可以成为社会传播网络的一个中心点，同时，大众传播媒介、其他社会组织或者非政府组织、代表社会公众意见的社会舆论等都应该成为社会传播网络的中心点之一，简单地说，大众传播媒介在报道社会问题时，应该同时报道政府、社会组织、社会公众等多方的意见，而不能只提示一种社会主流的意见。

七、传播的分类

那么，传播活动又有那几种类型呢？

传播的分类标准很多，比如，以传播者与受众的距离来分，有面对面的直接传播和使用媒介的间接传播；以传播者与受众的相互作用来分，有双方传播和单方传播；以传播范围的大小来分，有私人传播和公共传播。一般来说，将传播分为人际传播、组织传播、大众传播的分类方法比较普遍（参见表 2-2）。

表 2-2 传播的分类

分类	传播者	受众	利用的媒介	传播者和受众的相互作用
人际传播	个人	个人	语言、动作、电话、纸、笔、网络	程度较高
组织传播	地区、企业、组织、团体	所属成员	地方报、地方杂志、机关报、企业杂志、有线广播、地方电视、有线电视	程度稍高
大众传播	媒介组织	大众	全国报纸、广播、电视、网络	程度较低

人际传播是最为原始的传播方式，是指特定的个人之间，或互相相识的少数人之间的信息交流，在这种个人传播中，信息传播者和信息接收者并不确定，两者不断地对换角色是个人传播的特征。同时，利用电话、纸、笔、网络来帮助传播也是其特征之一。

与人际传播相比，组织传播的传播者身份更确定，面向的受众更多，受众的全员都有一个或一个以上相似的社会身份，其中由于地点（居住地、工作地）而被归属为一类的人比较多，比如，一份地方报或地方杂志一般只面向本地区的读者，一份企业通讯录只有企业的职工才能看到，一个地方电台、电视台只以将本地新闻告诉本地听众和观众为目的。

大众传播是指专业的媒介组织面向不特定的大众进行的信息传播，向全国发布的报纸，在全国各地有转播网的电台、电视台，都是大众传播的典型媒介。还有面向全球的因特网和利用卫星向全世界同时转播的电视节目，可以说是大众传播里的新型媒介。在三种传播行为里，大众传播媒介组织里的传播者是最具有专业传播知识并拥有较高传播技术设备的。

第二节 大众传播媒介的社会功能

传播学研究对大众传播媒介的社会功能的分析主要有三个出发点，即从大众传播媒介技术或技能的角度观察媒介的传播样式，作为主要社会传播方式之一的大众传播活动被期待的社会作用或使命，以及大众传播媒介在现实社会中实际活动的结果。下面我们首先顺着传播学研究中对大众传播媒介给予社会的影响或产生的结果来梳理一下大众传播媒介的社会功能。而所谓的影响或者结果其实也有两个基本考察点，这就是大众传播媒介的传播活动是否达到了传播者的传播意图或者目的，对于一般的受众来说大众传播媒介的传播活动产生了怎样的后果。基于这两个考察点，不少研究者对大众传播媒介的社会功能作了不同角度的研究。

第二章 大众媒介的传播构造

一、大众传播媒介功能研究的思路

对大众媒介的功能研究有一条明显的思维线索，这就是从媒介到人，再从人到社会。这样的思维线索从说服效果开始，经媒介对个人的功能、个人对媒介的需求、现象研究到媒介的社会功能这样一个研究的思路。

1. 关注媒介的功能

媒介的说服效果研究的展开有其特定的背景，它首先是作为一个注重实用价值的课题被开发研究的，两次世界大战的爆发和媒介在战争宣传中的作用，媒介技术的进步给当时的人们带来的惊奇，都使人们关注媒介的传播活动如何打动人心、如何促成人们的实际行动这些实际问题。

例如，当时的政治阶层关注如何能有效调动社会成员，企业关注如何激发人们的购买行为，军事领袖关注如何能调动士兵在战争中的积极性，这些关注点都归结到媒介的传播活动能达到怎样的说服效果这个问题上来。正如一些社会学者和传播学者指出的那样，早期的媒介研究的中心之所以聚集到媒介的社会效果和对社会成员的心理影响力上，是因为当时的社会背景中具有的"市场的压力和军事的要求"。① 由于一些特定的社会传播者（或组织）具有较清晰的传播意图，所以当时的媒介研究就按"传播者的传播意图是否对受众产生影响，或者如何才能产生影响"这个方向展开了。也就是说，当时媒介研究的重点被放在考察媒介的实际影响力，衡量媒介在社会活动中能起的作用上面，导致当时最为研究者所关注的研究课题都是有关受众的研究和传播效果的研究。

正如卡茨等曾指出的那样，有关媒介传播的研究从早期的理论研究到20世纪60年代的实证研究几乎都不能脱离一条底线，这就是"媒介能起什么作用"。有关媒介的调查研究也一样，不论基于怎样的现实条件，所有的研究都在讨论和明确大众媒介的传播活动是否能成功地说服人们的意见、促成人们的行动。② 由此可见，初期的媒介研究关注的是媒介在现实生活中对社会成员的说服作用的大小。

2. 关注对受众影响

由大众媒介的说服作用开始，传播学的研究者继而开始关注媒介的传播活动对一般受众的影响，探讨媒介的传播内容对受众来说意味着什么，也就是说把大众媒介看成是作用的主体，把受众看成是作用的客体，在这个层面上思考媒介的具体作用。而作为客体的受众也不仅仅是个人，媒介的影响力还可以推论到社会组织、集团，甚至社会和文化的层面。这样一来，由于研究者的关注点的不同，研究媒介对受众的作用的视野既可以是媒介在政治传播方面的功能，也可以是媒介在经济传播中的作用，还可以探讨媒介对人们的社会认知活动的影响。

---

① 例如 Merton, R. K. *Social Theory and Social Structure*, Chapter 1。
② Katz, E. & Lazarsfeld, P. F. 著：《人际影响》（日文版），竹内郁郎译，培风馆1956年版，页5—6。

而上述这些从受众角度出发探究媒介功能的研究多多少少也与当时新媒介不断出现、同时社会问题也不断出现的背景有关。在社会发展的过程中，新媒介的出现一般都会引起人们的关注，并形成对新媒介作用的过大评价，在过大评价的同时，也容易把新媒介当成引发当时出现的社会问题的原因之一。

例如20世纪20—30年代的电影媒介、30—40年代的广播媒介、50年代的电视媒介、80年代至今的网络媒介都被与同时代的社会问题联系在一起被批评被讨论过。也许是社会学者和心理学者特定的思考角度，把社会传播活动与人们对现实的思考和判断、行为联系在一起讨论已经司空见惯，至今为止这已经成了一种非常平常的问题意识了。

3. 关注人对媒介的需求

在关注人与媒介功能的研究成果中有一较有代表性的研究，这就是"利用与满足研究"。卡茨等通过实证研究证实了人们使用媒介的几个基本假设，即受众使用媒介的目的是基于心理或社会需求，想借媒介信息来满足需求；受众是大众传播媒介的主动使用者而非简单的媒介接受者；大众传播媒介所能满足的需求只是人类需求的一部分。[1]

从上述几个基本假设可以看出，利用与满足理论是从受众的角度来探讨媒介作用的。这些假设一方面认为人们寻求信息是为了满足某种需求，以维持心理结构的平衡；另一方面也表现出受众是理性的，即每个人都明白自己的需求，知道用什么媒介来满足自己。

竹内郁郎对卡茨的理论模式也作了若干补充。他认为，人们接触传媒的目的是为了满足他们的特定需求，这些需求具有一定的社会和个人心理起源。人们接触媒介的行为发生需要两个条件：其一是媒介接触的可能性，即周围有没有方便利用的媒介；其二是媒介印象，即媒介能否满足自己的现实需求，这种印象是在以往媒介接触经验的基础上形成的。同时，人们的接触行为的结果可能有两种，即需求得到满足或没有得到满足。最后，无论满足与否，这一结果将影响到以后的媒介接触行为，人们会根据满足的结果来修正既有的媒介印象，在不同程度上改变对媒介的期待。[2]

不同的学者讨论使用与满足理论的出发点不同。例如，有的学者偏重于个人的心理，有的学者偏重于社会环境对受众需求所产生的影响。不过，这个理论把能否满足受众的需求作为衡量传播效果的基本标准在当时是有重要意义的。

4. 关注媒介与社会

正如上述研究视点的不断转化，人们对媒介的功能从媒介自身转到受众，之后又转

---

[1] Katz, E., Blumler, J. G. & Gurevitch, M. (1974). Utilization of Mass Communication by Individual. in Blumer, J. and Katz, E. (eds.). *The Use of Communication*. Beverly Hills, Calif.: Sage, p. 20.

[2] （日）竹内郁郎：《大众传播的社会理论》，东京大学出版社1998年版，页71—72。

到社会的层面上来了。也就是说，人们认识到，媒介的功能不仅仅是停留在个人的认知和行为上的，通过个人，通过由无数个人组成的社会集团，媒介的功能也在社会的层面上有所表现。例如20世纪初期社会学家格林就曾指出，媒介延长了人们的精神世界，也导致了社会的整合。他认为媒介运载着特定的思想和意识，通过不间断的、跨越时代的传播活动——同时这种传播活动也是快速和没有空间限制的——来促成社会各阶层成员的接近与融合，从而形成他所谓的"社会的扩大化和活跃化（enlargement and animation）"。① 格林认为媒介导致的人的精神的扩大就是由于媒介的存在，人们可以在社会范围内加大自我主张的声音，形成基于社会成员共同智慧和能力的社会组织，人的意识和精神空间也不仅仅止于自己周围的人和事，而可以通过媒介与更广泛的人形成交流，渐渐地，就形成了一个国家整体乃至世界整体。

但是格林的主张被认为过于乐观，例如，经历了两次世界大战的人类社会与其说具有一体感，不如说国家间、民族间的敌意更为明显；与其说社会意识的活跃化，不如说战中、战后更多的人会对强权势力不予抵抗地接受。拉扎斯菲尔德等指出大众传播媒介的社会功能有三项，即赋予社会地位、强化社会规范和麻醉。② 这种观点可以说更看重对社会的负面作用。而米尔斯则直接指出大众传播媒介在活跃社会成员之间讨论的同时，也不可避免地破坏、侵占了大众论坛，视社会成员为大众社会的媒介市场。③ 他认为，大众传播媒介虽然向人们传递大量的社会信息，但是并没有把公共信息与个人感觉结合起来，媒介不会关注个人内部的紧张，或者是反映在个人内部的社会关系的紧张，只是把人们的注意力吸引到特定的问题上来，媒介仅仅是引起人们的紧张，但是并不指明解决紧张的方法。

以上是早期几位学者基于各自的角度对大众媒介的社会功能持有的不同的看法，而大众媒介在社会层面上的功能除了以上的看法外，在当时要从实证的角度给出论证还是一件很难的事情，分析的机制也非常复杂。随着传播学的发展和社会学、社会心理学成果的丰厚，这个课题在后来被多个学者所关注、所讨论。

二、媒介传播的五大社会功能

如上所述，在传播学的范畴内探讨大众媒介的社会功能的研究很多，研究的出发点也各自不同④，从拉斯韦尔到拉扎斯菲尔德，从娱乐功能的提出到关注媒介在人们社会

---

① Cooley, C. H. *Social Organization*. Charles Scribner's Sons, 1909, Part 2, Communication, especially Chap. pp. 8 – 10.
② Lazarsfeld, P. F. & Merton, R. K. Mass Communication, Popular Taste and Organized Social Action. in Bryson, L. (ed.). *Communicaion of Ideas*, 1948, Reprinted in Schramm, W. (ed.), pp. 459 – 461.
③ Mills, C. W. *The Power Elite*. Oxford Univ. Press, 1956. 这里主要参照日语版内容，鹈饲信成译，东京大学出版社1958年版，页517。
④ 参见第四章相关内容。

认知层面上的"议题设置功能"和信息选择获取方面的把关功能,虽然都是媒介的社会功能,但是研究角度很不相同。

就媒介的社会功能这个课题来说,最早关注并进行探讨的是拉斯维尔,他提出了三项基本功能,即环境监视、维持社会联系和文化遗产的维持。① 而拉扎斯菲尔德也在1948年的《大众传播的社会作用》一文中提出媒介传播的三种主要功能,即:授予地位;促进社会准则的实行;麻醉受众神经。②

具体如下:

(1) 授予地位功能——造成社会瞩目的焦点,使特定的人或组织获得高知名度和社会地位,带来正统化效果。

(2) 促进社会准则的实行功能——通过信息传播的公开性,用公布反面行为唤起普遍的社会谴责,以强制遵守。

(3) 麻醉受众神经的功能——使受众沉溺于表层信息和通俗娱乐中,会失去社会行动力而满足于被动的知识积累。

显然,这三大功能的归纳是偏向政治学角度的,拉扎斯菲尔德和默顿关注的是大众传播媒介在社会政治过程中所起的作用。

1959年,赖特增添一项"娱乐功能"作为媒介的第四种主要功能,他指出娱乐功能既是传承文化的一部分,同时有提供犒赏、放松、减轻压力的一面,使人们更易于应付真实生活中的问题并避免社会的崩溃。③

著名的传播学学者施拉姆也曾对大众媒介传播的功能进行探讨和总结,在其1982年的《传播学概论》一书中,他正式将传播功能定为四项,即雷达功能、控制功能、教育功能和娱乐功能。施拉姆的"四功能说"在传播学领域是得到较多认可的说法之一。

1981年,国际传播问题研究委员会在《多种声音,一个世界》长篇报告中归纳了八种传播功能:①获得消息情报;②社会化;③动力;④辩论和讨论;⑤教育;⑥发展文化;⑦娱乐;⑧一体化。

英国传播学家沃森和希尔(Werson & Hill)试图作出更为全面、科学的归纳和分析。1984年在他们编撰的《传播学和媒介研究词典》一书中提出了传播的八项功能:①工具功能,实现某事或获得某物;②控制功能,劝导某人按一定的方式行动;③报道功能,认识或解释某事物;④表达功能,表示感情,或通过某种方式使自己为他人所理解;⑤社会联系功能,参与社会交际;⑥减轻忧虑功能,处理好某一问题,减少对某事

---

① 转引自戴元光、金冠军主编《传播学通论》,上海交通大学出版社2000年版,页46—48。
② Lazarsfeld, P. F. & Merton, R. K. Mass Communication, Popular Taste and Organized Social Action. in Bryson, L. (ed.). Communicaion of Ideas. Reprinted in Schramm, W. (ed.), pp. 459–461.
③ 查尔斯·赖特:《大众传播:功能的探讨》(1959),转引自德弗勒、洛厄里著《大众传播学研究的里程碑》(第三版),中国人民大学出版社2003年版。

物的忧虑；⑦刺激功能，对感兴趣的事物作出反应；⑧明确角色功能，是指由于情况需要而扮演某种角色。

随着现代大众传播广泛应用于政治和商业宣传，麦奎尔又在原有的"四功能说"的基础上增加了"动员功能"，即媒介被用于传播特定的信息，影响社会公众的思考和行动，促进社会主流价值观和行为模式的形成，在社会危机时期这种作用尤其明显。麦奎尔没有对这五项功能给出一个固定的排列顺序，他指出这些功能是彼此交叉的。总的来看，在媒介的五大社会功能中，信息和动员功能体现了媒体促进社会变迁的作用，而关联作用、持续性和娱乐功能则体现了它对社会的整合认同。麦奎尔的"五大社会功能说"被认为是传播学领域里较新的理论归纳，得到了广泛的认可（参见表2-3）。具体来说，媒介的五大社会功能表现如下：

表2-3 媒介的五大社会功能①

功　能	具　体　内　容
一、信息功能	● 提供有关社会和世界事件和环境的信息 ● 指出权力的关系 ● 促进革新、适应和进步
二、联系功能	● 说明、解释、评论事件和信息的意义 ● 提供对既有权威和规范的支持 ● 社会化 ● 协调各种不同的活动 ● 建构一致意见；建立优先顺序并标出相对地位
三、持续功能	● 表达主导文化，确认亚文化和新的文化发展 ● 塑造和维护公共价值
四、娱乐功能	● 提供娱乐、消遣、放松的方式；减轻社会紧张度
五、动员功能	● 为某些社会目标而开展运动，这些目标涉及政治、战争、经济发展、工作，有时是宗教领域

应该指明的是，大众媒介的功能可以分为社会功能和个人功能两个方面。在社会功

---

① 改编自麦奎尔《大众传播理论》，参见张国良编《20世纪传播学经典文献》，复旦大学出版社2003年版，页440—465。

能方面，对于社会和国家来说，大众媒介的达到社会整合、促成社会目标以及施行社会控制的作用比较受到关注；而在个人功能方面，大众媒介为受众提供了信息、文化，维持了社会沟通。

三、媒介传播与社会体系

大众传播媒介与社会体系之间存在着怎样的关系？这可以从媒介的传播行为对社会体系产生怎样的作用上表现出来。竹内郁郎认为大众传播媒介的传播活动对社会的作用主要表现在六个方面（如图2-4所示）①。

图2-4 竹内郁郎的六大功能说②

在《大众传播的社会理论》这本代表作中，竹内郁郎显然比较重视大众传播媒介在维护社会体系方面的功能，例如对于整体的社会环境的调整和监视作用，对社会各个组成部分的协调和缓和作用，以及通过传播文化来达到的传承社会文明的作用。他的着眼点可以说是社会系统论，比较重视大众传播媒介对社会体系和内部组织的作用。

1. 社会体系的调整

社会不是一个单纯的体系，而是由许多大大小小的集团或组织构成的，大的集团里面会包容许多小的集团，就像国家与省市、总公司与子公司一样，这些下属集团自成体系，同时作为上级集团的一员，它和其他下属集团一起构成上级集团的体系。也就是

---

① 竹内郁郎：《大众传播的社会理论》，东京大学出版社1998年版，第三章。
② 改编自竹内郁郎《大众传播的社会理论》第三章，东京大学出版社1998年版。

说，为了构成一个相对独立的上属集团，众多的下属集团之间要有一种相互关系存在，并且不断发生相互作用。社会也一样，社会成员之间的相互关系的紧密与否关系到一个社会是否会向前发展。在这里，社会体系内部的各个集团、一个集团内部的成员之间的关系调节和维持一般是由传播行为来进行的。而大众传播媒介对社会体系的具体作用可分为五个方面。

第一，提示重要性。当社会体系内部出现某种变化，或发生某种事件的时候，媒介的报道会把最重要的信息传播给社会成员，告诉他们事件的性质和目前他们所处的状况，给予他们相对正确的认识。

第二，提示解决方法。媒介会在危急时刻提醒社会成员紧急对策，介绍专家的意见和推荐，帮助社会成员制定解决危机和问题的方法。

第三，进行内部动员。为了调节社会成员之间的关系，使之共同应对社会变化或突如其来的危机，媒介的传播活动提醒各个社会成员自己的社会职责，动员他们相互调节、相互帮助。

第四，舒缓社会成员的紧张情绪。媒介传播的信赖性和娱乐性会给予处于紧张状态的社会成员一定程度的休息，防止社会体系的僵硬化。

第五，维护社会体系。媒介传播的内容一般都基于特定社会的基本规则，对违反社会准则的人和事进行批评、制裁，同时还会张扬社会的道德、法律和纪律，使社会得以平稳发展。

2. 确认社会状况

一个社会集团的成员要想在集团内部生存下去，就要不断了解自己周围的情况，对自己所处的环境有个比较正确的判断。同样，这个集团要生存，也要知道其他社会集团的情况，对地区、全国甚至全球的情况都得有个把握。而媒介日复一日提供的信息正好可以帮助各个阶层的社会成员对自己周围或远离自己的外部世界有一个大致的认识和判断。特别是在战争、灾害、疾病、事故或无法定义的危急时刻，人不知道外界的状况，或无法确认自己周围的情况时就会陷入紧张、不安，导致判断错误甚至精神崩溃，少部分人的不安和非正常行动往往会对整个社会产生大的影响，严重的话还会引发社会暴动。所以说，媒介客观、积极的报道一方面可以稳定社会，另一方面，隐瞒事实或错误的报道也会动摇社会。

3. 促进政策决定

一个国家，一个地区，或者一个社会团体，为了生存下去，都得不停地将自己的状态调整到最佳，人们为达到最佳状况而制定目标、树立计划的过程可称为政策决定的过程。决策是每个社会集团最为重要的活动之一，比如说，国家有五年经济计划，省市有环保计划，公司有财政计划，连个人都有自己的学习工作计划。在制定政策的过程中，媒介的信息传播有两个作用：一是媒介的信息传播为社会集团提供了极为重要的参考，它可以帮助社会集团了解周围的情况，获取最新的资料；二是把下属集团成员的意见上

达领导阶层，把上层集团的决策下达给下属集团。一般说来，上级领导阶层在制定决策时如果无视下级成员的意见，很可能会导致不满、涣散或内部分裂，决策不为下级成员理解也无法实行。所以说，一个社会集团内部的上通下达、意见沟通非常重要，同样，一个社会中信息畅通，政策决定者了解民意，大众懂得国情，才可算是一个健康的社会。也就是说，我们应该期待传播媒介更好地传达民意，反映舆论。

4. 促成社会的组织化

社会体系是由数不胜数的大小社会集团组成的，以国家为例，下面有省、市、县、乡镇、村；以企业为例，有部、处、科、组。要为了同一目标协调起来统一行动，单靠上情下达、传达指令是不行的，必须对各个层次的负责人详细讲明计划，做好必要的准备，调节和其他各部门的关系。这时，大众媒介也好，企业内部的自营媒介也好，通过传播信息来沟通上下里外是很重要的。比如说，利用媒介对人们进行宣传，鼓励互相协作；或者发放印刷品、说明书、张贴海报，在媒介上做广告，进行公关活动。媒介的传播活动能使社会体系上下沟通，上下一致，统一步骤。

5. 化解社会成员的紧张

社会集团为了达到某个目标，上下调节、共同行动是必须的，但是，集团内部也会因此产生各种摩擦和紧张。对于社会集团来说，需要一种工作与休息、紧张与松弛的调节，也就是说，娱乐活动是很重要的。利用媒介来传播娱乐信息是很多社会集团提高工作质量和数量的途径之一。不但社会集团，以地区为范围的娱乐活动、节日庆贺、民俗活动、文艺表演、旅游节、展销会等等都可以说是一种传播活动。这种娱乐信息的传播活动使人们比较均等地得到或享用了文化信息，也使某些高级文化平民化，解除或者缓解了由于社会阶层差异而引起的摩擦。

6. 维持传统和文化

现实社会里的个人和集团是基于对某种行动准则和价值观的共同认识而建立起相互合作的关系的。没有这种对行动准则和价值观的共同认识，社会、集团都会面临解体。而行动准则和价值观一般来源于社会文化。媒介的传播行为就有维持社会文化的作用。文化维持有两个方面，即继承与批判。媒介在传播信息的时候，将违反社会道德和准则的人和事诉诸公众，给人们树立对照或警戒的例子。同时，在信息中通过赞扬某种行为和观念来肯定一种文化意识。反过来，由于大众媒介的普及，媒介的内容深入人们的日常生活，而且人们对大众媒介有很高的信赖感，维持社会文化的任务也只有借助媒介的传播活动来实施了。

关于媒介传播这六方面的功能，要明确以下几点：第一，这几个功能不是相互独立、互不干涉的，而是密切联系相互作用的，而且彼此之间也会存在互补作用。环境监视功能告知社会成员社会环境的变化和面临的危机，社会成员之间会统一认识，更加团结，这也间接地促成了社会组织化作用的发挥；而政策决定功能在新的政策形成时如果能达成下情上达和上令下传，就会保证社会组织之间信息流畅，沟通畅顺，社会组织之间的合作和协调就会更好，社会成员对新政策就会有较好的理解，从而减轻个人的焦虑和紧张。第二，这些功能有可能会相互兼在。比如说，揭露贪官的新闻，既有维护法律、巩固社会规范的作用，也有提示周围状况的作用；娱乐新闻既有缓和紧张的功能，也同时传播了社会文化。

第三节 传播的基本模式

综上所述，传播是人与人之间的一种基本的社会行为，也是人类集体和组织之间的基本行为之一，那么这种人类的基本行为有没有什么规律可循呢？下面我们介绍几种主要的媒介传播模式。

一、申农的传播模式

传播学家申农和韦伯在20世纪40年代，基于电话的信息传播方式描绘了一种传播模式，即：打电话者（信息源）选择一种信息，这种信息通过电话（媒介）被转换成某种信号，通过电话线（渠道）将这种信号传往接电话者的电话机，电话机再次将电话信号转为信息，使接电话者可以接收。同时，在信息传播的过程中，还有一种阻碍信息传播、降低信息清晰度的破坏因素存在着，这就是杂音。

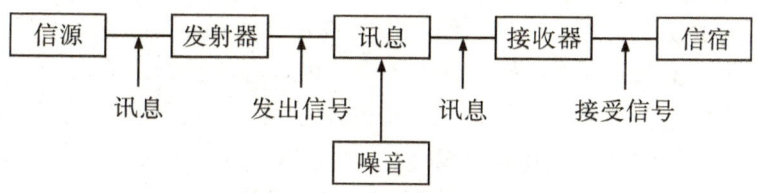

图2-5 申农的传播模式图

申农的传播模式指出了传播过程中的几个基本要素，即信息源、信息、传播媒介和受众，这是基于通讯工学的原理而导出的模式。现在看来这个模式是单程的，只有一个方向，不能体现传播的多向性和循环性，但是它在指明传播过程的基本途径和要素这一点上，为后来的模式导出奠定了基础。另外，这个模式还指明了一个其他模式不具备的要素，就是噪音。它告诉我们在传播的过程中会存在阻碍传播活动的各种要素，例如两个人在大街上谈话时周围的声音。对阻碍传播的因素的关注其实非常重要，要达到好的传播效果，可以通过加强传播力度、改善传播方式等各种手段来回避或者对抗噪音。

二、拉斯维尔的模式

20世纪60年代初,另一位传播学学者拉斯维尔①在申农的基础上导出了一种新的传播过程模式。拉斯维尔继承了申农的信息源、信息、传播媒介和受众这几个概念,又提出了一个媒介效果的概念,这个概念将人们的注意力转到媒介的社会效果上来,导致了后来媒介效果论研究的扩大和成果的丰硕。

1948年,拉斯维尔发表了《社会传播的结构与功能》一文。这篇论文成为早期传播学研究的经典成果之一,其重要意义主要体现在两个方面,一是从内部结构上分析了传播过程中的诸要素;二是从外部功能上概括了传播活动的社会作用。在这篇文章中,拉斯维尔明确提出了传播过程及其五个基本构成要素,即:谁(Who)、说什么(What)、对谁(Whom)说、通过什么渠道(What channel)、取得什么效果(What effect),这就是著名的拉斯维尔5W模式,这个模式简明而清晰,可谓传播过程模式中的经典,这个模式还为传播学或媒介学研究提供了基本的领域划分。按照拉斯维尔的模式,传播学研究大致可分为五个部分,即:传播者研究,传播内容研究,传播媒介研究,受众研究和传播效果研究。特别是传播效果研究,注目于媒介与社会的相互关系,为后来的研究者测定和评估媒介的传播实力提供了研究方向(如图2-4所示)。

拉斯维尔的这个模式在传播途径上和申农的模式差不多,同样只是提示了一个单程的,只有一个方向的传播过程。这个模式来源于他对第二次世界大战中媒介在战争宣传中的巨大影响力的认识,那时由于各国的主流媒介都鼓吹战争,在以爱国的名义激起人们参战上效果颇为显著。因此,拉斯维尔的模式将重心放在以传播者为主要变数,以受众为次要变数这样一个关系上,即是说,在传播过程中,传播者是决定性的,受众是被决定的,传播者传播什么,受众就接受什么。他的这个模式提出于20世纪40年代,从那个时代的特征来看,他把传播活动看成是由传播者主导的,将信息直接传给受众的简单过程,是有其特殊意义的。

图2-6 拉斯维尔的模式图

---

① 拉斯维尔是现代传播学奠基人之一,他在传播学领域作出了许多贡献。例如,他提出了5W传播模式,指出了大众传播三功能,还开创了内容分析法,发明了定性和定量测度传播信息的方法论;其关于政治宣传和战时宣传的研究则代表着一种重要的早期传播学类型;他将弗洛伊德的精神分析理论引入美国社会科学,并使其与政治分析相结合,从而在社会层面上运用了个体内部的弗氏理论;他还帮助创办了政策学。因此,虽然拉斯维尔并不认为自己是一位传播学学者,但在今天的传播学研究领域中,拉斯维尔的思想和作品对后来的研究者影响巨大。他的许多开创性的工作奠定了传播学研究的基本范围和层面。

上述申农和拉斯维尔的模式都把传播过程中的传播者和受众放在同一个水平线上，这样看来，在传播过程中，传播者与受众应该是平等的，你认为传播者与受众是平等的吗？如果你认为他们不平等，请举出理由。

教师上课为什么要站在讲台上？大会的主席台为什么一般都高于观众席？从传播的物理效果来看，传播者的位置如果比较高的话是比较利于传播的。这就有了传播者与受众在物理意义上的不平等。

除此之外，传播者与受众在信息接触上也是不平等的，前者由于职业关系在时间上、信息量上、信息深度上都比后者有优势。另外，传播者与受众在传播的高度上也不平等，信息的传播犹如流水，一般是从信息高地流向信息低地。所谓信息高地是指信息大量生成和聚集的地方，例如世界各国的首都，各大城市，信息工业的聚集地，政治信息、经济信息和文化信息的生成地等。传播者的社会地位相对来说一般都是信息聚集的地方。最后，传播者和受众在信息的接受方式上也不平等，前者是主动传播信息，后者是被动接受信息。但是这种情况在现代信息社会也有例外，近年来发生的多个由网络受众首先树立的传播议题，后来被报纸和电视媒体追踪报道的案例都能说明这一点，如赵薇军旗装事件、SRAS 的议题传播、史上最牛"钉子户"事件等等。

三、施拉姆的循环模式

传播学家施拉姆①在 1954 年提出了一个主张传播是传播者和接受者之间不断循环、相互作用的过程的模式。该模式把传播者看成一个圆，有"编码"、"释码"、"译码"三个部分，信息接受者也是一个圆，也有相同的内容，但是秩序不同。传播者和接受者通过"信息"相互连接，相互作用，这种过程循环往复。而施拉姆设置"编码"、"释码"、"译码"三个部分也是有其深意的。以一个信息接受者为例，当他读到一则新闻时是"译码"，即通过阅读文字和图片获得外部信息，而"释码"则是读者根据自己的知识和经验对获得的信息的进一步理解和思考，如果他想把自己的思考结果告知他人，则需要把思考结果编译成对方能接受的符号来传递，这就是"编码"了（见图 2-7 所示）。

---

① 威尔伯·朗·施拉姆（Wilbur Lang Schramm, 1907—1987）是传播学科的集大成者和创始人，被称为"传播学之父"。他建立了第一个大学的传播学研究机构，编撰了第一本传播学教科书，授予了第一个传播学博士学位，也是世界上第一个具有传播学教授头衔的人。施拉姆对传播学的巨大贡献在于他把美国的新闻学与社会学、心理学、政治学等其他学科综合起来进行研究，在前人传播研究的基础上，归纳、总结、修正并使之系统化、结构化，从而创立了传播学。他创立传播学的标志是 1949 年由他编撰的第一本权威性的传播学著作——《大众传播学》的出版。这本书收录了政治学家、心理学家、社会学家、语言学家以及许多其他学科的专家对传播学的研究成果。施拉姆当时还仅限于挖掘前人和他人的传播研究成果并加以整理，使之系统化。（资料来源：http://baike.baidu.com/view/716823.html.）

同时，这一模式也突出了信息传播过程的循环性，即信息会引起反馈，并为传播者和接受者双方所共享，打破了传统的直线单向模式一统天下的局面。另外，这个模式对以前单向直线模式的一个突破在于更强调传受双方在发送、接收信息时的信息转化、消化过程。但也有人指出这个模式适用于人际传播，不适用于大众传播，因为大众传播中传受双方平等的情况在现实中很少出现，同时还缺乏对社会环境影响因素的考虑。

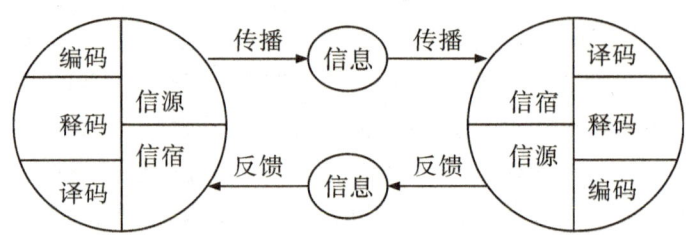

图 2-7　施拉姆的传播模式图①

四、竹内郁郎的模式

日本传播学家竹内郁郎针对社会系统中的传播活动绘制了传播模式图。他比较重视传播者和受众之间的相互作用，而不是将传播过程僵硬地视为传播者对受众的强硬灌输。他认为，受众是具有选择能力的主体，对接收到的信息不是盲目地全盘照收，而是有选择地接受。并且，受众对信息的反映也会对传播者产生反作用。这就是所谓的回馈（feedback）。

一般来说，回馈是指传播者与受众之间的信息回流。首先，传播者将信息传播给受众，如果这个信息在受众中引起反响，就说明这个信息是受众比较关心的，这次传播是成功的。密切注视受众反映的传播者得到这个消息后，就会在以后的传播中有意多传这方面的信息，这就是受众对传播者的影响。

同时，回馈不单是传播者与受众之间的事，不论是传播者还是受众，作为一个个人，都有可能进行自我回馈。自我回馈是指一个人发出去的信息不但传给了他人，同时对自己来说也是一次接受信息的过程。即是说，一方面向他人传播了信息，一方面自己对这个信息也进行了再思考。反馈的类型可以分为四种（如表 2-4 所示）。

---

① 改编自 Schramm, W. How Communication Works. in Schramm, W. (ed.). *The Process and Effects of Mass Communication*. Univ. of Illinois Press, 1954, p. 3.

表2-4 反馈的类型

类　型	特　点
正反馈	反馈信息与传播信息基本一致
负反馈	反馈信息与传播信息有偏差
自我反馈	传播者在输出信息过程中产生的自身心理反应，也可以是组织内部人员的信息反应
外部反馈	受传者对接收信息的理解与反映

竹内郁郎认为，如果把传播看成是一个动态的模型的话，人们是在通过自身的活动接近这个模型，同时又有各种各样的力量阻止或促进人们的活动，而这一切的最终结果才是传播。即是说，传播是一个复杂的多因素同时相互作用的过程。而他对传播模式最为重要的理解有两个：第一，一般的学者为了提出简单明了易于理解的模式图，都把传播模式图画成一个封闭的图式。而在社会现实中，传播应该是开放式的，因为社会中的个人，不但从他的传播对手，而且会从社会环境里接受各种各样的信息。第二，传播模式中的行为主体不仅仅是个人，同时也可能是多人团体、组织、集团、民族或国家（如图2-8所示）。

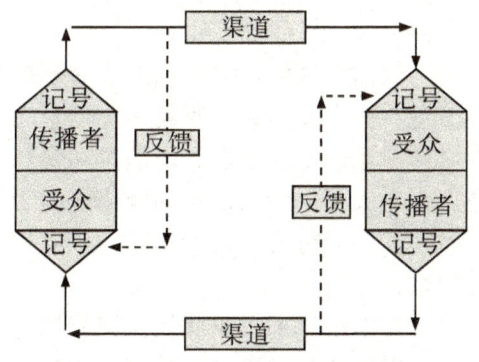

图2-8　竹内郁郎的传播模式图①

五、拉里夫妇的传播模式

拉里夫妇的传播模式也是在拉斯维尔的模式上得到的启发，其主要目的是为分析媒介的传播过程提供一个有用的道具。这个模式注重人与人以及社会集团之间的关系，它先将传播者和受众分别划入各自的领域，再考虑它们的传播方式。

---

① 改编自竹内郁郎《大众传播的社会理论》（日语版），东京大学出版社1996年版，页12。

对这个传播模式可以有以下的说明。

● 传播者与受众相互依存,他们的关系不是由传播者到受众这样的单方面的关系。

● 多数的传播者与受众之间的关系都从属于他们各自所属的社会集团。由于社会集团的存在,传播活动变得间接而又复杂,所以说,传播内容是由传播者集团的传播者向受众集团的接收者流动的。

● 无论是传播者还是受众,在社会体系里都有自己明确的地位,因此传播者自身也会被各种社会因素所影响,而且,传播者和受众在同一社会体系里也会相互影响。由此可见,传播行为与其说是无规则的,不如说反映了一个特定社会中一个集团与另一个集团之间的相互关系。

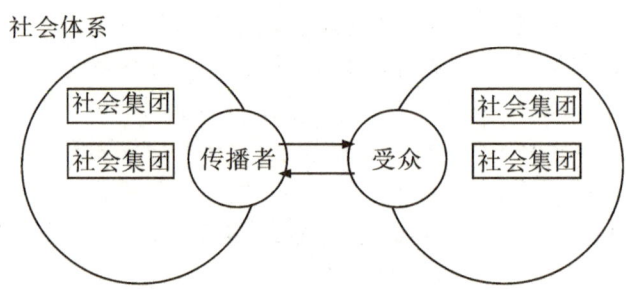

图2-9 拉里夫妇的传播模式

综上所述,我们从申农的传播模式到拉里夫妇的传播模式,看到了这样一个发展趋势:最初人们认为传播是信息传播者和信息接收者两个当事人之间的行为,后来信息的社会效果和人的自我回馈也被考虑进来,接着,传播者和受众所属的社会集团、社会体系也与传播活动有关的观点也形成了。传播模式的变化说明了传播学学者问题意识上的变化,这就是,传播不是脱离社会的行为;恰恰相反,传播是发生在社会体系里、与各种社会关系密切相连的社会行为。

同时,我们也应该认识到传播模式不过是我们认识分析传播现象的一个角度、一种工具,不同学者提出不同的传播模式是基于其对特定的传播问题或者传播现象的关注和思考,因此不能说哪个模式是最为科学的,每个模式都反映了社会传播活动的一种状态,这种模式并不能概括所有的传播现象,只能帮助我们认识传播活动的某个方面。同时,社会是不断发展的,人类的传播活动也随着人们的信息需求和传播媒介的变化而变化,因此,所有的传播模式不管当时有怎样的代表性和影响力,都不能说是永远正确的,也不应该是传播学的研究者和学习者生搬硬套或死记硬背的,而应该结合当时的社会传播的背景和特点,理解这些模式所关注的传播活动的实质,从而更好地分析、解读目前的传播现象。

第四节 信息环境与虚拟现实

下面我们再来看看作为信息消费者的个人与传播媒介和社会三者之间的关系。应该说，每个人都有自己的信息环境。所谓信息环境是指一个人不断地接受各种各样的信息，同时也向周围的人传播各种各样的信息，这种个人的信息行为和信息状况构成的物理的环境就是其信息环境。

一、直接的信息环境与间接的信息环境

狭义上讲，信息环境是一种通过信息而在大脑里形成的主观的环境，是人与信息相互作用而构成的。而广义上，信息环境还包括个人亲身经历过的环境。即是说，信息环境由两部分组成，一是个人亲身体验过的直接的环境，二是通过媒介认识到的间接的环境。人们的信息环境一般都由这两部分组成。

直接的信息环境是指人们通过亲眼所见、亲耳所闻、亲身经历而获得信息的环境，例如一个土生土长的北京人对于有关北京的信息，特别是自己生活区域的相关信息有着较高的兴趣、较多的拥有量、较高的判断能力和分析能力，能对这些信息有较好的理解能力。而间接的信息环境则是指人们不能通过自身的体验而获得感知的信息，例如有关宇宙的信息，未去过的国家、不了解的民族和他们的语言文化等，这些如果要靠自己的亲身经历去获得恐怕是不可能的，所以一般来说我们都是通过大众媒介的信息传播来获取这些信息的。对于这些信息，由于没有亲身经验或者相关的学习，人们的判断分析能力比较弱。一个人获得信息的状况一般是与其直接的信息环境和间接的信息环境密切关联的。现代社会大众传媒事业不断发达，各种信息传播技术普及到社会各个角落，古人谓要了解社会必须"读万卷书，行万里路"，现在的人们不用"行万里路"就可以轻松地了解到自己难以亲身经历的各个领域和地域的事物了。大众传播媒介的技术简单地提供了各种各样的信息，人们在信息获得行为上越来越依赖通过媒介而不是自己亲身的体验来获得信息，因为前者有着明显的优势，如传播的快速、信息的广泛和海量、成本的低廉等等。也就是说，现代人的信息环境中，通过间接的信息环境获得信息的比例越来越高，大众传播媒介成为人们了解外部世界的主要通道。

二、媒介的选择性

每个人都有信息需求，这种需求源于一个社会成员在复杂的社会中的生存需要。但是很多人们需要的信息不是他们通过自身体验可以得到的，这些信息或者离他们太远，超出了他们的活动、经验范围，或者是人们不可能涉足的领域。这时，通过专业的信息收集发布媒介来获得信息就是人们最为普遍的选择了。现代的传播媒介成为人们了解、获知社会信息的主要渠道，同时，媒介传播的信息也对人们认识外部世界有一定的影

响。对于媒介的信息如何影响受众，或者说媒介的信息在人们的社会认知和行为上造成了怎样的后果，早期的社会学家和传播学家有这样两种相对立的看法。

一为"媒介如窗"或者"媒介如镜"。这个观点认为媒介是人们观察外部世界的窗口，这个窗口直接地、没有遮拦地展示了外部世界。或者说，媒介如一面镜子，真实直接地回映了人们所无法亲身体验的社会面貌。这个观点无疑是基于新闻传播活动的基本原则而形成的，新闻传播活动是在真实、客观、中立的基础上展开的，所有的新闻工作者都必须遵守这个基本原则。一般说来，人们也是在默认新闻工作者遵守这项准则的基础上把自己的信任感托付给传播媒介的，是相信媒体信息的真实和客观的。

但是，人们可能同时忽视了新闻传播工作的另外两个特点。第一是信息选择，由于媒介信息负荷的有限，即使是目前号称"信息的海洋"的互联网媒介也无法承载世界上所有发生的信息。媒介负荷空间的有限性导致新闻工作必须设置"信息选择"这个把关程序，例如从今天发生的所有新闻中挑出最重要的、最为受众所关注的新闻，而其他小信息则不被登载。媒介选择信息的标准很多，例如新闻价值、受众需求、公共利益、媒介立场等，还有很多潜在的选择标准。这就引出了很多社会学家所指出的一个事实——媒介对外部世界的报道是一种选择性信息发布，而不是对外部世界的笔直的全面描绘。

同时，新闻传播工作还有另外一个特点，这就是媒介信息发布的选择性既表现在内容上，也表现在形式上。内容上的选择标准如新闻价值、市场需求等，而形式上的选择则是对信息发布形式的轻重设置，例如，一条新闻可以被放到头版头条，附上大幅图片，还有相关的背景信息和评论，新闻文本较长，标题字号较大；也可以被删减字数，放到报纸不起眼的版面。前者会引起读者的关注和仔细阅读，后者很可能被忽略，这种通过发布形式来增加或削减读者对其重要性判断的做法也是一种媒介拥有的选择权。

因此，我们可以认为"媒介如窗"或者"媒介如镜"的观点是过于乐观了，另一种相对立的看法是，客观条件和主观需要使媒介的传播活动从一开始就是一种有选择的信息发布活动，媒介组织在信息选择上有一定的自由裁量权。如果说"媒介如镜"，那么这面镜子可能如相机上的镜头，有时会放大一个场景，有时会缩小一个画面；如果说"媒介如窗"，那么这个窗口的朝向、窗口的大小可能会是特定的，你只能通过窗口看到事物的一面，而看不到事物的另一面。

媒介在信息发布时的选择性可以表现在多个方面，主要是在内容上。以媒介上的犯罪报道来说，有一项研究表明，按照官方的统计，在西方国家发生的主要犯罪方式是财产犯罪，如绑架或者抢劫，约占95%。但是当地媒介更愿意报道攻击性犯罪，例如在街道上发生的人际暴力事件，尽管这些案件的发生几率和影响范围都比较小，但是媒介愿意持续报道，还出现了大报报道后小报跟风报道的现象。研究者认为媒介在犯罪报道的内容选择上是有特定的偏好的。① 而在更多的有关政治报道中，由于媒介组织特定的政治倾向，其报道内容和主题上具有的倾向就更加明显了。

综上所述，日复一日地给人们提供信息的传播媒介在报道有关外部世界的信息时并不是如窗如镜的，而是有选择地进行信息发布的。媒介的这种对信息的选择性发布正是媒介的影响力所在，正如塞伦所述：

> 传媒的力量源泉来自于选择性地告诉我们世界的情况。它告诉我们一些事情和事件，而不是别的东西。这样，它控制那些传媒受众能够得到的信息，从而潜移默化地形成或限制受众的社会知识，构建他们生活世界的影像。②

传播学界颇为著名的议题设置理论（agenda-setting throey）主张的也是一种源于媒介选择行为的影响力。这个理论主张某条信息如果被大众媒介所强调，那么它在受众的认知过程中也相对会被重视。理论的提起者麦库姆斯和肖认为，受众一般来说是根据大众传播媒介的报道来判断世间事物的重要性的。③ 也就是说，大众传播媒介在报道中设定各种议题的重要性，使受众认识到社会环境中的各项事务的大小轻重，同时根据这种重要性来把握对社会的认识。媒介传播活动中具有的这种选择性对通过媒介信息来认识社会的人来说是非常重要的，这种现象很早就被一些学者所关注，例如著名的传播学家李普曼。

李普曼认为，人们对自己不能直接看到感觉到的外部世界，首先是在自己的头脑中为其勾画一幅图像，用这幅图像指导自己的行动。这幅图像被李普曼称为"虚拟现实（pseudo-environment）"。人们用以勾画自己头脑中虚拟现实的材料，不用说多是取之于大众传播媒体的报道。李普曼认为，媒体通过向人们提供新闻信息，为人们定义外部世界的状况而积极地参与了人们头脑中图像的构成，所以说，在人们形成对外部世界的认知过程中，媒体的作用不容忽视。④

三、虚拟现实

李普曼很早就注意到了大众传播媒介对社会的影响，在他的《公众舆论》和《自由与新闻》等著作中，他对新闻的性质及其选择过程进行了深刻的分析，提出"虚拟现实"一词。李普曼认为，人们必须根据对环境的认识和判断来调节自己的环境适应

---

① Reiner, R. Media Made Criminality, in Maguire, M. & Reiner, R. (eds.). *The Oxford Handbook of Criminology*. Oxford: Oxford University Press, 1997, pp. 189–231.

② 塞伦·麦克莱:《传媒社会学》，曾静平译，中国传媒大学出版社2005年版，页14。

③ McCombs, M. E. & Shaw, D. L. (1972). *The Agenda-Setting Function of Mass Media*. Public Opinion Quarterly, p. 176.

④ Lippmann, W. (1922). *Public Opinion*. New York: Macmillan. 日文版，岩波书店1978年版，页P14—15。

行为，在传统社会里，由于人们活动的环境狭小，人们与周围事物保持着的经验性接触，都是依据自身的体验而得出对社会的认识和判断，根据是第一手材料。而现代社会越来越巨大化和复杂化，人们由于自身的活动范围、时间、精力和注意力有限，不可能对与其有关的整个外部环境和众多的事情都保持经验性接触，对超出自己亲身感知以外的事物，人们只能通过各种"新闻供给机构"去了解和认知。这样，人的行为已经不再是对客观环境及其变化的反应，而成了对新闻机构提示的某种"虚拟现实"的反应。也就是说，人们的认识和判断（头脑中关于外部世界的图像）已不再是对客观环境的直接反映，而成了对传媒提示的某种"虚拟现实"的反映。

李普曼指出，"虚拟现实"并不是现实环境的"镜子"式的再现，而是传播媒介通过对象征性事件或信息进行选择和加工、重新加以结构化之后向人们提示的环境。然而，由于这种加工、选择和结构化活动是在一般人看不见的地方（媒介内部）进行的，所以，通常人们意识不到这一点，而往往把"虚拟现实"作为客观环境本身来看待。也就是说，虚拟现实是传播媒介通过新闻和信息的选择、加工和报道活动来形成的，而传播媒介大多具有特定的倾向性，因而虚拟现实并不是客观环境的再现，只是一种"象征性的环境"。

李普曼认为大众传播的力量之所以巨大，正是因为大众传播媒介是"虚拟现实"的主要营造者。他的基本思维是大众媒介创造了人们头脑中的象征性想象，虽然这些想象有可能与我们经历的"外在"世界完全不同，但是这些想象直接关系到人们对外在世界的认识。李普曼明确指出，大众媒介就是现实世界的某个事件和我们头脑中对这个事件的想象之间的主要连接物。虚拟现实这个观点不仅指出了大众传播媒介的巨大社会影响，而且揭示了现代环境的双重性。

四、虚拟现实的环境化

如上所述，信息环境是由个人或群体接触可能的信息及其传播活动的总体构成的。在过去的年代里，形成信息环境的传播渠道是多样的，包括人际的、组织的、群体的等等，这些渠道的作用可能旗鼓相当。但是在现代社会，大众传播媒介是信息环境的主要营造者。信息环境可以说一是由人们周围的客观环境，二是由大众传播的新闻报道和信息传播活动提示的"虚拟现实"来构成的。

日本学者藤竹晓在 1968 年提出了"虚拟现实的环境化"这个问题，他认为大众媒介提示的虽然是由信息勾画出来的"虚拟现实"，它们并不是客观世界的原有状态，可能是客观世界的一个侧面，或者是一时的状态，而并非全面的，与客观环境有着或大或小的差异。但由于现代社会中人们在很大程度上依赖媒介提供的信息来判断周围环境的变化，并采取与变化的环境相适应的行动，这些行动的结果反映在现实环境中，就使得现实环境越来越带有了"虚拟现实"的特点，以至于人们也很难判断哪个是真实的环境，哪个是虚拟的环境。

下面这个例子很有说服力:媒介经常报道时尚领域里每年的"流行色",这本来是时尚专家的判断推测或者是国际流行协会的指定,但是由于这种信息是通过传播媒介广泛报道出来的,许多人便认为这是现实中的时代潮流而纷纷效仿,于是预言中的"流行色"也就变成了现实的流行色。在现代社会中,大众媒介营造的虚拟现实越来越在现实环境中成为现实,这是一个值得关注的趋势。因为由媒介提供的信息构成的"信息环境"越来越普遍地出现在现实生活中,势必会影响或者引导着人们在社会生活的各个方面,例如生活方式和价值观的变化。

藤竹晓认为,如果把个人亲身体验过的直接的环境看成是"现实环境",把通过媒介认识到的间接环境看成是"虚拟环境"的话,就可以这样分析现代信息环境的一个特点——虚拟现实的环境化。

虚拟现实的环境化是指由媒介报道信息构成的虚拟现实在人们认识外部世界的过程中占有越来越大的比例,起了越来越大的作用。在现代社会里,由于传播媒介无处不在,新闻事业蓬勃发展,人们时时刻刻被笼罩在信息的海洋里,渐渐地,人们接触到的来自虚拟环境的信息比通过自己体验获得的现实环境的信息要多得多,而且,人们出于迅速和方便对来自媒介的信息更为依赖,对媒介的专业素质和重要信息源也比较信赖,于是在人们脑海里构筑外部世界的图景时更多地使用的是媒介的信息,而不是通过自己看到、听到和触摸到的世界了。

而虚拟现实之所以会环境化,具体归结一下可以有这样几个原因:①媒介不间断地向人们提供周围环境的信息;②媒介将相同的环境的信息向社会的所有人传达;③媒介传播活动的不间断性使人们习惯了接受媒介的信息;④基于对新闻媒介的信赖,人们一般不会怀疑媒介信息的准确度。

有一位英国媒体的高层主管第一次来北京出差,由于不懂中文,在京期间他只能通过中央电视台的国际频道接受英语新闻信息。一周之后他将回国,当中国同行问他收看感想,中央电视台国际频道和英国的 BBC 有何不同时,他回答:没有什么不同。

中央电视台与英国的 BBC,不论是地理位置、体制还是传播特点,都应该很不相同,为什么这位英国媒体的主管如此回答呢?你能分析一下他这样回答的原因吗?

美国有三大电视新闻网,彼此之间竞争激烈,但是 ABC 的记者萨姆·唐纳森却说:"CBS、NBC、ABC……反正都一样。"他指出美国媒体的报道内容趋于类似,电视新闻尤其如此,各电视网播出的新闻不仅内容雷同,画面相似,甚至播出次序也相同。在晚间新闻时间,有91%的可能性至少有两家电视台报道的主要新闻雷同。

根据一项在两家芝加哥报纸和六家晚间电视新闻节目的调查,这几家新闻机构都报道了同一个题材的新闻,新闻题材的重复率很高。全国电视网注重联邦政府和国际新闻,对体育新闻则不大重视。报纸用更多的版面报道非政治性的新闻。事实上,有一半以上的版面刊登非政治性新闻。虽然刊登的版面比较不同,但所有报道的新闻题材却非

常一致。①

思考一下,为什么不同的新闻媒体间的内容会出现类似或者雷同的现象?

美国三大商业电视网的新闻主持人往往是电视台的"面孔",与其他一些商业电视台的新闻主持人不同,三大电视网的主持人往往长达几十年不换面孔,例如,CBS的新闻主持人拉瑟担任主持29年,可以这样想象,一个美国少年如果从高中时开始看拉瑟的新闻主播,那么在他成长为40多岁的社会中坚的过程中,拉瑟主播的新闻通过拉瑟的声音、语调、动作、形象乃至观点、角度对他产生的影响是不可忽视的。这也是虚拟现实环境化的一个方面,人们每天必看的重要新闻节目的一贯化、类似化都是形成这样的环境的一个原因。

人们对媒介信息传播活动的依赖性也许很难被察觉,但是有这样一个例子,1962年纽约的九家媒体员工为抗议薪酬太低而联合举行为期一天的罢工,这天由于所有的报纸媒体都罢工了,所以全城买不到一份报纸。你可以猜想一下纽约人为此做出了怎样的举动吗?很多人驱车几十公里到最近的一个城市里去买一份报纸!为什么?人们难道不能忍受没有报纸的一天吗?事实上正是如此,长期以来的阅读习惯使人们把定时接受信息视为一个固定的生活动作,没有完成这个动作就无法结束自己的一天。同样,在电脑个人化的今天,电脑这个传播媒介越来越介入到我们的日常生活中来了,对电脑的依赖程度很多人都有同感:如果电脑坏了或者停电,我们居然无法工作!

出于这种依赖感和其他各种主客观原因,现代社会的人们在认识外部世界时越来越依赖于媒介构筑的虚拟现实,也就是说,媒介信息构筑的虚拟现实对人们的认知形成影响越来越大,人们甚至分不清哪里是真实的现实,哪里是媒介构筑的虚拟现实了。

在人与人的交往过程中也会有这样一种现象,由于一个人不能独立于社会,他与周围的人、人群、组织、团体等有着千丝万缕的联系,他与周围的人在很多时候共有相似或相同的信息活动和信息环境,例如同龄人都会去类似的学校接受类似的教育,都通过相同的传播媒介去认识世界,接受类似的信息。自然而然,人们的信息环境,不管是狭义的还是广义的,都变得相似起来。一个人的信息环境和社会其他成员的信息环境有很多共同的地方,这就是为什么我们和周围的其他人经常看到相同的社会风景的原因。由于近现代社会里人们生活环境的特点,一个人与自己周围的其他人拥有类似或者相同的信息环境、采用类似或相同的信息获取行为的倾向越来越强,这被称为"信息环境的共有",也是虚拟现实的环境化的一个侧面。

一般来说,由媒介信息描画的世界应该是基于新闻事业的基本准则,即正确、迅速、重要、新鲜而形成的,是值得信赖的。可是随着媒介的商业化,片面追求发行量而无视新闻准则的媒介越来越多,同时,媒介的信息制作要通过多种加工程序,信息在各种加工程序中未免会出现不同程度的失真。还有一些人为的因素,例如外界情况变化太

---

① 朱世达:《当代美国文化》,社会科学文献出版社2001年版。

快，传播组织对传播速度有更高的要求导致确认不足的信息失误，或者说记者特定的眼光导致的信息偏差。所以说，通过媒介看到的世界并不是真实的世界样态，与真实的世界是有差距的。

这就是为什么有人强调，越是在媒介信息唾手可得的时代里，人们越是要用分析批评的眼光去看待媒介的原因。

五、象征的现实

人、媒介和社会现实的关系，还可以从以下三个方面进行分析。即是说，人们对现实社会有三种描绘方法，这就是：①客观的现实。客观的现实是指人们用亲身体验直接感受到的事物和在社会里发生的各种各样的事情。②象征的现实。是指人们通过媒介的描述而认识的现实，即所谓的疑似环境。③主观的现实。是指人们通过周围的信息而在自己的大脑里形成的对外界的认识，是人们自己描绘的现实。

人们对现实社会的认识，是这三种现实相互作用的结果。换句话来说，人们认识现实社会的时候，一方面基于自己对社会的亲身体验，一方面对远离自己无法亲身体验的东西，或来不及亲身体验的东西，都会借助传播媒介的信息去认识。同时，自己的脑海里也会有基于主观判断而形成的认识。这三种认识相互作用，不断变化，所占的比例有大有小。所以有的研究者认为，人们对现实社会的认识，其实是由经验、信息和各种主观因素组成的。其中媒介传播的信息，对人们在认识了解社会时所起的作用越来越大。越来越多的人是以象征的现实来代替现实社会的。

如果说媒介传播的信息直接影响人们对世界的认识的话，那么媒介的信息稍有偏差，人们对现实的认识也有偏差，对自己周围的现实，人们还可以用亲身体验的直感去修正，而对远离自己的、无法取得直接经验的东西，媒介的信息几乎就是唯一的依据。所以说，对于与自己有地理距离和时间距离的东西，人们的认识几乎和媒介的信息等同。一旦消灭了这种距离，人们也最容易感觉到客观现实与象征现实之间的差距。

第三章 媒介传播与社会体系

第一节 大众传播媒介的传播特点

在现代社会里,大众传播媒介是一个耳熟能详的词汇,简单地说,它是指从事大众传播活动的专业媒介组织。传统的大众传播媒介组织包括报纸、杂志、书籍等印刷媒介和广播、电视等电子媒介;新兴的大众传播组织主要是通过互联网技术从事大众传播的网站等。至于手机等更新的通讯技术是不是属于大众传播媒介,目前还是一个仁者见仁智者见智的问题。

一、大众传播媒介的传播特点

正如其名,大众传播媒介最主要的传播特征是面向大众,而不是少数的个人或小群体。它是通过一个媒介组织,运用有力的传播工具来进行的,同时,这些传播工具都是用先进的通讯技术来保证其传播速度、传播量和传播范围的。

大众传播媒介是一个社会信息循环流通、公共决策透明、社会管理得以民主运作的保证,可以说,由大众传播媒介组成的社会信息网络的发达与否表明了一个社会的发展与进步的程度。这是因为大众传播媒介从诞生开始就被赋予了一种社会使命,即:沟通社会上下的信息交流,保证社会管理者与公众之间的对话,促使公众参与社会管理和社会舆论的形成。正是由于这种使命,大众传播媒介具有与生俱来的权威性、公共性和公正性,为了履行自己的社会使命,大众传播媒介视客观、公正、中立和为民代言、维护社会公共利益为自己的报道原则。

基于其权威性、公共性和公正性,受众一般都在对大众传播媒介的信息不加怀疑的前提下接受媒介的传播内容,接受其社会议题的设定,默认其信息重要程度的排行。这些都是大众传播学多年研究的成果所证实的。

那么,大众传播媒介在传播上有什么特点呢?一般来说,与其他媒介例如人际传播媒介的电话、书信或者组织传播媒介的内容刊物等相比,大众传播媒介有以下五个特点:

1. 传播速度快

大众传播媒介总是积极利用最先进的通讯科学技术,以最快的速度传播最新的信息为传播准则。每当一项新的通讯科学技术问世后，都会导致新型的大众传播媒介的诞生，如利用了无线电技术的广播，利用了视屏通讯技术的电视等。有先进的技术作为基础，大众传播媒介的信息传播速度得以保证。

2. 传播范围广

报纸以其数百万份的发行量，广播和电视以其电波的覆盖区域为大众传播媒介传播范围之广提供了保证，这是除互联网以外的其他任何媒体所望尘莫及的。

3. 传播量大

报纸有不断增加的版面，广播和电视有 24 小时的时间和空间，这些都能保证大众传播媒介可以传递大量的信息。

4. 受众广泛、稳定

正如大众传播媒介这个名称所指，大众传播媒介是面向社会大众的，受众人数多、涉及阶层广是它的特点。同时，经过较长的发展历史，报纸、广播和电视都有了较为固定的读者、听众和观众，尤其是较为有名的大众传播媒介，已经拥有一批忠实、稳定的受众，这对于获得稳定有效的传播效果是很重要的。

5. 传播效果佳

大众传播学的研究表明，现代大众传播媒介的传播效果是有效的，尤其是在传播社会公共信息、设定社会议题、引导和形成公众舆论、促进社会各阶层的交流和沟通方面卓有成效。

由此看来，大众传播媒介与人际传播媒介和组织传播媒介相比，具备后两者所不具备的传播范围广、传播信息量大、专业性等特点。

麦奎尔从社会学角度描述大众传播媒介的特征，特别强调大众传播媒介与其受众的关系，他指出作为一个社会组织，大众传播媒介有以下特点①：

首先，操作大众传播活动的大众传媒组织是一个正式的社会组织，需要较高的专业水平和专业技术。其次，他列举了几点说明大众传播媒介的受众特征，其一，大众传播媒介的传播对象是不确定的、广大的阅听大众；其二，大众传播是属于社会公众的，它的内容对社会公众开放，公众的信息需求就是媒介的需求，媒介要满足公众的信息需要；其三，大众传播媒介的受众由多层次多职业多地域的人群组成，他们具有无名、分散、处于社会的各行各业的特征。同时，大众传播媒介通过信息传播联系了分散的、相互之间难以联系的受众，电子媒体和现代社会的网络媒体更能发挥这样的作用，例如，不同国家的受众同时观看事件或者赛事的实况转播，可以在不同地域感受同样的事实；网络媒体上沟通交流就更加方便了。麦奎尔还指出，大众传播媒介的传播者与受众的关系不是个人关系，而是一种公众关系，媒介把受众应该知道的信息告知公众，这个时候

---

① McQuail, Denis (1972). *Towards A Sociology of Mass Communication*, Chapter 1, *Mass Media and Modern Society*. England: Penguin.

不是把受众看成是个人而是"公众"。这样，大众传播媒介培养的受众就是现代社会中的一个独特的集群。

二、媒介传播与现代社会

如上所述，麦奎尔认为因为受大众传播媒介长年累月的信息传播，其受众是独特的。他分析认为，大众传播媒介在现代社会里具有独特的活动特征，也因此能发挥独特的社会作用，对此麦奎尔列举了五个特点。首先，在现代社会里大众传播媒介的传播活动可以说是一种符号传播，这种符号传播也会越来越复杂；其次，大众传播媒介的传播内容一般来说都是维护或支持现有的社会制度的；再次，大众传播媒介的传播活动对社会大众的影响力会越来越大，越来越有弹性；复次，由于大众传播媒介日复一日的传播活动，其传播倾向会渐渐渗透到受众的思考中去，促成社会意见的一致化；最后，麦奎尔指出，大众传播事业的发展与社会生活的重要领域有着重要的联系。①

很多传播学学者都认为，难以想象现代社会里会没有大众传播媒介，大众传播媒介对现代公众来说具有多种意义，也可以提供多种功能。当然，这种功能要视社会的政治经济制度、社会发展的不同阶段和人们的兴趣与信息需要而定。这种观点也可以这样理解，在以前的社会阶段，人们没有电视也不觉得生活中有什么不便之处，但是在现代信息社会，人们对信息的需求量较大，电视媒介除了提供信息外还可以给人们以娱乐，如果在一场世界关注的大型体育赛事前突然停电而无法看电视，人们对此的抱怨和感到的不便可想而知。

现代社会的受众对大众传播媒介的依赖感也被不少学者所感知和议论，有人称这种依赖会导致受众盲目接受和相信来自大众传播媒介的信息，对此不加分析和判断，渐渐失去信息辨别和批判的能力。更进一步，有人担心社会统治也会走向集权。麦奎尔对此表示赞同，他认为大众传播媒介会使个人日益孤立，彼此之间缺乏联系；媒介的信息传播导向会偏向社会统治阶层，提倡符合统治阶层的观点，无视其他观点；社会领袖可以运用大众传播媒介树立自己的威望并加强影响，一旦他的统治地位形成，还可以运用媒介宣传维持统治。②

研究世界传媒史的学者艾兹鲁总结世界新闻发展史后针对新闻传播活动的结论也证实了上述学者的观点。艾兹鲁指出，在所有新闻制度中，新闻媒介是政治经济掌权人的代言，不管媒介的生存状态如何独立，他们都不是独立的；而且，新闻的内容反映其新闻集团的利益，即使在新闻教育的过程中，所被传授的意识形态和价值观都不可避免地

---

① McQuail, Denis (1972). *Mass Media and Modern Society*, Chapter 2. England: Penguin.
② McQuail, Denis (1972). *Mass Society, Mass Culture and Mass Media*. Harmondsworth, England: Penguin.

是协助统治阶级控制新闻媒介的。①

即使如此，我们也应该一分为二地看待大众传播媒介的功能，正如张慧元所说，大众传媒和言论自由对民主社会的贡献是毋庸置疑的，只不过大众传媒与言论自由犹如一把利剑，在民主制度的捍卫者手中是一种安全和安定的保障，如果落在别有用心者手中，那就令人担忧了。②

三、现代社会媒介的新的社会功能

从社会学的角度来说，任何事物都有其显在的功能和潜在的功能。显在的功能是指事物的内部体系正常运作的结果，这种结果是能为事物的参与者所认识到的。潜在的功能是指不为事物的参与者所认识的事物内部体系的运作结果。比如电脑游戏可以为人们带来游戏的乐趣，可以得到放松和娱乐，这是它的显在功能；而通过非对面的交流展开竞争，既能获得主宰世界的满足感，同时也是一种逃避社会的行为，这是它的潜在功能。而网上交友这种行为除了交结朋友外，还可以使人产生另立人格的快感。电视连续剧在提供娱乐的同时还可以进行社会文化遗产的传播。

媒介的社会功能，正如第二章的理论介绍和梳理所述，被公认的是五功能说，即：环境监督的功能，反映社会的功能，教育的功能、传播社会文化的功能和娱乐的功能。这是大众传播学对20世纪传播媒介的社会功能的总结。但是随着社会的发展，尤其是新型媒介的不断出现和广泛应用，媒介的社会功能已有所增加，特别是大众传播媒介对社会的影响方式在一些方面也得到了发现和认证。下面三个方面的功能就可以看成是媒介的新的功能。

第一是赋予社会地位的功能。大众传播媒介通过夜以继日的信息传播和言论，赋予社会问题、社会组织、人物及其社会活动以相应的社会地位，使一些人和事的社会地位正当化，给予并提高其威信；或对某些人或事现有的地位和威信给予怀疑，甚至达到剥夺或破坏其现有状况的结果。例如，有关我国"神舟"五号的成功发射的新闻报道就赋予我国第一位宇航员杨立伟较高的社会地位和荣誉，杨立伟由一位名不见经传的普通航天工作者成为家喻户晓、令人仰慕的航天英雄，媒介的报道是重要因素之一。而发生在2001年末的赵薇军旗装事件则是反面案例。赵薇曾经作为模特给《时装》杂志拍摄了一组照片，因为所穿的一款时装上印有日本军旗，先是在网络媒介上被曝出并导致传统媒体的跟踪报道，引起全国的声讨和谴责，海内外一片哗然。江苏媒体还率先发出"封杀令"。下面是相关报道。

---

① Altschull, J. H. (1984). *Agents of Power: The Role of the News Media in Human Affairs.* New York: Longman: p. 229.

② 张慧元：《大众传播理论解读》，苏州大学出版社2005年版，页39。

成都商报 12 月 07 日讯 昨日，舆论对赵薇日本军旗装事件的声讨继续升温，江苏媒体《现代快报》率先对赵薇发出"封杀令"。该报在昨日出版的第一版上特别声明："鉴于赵薇以身穿'日本军旗装'的形象在公开出版物上进行展示的行为严重伤害了中国人民的感情，并针对其至今仍然拒不认错的态度，快报发表声明以示抗议：在赵薇正式向国人公开道歉之前，不刊登所有与她有关的影视消息与动态，不宣传赵薇的全部音像作品和其参加的一切文化娱乐活动，不刊登有其形象的商业广告。"

　　由于事涉各方都没有明确的表态，尤其是当事人赵薇采取回避态度，使得舆论及网友和读者要求赵薇认识错误公开道歉的声音也越来越强。昨日，江苏媒体《现代快报》在头版刊发声明，指出"作为媒体，我们只想承担起应有的社会责任，呼唤民族自尊与正义良知。"该报在声明最后希望赵薇知错就改、迷途知返。

　　记者随后采访了《现代快报》编委袁亦女士。袁编委表示，刊发声明的初衷和目的有四点——"首先，赵薇身着'日本军旗装'在公开出版物上展示的行为，严重伤害了中国人民的感情。作为一个公众人物，她应该有公众意识，应该向国人道歉。但迄今为止，她不仅没有道歉，相反还在狡辩。第二，从报社这几天的热线情况看，大部分读者表示非常气愤，但也有少数追星族认为'那不过是件衣服'。这种冷漠的态度令人震惊也发人深思。看来，我们的明星及一部分追星族太需要警醒了。作为媒体，我们应该旗帜鲜明地表明自己的立场，应该承担起应有的社会责任，呼唤民族自尊与良知。第三，侵华日军曾给南京带来刻骨铭心的伤痛，作为生长在南京的一家报纸，我们责无旁贷。第四，很多读者来电或发来传真，强烈要求赵薇道歉，如不道歉则拒绝观看其影视作品，拒绝听其唱片、歌带"。①

　　由此可见，大众传播媒介的报道也可以给具有较高社会地位的人带来剥夺其地位的作用，西方政治家因媒体报道丑闻而下台的例子也是不胜枚举的。

　　第二是强化社会规范的功能。大众传播媒介通过赞扬符合社会行为规范的人和事来加强社会规范，通过批评违反社会规范的人和事来阻止这类现象的再次发生。例如大众媒介上的法律报道一方面有法律传播和教育的功能，一方面也是通过负面案例告诫公众以身试法的结果，教育人们遵守法律。

　　第三是麻醉功能。大众传播媒介每天将大量的信息传播给受众，渐渐地使受众成为被动的接受者，对媒介的传播活动有了依赖。同时，大量的娱乐信息使人们远离政治，人们渐渐地对社会活动从主动的参加者变为被动的听讲者。

　　然而随着互联网等新媒体的出现，大众媒介的功能受到了新的审视。传播功能研究在互联网络的传播背景下有了新的认识和发现。与传统媒介不同，网络媒介是借助于传

---

① 资料来源：人民网。http://www.people.com.cn/GB/wenyu/64/129/20011207/621261.html（2007-12-29）.

播通讯技术，利用电脑等技术媒体完成的，网络媒介是包含了人际传播、组织传播和大众传播，兼有文字、声音、图像和视频等传播形态的新型媒介，由于它自身的传播特性，网络媒介具有传统媒介不具备的一些新功能。例如下面几点①：

1. 监督功能

由于网络的自由、交互、易于接近等特性，普通公众更容易获得一定的话语权，可以就社会管理和公共事务的各个层面发表意见，进行监督。这在中国社会的情境下是非常有意义的。可以说，网络传播的舆论监督功能比传统媒体更强。网上的BBS站点及各类电子论坛所起的信息公开和监督作用是传统媒介所不能比拟的。

2. 交流功能

网络传播的多项工具如E-mail可以丰富人际传播；即时通讯工具如ICQ、MSN massager、QQ等更是实现了网上实时交流的功能；还有BBS、聊天室等以兴趣为结合点的论坛等，这样的网络传播同时带来的交流的功能为网络受众提供了一个公开平等的、可自由交流的"网络公共空间"。

3. 放松功能

由于网络的匿名性，减少了许多现实社会中的束缚，网民在参与网络传播过程中的表现更接近于其"本我"的放松状态，有时也表现为一种个体情绪的宣泄。

4. 资讯共享功能

有别于传统媒体的信息垄断，网络传播具备了资讯共享的功能，共享是互联网的本质属性之一。

5. 检索功能

这是传统媒体不具备、不可比拟的功能，搜索引擎帮助受众在互联网的海量信息中有目的地快速查阅信息。这种网状信息链传统媒体很难做到。

6. 服务功能

这一功能主要表现在网站上的信息查询（与信息检索不同），譬如网站的"资料库"信息、新闻网站的信息导航等。

四、大众传播媒介的正负社会作用功能

在理解了媒介的社会功能之后，我们应该认识到，媒介对于社会体系的功能和作用是可以分为正面和负面的，同样一个功能，大众传播媒介有时能起正面作用，有时又起了负面作用。大众传播媒介的正负功能是相对的，也是同时存在的（参见表3－1）。

---

① 归纳自彭兰《网络新闻传播结构的构建和分析》（上），《国际新闻界》2003年1月；《网络新闻传播结构的构建和分析》（下），《国际新闻界》2003年3月。黄鹂：《论网络传播功能的特点》，华中理工大学学报（社科版）2000年第2期。

表 3-1 大众传播媒介的正负功能

功　能	正　功　能	负　功　能
1. 环境监视功能：提供新闻信息	提出警告，报道自然灾害、战争、危机和事故	过多的不合适的危机报道会引起社会混乱
	提供政治、经济、社会发展的有关信息，保证公众的知情权	信息量过大可使人们无所适从，变得被动
	提示社会规范，在信息中表露社会行为规范和公德、法律	过分强调社会规范会导致社会整体的僵化
2. 社会组织功能：信息的选择，解释和批判	强化社会规范，公布遵守或违反社会公德的人和事	过度的报道会使社会变得统一，意见一致和声调的共同化
	赋予人和事社会地位	形成虚假的媒介印象和人格
	阻止社会危机，维护社会安定	阻止社会革新或变革
	监视或调整民意	控制、诱导公共舆论，形成多数意见
	传达政府的政策法令，维护社会稳定	维持现有权力
3. 教育功能：传播社会的文化遗产	传播共同的主流知识，增加社会的凝聚力	多种下位文化减退
	加速个人的社会化	社会化过程中的非人格化
	社会化的继续，学校教育的继续	使个人相同化，抑制文化成长
4. 娱乐功能：提供娱乐	可脱离现实地休息，休闲	促使人们脱离现实，不关心现实
	通过接触文学和音乐，促进大众文化成长	使高级艺术低级化
	提高人们的文化艺术修养	减少对传统古典艺术的兴趣

以"环境监视功能"中的"提出警告，报道自然灾害、战争、危机和事故"为例，这种功能在现代社会里发挥的作用尤为重要并受到关注。现代社会的各种事业一般都是密集型的大规模生产合作，使用高科技，蕴涵着高危机，媒介通过每时每刻的社会瞭望把各种信息及时地告诉人们，让人们对社会变化有所了解、认识和准备，以免对新问题新情况惊慌失措。媒介的传播活动在这个意义上是起了非常重要的作用的。但是，这个功能也有相反的一面，例如，如果危机信息过急过多，人们无法对突如其来的危机有所

理解和承受，就会发生紧张和惊慌的情绪，甚至引起社会混乱。这就是为什么媒介的危机报道和政府的公共危机信息公开经常都是争议的课题，媒介如何理性地传播危机信息，政府如何把握公共危机信息公开的方法，都是现实中的难题。因为危机信息传播的尺度和方式方法都因具体情况而不断变化，很难有参考的先例和标准。这个尺度和方法把握不好，危机信息传播就很容易走向负面。

再如"社会组织功能"中的"监视或调整民意"这个功能，从社会管理的角度来说，媒介的信息传播上情下传，揭示政策，引导人们理解政府的主张，协助社会管理的协调和组织化，提高社会管理的有效性，这无疑是正面的作用。但是，这个尺度的把握也很微妙，在现代民主社会里，通过媒介传播控制诱导公共舆论的形成和走向，通过特定的议题设置引导人们关注特定问题，忽视其他问题，归拢多种意见形成多数意见，是违反社会民主化原则的，也是被专家和学者密切关注和批判的行为，媒介如何在前后两者之间把握好报道尺度是很重要的。

还可以以"教育功能"中的"加速个人的社会化"功能为例来说明一种功能的两个方面。媒介的信息越来越多，涉及范围越来越广泛，而人们接触媒介的年龄也越来越小。在以前人们会要求小学生定期阅读少儿报纸和杂志，而现在由于电视媒介和互联网的普及，很多孩子在上小学前就开始有每日几个小时的电视接触时间了，而互联网媒介上海量的内容和把关的淡化，有可能会让孩子过早地接触到现实环境中所不能接触到的内容，这些媒介上的图景较早地让孩子了解了成人的社会，加速了他们的社会化过程，比如有的孩子通过媒介接触，很早就对金钱的价值、社会上的人情冷漠和性知识有所了解，这也是一种社会化的过程。而一些青少年由于过早地接触到这些信息而尚未有较为成熟的心理机制来消化了解这些信息，因此会产生一些"社会化过程中的非人格化"现象，例如拒绝到学校上学、拒绝与其他人交往、性格上的自闭，以及一些暴力行为等等。

"娱乐功能"是很多人都能体会和理解的一项媒介传播功能，大众传播媒介在"通过接触文学和音乐，促进大众文化成长"方面起了较大的作用，不管是文学还是音乐，都有进入的门槛，但是网络媒介的普及由于门槛较低，使很多作者可以在网上发表自己的文学作品、音乐作品和视频作品，极大地促进和丰富了大众文化的成长。但是，由于电视、网络媒介的低门槛，它的受众也是多层次的，在这里高级艺术由于要迎合大多数人的喜好而被低层次化，例如高深的古典音乐被改编成节奏欢快的乐曲，艰深的哲学巨著被以漫画形式重新演绎。这些都是媒介娱乐功能的不同方面。

五、报纸的功能

下面以报纸为例，来具体说明报纸在信息传播方面的功能（参见表 3-2）。

表3-2 报纸传播的五项功能

功能	特性	说明
报道	速报性	把信息在第一时间传播给人们
报道	详报性	调查报道、深度报道,把新闻的要点和重点告诉受众
报道	解说性	挖掘新闻的社会意义
评论	社论	通过社论把媒介独自的理解和判断告诉人们
评论	专栏	通过投稿和专栏提供多方面的意见和看法
教育	提供社会基本知识	向社会提供一般知识和基本的社会教养
娱乐	提供娱乐素材	通过图片、小说、漫画等为人们提供娱乐
娱乐	提供娱乐导向	提供现时的可直接消费的娱乐信息,引导娱乐潮流
广告	全国广告	在全国范围内树立商品形象和供求关系
广告	地方广告	重视活跃了某个地区的商品文化生活

速报性是指报纸媒介必须重视新闻的时效性,争取在第一时效内把新闻传递给公众的功能。媒介对新闻时效性的重视应该是不言而喻的,新闻行业最为激烈的竞争之一就是时效性的竞争,争分夺秒,不计成本,这是很多媒介公认的做法。在多种媒介并存的时代,报纸媒介在时间性上的竞争力已经比不上广播电视媒介,更无法与网络媒介相比。但是,报纸媒介之间的时效性竞争还是存在的。虽然新闻记者和新闻组织都会特别重视新闻的时效性,争取把新闻在第一时间内告诉读者,但是我们从媒体上看到的新闻都是第一时间的吗?并非如此。现实生活中有很多因素阻碍着新闻工作者在第一时间里发现新闻,尤其是当某个新闻涉及某个社会组织的利益时,新闻采访工作往往在时间上受到很多的阻碍因素。这些因素包括:

● 信息源刻意隐瞒相关的事实而拖延时间;
● 信息源通过公共关系组织间接地有选择地发布新闻;
● 新闻事实由于客观条件难以被发现,或者接受采访;
● 由于新闻记者的主观判断失误而延误时间。

尤其是最后一点,由于现实生活非常复杂,情况的变化往往出乎意料,这给新闻工作者的新闻判断带来了一定的困难。下面这个例子就说明了这种困境。在香港,新闻记者每当4月1日来临都会十分小心,因为这一天也是西方的愚人节,很多虚假的"新闻报料"会来扰乱他们的新闻信息收集工作,在多次的"狼来了"事件后,记者们变得十分谨慎。而在2003年4月1日,香港著名歌星张国荣跳楼自杀,很多记者开始收到这个信息时都认为是假的,并没有赶赴现场采访。最后当警方完成现场工作正式发布死者姓名后,记者们才相信这是真的,纷纷赶到现场。这个例子说明,新闻记者们虽然重视新闻的时效性，但是能否做到这一点，新闻发生的现实环境也有很大的限制作用。

详报性是指报纸媒介发挥自己的优势，在新闻调查报道、深度报道上下工夫，把新闻的要点和重点告诉受众的功能。报纸媒介在时效性上由于印刷时间的限制很难与电子媒介和网络媒介一比高低，但是在详细报道事件的经过和背景、展开深入调查上却能较好地发挥它的功能。报纸媒介的特点在于使用文字和调查手段详细地报道新闻，对其新闻记者的文字水平和分析能力有更高的要求。例如一个专门做新闻调查的记者不但要在知识结构、新闻敏感和分析能力上胜人一筹，还要在采访能力甚至勇气上出类拔萃，这样才有可能获得新闻信息，写出调查新闻。

解说性是指报纸媒体对新闻事件的背景和社会意义进行进一步的发掘并向读者作出说明和解释，定义事件，分析原因，寻找对策。例如在报道一个看起来很普通的市民安全问题时，可以从多个角度如社会安全、制度保障、犯罪心理、个人自卫等来展开分析这个问题，让读者通过一个新闻获得更多的指示，得到更多的启发。

报纸媒介的评论机能是通过社论和专栏文章来实现的。社论是通过评论的形式在媒体上发表媒介组织自身对特定的新闻事件的观点和看法的方式。社论与新闻的最大区别在于，新闻重视对事实的描述，而社论重在拿出对新闻事实的观点，通过评论文的形式把媒介独自的理解和判断告诉人们。

而专栏则是报纸媒介邀请本组织以外的专家学者或者知名人士对新闻事件发表评论的地方。一般来说，媒介组织都会形成一个专家学者或者知名人士的合作网络，请他们定期或者不定期地在媒体上发表自己的观点，通过专栏文章提供多方面的意见和看法。设置专栏文章意在从多个角度展示对特定问题的不同见解，丰富并拓展读者的视野，加深对问题的专业分析程度。优秀的专栏作者不但具有丰富的专业知识和深刻的分析能力，同时写作能力和表达方式也独具一格，可以让报纸媒介的版面多姿多彩。

报纸媒介的教育机能表现在向读者提供社会基本知识和社会教养方面，任何新闻不但是对事实的陈述，同时也传递了不少相关的社会知识，如文化传统、法律知识、道德规范、科技常识等等。读者可以在一个犯罪新闻中了解到相关的法律知识，也可以得到在日常生活中如何防范犯罪的相关知识。一个成长中的青年人经常接触媒体，通过阅读新闻他可以在无形中获得很多社会规范和文化知识。近年来社会危机多发，媒介的危机报道其实也向读者们传递了很多如何应对危机，在危机中如何自救、互救的做法。例如2008年5月汶川大地震后媒体的很多新闻报道中都涉及了国内、国外预防自然灾害的应急管理知识和经验，成为人们接受应对自然灾害知识相关教育的一次好机会。

报纸媒介的娱乐机能表现在提供娱乐信息方面，例如，通过新闻图片、小说连载等文学作品，以及漫画等为人们提供娱乐信息。这种信息不但能提供娱乐导向信息，也可以提供现时的可直接消费的娱乐信息，引导娱乐潮流。

最后，报纸媒介也具有广告机能。一般来说，报纸上的广告分为全国广告和地方广告。前者是在全国范围内为广告主树立商品形象和供求关系，后者则是以重视活跃某个地区的商品文化信息的传递为中心。

在这里不得不提一下电视的娱乐和广告功能。一般来说，电视信息不同于印刷的相片和文章，它以生动的画像和真实的声音来传播信息，尤其是直接转播的信息能令观众产生身临其境的感觉，对电视传播的信息持有强烈的信赖感。电视的娱乐信息更是用活动的画面和动感的声音来传播信息，受众不会因为自己的文化程度而存在接受困难，还可以多人共同欣赏，可谓老少皆宜的多层次的传播方式。在国外，电视节目的黄金时间绝大多数被娱乐节目所占据。而且，电视的新闻节目、社会专题节目的制作标准也开始有娱乐化的倾向，许多新闻节目不但要传播信息，而且要主持人表演，主持人的相貌、衣着、手势、音调都艺员化了。而且，新闻转播室的设计、布置、装饰、场景都日益复杂多样，以求给人耳目一新的感觉。

第二节　传播媒介与社会发展

一、传播与社会发展

从经济发展的角度来看，人类社会的发展可以分为四个阶段，即前农业社会、农业社会、工业社会和信息社会。

第一是前农业社会，它是以狩猎和采集为主要生活手段的时期，人们群居在一起，口头语言是主要的传播方式，也有用符号或记号来传达信息的，但是还没有书面语言。这种传播方式是人类最为基础的传播方式。

第二是农业社会，这个社会的主要职业模式是农业和一些为数不多的农村产业。人们以耕作为主，也有矿工、渔夫和伐木工人等。这时的社会结构变得比前农业社会稳定和复杂，因此出现了书面语言。社会阶层也产生了，有了专门的宗教神职人员、医务人员、教师和商人。但是，由于识字的人还是不多，口头语言仍然是一种比较普遍的传播方式。宗教神职人员和商人相对多地用书面语言进行通信、记录。在农业社会的早期，手抄书可以算是一种大众媒介。但是数量有限，流通量也有限，只有学者和神职人员才能接触。

第三是工业社会。工业社会一般认为是始于1712年的工业革命。但是1455年传播领域的一个重大发明——金属活字印刷术的普及则为工业社会的信息交流提供了前提。这种印刷方法的使用使书籍印刷速度大为提高，成本也大为下降。随着印刷书籍的不断涌现，社会上出现了比较大规模的读者群。工业社会的主要特点是集中式大规模的商品生产，这使农村的劳动力大批涌向城市，到20世纪初期，美国的制造业就业人数已经超过了农业就业人数。工业化促动了文化的普及，因为劳动者需要更丰富的工作和生活的信息。这样在19世纪30年代，第一个大众传播媒介——报纸应运而生了。工业化社会的生产方式使报纸印刷不断减少成本向廉价发展，得到了都市大众的认可。随后，电

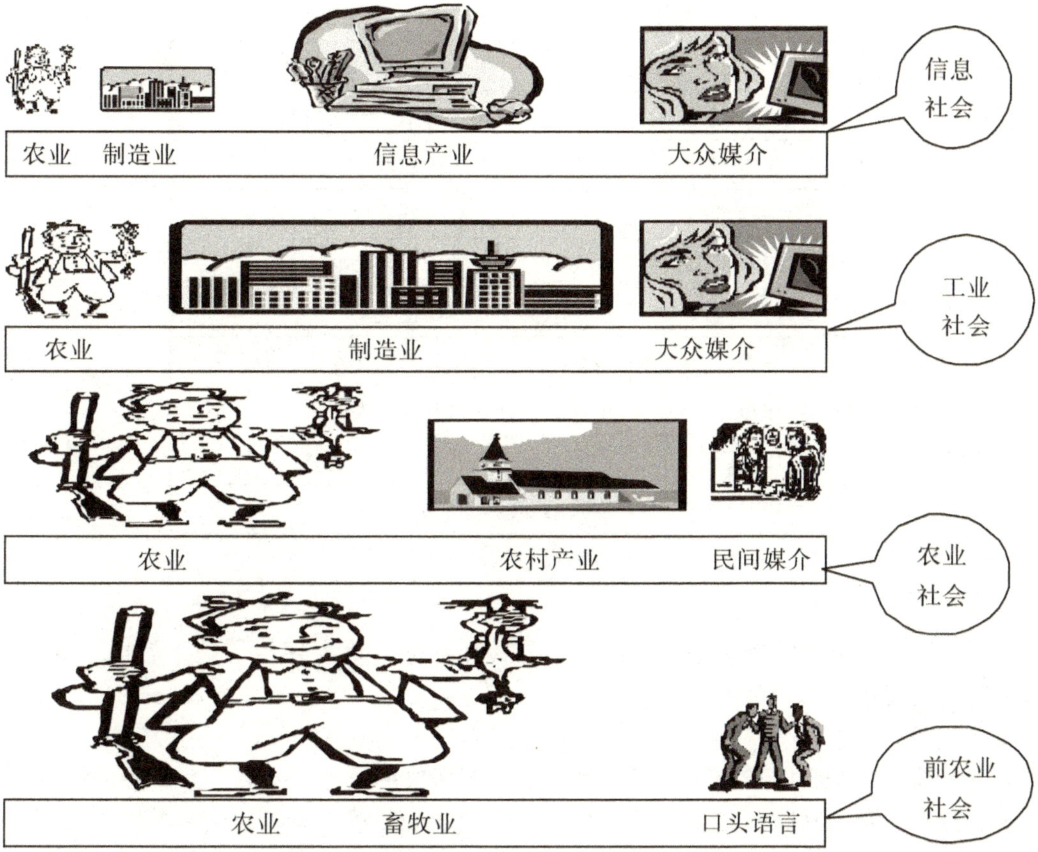

图 3-1 社会发展各阶段的职业模式和媒介

影、广播和电视也出现了。

第四阶段是信息社会。信息社会的标志之一是信息产业的就业者的比例大于农业和制造业,或者说,信息行业对其他行业起了主宰的作用。这种现象在 1960 年的美国已经出现了。还有几个国家也开始慢慢转变。现在,在美国、日本等国家,信息行业的工作人员的比例稳定在 50% 左右。在信息社会里,主导媒介应该是计算机,它创造、储存、加工信息,使及时反映社会经济状况的信息得以流通。

二、传播媒介的发展与信息环境的变化

大众传播媒介的发展是日新月异的,一百多年来电子媒介的发展尤其令人惊异,在不知不觉之中,人们接受了新的大众传播媒介并对它有了依赖,不知不觉中人们周围的环境和生活方式也被改变了。表 3-3 提供了人类社会传播技术发展的简略进程。

表3-3 媒介发展大事年表

年 份	传播技术的标志性发展
1833 年	面向大众的第一份报纸开始发行
1910 年	电影成为大众传播媒介
1927 年	收音机成为大众传播媒介
1958 年	电视成为主要的大众传播媒介
1962 年	数字电话系统开始使用
1969 年	报纸行业的电子计算机化
1975 年	个人电子计算机开始普及
1982 年	数字式音乐录音媒介 CD 上市
1993 年	互联网诞生并开始普及
1995 年	数字式电影

那么，传媒技术的发展给人类的生活方式和社会的信息环境带来了怎样的变化呢？这种变化表现在以下八个方面。

1. 互联网的兴起

一方面，互联网使我们能迅速接收和发送所需要的信息，不管它是文字、图像还是动画、音乐。有了互联网，人们开始真正享受全球性的信息资源，交流可以不受国界的限制，而电脑的价格也不断平民化，欧洲、美国、日本等国家和地区的电脑普及率已超过 50%，而中国等国家的电脑拥有率更是以惊人的速度在增长。另一方面，互联网的普及使更多的人可以从自己的兴趣出发来接触信息，同时也使很多人从单纯的信息接受者变成了信息的发布者。

2. 技术的融合

几乎所有的传播技术都向数字化发展，各种各样的信息都被融合为可供计算机处理的数字形式。比如说，CD 形式的音乐是一种数字媒介，公共长途电话网是另一种数字媒介，报纸、杂志、书籍的采编也是在一种数字的环境里进行的，它们在印刷后才脱离了这种环境。而且，数字媒介正在成为传统媒介的竞争者，许多人因为读报纸的电子版而不再订阅印刷版。至于电视，数字化电视节目已经在一些国家试播。

3. 产业的合并

电话、计算机、有线电视等媒介公司出现纷纷合并的趋势，都希望在未来社会的传播领域里占有一席之地。比如，计算机软件巨头微软公司不断投资于广播、有线电视、卫星通讯、出版和互联网，试图把大众传播媒介和计算机媒介融合为一体而扩大其市场范围。以前的各种传播方式，很多都可以用电子计算机来代替了，人们可以通过电脑来打电话、发传真、听音乐、看电视、看录像。以前分工明确的各种电器，现在只用一台电脑就可以了，这种发展趋势是非常有前景的。

4. 生活方式的变化

互联网可以说直接改变了我们的生活方式，和以前相比，人们看电视、看报纸的时间少了，在互联网上冲浪的时间多了，人们在网上工作，在网上交友，在网上购物，在网上形成新的社会关系和人际关系，在网上建立新的身份并发展新的文化。互联网的存在使人们的生活方式有了更多的选择，但是在人际关系方面也出现了降格的现象。

5. 职业方式的变化

从事互联网或信息界的工作意味着时时刻刻面临挑战，因为这种工作变化大，需要不断重新设计自己，以增强竞争性，还因为就业人员的知识易于老化，不得不频繁地吸收新人，淘汰旧人。所以，和以往不同，一些高收入高压力的职业出现了。独自一人在家里通过计算机和互联网进行工作的 SOHO 一族也出现了。

6. 法律的变化

美国在 1996 年废除了保护广播、有线电视、电话，使其免于竞争的制度，迫使这些传统媒介改善自己，不断创新，以此和新媒介一起去竞争。

7. 新的社会问题的出现

媒介的发展和合并同时也引发了很多社会问题。比如，互联网信息中的暴力、种族主义、个人隐私、色情等问题，信息产业的稳定性和发展趋势问题，使用者的健康问题，互联网技术的富人与穷人的平等问题，新技术发明者的垄断问题，都引起了人们的关注。同时，信息无国界传播也会成为国家之间关系冲突的源泉。

8. 大众传播媒介研究的变化

传统的大众传播媒介研究的方法和思维可能已经不适用新型媒介的传播了，新媒介的交互特性向媒介效果理论提出了挑战。

第三节　媒介的普及与社会的发展——欧美社会

19 世纪欧美的大众报纸开始急速发展，1833 年《纽约太阳报》开始发行，这是一份以报道具有刺激性的社会新闻为主的报纸，价格很低，稳定住了大量的读者，到 1837 年已有了 3 万份的发行量。不只是报纸，在 19 世纪 40—50 年代，欧美社会的电信业有了很大的发展，乘着报业的需求，专为报社提供新闻的通讯社也应运而生，这使报纸的信息量不断增加。1850 年开始使用的轮转式印刷机又将报纸的发行量再次扩大。

同时，欧美社会的大众化也随着广播和电视这样的大众传播媒介的普及而加速。1906 年，美国最初的电台开始试播，1920 年开始定时播放。英国和法国则在 1922 年、德国在 1923 年开始了广播节目的正式播放。在欧美，广播的黄金时代是 20 世纪 30—40 年代，这也是广播确立其作为大众传播媒介的地位的时期。1938 年，美国的广播剧

《火星撞地球》引起了社会恐慌,这从另一个方面说明了广播的社会影响力。

在广播开始普及的1926年,欧美各国已开始了电视节目的有关试验。1935年,德国开始定时播送电视节目;1939年英国的BBC、美国的RCA和NBC也开始了电视节目的播送。特别是在第二次世界大战结束后,电视在欧美开始普及,在美国,电视的拥有率在1950年时为9%,1960年达到了87%,1980年达到了98%,到了市场几乎饱和的状态。

在美国,民营电视台占优势,公共电视台的影响力不是很大。在英国,民营电视台和公营电视台并存,而在法国和德国,公共电视台的影响力要比民营电视台大。但是,近年来随着卫星通讯的发展,欧洲各国的电视业也向多频道化过渡。1980年以后,欧洲的民营电视台也有了较大的发展。

表3-4 欧美社会媒介的普及与社会的发展

年 份	大 众 传 播 媒 介 的 发 展
1455年	欧洲发明了金属活字和印刷机,印刷技术飞跃发展
1789年	法国采用人权宣言,第19条为保护思想和意见的自由交流
1791年	美国修正宪法,第1条规定了报道的自由
1833年	美国发行《纽约太阳报》
1850年	法国、英国、美国出现新闻通讯社,开始利用电信传送新闻
1895年	在意大利,无线通讯的实验成功
1906年	在美国,试验性的广播节目开始播送
1920年	美国出现正式的商业广播
1926年	英国伦敦举行人类历史上第一次电视播放试验
1938年	美国的广播节目"宇宙战争"热播,引起恐慌
1935年	德国开始电视节目的定时播送,随后英国的BBC、美国的RCA和NBC也开始电视节目的定时播送
1950年	美国的电视观众开始超过广播的听众,欧洲也有同样情况
1954年	美国的CBS和NBC开始播送彩色电视节目
1960年	在美国的总统选举中,肯尼迪和尼克松第一次进行电视讨论
1980年	美国的CNN开始播送
1984年	德国开始播送专门的有线电视商业节目
1985年	法国开设专门的商业电视台

第四节 媒介的普及与社会的发展——日本社会

大众媒介的发展与日本社会的变化有什么样的关系？从表3-5可以看出明治时期以后日本的媒介发展与日本近代社会的形成是息息相关的。

表3-5 日本社会媒介的普及与社会的发展

年 份	大众传播媒介的发展
1870年	最早的日语报纸《横滨每日新闻》创刊
1875年	明治政府制定新闻报纸条例
1882年	《时事新报》创刊
1888年	《朝日新闻》由大阪移入东京，创立东京《朝日新闻》，强调客观报道，重视商业性
1920年	报纸的发行量激增，《朝日新闻》和《每日新闻》瓜分大阪市场，《读卖新闻》独占东京
1925年	广播节目的播送在东京、大阪、名古屋开始
1926年	东京、大阪、名古屋的电台联合成立日本放送协会
1928年	广播的全国直播开始
1934年	日本放送协会进行改革，在节目编成、事业计划和经济预算上实行中央集权化
1941年	公布有关言论、出版、结社的法律，新闻事业令使报社合并增加
1945年	第二次世界大战战败，开始新的新闻统治
1950年	实行广播法
1951年	日本第一个民营广播台成立
1953年	日本放送协会电视台NHK和日本电视台NTV正式开播
1960年	彩色电视转播开始
1984年	日本放送协会电视台（NHK）的卫星转播节目开始试播
1989年	日本放送协会电视台（NHK）的卫星转播节目正式开始转播

明治初期，由于国民的文化水平不高，报纸读者层限定在小部分人身上，没有形成

现代大众媒介的那种社会影响。比如，日本近代报纸的代表《横滨每日新闻》在1870年创刊后，不少小型报纸也纷纷出版发行。当时的政府把报纸看成是传达政府政策的一种启蒙手段，在街头设置了读报栏，试图促使报纸的普及，可惜效果不大。后来由于新闻报道宣传民权思想，成了政府的镇压对象。日本的报纸就分成了重视社论和评论的大报和以通俗新闻为主的小报。通俗易懂的小报的发行量不断扩大。

20世纪10—20年代是日本报纸作为大众媒介在社会上站稳脚跟的时期，这个时期，由原来的小报急速成长为大报的《朝日新闻》和《每日新闻》发行量大为提高，比如《朝日新闻》的发行量就由1910年的16万份发展到1932年的105万份。30年代后期，由于各个报纸纷纷在社论评论上反对日本军国主义政府发动的侵略战争，受到日本政府的压制，发行量也大幅度减少。日本的报纸为了生存不得不为第二次世界大战作动员宣传。

第二次世界大战后，日本的报纸恢复了战前的生机，发行量也开始增长，日本的报纸一般一天两份——早报和晚报，早报和晚报的发行总量在1945年为1420万份，1960年为2440万份，1970年为3630万份，1980年为4640万份，1990年为5200万份，即以每10年1000万份的量在增长。现在，日本的报纸是以新闻报道和深度新闻、评论为中心来组织编辑版面的。日本的报纸一般来说有以下的分类：

● 以日本全国为市场的全国报，有《朝日新闻》、《每日新闻》、《读卖新闻》、《产经新闻》、《日本经济新闻》五家报纸。

● 以日本东部、中部、西部为发行地区的地方报纸，有《北海道新闻》、《东京新闻》、《中日新闻》、《西日本新闻》四家报纸。

● 另外还有一些以省为主要发行地区的地方报纸和以地方小城市为主要市场的地区报纸。

近几年在日本的全国性报纸中，《朝日新闻》和《读卖新闻》占领了主要市场，同时地方报纸的发行量也大幅度上升。

再看看日本电视事业的发展，1952年日本电视和NHK东京台取得播送许可，1953年开播，1954年NHK大阪台和名古屋台也开播了。彩色电视节目在1960—1966年之间形成全国性的播送网络。日本的电视台分为公营和民营两种，NHK是公营性质的电视台（同时它也有广播事业），以向观众征收电视费来维持经营。民营电视台则主要依靠广告费。

日本的民营电视网主要有五家：

● NNN（日本电视台，《读卖新闻》集团投资）

● JNN（东京放送，《每日新闻》集团投资）

● FNS（富士电视台，《产经新闻》集团投资）

● ANN（朝日电视台，《朝日新闻》集团投资）

● TXN（东京电视台，《日本经济新闻》集团投资）

而且，各家电视台与全国五大报纸也有经营上和内容上的关联。从日本电视收视率的增长数字可以看出在日本电视的社会普及率很高，以 NHK 为例，1955 年为 5 万人，1960 年为 680 万人，1980 年为 2920 万人，1990 年为 3350 万人。同时，日本的电视事业也因为通信技术的发展而多样化，比如有线电视和利用通讯卫星转播的节目不断增加，近几年电视节目的数字化也在推进，这些变化必然也会引起相关的社会变化。

第五节 媒介的普及与社会的发展——中国社会

现代中国的媒体事业有过三次较大的变革，这三次变革都与当时的社会变革密切相关，而且，很难断言到底是媒介推动了社会变革还是社会变革促进了媒介的发展。或者应该更确切地说，两者是相互促进相互发展的。

表 3-6 中国社会媒介的普及与社会的发展

年 份	大 众 传 播 媒 介 的 发 展
1815 年	中国近代报纸产生
1872 年	由民族资本家创办的商业报纸开始发行（《申报》，《新闻报》）
1895 年	维新派办报活动
1922 年	中国共产党机关报《向导》创刊
1926 年	中国通讯事业和广播事业出现
1950 年	新中国的新闻事业初具规模
1983 年	新闻界引进信息概念
1986 年	中国第一个国际联网项目启动（中国学术网）
1992 年	媒介行业开始迅猛发展
1995 年	中国最早的电子报纸出现
1996 年	中国第一家报业集团——广州日报报业集团建立
1997 年	中国互联网开始普及
1998 年	较成熟的互联网信息中心出现（新浪网）

从 1979—1982 年，中国开始制定和实行改革开放向现代化迈进的目标，加强经济领域的建设。学术界和新闻界在这种开放的空气下，对媒介的使命这个课题进行了反

思，否定了"媒介是阶级斗争的工具"这种过去的说法，肯定新闻事业是面向社会以报道时事消息为主的传播机构，在中国经济改革的大潮中，经济报道的比例应该不断增加。

1983年，改革开放初见成效，中国社会也越来越开放，信息这个概念开始被中国新闻界使用，人们对新闻媒介的社会功能又有了新的认识，认为不能把新闻媒介简单地看成宣传工具，同时新闻媒介应该满足社会大众各方面的需求，又快又好地为读者提供了解周围环境的信息，帮助他们补充新的知识。中国的新闻媒介在做好党的宣传工作的同时，还必须为大众提供各种政治、经济、文化和国际信息。在这种情况下，中国的媒介结构开始变化，一大批以提供经济、娱乐信息为主的报纸、电台、电视台不断出现，信息开始成为媒介的主角，新闻报道的方式方法也开始多样化了。

从1992年开始，中国的新闻媒介又开始面临一个新的挑战，那就是从上层建筑式的事业单位向自负盈亏的信息产业转化，其变革的要点与其说是内容上的革新，不如说是经营管理上的大换血。报纸、电台、电视台三足鼎立，日报、晚报、专业报互不相让，电台电视台的节目焕然一新。报道内容的变化表明了受众已经变成了媒介的上帝，媒介内部的结构也灵活化，而且，竞争使信息市场不断发展，1996年，中国第一个报业集团——广州日报报业集团成立了，这标志着中国媒介开始走向硬件强、内容充实的大型媒介集团之路。

同时，中国互联网的发展也非常迅速，到2001年，中国上网计算机数为892万台，上网用户人数为2250万人。

第六节　信息、媒介与社会发展

以上我们回顾了媒介的普及和社会的发展，那么传播行为或者说媒介传播与社会发展的相互关系可以怎样概括呢？也就是说，应该了解传播行为是怎样和特定的社会文化相互关联、相互影响的。本节将重点探讨在社会传播过程中，各种社会支配要素和被支配要素如何影响媒介信息的传播。

一般来说，在传播过程中，各种各样的社会因素之间存在着相互作用的力学关系，它们根据自己的目的和利益在必要的时候产生作用，使传播过程中的信息分为两层：一层为表面的信息，其意思明白而直接；另一层为暗示性的信息，其意思不能为一般读者所认知，比较含蓄。正是这种暗示性的信息最能体现围绕传播者和受众的社会环境和文化背景的内涵。同时，特定的社会环境及文化背景又会被某种暗示性的信息再次加强或更改。可以说，传播行为是通过暗示性信息的象征作用来影响社会的，媒介其实是在传达一种促使某种现象普遍化或正统化的信息。图3-2就是一个信息、传播和社会相互关系的图式。

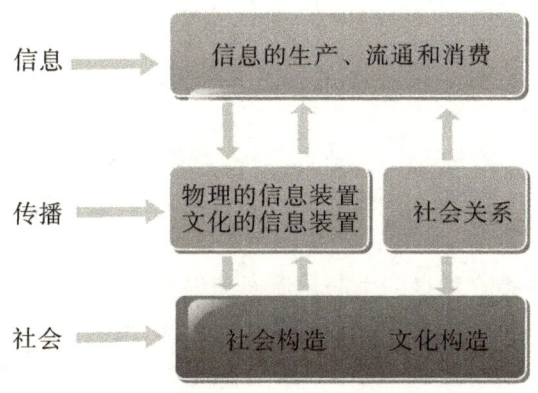

图 3-2 信息、传播和社会的关系

下面我们以社会传播为中心讲解这个图式。

总的来说，在一个相对安定的社会里，由信息的生产、流通和消费过程开始，通过信息装置和社会关系，再对社会构造和文化构造产生影响，这是一个垂直流动的过程。在这个过程中，信息的生产、流通和消费过程更新了信息装置和社会关系，对特定的社会构造和文化构造起了某种程度的影响。反过来，也存在由原有的社会构造和文化构造开始，到信息装置和社会关系，再到信息的生产、流通和消费过程这样一个流动过程。在这个过程中，既定的社会构造和文化构造决定了信息装置和社会关系，而既定的信息装置和社会关系又决定了信息的生产、流通和消费过程。这也是一个垂直流动的过程。因此我们可以说，信息、传播和社会的关系是双向垂直流动的关系：一方面，由信息的生产、流通和消费过程开始的流动影响了传播层和社会层；另一方面，由社会构造和文化构造开始的垂直流动的过程影响了传播层和信息层。

先看第一层即信息层的要素。信息的生产（即收集、处理、加工、积蓄、发送）、流通（移动）和消费过程（接受、处理、加工、积蓄）是一个动态循环的过程。这个过程中的行动主体一般是个人、多人的组合或集体、社会（团体、地区、国家），它们之间的传播可以分为个人传播、地区传播、组织传播，也可以分为中间传播和大众传播。如果传播者是国家的话，那么这种传播也可以称为国际传播。这些传播者同时也是第二层的社会关系的行动主体。

再看第二层即传播层。第二层有两个要素，即信息装置和社会关系，信息装置是指和信息的生产、流通和消费过程紧密相连，维持这种流动过程的组织、机构或制度。对于信息和信息的传播者、消费者来说，信息装置是不可缺少的。信息装置一般来说有物理的信息装置和文化的信息装置两种。物理的信息装置是指信息流通的硬件部分，可分为三种：

（1）传播媒介。具体有报纸、广播、电视等大众传播媒介，邮递物、电话、传真等个人媒介,处于大众传播媒介和个人媒介之间的地区媒介和组织媒介,还有电脑通讯媒介和作为媒介渠道的卫星和光纤。

(2)交通机构。由于信息常常被人或物所附带而被交换、流通,所以,交通机构也可以被认为是一种信息装置。

(3)具有制度性的组织或设施。比如学校、军队、教会、企业等。

这三种物理的信息装置随着社会的发展而发展,相互补足,使人们的信息环境不断扩大。

文化的信息装置是指在信息的生产、流通和消费过程中与信息的意义和信息的解释有关的语言、记号或文脉。语言是社会文化和历史的产物,它包含了各种各样的意义和价值观。同样,人们对记号的理解也各式各样,不同的文化,不同的民族对同一记号的理解也不尽相同,甚至每个人对特定的单词或符号的理解也不一样。至于文脉(context),是指由语、句、段落组成的意思的集合。文脉与特定的历史文化现象有关,在构成信息的词和句难以判断时,人们往往会根据上下文的意义来对信息的意义进行判断。也可以说,信息的传播是在某个特定的社会文化背景,即某个特定的文脉意义环境里进行的,人们基于对同一文脉的理解,而得以顺利地接受信息、理解信息(如图3-3所示)。

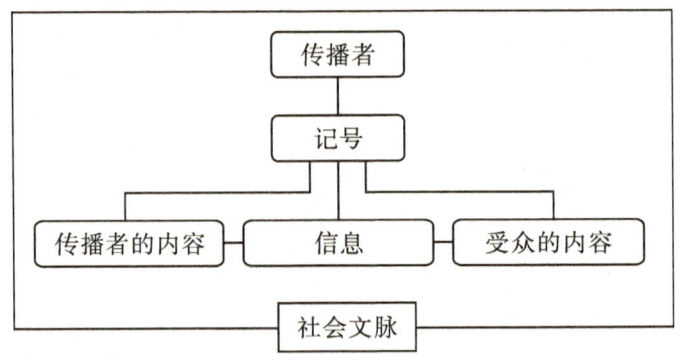

图3-3 传播过程中的文化的信息装置

有了物理的信息装置和文化的信息装置,传播过程才得以成立。反过来,传播过程对信息装置也会有影响,被经常利用的媒介会作为物理的信息装置而固定下来,不经常利用的媒介会被淘汰而消失。这种情况也会发生在文化的信息装置上。语言、符号既会被淘汰,也会被赋予新的意义而新生。

第二层的社会关系是指传播过程中由个人、多人的组合或团体、地区、国家形成的集合体。社会关系是由不断重复的传播行为构成的,而信息流通的频度和信息量是推论社会关系的重要指标。即使一个人处于没有接触任何媒介和任何人的状态,只要他认识到有接触来自外界信息的可能性，他与社会之间就存在着一定的关系。一般来说，传播者与受众之间，信息量越大，传播速度越快，则两者的社会关系越密切。传播过程通常与支配阶层的关系最密切。

在传播过程中，信息装置和社会关系又是什么样的关系呢？信息装置会导致社会关系的变化或更新。比如说，大众传播媒介的发展和普及使信息的社会流通量不断增加，使原有的社会关系也有了大的变化。而信息装置也会对社会关系产生影响。如有的国家为了改变社会关系而建设物理的信息装置，比如交通设施、交通网，有的是根据既有的社会关系建设的，也有为了未来的社会发展和未来的社会关系而设计的。文化的信息装置也不例外，有的国家为了融合各种社会关系而实施有关语言政策，这对某个特定地区的社会关系的维持和发展很有推动作用。总而言之，文化的信息装置和传播过程与社会关系之间，是相互影响、相互变动的。

第三层是社会—文化结构。社会—文化结构是指由社会制度决定的社会人员分配和资源分配的状况以及一个社会的文化特征。社会—文化结构与信息装置和社会关系是支配与被支配的关系。一般来说，社会的统治者为了维护已有的社会—文化结构的安定，会对信息装置和社会关系进行控制或调整，而信息装置和社会关系要立意革新时，也会引起较大的社会文化结构的变动。

总而言之，信息、传播和社会三者之间是相互影响、密不可分的关系，但是传播学学者的视线总是习惯于集中在社会传播如何维持社会的安定和存续上，对社会环境如何影响社会传播则较少关注。以上分析无疑提醒我们要从更为全面的角度来看待传播与社会，这也是媒介社会学的重要课题。

第四章 媒介与社会的相关理论

本章试图对有关媒介与社会的一些重要的理论做一个梳理和归纳,意图通过对既有理论的介绍,了解在社会学和传播学的范畴内与媒介社会学有关的一些研究成果,这些研究成果如果从媒介社会学的角度给予整理的话,可以分为媒介的社会功能、媒介与社会的关系、媒介标准理论和其他理论几个部分。下面首先从有关媒介的社会功能的理论开始介绍,这是不少社会学家和传播学家较早就开始关注的一个课题。

第一节 媒介的社会功能

一、三大社会功能

大众传播媒介应该对社会发挥什么作用?它的传播活动对社会产生了什么样的实际影响?这种作用是否有正面和负面之分?哪些是我们明显能发现的,哪些又是我们所无法直接察觉的?这些涉及媒介社会功能和作用的问题一直以来是传播学者不断思考和研究的重要问题,也属于媒介与社会的相关理论中较为重要和基础的理论。多位学者对这个课题进行了深入的研究,媒介功能说从较早的三大功能扩展到八项功能,最终大致定位为五项功能。这也表明了研究者对媒介社会功能的认识是不断变化的,同时也说明了媒介的社会功能是具有时代性的。不同的社会发展阶段,社会体系中的大众媒介发挥着不同的作用,人们对媒介的传播活动的需要和所寄予的期望也是不同的。

探讨媒介的社会功能的学者虽然不少,但是各自的角度和目的有所不同。例如有的学者是讨论分析传播活动的社会功能,有的学者是直接分析大众传播媒介的社会功能,两者有类似的地方,但内涵不同。传播是一种普遍的社会活动或者说社会现象,它包含很多种传播方式如人际传播、组织传播和大众传播;而大众媒介的传播则指面向大众、通过传播技术进行信息发布的专业传播活动。在分析传播或者大众媒介的社会功能的时候,我们要注意学者们的分析着眼点。一般来说,对传播的社会功能的分析包含对大众传播媒介的社会功能的分析,但是对大众传播媒介的功能的分析有时并不能推论其他传播媒介的功能,例如麦库姆斯和肖提出的"大众传播媒介的议题设置功能"只适用于大众传播媒介。

最早分析媒介的社会功能并对此进行归纳的学者当属拉斯维尔,他在1949年提出媒介具有三大社会功能,即监视社会环境、整合社会力量和传承社会遗产(如图4-1所示)。①

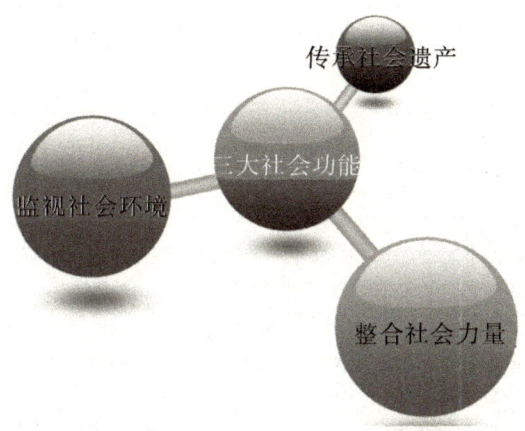

图4-1 拉斯维尔的媒介三大社会功能

所谓监视社会环境功能是指媒介有瞭望哨的作用,通过信息传播发现新问题和新发展;整合社会力量功能则指媒介通过传播信息把有分工合作的社会各组织协调和统一起来;而媒介的社会遗产传承功能是指媒介不断的信息传播活动可以在多个世代之间实现文化传承,使下一代人能继承上一代的传统,使社会得到不断发展。

二、八项细化功能

而拉扎斯菲尔德和默顿也在同年的研究中提出八项细化后的功能说,他们认为媒介的社会功能可以从以下几个方面总结(见图4-1)②:

---

① Lasswell, H. D. (1948). The Structure and Function of Communication in Society. In L. Bryson (ed.). *The Communication of Ideas*. New York: Harper and Brothers, pp. 37-51.

② Lazarsfeld, P. F. & Merton, R. K. (1948). Mass Communication, Popular Taste and Organized Social Action. In Schramm, W. & Roberts, D. F. (eds.). *The Process and Effects of Mass Communication*. Urbana: University of Illinois Press, pp. 554-578.

表4-1 拉扎斯菲尔德和默顿的媒介八项功能

媒介的社会功能	具 体 内 容
1. 授予地位	媒介可以通过信息传播赋予特定的人或事以较高的社会地位,也可以通过相同方式剥夺人或事已有的社会地位
2. 维护社会准则	媒介的报道内容一般都是主张现今社会的准则,立足于维护社会系统的稳定的
3. 宣扬社会目标	媒介会自觉地维护和宣扬当今社会的目标,并把它向社会公众作解释和说明
4. 统一社会行动	媒介的信息传播可以在同一时间里统一或者协调社会行动,使社会发展步调一致
5. 维护现存次序	媒介的传播内容一般不会提倡反对现存的社会体制,而是偏向于维护保持现有的社会秩序
6. 麻醉社会公众	长期和反复的媒介传播活动,尤其是娱乐性信息,容易减弱公众的判断识别能力,或者沉湎于娱乐
7. 提倡顺从	长期接受媒介传播内容的公众容易形成对现有社会制度的认同感,易于顺从现有的制度安排
8. 普及大众文化	由于媒介以一般的大众为传播对象,所以较高层次的审美水平和文化修养渐渐被通俗文化所代替

三、四功能说与六功能说

此后,查尔斯·赖特于1960年在拉斯维尔的论述基础上补充了"娱乐"功能,从社会学的角度总结了四功能说,赖特所指的四功能是:①环境监视的功能,媒介的传播活动可以警戒外来威胁,满足社会的常规性活动的信息需要;②解释与规定的功能,可以通过含有特定倾向的信息传播引导公众并协调社会成员的行为;③社会化的功能,是指媒介传播知识、社会价值观念以及行为规范;④提供娱乐的功能,表现在媒介的传播活动能满足人们精神生活的需要。① 而蒙德勒申对娱乐功能的进一步的诠释是:大众传播媒介的这项功能可以消除人们的紧张,使人们感到放松,从而可以较为容易地应对社

---

① Wright, C. R. (1960). Functional Analysis and Mass Communication. *Public Opinion Quarterly*, 24: 606-620.

会问题，避免社会因关系紧张而出现问题。①

施拉姆则从政治功能、经济功能和社会功能三个方面进行了总结，对大众传播的基本功能归纳如下：守望功能、会议功能、教化功能、娱乐功能和商业功能（参见表4-2）。② 施拉姆的总结明确地提示了传播的经济功能，这在现代社会是十分重要的一个功能，尤其是在信息化社会里，大众传播的经济功能并不仅仅限于为其他产业提供信息服务，它本身就是知识产业的组成部分，通过知识、信息商品的生产和流通在整个社会经济中占有重要的地位，也因此具有较大的社会影响力。

表4-2 施拉姆的三大功能③

层面	基本功能	具体内容
政治方面	守望功能	环境监视
	会议功能	社会协调，社会控制
社会方面	教化功能	规范传递，遗产传承
	娱乐功能	提供娱乐信息
经济方面	商业功能	经济信息的收集、提供和解释，开创经济行为

四、麦奎尔的归纳和整理

在这里不得不提起麦奎尔对上述理论的归纳和整理。丹尼斯·麦奎尔（Denis McQuail）是英国著名传播学学者、荷兰阿姆斯特丹大学传播学院终身教授，曾任英国皇家出版传播调查委员会学术顾问，是《欧洲传播学杂志》的三位创始人之一。麦奎尔擅长用社会学的宏观视野和框架，对以往的大众传播研究成果进行梳理、整合，使几十年来产生的各种理论之间呈现出关联性、互动性，为传播学科，特别是大众传播学科，进一步提升自身的整体理论水准，建构了必要的平台。麦奎尔也将众多的时间贡献于描述媒体影响和效果的理论与意识，并致力于回答不同大众媒介的效果和社会影响。从1968年至今，麦奎尔出版了十几本著作，涉及传播研究的诸多领域。其代表作有《大众传播理论》及《大众传播模式论》，两书均在世界范围内发生了广泛影响。

---

① Mendelsohn, H. (1966). *Mass Entertainment*. New Haven, CT: College and University Press.
② 施拉姆：《传播学概论》，新华出版社1984年版。
③ 改编自施拉姆《传播学概论》，新华出版社1984年版。

麦奎尔对媒介的社会功能有深入的分析和总结。在2002年的《麦奎尔大众传播理论》一书中，他先是从功能主义理论的角度归纳出五个思考媒介社会功能的基本思路（如图4-2所示）。① 这五大思路的具体内容如下：

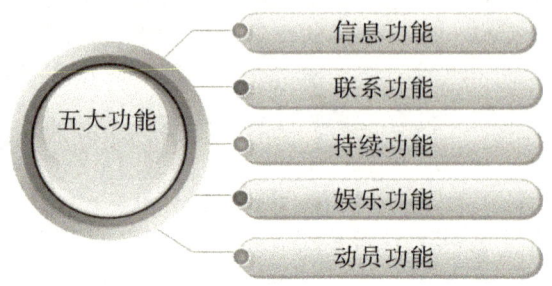

图4-2　麦奎尔的五大功能说②

信息功能是指将各种社会事物和社会变化的状况作为信息向社会成员传达的功能。这种信息传达能使个人了解社会，适应社会的发展，使社会的维持和继续成为可能。众所周知的大众媒介的新闻报道就是这一功能的体现。

联系功能也就是社会整合功能，是指媒介对来自社会的各种信息进行选择、评价和解释说明，调节各社会成员之间的相互关系，润滑其相互作用，密切相互关系，同时为社会成员指出应对各种社会变化的方法。媒介的评论栏目可以看成是这一功能的体现。

持续功能即文化延续功能，是指媒介通过报道将某个社会特定的文化理念、价值观、行为规范、生活方式及一般的社会知识传达给年轻的一代，人们接受教育不仅仅是在学校，每天通过接触媒介而潜移默化地得到知识也是一种社会教育，媒介的教育功能是通过信息传播来实现的，主要表现在对文化和社会规范的传授延续上。

娱乐功能是指大众媒介通过为社会各阶层的成员提供娱乐信息，使人们在工作之余得到放松，缓解来自社会的各种压力。现代社会里媒介上的娱乐信息越来越多，特别是电视媒体的娱乐节目几乎占总节目量的一半以上。

动员功能是指媒体的信息传播活动不断向社会公众提示社会发展目标，进行政治动员，协调社会管理，团结社会力量，促使社会舆论趋于一致。

有关媒介社会功能的研究在几位先驱者奠定了基础之后，许多后来者都从不同的角度、不同的层次对其进行了丰富和拓展。但其论述的本质大都没有跳出上述范畴。也有通过实证研究发现现代社会中媒介新的社会功能的，如麦库姆斯和肖提出的大众传播媒介的议题设置功能。但是综合上述多角度的功能说，不难发现其中部分的功能有些类似

---

① 麦奎尔著《麦奎尔大众传播理论》（第4版），崔保国、李琨译，清华大学出版社2006年版，页67。
② 改编自麦奎尔著《麦奎尔大众传播理论》（第4版），崔保国、李琨译，清华大学出版社2006年版，页67。

和重合，有些太过琐细，有的又比较笼统；从功能主义角度出发的观点采用类比方法，而研究媒介效果的学者多用实证主义研究方法。不同的研究领域，或者媒介研究的取向不同，其实都会对媒介的功能形成自己特定的看法。

例如郭庆光指出，拉斯维尔所论述的三项功能（即监视社会环境、整合社会力量和传承社会遗产）是包括人际传播、群体传播、组织传播在内的一切社会传播活动的基本功能，大众传播媒介不仅具备了这些功能，而且起着突出重要的作用①。张国良也认为，拉斯维尔的功能说是解释"传播在社会层次上的功能"（或者说"传播的社会功能"）。② 这两位学者的解释给我们这样一个提示，这就是在理解各位学者的不同的功能说，例如拉斯维尔的三功能说时，不要混淆了"传播类型"与"传播层次"这两个概念。在现实生活中，社会传播的层次和类型是相互交叉、相互重合的，各个层次可以开展各类传播。拉斯维尔的论述是站在社会层次的角度，但他对传播功能的归纳适用于各种社会传播活动。

第二节　媒介与社会的关系理论

大众传播媒介与社会体系之间的关系一直是媒介社会学最为重要的课题之一，在迄今为止积累下来的传播学研究成果中从各个角度探讨媒介与社会关系的研究也非常多，而麦奎尔通过文献综述将最为重要的研究成果整理归纳为七大理论（如图4-3所示）。③

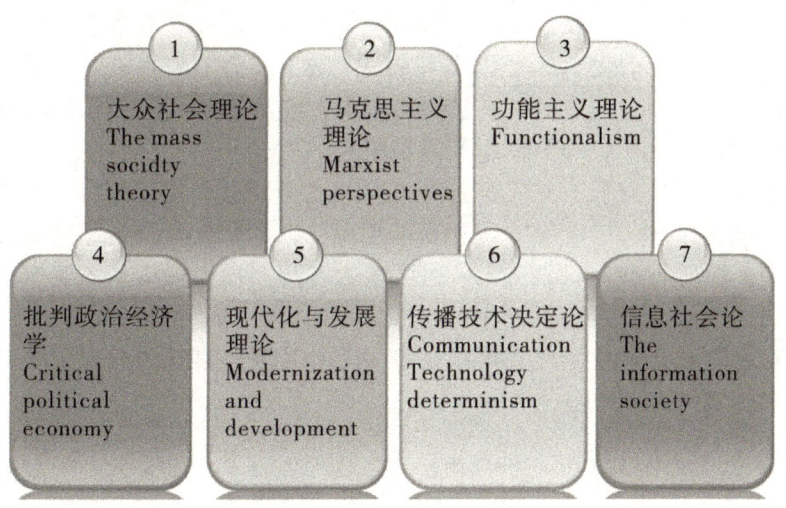

图4-3　探讨媒介与社会体系之间关系的七大理论

---

① 郭庆光：《传播学教程》，中国人民大学出版社2003年版，页113。
② 张国良：《传播学原理》，复旦大学出版社1995年版，页46。
③ McQuail (2000). *McQuail's Mass Communication Theory.* Lomdon：Sage，pp. 74-90.

一、大众社会理论 (the mass society theory)

这是兴起于 20 世纪五六十年代、至今仍在发展并受到学界关注的理论。大众社会理论认为现代社会由"原子化"的个人组成，个人之间彼此孤立，缺少沟通和组织，处于分散、缺乏了解和认同的状态，是游离于社会强制力之外的个体。

而之所以被称为"大众"，也表明了对这些人群特点的描述，大众被认为没有个性，教育程度较低，缺乏来自组织的约束力，非理性，时有暴力倾向。

大众社会理论的媒体观则是，媒介应该配合其他社会组织来维持现存社会制度，维持大众对现存制度的认可状态，其结果则是媒介间接将社会公众培育成一群没有辨别能力和批判能力、没有个性和特点的大众。更有人直指媒介是一种有害的社会力量，因为媒介的信息传播可以直接影响人的思维能力，人们的生活会受媒介行为的破坏，社会也会因此产生大量的社会问题。甚至还有人声称大众媒介由于面向的是大众，所以不可避免地会降低社会文化的高度，带来社会文明的总体衰落。但是麦奎尔的表示相对乐观，他认为人们对媒体的上述"恶果"的判断有些言过其实，其实社会大众对权势总是有各种各样形式的抵抗，特别是当网络媒体等新兴媒介为公众带来更多的发表自由和意见交流的时代到来的时候。①

二、马克思主义理论 (Marxist perspectives)

马克思主义理论认为，社会生产资料所有制性质决定社会的本质，经济是一切社会结构的基础，并决定政治建筑和思想关系。一定的生产力发展水平，要求建立一定的生产方式和一定的社会形态，在每一种社会形态中，经济基础决定国家政治制度和意识形态的性质，即决定这个社会的精神生产为谁服务。

基于上述观点，马克思主义的媒介观可以表述为，媒介是一种生产手段，媒介的传播内容本质上就是传播统治阶级的观念和世界观，维持私有制及其经济基础，否定其他可能导致社会变革的行动，阻碍工人阶级为争取自身利益而形成新的意识。而后马克思主义学派则更注重媒介在维持统治阶级权益方面的意识形态上的传播作用。有学者认为，媒介貌似客观公正的立场使其可以在不为劳动阶级所察觉的情况下帮助统治阶级实现思想控制和使制度合理化。

三、功能主义理论 (Functionalism)

功能主义理论看待媒体的出发点是社会和个人对媒体的需要，比较重视媒介作为一个社会组织对社会体系应该起到的作用。在社会系统内媒介也是其中一个分子，必须为主系统的维持和存续发挥作用，因此，媒介的内容形成和传播活动都会受到社会组织和

---

① McQuail (2000). *McQuail's Mass Communication Theory*. Lomdon: Sage, pp. 74 – 90.

社会公众为社会存续和社会整合而产生的需要的影响。从这个角度来看，媒介的内容更多更主要的应该是维护社会系统安稳和谐的，而不是导致破坏结果的。这些观点已经得到不少学者的支持和学术佐证。有研究成果显示，公众使用媒介的动机既有期望通过媒介信息强化个人与社会的关联性的，也有寻求在社会系统内的安全感和认同感的。①

麦奎尔从功能主义的角度归纳总结了大众传播媒介的五项社会功能，他认为可以从信息沟通功能、社会整合功能、文化延续能力、娱乐放松功能和社会动员功能来描述媒体的社会作用。②

四、批判政治经济学理论（critical political economy）

这是一种用马克思关于上层建筑与经济基础的理论来探讨传播媒介的所有制结构以及媒介的控制问题的理论。其着眼点在于经济方面，坚持意识形态依赖于经济基础，并把研究的注意力转向对所有制结构的经验分析以及媒介市场力量运行的方式，着重分析西方垄断传播体制的经济结构与市场经济运行过程。简单地说，这种观点直接揭示媒介的所有制形式对媒介的经营管理和传播内容有重要的影响，认为媒介组织也是社会政治经济的一部分，其传播内容必定受到媒介经济利益的限制。一些在现代社会到处可见的媒体行为其实都可以看成上述观点的现实化，例如，媒介垄断的形成，媒介内容市场化倾向的加速，受众商品化，新闻报道对公共利益和社会道德的侵害，新闻专业主义的消退，等等。

五、现代化与发展理论（modernization and development）

这个理论认为，在一个国家的社会发展过程中大众传播媒介的传播活动起着重要的作用，大众媒介的传播活动可以带来新的社会思维，协助推广各种社会革新，提高社会公众的文化素质，并形成统一的社会意识和团结力。但是这个理论在现实生活中显得比较理想化。作为促进社会发展和革新的要素之一，媒介的传播力量显然不能和政治经济等其他社会因素相比，同时也有人质疑该理论是否在为政治控制提供依据。该理论起源于第二次世界大战后，但目前已不太被学界关注。

六、传播技术决定论（communication technology determinism）

文如其名，这个理论主张社会传播技术的程度对这个社会的权力构成和社会变动有决定性影响，麦克卢汉的"媒介即信息"就是代表学说之一。但是不言而喻的是，大

---

① Katz, E., Gurevitch, M. & Haas, H. (1973). On the Use of the Mass Media for Important Things. *American Sociological Review*, 38, pp. 164–181.

② McQuail (2000). *McQuail's Mass Communication Theory*. Lomdon: Sage, pp. 74–90, 因前面有专门论述，此处恕不展开说明。

众媒介对社会产生巨大影响的时候，不仅仅是传播技术，应该还有其他多种因素在同时发挥作用。

七、信息社会理论（the information society）

该理论强调新技术、新媒体在信息社会中的巨大促进作用，认为信息是信息社会里最有价值的资源和生产资料，信息将在经济上、社会上占主导地位。该理论认为社会变革更多地取决于信息的生成手段和对信息的进一步处理，随着信息技术和信息网络的高度发达，新技术、多媒体、交互式信息交流方式的实现将会较大地改变人们现有的交流方式，也会改变目前大众传播媒介的传播格局和方式，从而产生一种新的"网络文化"，更重要的是网络媒体还将促进言论自由和社会民主化的进程。但是麦奎尔认为该理论没有重视新传播技术给社会带来的负面作用[1]。

第三节 标准媒介理论

所谓标准媒介理论是指媒介在社会中应该起怎样的作用和如何运转的模式的理论，具体来说，是要探讨媒介制度或者说媒介体制与社会之间基本关系的问题，由于不同的媒介制度是建立在不同的社会体制和政治、经济、宗教和文化基础之上的，所以标准媒介理论一般是讨论各种社会制度中的媒介制度及其作用的。至今为止最为著名的标准媒介理论就是施拉姆等的《报刊的四种理论》[2]，这本著作由威尔伯·施拉姆与弗雷德里克·赛伯特、西奥多·彼得森三人合著，出版于1956年，受到新闻界的极大关注，这本著作的题名虽然使用的是"报刊"一词，但是这里的"报刊"是指一切大众传播媒介。这本书的著者认为，世界各国的媒介制度与其社会政治制度不可分割，可以看成是一脉相承的，基本上可以分为集权主义理论、自由主义理论、社会责任理论和苏维埃理论四种。

一、集权主义理论

集权主义理论是人类传播史上第一种也是最古老的一种传播制度理论。这一理论主张报刊是国家的公刊，必须由统治者主管，为统治者服务。国家机关对报刊应严加控制和审查，对违反有关规则的应加重处罚。实行颁发出版许可证制度，法院对违法如叛乱罪、煽动罪、诽谤罪的人提起公诉，加以处罚，等等。

这一理论反映的实际情况可以以中世纪的欧洲各国为例来说明，在文艺复兴前的欧洲，英国国王亨利八世从1528年开始具体实施对社会传播活动的法令控制，可谓最早

---

[1] McQuail (2000). *McQuail's Mass Communication Theory*. Lomdon: Sage, pp. 74–90.

[2] 威尔伯·施拉姆、弗雷德里克·赛伯特、西奥多·彼得森：《报刊的四种理论》，新华出版社1980年版，页132。

开始管制出版物的统治者。他不断颁布相关命令限制外国出版商在英国出版刊物，同时建立了出版物的皇家许可制度，任命皇家官员监督出版，未经皇家官员的许可不准出版任何刊物。18世纪初期，英国国会拥有处置违法传播行为的特权，例如凡属指责国会、批评政府或者国王大臣的传播内容，有关反对国会的言论报道都可按煽动诽谤罪论处。现在绝大多数的国家已经看不到这种媒介制度了。

二、自由主义理论

报刊的自由主义理论主张言论和出版自由，反对政府等权力机关对媒介进行的下列控制或压制，如：要求报刊出版必须事先领取执照；对传播内容进行审查；对触犯或批评当局的内容处以罚金；对有关传播者予以刑事处分，并在民事上承担损害赔偿；对信息采集与报道横加干涉；对人们购买、阅读或收听、收看征税并加以干预。

三、社会责任理论

社会责任论的具体主张是：传媒对社会有着种种义务，不能辜负公众的信任；报刊要"供给真实的、概括的、明智的关于当天事件的记述，它要能说明事件的意义"；它应当成为"一个交换评论和批评的论坛"；要能描绘出"社会各个成员集团的典型图画"；要负责介绍和阐明社会的目标和美德；要使人们"便于获得当天的消息"；作为真正的职业传播者，还应当遵循公认的道德准则和职业标准，不会为金钱而去做某些事，切实关心公众利益和国家利益。

四、苏维埃理论

苏维埃国家的大众传播媒介制度被描述为：大众传播媒介与组织传播媒介不可分割；大众传播媒介是作为国家和党的工具来使用的，并作为党实现统一的工具、发布"指示"的工具；它们几乎专用于宣传和鼓动；传播者被强制性地要求承担严格的宣传责任；它们由国家经营和控制；传播者的自由和责任也不可分地连在一起。

《报刊的四种理论》出版后受到极大的关注，新闻学界公认此书开了比较新闻学之先河，以其鲜明夺目的标题填补了大众传播文献的空白，揭示了新闻媒介与社会的关系。它不但在美英等国被当作教科书，引起了热烈的讨论与争辩，得到美国领导团队的赏识，被美国新闻学荣誉学会授予研究奖章，还被译成多种文字。芮必峰认为，该书的创新之处在于：①探究不同社会制度与报刊的关系，这种研究方法对西方新闻学研究产生了影响；②对各种报刊体系差异所作的哲学根源上的探究，提升了新闻学的理论层次；③"四种理论"模式一直影响甚至左右着后来的媒介理论；④西方推崇的"社会责任理论"经过该书的系统阐发得以广泛传播。①

---

① 芮必峰：《西方"媒介哲学"评介》，《新闻与传播研究》1996年第4期。

《报刊的四种理论》虽然引起了西方学界的普遍赞扬,但是随着时间的推移和社会的发展变化,不少学者对这四种理论的批评和修正也日见增多。对这四种理论的批评集中于以下几点:

第一,不少学者认为《报刊的四种理论》的理论基调是冷战意识。该书出版于冷战时期,当时美国社会中弥漫着按美、苏及其各自的盟国之间的意识形态对峙划线,在这种时代背景下问世的《报刊的四种理论》的第四部分,即施拉姆所写的"报刊的苏联共产主义理论"部分突出反映了这种"冷战"基调。

第二,作者的出发点是基于政府和传媒的紧密联系。有学者指出本书的一位作者长期担任新闻界的法律顾问,其某些学术研究一直受美国报业大亨的资助,与新闻出版界的"良好"关系使得这本书代表了媒介行业界的某些观点。而施拉姆本人的学术生涯显示了他与美国政治的深厚渊源。该书第四部分实际上反映了美国全球战略议程的一面。由此可见,作者的写作动机和立场在很大程度上影响着理论论述。[①]

第三,"社会"与"责任"界定的模糊。这突出体现在"社会"与"责任"这两个术语上。首先,"社会"是一个没有表达清楚的抽象概念,如果把它同"国家"这个概念联系起来,不仅会导致语意上的混淆,甚至会引起思想上的巨大混乱。"国家"可以指政府、民族,还可以指社会,如此一来,这三个术语也就含混不清了。[②]

第四,基本上没有揭示经济制度对传媒的影响。《报刊的四种理论》揭示了新闻媒介与社会之间的关系,其中包括最多的莫过于不同政治制度对传媒的影响,而对资本主义私人所有制的权利集中及其对传媒的影响所论太少。[③]

第五,仅仅这四种理论还是无法涵盖现今世界各种不同的传媒体系。这四种理论只是对西方资本主义媒介体系和苏联共产主义媒介体系作了探讨论述,但是它忽略了同时代其他种类的媒介模式。而且,随着各国政治经济的发展和媒介体制的变革,四种理论无法涵盖现今世界各种不同的传媒体系,新的理论模式便会应运而生。

但是不能否认《报刊的四种理论》对之后的媒介理论产生的深刻影响。几位学者对之后的标准媒介理论的发展做了以下的综述[④]。

1971 年,美国学者拉尔夫·洛温斯坦和约翰·梅里尔在其出版的《媒介、讯息与人》一书中对"四种理论"作了修正,提出了"五种理论",即权威主义理论、社会权威主义理论、自由主义理论、社会自由主义理论和社会集权主义理论。

1981 年,美国学者威廉·哈希顿在《世界新闻面面观》一书中提出的"五种理

[①] 郭镇之:《对"四种理论"的反思与批判》,《国际新闻界》1997 年第 1 期。
[②] 赫伯特·阿特休尔:《权力的媒介》,华夏出版社 1989 年版,页 342。
[③] 赫伯特·阿特休尔:《权力的媒介》,华夏出版社 1989 年版,页 345。
[④] 参见 Curran, James & Park, Myung-Jin (2000). Beyond Globalization Theory, In James Curran & Myung-Jin Park (eds.). *De-Westernizing Media Studies*. London: Routledge. 以及陈丽《浅析报刊的四种理论》,中华传媒网,http://media.szu.edu.cn/Article/ (2006 - 06 - 10)。

论",对"四种理论"作出了较大改进,增加了关于第三世界的媒介理论。该模式保留了集权主义和共产主义两种理论,而将自由主义和社会责任理论合并为"西方理论",并增加了两种新的理论:革命理论和发展理论。

1983年,英国学者麦奎尔在他的首版《大众传播理论》中提出了类似的"六种(5+1)理论",它们是权威主义理论、自由报刊(新闻自由)理论、社会责任理论、苏联理论、发展理论和民主参与理论。

1985年,罗伯特·毕加德在《报刊与民主的衰落》一书中提出了一个综合模式。该模式保留并综合了"四种理论"及上述的几种理论,增加了"民主社会主义"理论,提出了"七种理论",即权威主义理论、共产主义理论、革命理论、发展理论、民主社会主义理论、社会责任理论和自由主义理论。

陈丽认为,上述理论模式都只是"四种理论"模式的部分修改或者发挥,它们总体上并没有摆脱《报刊的四种理论》的思想窠臼。①

黄成炬认为,首先,不管现有的标准媒介理论的内容如何,都存在无法避免的问题,例如,他指出标准媒介理论是一种理想模式,过于抽象,很难对特定国家的媒介制度作出解释,因为现实中的媒介制度是非常复杂并难以归纳的。其次,不同的标准媒介理论产生于不同的社会背景之中,对不断变化的现实很难及时地给予容纳和解释。另外,他还认为不少西方的标准媒介理论带着较为明显的西方中心主义和以自由主义为基点的意识形态上的偏向。②

第四节 有关媒介与社会的其他理论

一、麦克卢汉的媒介观

麦克卢汉是一位具有较高影响力的传播学学者,其最为广泛流传的媒介观就是:"媒介就是信息。"在《理解媒介——论人的延伸》里,他提出了目前广为人知的"媒介"、"地球村"和"信息时代"等概念。麦克卢汉主张,传播媒介不只传递信息,还告诉人们世界是什么样子。人们在掌握文字前主要使用人际传播手段,如听觉和视觉;印刷文字出现后,人们面对报刊、书籍;电视出现后,人们视觉、听觉并用。可见不同媒体的出现直接导致了人们感官的延长,所以麦克卢汉认为"媒介就是信息"。他的观点简言之就是,印刷媒介是视觉能力的延伸;广播是听觉能力的延伸;电视是视听觉能力的综合延伸。每种媒介的使用都会改变人的感觉平衡状态,产生不同的心理作用和社

---

① 陈丽:《浅析报刊的四种理论》,中华传媒网,http://media.szu.edu.cn/Article/(2006-06-10).
② 黄成炬:《媒介社会学》,见鲁曙明、洪浚浩主编《传播学》第三章,中国人民大学出版社2007年版,页73—74。

会行为方式。这个观点强调了不同的媒介具有不同的认知效果和社会影响。

麦克卢汉除了"媒介就是信息"、"媒介是人的延伸"外，还提出了"热媒介与冷媒介"的学术观点。20世纪60年代是麦克卢汉的理论成熟和高峰期。1962年，麦克卢汉出版了《古登堡星云》一书，对拼音文字和印刷术在感官和文化上的影响作了详尽的论说。麦克卢汉的主要贡献是在传播媒介的研究方面，1964年出版的《媒介通论——人的延伸》代表了麦克卢汉媒介研究的最高成就。

这本书基本上概括了麦克卢汉关于传播媒介的主要观点，他用自己的方式表达了对媒介的定义、性质、特征、作用和分类的认识和阐述。"热媒介"与"冷媒介"是麦克卢汉为分类媒介而提出的两个概念。"热媒介"是一种传递信息比较清晰明确，接收者不需动员更多的感官和思维活动就能理解的媒介；而"冷媒介"则是一种传递的信息少而模糊，在理解之际需要动员较多的感官和思维活动的媒介。"热媒介"有如一幅清晰的、现场感极强的新闻图片，给读者传递的信息简洁明了；而"冷媒介"则如一篇长篇深度报道，需要读者对报道内容感兴趣，并加入自己的思考和分析才能得到结果。这种分类给予我们的启示在于认识到不同的媒介作用于人的方式不同，不同的媒介会引起读者不同的心理和行为上的反应，因此，媒介研究应把这些媒介的特性考虑在内。

有人认为麦克卢汉的媒介理论就是一种媒介技术决定论。例如，麦克卢汉强调传播媒介是社会发展的基本动力，也是区分社会形态的标志。例如，现代社会电子媒介的普及，缩短了我们与外部世界的距离，全球范围内人们的生活圈重新部落化，整个世界好像成了一个小小的"宇宙村"。

麦克卢汉强调了传播媒介在人类社会发展演进过程中的作用，这一点可以肯定，但他把媒介技术看做社会发展的唯一动力，这就使得他的观点偏于极端和片面。因为传播工具和技术属于生产力的一部分，具有推动社会前进的巨大力量；但是媒介是人创造和使用的，人如何利用和控制媒介，人类社会的结构、政治经济制度的状况等，对媒介活动的特点和作用也发挥着巨大的作用。这一点是麦克卢汉在其理论中没有论述到的。

二、建立世界信息传播新秩序——《多种声音，一个世界》

《多种声音，一个世界》是联合国教科文组织于1980年发表的一份国际传播领域方面重要的学术文献，又称《麦克布莱德报告》，这份报告主张倡导建立世界信息传播新秩序，改善发达国家和发展中国家信息传播资源不平等的状况。例如可以通过放松版权法规来促进信息传播技术的自由交流，鼓励第三世界国家出版业发展，采取更多的方法实现全球传播资源共享等。

这个报告可以看成是对20世纪70年代有关"新世界信息秩序（NWICO）"论争的回答。主张新世界信息秩序的人们认为现存的国际传播秩序正在不断强化国与国之间的不平等，现有的信息量和信息流动方向构建了南方对北方的依赖模式，该模式给发展中国家的政治、经济、文化发展等诸多方面带来了巨大的负面影响。因此，一个公平、合理的"新世界信息与传播秩序"必须建立起来以取代现有的旧秩序。这个报告的主要内容如下：

（1）传播作为个人同时也是所有国家团体集体权利的基本信念；

（2）阐述了委员会对世界信息传播结构的调查结果和建议，例如改变信息不平衡、保护记者权益、消解信息垄断、保障信源多样化、尊重不同文化等；

（3）概述了一些有待解决和关注的问题：如何强化相互依存性，加强各领域的合作，采用国际的传播标准和手段，新闻的收集和分发方面需重视的问题，注意被忽视的信息盲区，更广泛的资金来源等问题。

这个报告在意识形态上尽力保持不偏不倚，在问题的分析过程中重视微观而实际的角度。在第二十一届教科文组织贝尔格莱德大会上这份报告得以顺利通过。

三、信息社会

1. 信息社会的理论

现代社会被称为信息化社会，什么是信息化？信息化是指以物理的信息设备的发展为基础，信息的生产和流通过程出现的大量化、多样化和高度化发展使信息在社会各个领域里的比重不断增加的现象。在这个定义里，"物理的信息设备"是指大众传播媒介和交通工具，以生产信息、加工信息和消费信息为中心活动的组织，比如学校、企业、教会等。所谓"信息在社会各个领域里的比重不断增加"，简单地说即是在社会财物、社会服务和社会体系的各个机能中，与实用机能相比，信息机能（设计、颜色、时新性、品牌）的比例不断增大。比如一件商品中，其信息成本占了价格的很大一部分，企业与其说是在卖商品的原始成本，不如说是在卖商品的信息成本。也就是说企业开始信息产业化了。

信息化的具体表现有以下几种：

（1）电脑的开发和使用的高度普及；

（2）通信设施的发达与光纤通信的全面使用；

（3）媒介的融合，电脑化、连接电脑的通讯设备的发展。

从社会变动的角度来看，人类社会有过三次大的变革浪潮，第一次浪潮是农业文明的产生，第二次浪潮是工业革命，第三次浪潮则是信息革命。贝尔认为信息社会有五个构成要素：

（1）经济部门——由物资生产经济到服务经济；

（2）职业分布——专业人员、技术人员处于优势；

（3）知识中心——以知识为基础的技术革新和政策决定；

（4）将来的方向——以技术管理和技术评价为中心；

（5）意思决定——创造新的知识技术。

2. 信息社会理论的三个时期

第一是"未来社会论"时期，时间是20世纪的60年代后期至70年代前期。20世纪60年代以信息处理和信息消费为中心的企业不断增多，这些信息产业对社会的影响引起了一些学者的注意，这是早期信息社会论——未来社会论的开始。未来社会论高度评价信息产业所引起的社会意义，认为信息产业的兴起必会引起新的社会变革，导致新的经济理论的产生。

第二是"新媒体论"时期，时间是20世纪70年代后期至80年代。当时，科学技术的发展使新兴的电子媒介不断涌现，美国和日本等国家对媒介技术带来的社会、经济和文化方面的影响极为重视，在国家发展的国策上纷纷揭示"技术立国"的目标。新媒体论认为各种新媒体的发展和普及会解决各种各样现存的社会问题，使人们的生活质量不断提高。日本政府在1981年发表了有关信息社会体系的两个设想：第一是建立解决社会问题的信息体系，即医疗信息体系、教育信息体系和防灾信息体系；第二是提高生活质量的信息体系，比如卫星通讯体系等。

第三是"多媒体论"时期，时间是20世纪90年代。进入90年代后，个人用电脑更加普及，这个时期的新媒体论开始向多媒体论发展。多媒体论高度评价互联网并对由互联网组成的网络社会期待很高，它认为网络使各种社会集团在相对平等的水平的基础上相互联系。网络上的人与人的交流冲破了地区、城市、国家等地理上的限制，在网络上，不但企业，个人也和企业一样可以以全世界为对象进行各自的传播活动。

3. 信息社会的传播特点

信息社会的传播有四个特点：

（1）新型媒介的普及使社会信息的传播变得大量化、多样化和高度化，这以电脑化的发展、通信设备的进步和媒介的融合为标志。

（2）个人的信息获取行动由被动变为主动。以前被动地接受大众传播媒介的报道的受众现在可以按照自己的喜爱从各种各样的媒介中挑选自己想知道的信息。

（3）双向型传播的比重不断增加。人们不但可以比较自由地接受信息，还可以把自己收集到的信息编辑、加工后传播出去。

（4）中间媒介的活跃。处于大众传播和个人传播之间的中间传播变得活跃，企业内、组织内的传播和地区传播形成了各种各样的小型社区，新的传播形态开始出现。

具体来说，信息社会的传播与社会发展的关系可以用图4-4来表示。

信息化的发展使大众传播媒介的内容有了较大的改变，一般来说有三个比较大的变化：

（1）信息内容的变化。利用数字化技术，采用新的画像处理手段，把画像、声音、文字和各种数据进行新的编辑，创造出新的传播形式。

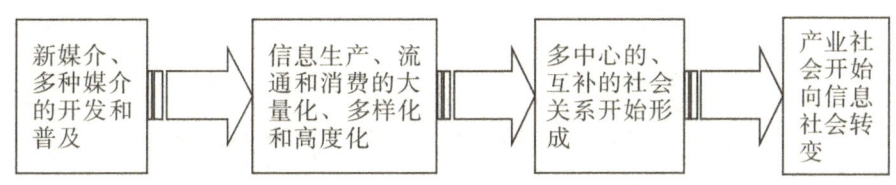

图 4-4 信息社会的传播与社会发展

(2) 传播方式和方法的变化。信息的传送途径多种多样，大量、迅速、双向的信息传播成为现实。

(3) 接收信息的方法多种多样。比如说，信息接收器的画面质量高，机能多种多样，还可以积蓄所需的信息。

4. 信息化与国际传播

研究信息化与国际传播的课题主要集中于以下几个方面：

(1) 地球村的形成。信息化的进行使政治、经济各领域的国际性合作不断加深，人、物、信息的跨国界交流更加流畅。这使国家、国界变得没有意义，而多国和地域的集合体的信息共有化却变得越来越重要，这种现象将会导致各种各样的政治和经济的变化。比如说，一个国家的政策决定者在制定方针政策时不但要顾及国内的舆论，而且要顾及国际舆论。

(2) 国际信息流动的差异。国际传播的加速和范围的扩大同时也会引起各种问题。目前信息在国际上的流通不是平等和均衡的，一般来说，国际信息的流通是由北半球流向南半球，由欧美流向第三世界的。由于欧美的大通讯社遍布第三世界国家，习惯用他们固有的模式和框架来报道第三世界，这使欧美受众对第三世界的印象已经固定化了。

(3) 文化帝国主义。欧美先进的传播技术还把基于本国文化传统而制成的信息向第三世界大量复制，对那里的青少年受众产生了很大的影响。

(4) 政治权力对媒介的压制。大众媒介传播的无国界化和人们对信息的重要性的认识使各国的政治势力也加速了对媒介的管制。1991年的海湾战争就是很好的一例。来自科威特政府和美国政府的新闻管制和采访限制，美国军方单方面的记者会见等控制手段使这次战争成为一次"媒体上的战争"。

(5) 互联网上的地球村。互联网使个人和某个组织编辑的信息穿越国界为所有人享用，一个人可以和多人、组织或集团进行平等对话，以全球为目标的社会关系和社会构造、文化构造的形成势必在互联网上再建地球村。但是到目前为止，由于互联网上的资源美国所占的比例较高，因此，互联网上的地球村可以说还是以美国为中心的。

第五章 媒介传播的社会效果

有关大众传播媒介效果的研究已有 80 年以上的历史，大众传播媒介对社会和受众的影响力到底有多大？这个问题一直是学者们关注的焦点，对此，现有的研究成果表明，人们对媒介传播效果的看法经历了不同的阶段，每个阶段的看法都具有不同的时代特征，并以特定的社会背景为注脚。这三个阶段就是（如图 5-1 所示）：

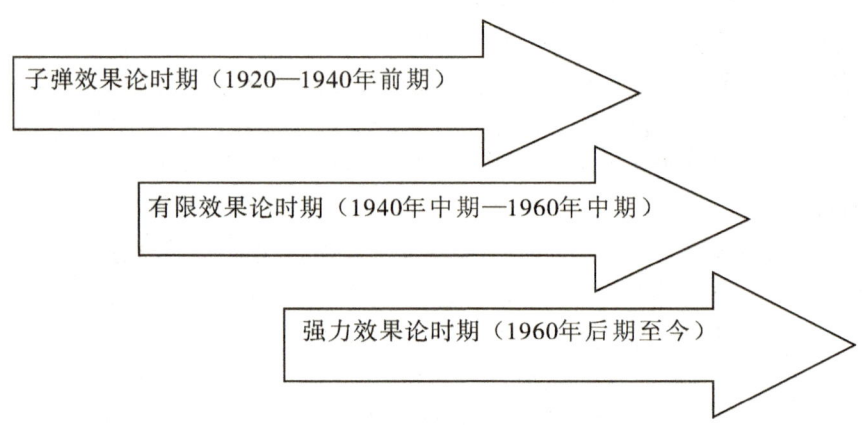

图 5-1　媒介效果理论的三个时期

本章将结合当时的社会背景对上述三个阶段的理论特点和重要理论模式作一个梳理和归纳。

第一节　子弹效果论时期

19 世纪末期至 20 世纪初期，欧美社会由于工业化的进展，社会结构有了很大的变化，都市成为流通中心，人、物、信息都涌向大都市，人们围绕企业、工厂等近代组织组成了新的社会关系。当时的大众传播媒介对组织社会有什么样的影响呢？当时的研究者们极为关心这个课题，一个研究成果表明，媒介传播对人群造成"恐慌效应"。这个研究提出了这样一个结论，大众传播媒介传播的信息可以引起受众态度上和行动上的变化，其作用就像子弹那样，可以在受众身上看到即时的效果；受众无力自觉抵制来自媒介的影响，无论他们处于何种社会地位，无论他们所受的教育程度有多高，媒介的"魔弹"都会穿过他们的思想防线，改变他们的思想和行动。这就是所谓的子弹效果论的主要观点。支持这个观点的有下面几种研究。

一、有关宣传的研究

首先是传播学家拉斯维尔于1927年出版的《世界大战的宣传技巧》，这是他的博士学位论文，也是他的成名作。研究的主题是第一次世界大战中的宣传战，他对人类首次世界大战中英、法、德、美等主要交战国的宣传策略及其效果进行了全面的分析，归纳了宣传的四个主要目标，并强调说"宣传是现代世界最有力的工具之一"。①

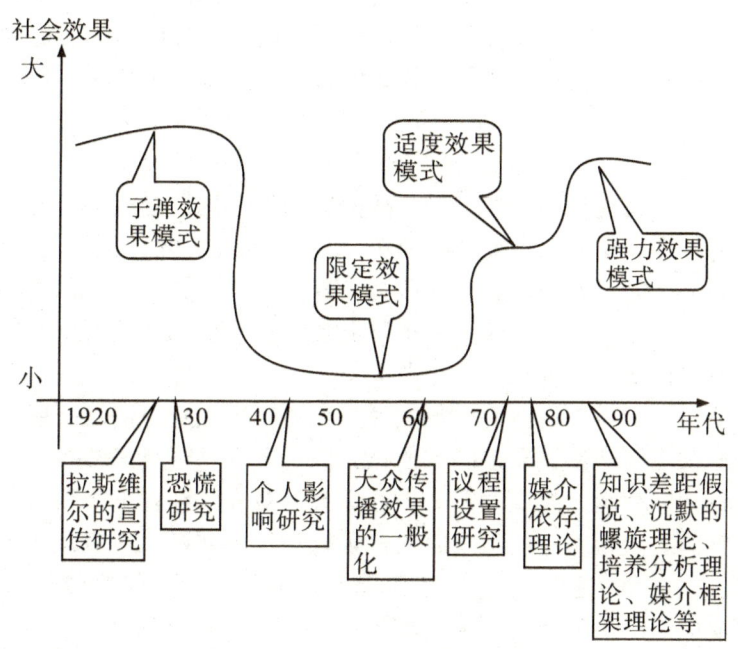

图 5-2 大众传播研究发展与变化的轨迹

什么是宣传？宣传是运用表演、仪式和说服三个要素来鼓动受众对某件事产生共感。大众传播媒介产生前的宣传活动需要在会场、礼堂、剧场等地方来展开表演，用各种标志（红旗、绘画、头像、歌曲等）象征着某种仪式，由领袖或指导者的语言来说服受众。而大众传播媒介的普及和发展使宣传活动的对象不限于一个会场的听众，而可

---

① 哈罗德·拉斯维尔著：《世界大战的宣传技巧》，张洁、田青译，中国人民大学出版社2003年，页20—21。

以面对广大的社会群体；在宣传中，政治领袖的形象可以被无限量地扩大，其语言被千百次重复。因此，当时的人们认为，通过大众传播媒介，宣传行为的效果可以被无限放大。

宣传分为三种类型：①黑色宣传。如别有用心地传播谎言。纳粹的战争宣传就是黑色宣传。②灰色宣传。既传播正确的信息也传播错误的信息，特定的商业宣传、美容宣传就属灰色宣传。③白色宣传。否定有害信息，推广有益信息的宣传，如公益宣传等。

拉斯维尔主张的宣传理论有这么几个要点：第一，宣传者要有一个精心谋划的长期宣传策略。宣传是一种长期的社会活动，宣传时间越长，越容易取得好的宣传效果。第二，宣传要有象征符号，要培养公众与这些符号之间的感情。例如爱国主义宣传就是要培养人们与本国国旗、国歌、民族图腾等文化符号之间的感情，世界性运动赛事的颁奖典礼上运动员向自己国家的国旗致礼、高唱国歌等行为就是一种感情与符号之间的联系。第三，成功的社会运动是由各种媒体成年累月地进行宣传活动而促成的。宣传的效果显现于媒介传播行为的长期、重复和积累的过程，宣传不是一时一日的事情。①

二、世界大战与宣传

上述宣传研究的出现与第一次世界大战前后的社会背景有很密切的关系。当时，广播媒介是新兴的传播媒介，在世界大战前夕，人们看到德国法西斯分子通过控制和利用传播媒介而轻易地操纵了人们的态度和行为，赢得了本国的大选；也看到了世界大战中能巧妙利用媒介进行战争宣传的国家获得了胜利，这些背景都促使了宣传研究的形成，同时也是子弹效果论形成的基础。

例如，在第一次世界大战前期，英国政府积极利用大众传播媒介展开战争宣传。他们在战争一开始就在境外设立众多的宣传点，向全世界呼吁英国参战的正义性；英德宣战后英海军立刻切断德国的海底电缆，中断敌方的对外联系；英国路透社每月向境外媒体传送100万字的国内新闻；英国政府的宣传机关每周准备400多篇文章发送到各个媒体，还每月出版《战争实例》杂志。战争期间，英国政府每年投资拍摄十多部军事影片介绍本国军队的战况，面向公众传播战争信息。

基于英国重视宣传而取得的胜利，德国在"二战"时也开始重视战争宣传和传播控制，当时的德国法西斯政府曾声称"宣传帮助我们夺取了政权"，专门成立了帝国宣传部，控制本国的各种传播工具，控制民意，对媒介上的所有信息进行严格的检查，尤其重视战争中广播媒体的传播作用。由于广播媒体比起报纸媒介在传播范围和设备上更适合战争时期的传播活动，所以德国政府很重视利用广播媒介进行战争宣传，还拍摄了很多战地纪录片向全民进行宣传。

---

① 哈罗德·拉斯维尔著：《世界大战的宣传技巧》，张洁、田青译，中国人民大学出版社2003年版，第4—7章。

第二次世界大战期间和战后,不少学者关于战争宣传的著作纷纷问世,成为较早的传播学研究成果的一部分。例如,《克尔之家的秘密》(说明瓦解敌军的艺术)、《宣传是政治武器》(讨论军事宣传)、《对美国民众影响的艺术》(关注如何加强传播的影响力)、《宣传与民族实力》(讨论宣传的效果)、《即将爆发的大战中的宣传问题》(总结"一战"的宣传经验)、《战时法国的野战报和战壕报》(探讨战争中的宣传方法和鼓舞士气的问题)、《国际政治宣传》(探讨如何展开国际宣传的问题)。

这些战争背景下的媒介研究的重点无疑有着很强的功利性,其研究目的在于了解如何通过媒体的传播行为改变公众的态度。也就是说,当时的人们关注要改变公众的态度,应该采用什么样的宣传方法最有效这个问题。同时也有不少人关注媒介传播的效果问题,例如,大众传播媒介是如何影响个人和社会的?如何使用大众媒介来促成社会运动?等等。

现在,我们可以反思一下当时的媒介研究入手点是否合理。应该说,当时的媒介研究有很强的政治主导性,研究的出发点很明确地放在如何通过媒介来引导公众意识和思考上面,这无疑反映了当时统治阶级集团企图利用媒介控制社会民意、引导公众行为的出发点。但是,现在看来,媒介的功能并不仅仅是社会统合,也有信息传递、社会监督、预警和娱乐等其他功能,尤其是在现代民主社会,过分强调传播媒介的社会统合功能无疑有违民主社会的基本原则。因此,现代大众传播媒介研究的出发点已经有了很大的改变,与20世纪二三十年代的研究思维已经有了很大的不同。

三、子弹论的形成及其理论弱点

"火星撞地球"事件是子弹效果论的依据之一。1938年10月,美国的一家电台播放了一个描述火星人攻击地球的广播剧,为了吸引听众,电台在播放时没有事先说明是广播剧,而采用了模仿现场直播的方式。由于效果逼真,很多人信以为真,觉得世界末日来临,纷纷逃出城市,这个事件在美国本土引起了大规模的恐慌。收听这个广播剧的成年人据推算有900万人,其中约有170万人(28%)信以为真,其中又有70%的人(约120万人)感到"非常害怕,陷入恐慌"。新泽西州的大批听众信以为真,纷纷弃家而逃,公路和桥梁挤满了逃难的车辆和人群。① 不少研究者关注到这种现象,由此赞同大众传播媒介的影响力巨大的观点,他们认为大众传播媒介可以轻易地引导公众的态度和行为,同时也可以轻易地改变他们的判断能力和价值观。

第二次世界大战中美国广播电台动员人们购买战争债券的广播宣传活动也被认为是支持子弹效果论的一个实例。1943年9月,美国的一家电台开始了一场持续18个小时的战争债券的广播宣传,由当时著名广播明星播讲战争中士兵及其家属的事迹,其中穿插了65次战争债券的购买呼吁。这场为时18小时的广播宣传结果获得了900万美元的

---

① 张慧元:《大众传播理论解读》,苏州大学出版社2005年版,页177。

购买意向。

综上所述，子弹效果论形成的社会背景在于当时大众媒介的迅猛发展，新媒介的出现和使用对社会产生了很大的冲击力，受众对新媒介多多少少有些敬畏心理；而当时的各国政府和政党也积极利用媒介进行宣传，以达到社会动员和整合的目的；当时西方心理学的刺激—反应模式也对传播学研究有所影响，借助这个模式，人们简单地把媒介的效果看成信息刺激对人们产生的直接反应。

现在看来，子弹效果论理论上的弱点是很明显的。例如，子弹效果论带有强烈的唯意志论色彩；第一次世界大战的胜利也使人们偏信宣传战和心理战的结果，结果夸大了媒介和宣传的作用。因此，这个观点最终被否定，因为它忽视了各种社会因素和受众对媒体信息的抵抗能力。

第二节 有限效果论时期

认为大众传播媒介的社会效果犹如子弹、其效果非常强烈的观点在20世纪40年代走向尾声。后来的不少学者认为这种观点有将大众传播媒介的效力过大化的倾向。而战后美国的传播学重点探讨传播媒介如何在美国社会中实际发挥作用，尤其是媒介传播对于个人行为会有怎样的影响这类问题，研究的关注点转移到大众媒介如何使人们意见和态度发生改变上，也就是大众传播媒介如何产生"说服性效果"的问题上来了。

在拉扎斯菲尔德、霍夫兰等人的相关成果之上，20世纪40—60年代初期，传播学的研究者们渐渐趋同于这样一个观点，即：大众传播媒介的信息对于接触该信息的人来说，其主要效果在于强化和维持他们原有的观点，其次在于弱化和调整他们原有的观点和态度，但是很难改变人们原有的态度。这种媒介效果观被称为"有限效果论"，它否定了第一次世界大战前后直到40年代初盛行于美国的子弹效果论。有限效果论认为，大众传播媒介对社会的影响是有限的，并不是无处不在和威力巨大的。相反，人们接受媒介的信息时，对媒介的信息是有选择地接受的。

下面几个研究支持这种有限论的观点。

一、有关影响个人认知行为的因素的研究

这个研究结果认为，人们在接受来自大众传播媒介的刺激时，会不会立刻认同媒介的信息，采取相应的行动，其实取决于两个因素：一个是个人的因素，另一个是集团的因素（如图5-3所示）。① 即是说，在接受大众传播媒介的信息之前，人们已经有了自己的价值观、判断基准和参考知识，在收到外来信息时，人们会先做一个比较，比较外来信息和自己的内在知识的协和和反差程度，两种知识比较协和的话就较容易接受，两

---

① 张慧元：《大众传播理论解读》，苏州大学出版社2005年版，页177。

种知识比较反差较大的话就会排斥。同时，一个人所属的社会集团对媒介信息的反应也会对集团内部的成员有所影响。人们一般会参考所属社会集团对外来信息的反映，然后再作出自己的判断。

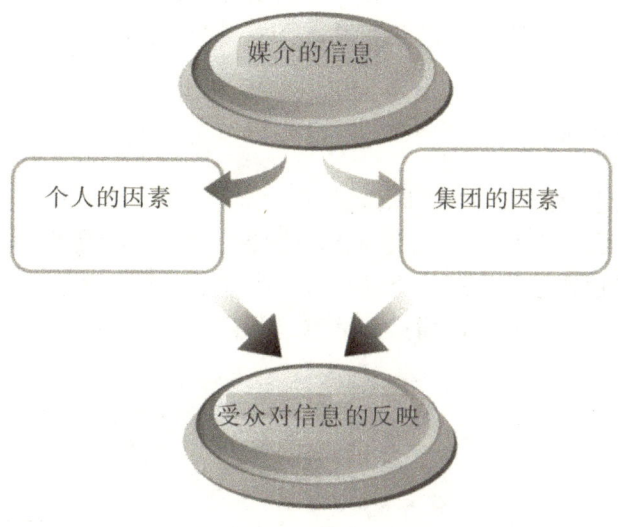

图 5-3　受众接受信息的要素

有一个现实生活中的案例可以说明上述理论。1997年东京一家大公司招收一名清洁员，有两个人报名应征，公司录取了其中的一名，落选的申请者以两人条件相当、公司不录用自己是一种歧视为由向该公司提出了上诉，由于这是第一宗临时雇佣者起诉有名大公司的案子，各大媒体都作了报道，但是报道引起了不同的反响。东京地区的读者对这个案情漠不关心，对媒体报道没有什么反馈；而大阪地区的读者却反应热烈，不少读者打电话到报社询问申诉案进展，很多人表示支持这位起诉者的立场，对这家大公司的所作所为表示批评。

为什么不同地区的读者对同样一个报道有不同的反应？

这是因为不同地区的读者在获取信息、理解信息、形成自己的观点时会以自己所在的社会集团为参考，这包括自己所在的社会集团的阶层、性质、组织状况，还有集团所在地域的社会情况、人文宗教的特点，等等。在上述案例中，如果把东京的读者与大阪的读者作比较，就如把北京人与上海人作比较那样，首先体现的是地域文化的差别。东京是现代化大都市，人与人之间关系冷漠，工作中以竞争结果为胜负，所以东京人认为一个求职者不被公司录用是很正常的事，并不对这个起诉案有很大的关注。而大阪相对东京来说还是一个比较人情化的地域，大阪人会认为在这样的情况下，大公司应该更多地考虑不被聘用者之后的处境，一些读者打电话到报社指责这间公司为什么不两个人都雇佣、让一份工作两个人分干。类似于这样的思考方式使大阪的读者比东京的读者更为关注这个案子的判决情况，结果日本的全国性报纸做出了这样的版面安排，东京版没有再继续报道这个申诉案，而大阪版却继续报道直至案子了结。

这就是社会集团的判断对一个人的信息判断的影响。一个人所属的社会集团对媒介信息的反应对其成员有影响，人们会参考自己所属的社会集团的反映，然后再作出自己的判断。

二、两段式传播研究

这个研究认为在集团内部的人际传播过程中，会有一个或几个意见领袖存在着，当外界的信息传入集团内部时，意见领袖会首先接触它，通过意见领袖的再次传播，集团内部的个人才会接触到这个信息。也就是说，媒介的信息是否会对个人产生影响，在于社会集团的意见领袖会怎样去传播这个信息（如图5-4所示）。①

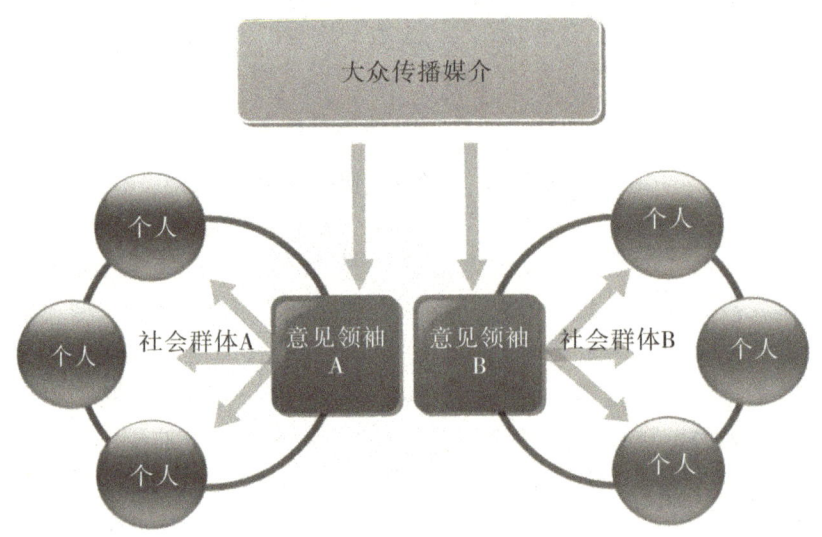

图5-4　两段式传播示意图

这个研究基于美国中西部一个城市的选举意向调查结果，调查发现，尽管媒介的选举宣传很有力度，但是，大约70%的选民还是维持了自己原有的投票意向，只有不到10%的人改变了自己的意向另投他人，这个结果不能显示大众媒介在选举报道中产生了明显的影响，而同时，改变自己当初投票意向的人认为自己之所以改变意向并非受媒介

---

① Katz, E. (1957). The Two-Step Flow of Communication: An Up-to-date Report of a Hypothesis. *Public Opinion Quarterly*, 21, pp. 61–78. Klapper, J. T. (1960). *The Effects of Mass Communication*. New York: Free Press.

的影响，而是受到"意见领袖"的影响。

所谓意见领袖，就是人群中或者组织中一些知识经验丰富、得到多数人认可的媒介使用者，往往是意见领袖首先接受了媒介的信息，然后把自己理解后的信息传达给圈子内的其他人。因此，在传播过程中就有了两个级层，媒介的传播首先给了一层意见领袖，然后由他们传递给自己圈中的其他成员。在这个两极传播过程中，不管是意见领袖还是其他成员都是对媒介的信息有所选择的，他们接受媒介上那些与自己原有观点相同的信息，而拒绝或者反对那些与自己原有观点相反的信息①。

这两个研究说明大众传播媒介的社会效果其实并没有子弹效果论所说的那么大，如果把大众传播媒介的效果分为创造、加强、引起微妙变化、改变、无效这几个层次的话，那么媒介传播在"加强"人们对特定信息的印象上会有一定的效果。因此到了20世纪60年代中期，传播学研究者们普遍认为大众传播媒介的社会效果是有限的，它表现在：第一，大众传播媒介对受众的影响力不是直接的而是通过一些要素来产生的。第二，大众传播媒介即使改变了受众的认识和行动，它也只是多种引变因素中的一种，它的作用在于加强了受众对某种信息的认识。

三、利用与满足研究

从受众角度分析大众传播媒介传播效果的研究——利用与满足研究也支持媒介效果有限论。这个研究发现人们接受媒介信息的主要原因是满足自己对信息的需求。即是说，人们对媒介的信息是有选择地而不是盲目地接受。在此之前对大众传播媒介的效果分析主要从传播者的角度出发，以传播者的活动或意图为中心分析传播效果。但是利用与满足理论最突出的区别在于它从受传者如何对待和利用媒介信息出发，以受传者个人接触媒介信息的动机和目的是否得到满足来确定效果之有无和大小，这个角度不同于以往的研究出发点。

20世纪40年代初期，一些学者开始假设受众在接受媒介传播的过程中是主动的，并试着以受众的使用动机作为传播过程的中介变项来探讨受众对媒介信息的真正需要与兴趣。这些研究有多项，例如1944年赫尔塔·赫佐格对100名听众进行了长时间的采访，还对2500名听众进行了短期采访，证实许多收听白天播出的广播连续剧的妇女怀有各种各样的收听动机，例如有的是为了发泄自己的不快，有的为了从中获得出世经验的指导，有的则为了沉浸在节目之中而忘记自己的苦恼；由此指出如果大众媒介满足受众特定的动机和需要，那么媒介的传播就是有效的。

1949年贝雷尔森的《没有报纸对人们意味着什么》，针对当时纽约报界举行罢工，各报停刊的现象及时进行了调查，发现人们对报纸媒介有依赖感，没有报纸就感觉自己

---

① 参见 Katz, E. (1957). The Two-Step Flow of Communication: An Up-to-date Report of a Hypothesis. *Public Opinion Quarterly*, 21, pp. 61 – 78. Klapper, J. T. (1960). *The Effects of Mass Communication*. New York: Free Press.

脱离了生活,失去了消磨时间的手段,失去了了解外部世界的渠道。也就是说,人们依赖于大众传播媒介传递各种信息,保持着与外界的联系。当人们天天接触它时并没有意识到它们的存在和必要,而一旦传递渠道被切断,就会觉得茫茫然若有所失,甚至觉得与世隔绝。这个时期的研究多是一种描述性研究,研究者大多从受众单纯的观点出发调查使用媒介的原因,反而忽视了受众外在及内在因素的影响。

1959年卡茨首先提出"使用与满足取向(the uses and gratifications approach)"这个概念。他指出,大部分的传播研究皆致力于调查这样的问题:媒介对人们做了什么?1964年麦奎尔和布鲁姆勒在英国普选中对政治节目的作用进行研究,发现受众将政治节目作为自己有关政治事务的信息来源。1968年两位瑞士研究者提出"使用与满足的模式(uses and gratification model)",包括下列要素:①受众被设想为主动的;②在大众传播的过程中,受众会主动把自己的需要满足与媒介选择联系在一起;③媒介必须与满足受众需要的其他信息源竞争。

1969年,麦奎尔和布鲁姆勒以使用与满足理论作为总体研究策略,对1964年英国的大选进行了研究,着重探讨了英国"观众为什么观看政治节目"和"观众需要哪一类政治电视节目"等受众需要的问题。①

这时期研究的重点转移到了探索个人属性(心理或社会整合程度)和媒介形态之间的关联性。此时的研究不只限于描述性的研讨,更进一步使用了定量的方法,对影响媒介使用的心理及社会变量都进行了操作化定义以进行分析。学者们的研究是采用社会或心理属性(例如性别、年龄等人口学变项)当作自变量,而以媒介形态(如使用的媒介类型、喜好的媒介内容、媒介暴露的时间等)为因变量进行研究。结果证明受众的心理因素和社会地位与媒介形态有关。

利用与满足研究在进入70年代后仍然有所发展,其基本主张不外乎是人们接受信息的主要原因是满足自己对信息的需求。例如,一些相关研究证明,人们接触大众传播媒介的主要原因有四个:通过民意节目放松自己;获得信息以维持社会关系;获得信息以确认自己的社会位置;了解环境的变化。也就是说,人们对媒体信息是有选择地接受的而不是盲目地接受。

例如,你认为报纸媒介上阅读率最高的栏目是什么,或者说,你认为电视媒介上哪个节目长期拥有较高的收视率。

不少媒介做过相关调查,结果类似而又让人感到意外,报纸媒介上阅读率最高的栏目并非头版头条等新闻栏目,而是电视节目预告板块。电视媒介上长期拥有较高收视率的栏目并非新闻联播而是气象预报。这个调查结果在数个国家的媒介调查中都非常类似,也说明了人们接触媒介的需求是为了满足自己的信息利用和需要。

---

① 以上相关研究参见威尔伯·施拉姆《传播学概论》,新华出版社1984年版。

四、有限效果论的弱点

克拉伯对媒介效果的有限性做了如下总结。他认为，首先，传播媒介只是社会效果产生的因素之一，而不是唯一的因素。例如社会发生某些变化，传播媒介的作用可能只是其中之一，而不应该说是唯一的因变数。其次，传播媒介不能改变受众的态度，只是强化了受众的态度。例如一个人希望投票于政治候选人A，而媒介也认为A是最合适的候选人，这时候媒介的影响力可能出现在帮助这个人坚定自己的想法上；但是，如果媒介主张B是最合适的候选人，那么媒介的信息可能对这个阅读者没有任何影响。再次，如果说媒介的传播能改变受众的态度，则需要两个条件，其一是周围其他因素不起作用，其二是其他因素也促使受众态度的改变。复次，传播效果受受众的心理和生理因素的影响。例如一个人如果极度疲倦、饥饿或者心情不佳，不管如何对他进行传播，效果都是有限的。最后，传播效果与媒介本身的条件也有很大的关系。例如媒介采用的信源是否可靠，编辑人员的素质和水平如何，编辑导向与民意环境是否一致等，都会影响到传播效果。①

这样看来，大众传播媒介的传播效果并不能简单形成，它是各种社会因素相互作用的结果。当然，有限效果论也有其理论上的弱点，例如在考虑媒介的传播效果时，在认知、态度和行为三个效果层面上只讨论后两者，而没有考虑认知这个层次，结果当然不乐观。一般来说，媒体效果体现在由浅入深的三个层面——认知、态度和行为，这三个层次是由低级到高级的。所谓认知层次是指知道和了解某个事物的名称和大概情况；态度层次是指对某个事物了解后产生的喜好、厌恶或者不置可否等情感状态；行为层次是指对某个事物产生了参加、购买或者反对、抵制等行为和活动。例如，人们从媒介上获得一个商品的广告信息，对这个商品的名称和用途、优点有了了解，这是认知层次；由此对这个商品产生了喜好和兴趣，这是态度层次；到商场去考察这个商品继而有了购买行动，这是行为层次。在考虑媒介的传播效果时，应该首先由较低的层次开始。

有限效果论只考察了媒介传播行为的微观的、短期的效果，而忽略了媒介传播宏观的、长期的效果，因此对媒介效果的认识也比较悲观。媒介传播是一个长期的行为，而且在普通的社会环境中一般来说都是多个媒介同时存在，同时进行传播活动，因此，社会传播活动的结果不是单个媒介形成的，而是多个媒介进行长期、重复的传播互动的综合结果，应该说是一个宏观的结果，这个结果不能由单个媒介短期的传播效果来代表。

---

① Klapper, J. T. (1960). *The Effects of Mass Communication*. New York: Free press.

第三节 强力效果论时期

一、强力效果论的形成和发展

进入20世纪70年代,传播学领域不断从相关社会科学成果中汲取养分,一些较为年轻的传播学研究者更新了研究理念,开始对大众传播媒介的有限效果论持有疑问,他们把人们获得社会信息、形成自己对社会的认识等认知行为中的媒体报道的作用视为其研究分析的重点,提出大众传播媒介的效果较大地体现在人们的认知行为上,由此产生了一系列有关媒体报道与社会现实定义的理论假说。媒介的议题设置效果理论、涵养理论、点火效果和媒体框架理论就是其中有代表性的几个。

议题设置效果理论(agenda-setting theory)主张被大众媒体强调的报道内容,在受众的认知过程中也相对会被重视。它的提起者麦库姆斯和肖认为,受众一般是根据大众传播媒体的报道来判断世间事物的重要性的,也就是说,大众传播媒介在报道中设定各种议题的重要性,使受众认识到社会环境中的各项事务的大小轻重,同时根据这种重要性来把握对社会的认识。[①] 一句话,议题设置理论的焦点是被媒介大加报道的议题和这些议题对人们认知的影响。

议题设置理论的出现在当时产生了一定的影响,这对以前的有限效果论产生了一定的冲击,人们开始认为,大众传播媒介的效果在某个认知层次还是有适度效果的,因此20世纪70年代初期也被称为适度效果时期。

之后涵养理论(cultivation theory)出现,这个理论的着眼点在于电视媒体的传播内容对人们的社会环境认知的影响。它是由格伯纳和戈罗斯(Gerbner, G. & Gross, L)于1976年提出的。他们认为,由于电视媒体的受众层面很广,视听方式和传播内容又比较大众化,所以电视媒体对社会规范和价值观的定义以及解释都会对受众有潜移默化式的影响。涵养理论主要研究电视媒体的虚构内容对人们长期反复的影响,认为看电视时间越长的人,就越容易把电视上的虚构内容当成自己身边的现实来看待。这个理论是从看电视时间的长短上来推论电视媒体的现实定义机能的。例如,格伯纳和戈罗斯的研究认为,电视上暴力镜头的泛滥会使长时间看电视的人过高估计自己所处现实环境中暴力行为出现的频率,认为自己身边也是充满暴力行为的,会形成对社会的不安心理。[②]

进入80年代,又有一个新颖的理论假说出现了,这就是 Iyengar & Kinder 提出的点火效果(priming effect)。这个假说不但重视媒体报道所提示的社会事务重要度对受众

[①] McCombs, M. E. & Shaw, D. L. (1972). The Agenda-Setting Function of Mass Media. *Public Opinion Quarterly*, 36: 176-87, p.176.

[②] Gerbner, G. & Gross, L. (1976). *Living with Television: the Violence Profile*. pp. 172-199.

认知的影响,还认为,在受众如何评价某个议题时,媒介的评论报道也会起很大的作用。他们认为,受众如何评价某个政治议题,和媒体如何评价与这个政治议题有关的政治领袖有密切关系。① 例如,在选举的时候,受众是根据媒体的选举报道来认识重要的社会议题的,并以这些社会议题为中轴来评价政治候选人的主张。如果媒体在报道中设置"经济问题"为目前最重要的社会问题的话,受众也会形成同样的认识,于是,受众很可能会更多注视那些提出新的经济发展对策的候选人和媒体对他们的评价,以此来决定是否投其一票。点火效果的侧重点在于阐明了媒体设置的重要议题对受众评价形成的影响,也就是说,媒介的现实定义机能是通过强调某些特定的议题并对其进行评价来实现的。这个假说的理论出发点与媒介的议题设置理论有相似之处。

媒体框架理论出现于 20 世纪 80 年代中期,其要点是媒介的报道中一般都含有某个特定的认识框架,媒体用这个认识框架选择、定义、评论各种信息,受众在接受媒体报道的同时,也接受了报道中的框架,并按媒体框架形成自己对某个事物的认识。②

上述研究认为,虽然媒介传播在改变人们的态度、说服他们的效果上不是巨大的,但是在感知、认知和行为上的效果是明显的,例如议题设置效果理论就证实媒介在设置特定的议题让它们引起人们的关注上是十分有效的,证实了媒介传播发生在人们认知层面上的效果。这些新的理论的出现使新的强力效果论越来越得到研究者们的认可。

当然,新的强力效果论的出现也是有其特定的社会背景的。第一,全球政治环境的变化,使选举政治更关注媒介是否和怎样发挥对选民的作用,政治新闻更赢得投票者的关心,学者们也更多地开始研究与政治传播有关的课题,得出的研究结果(如上述几个理论假说)从各个方面展示了媒介传播效果的存在和有效性。第二,新型媒介——电视的出现和普及显示了新媒介在引导民意上的重要性。第三,传播学作为一门独立的学科有了较大的发展,研究者的学科出身从社会学和社会心理学转变为新闻学和传播学,从新的视角审视各种传播效果的研究不断出现。到目前为止,传播效果研究仍然属于强力效果论占主要地位的时期,但是新的观点和对既有理论的补充研究层出不穷。

下面介绍一下这个时期有代表性的、关注于个人效果层次和社会效果层次的两个效果研究。

二、说服效果

大众媒介的传播对受众个人来说具有什么样的说服效果?这是很多社会组织和研究者十分关心的问题,很多心理学家和社会心理学家也为此付出了努力,至今为止,大众传播媒介的说服效果可以归纳为以下几点。

---

① Iyengar, S. & Kinder, R. (1987). *News that Matters: Television and American Opinion*. Chapter 9, 11, Chicago University of Chicago Press.

② 如 Gamson, 1992; Nelson et al, 1997; Neuman et al, 1992; Iyengare, 1991; Iyenger & Simon, 1993 等研究。

第一，大众传播媒介的独占性越强，其传播效果对受众的影响越大。所谓大众传播媒介的独占性，一般是指在某个地域内一个媒介的市场占有程度，或者说媒介性质上的独特性。如果一个地域只有一个较大的新闻媒介，那么这个媒介就会具有较大的独占性；而党报、机关报，或者从性质上来说比较独特、难以被其他媒介所替代的专业报纸或频道也可以说其具有独占性。这类媒介由于所占用的资源上的独特性，在受众心目中有着不可代替的位置，它们传播的信息往往具有较大的说服效果。

虽然说媒介的独占性越大，它的说服效果就越大，但是在现实生活中，由一个或少数的媒介占据读者市场是不是一件好事？如何评论强势媒体的独占性？这个问题需要我们三思。在一个民主社会里需要多种媒介提供多种声音为人们在形成自己的意见时作参考，而媒介的独占性很容易用特定的观点把人们的思考引导到特定的方向，不能促成批评和讨论的场地，从这一点来说，媒介的独占性对于民主社会公众意见的形成并不是好事。当代社会一些媒介传播组织不断集团化、全球化，在占领了本国大多数的读者市场的同时也不断拥有其他国家的读者市场，这种独占性间接地形成了一种全球意识垄断的局面，是值得媒介研究者和读者关注和思考的。

第二，大众媒介传播的信息和受众已有的认知和经验比较一致的时候，或者说不冲突的时候，其传播效果对受众影响比较大。一些实证研究表明，大众传播媒介的影响力主要发挥在对人们已有认知的强化和巩固上，而不是态度改变上。这就是说，人们的态度并不是可以轻易改变的，媒介的信息对人们的影响首先是强化，例如一位读者在投票意向上比较赞同候选人 A，如果此时他读到报纸上支持 A 当选的文章，就会更加坚定自己的选择；如果读到反对意见，则会忽视文章的内容，而不是轻易地跟随媒介的主张去改选 B。

这样一来，如果媒介的信息传播有较强的说服效果的话，那么这种说服效果主要表现在媒介信息的立场与公众已有的立场比较一致的时候。例如，对于发生在本国的新闻，本国的受众比较信赖或易于接受本国媒介的观点，而不太接受外国媒介对本国事件的看法。这是因为本国媒介与本国受众的社会文化环境比较一致，也比较了解本国受众的基本看法；而外国媒介在这一点上就比较弱，虽然外国媒介报道本国问题的角度可能会比较独特，但是从说服力上来看是不能与本国媒介相比的，也就是说，本国受众比较难于接受不同于自己已有政治信念、民族宗教和文化理念的信息。

第三，受众比较容易接受自己没有太多相关知识和亲身经验的内容。由于自己没有较多相关知识和经验，人们对一些事物很难立刻形成固定的观点和判断，这个时候，媒介的信息由于其来源的可靠性和专业性，人们比较容易接受媒介的观点和信息。例如，在日常生活中不能直接接触到的一些领域如航天卫星、宇宙、大气污染等，较少拥有相关知识的领域如高科技、IT 以及遥远地域发生的事等，人们一般都会接受媒介的信息而较少拒绝。例如我国成功发射航天卫星的新闻报道，大多数受众都能接受并相信这些信息而较少反驳和质疑。但是对于发生在自己身边的问题的报道，受众就不是那么容易接受媒介信息的说服了。

第四，受众对媒介工作者越尊敬，对其传播的信息越信赖。媒介信息的说服效果还与受众对媒介工作者的尊敬程度成正比。受众越是尊敬媒介工作者，媒介信息的说服力就越高。这是因为媒介的信息传播工作要严格遵守真实、公正、客观、迅速等基本原则，这个原则直接要求传播工作者要有良好的自我要求和自律意识，要求新闻工作者在新闻采编工作中具有较高的自我控制和自觉执行能力；否则，新闻传播工作就无法体现它所强调的真实客观的原则。媒介的信息传播之所以具有影响力，是因为公众把自己的信任感赋予媒介，相信媒介信息的真实性，所以媒介组织比任何一个性质的组织更重视和依赖于公众的信赖。这种信赖也就与媒介信息的说服力直接挂钩了。

据一项在北京、上海、广州、杭州四地进行的《新闻职业道德现状调查》结果表明，公众对目前我国新闻工作者的职业道德水平的评价为：较好，21.81%；一般，64.06%；较差，11.80%。[①] 这个结果说明我国公众对新闻工作者的评介处于中等偏上的程度。但是目前我国新闻界不断出现的各种假新闻、有偿新闻事件也在不断破坏公众对新闻媒介的信任感。

第五，受众所处的社会集团的价值观、制度和人际关系等也会影响个人的信息接受。正如上述社会集团对个人认知的影响，这种影响也关系到媒介的说服效果。一个人在获得信息时会如何判断，是与其所属的社会集团的整体价值观、对现有制度和政策的立场以及集团内部的人际关系有密切联系的。例如一个城市的水费将要小幅度上涨，这个城市的高收入阶层和低收入阶层对于这个信息会有两种态度；同时高收入阶层中可能也会有人反对这个政策，但是观察自己周围其他高收入人员都持支持或无所谓态度时，出于保持人际关系和谐等方面的考虑，这个人可能会持支持态度。所以说，媒介信息说服力的体现是多种因素作用的结果。

三、民意的形成与媒介

民意是人类的基本活动之一。在任何一种社会形态中，人们都要彼此沟通、交流，从而形成一种大多数人对某个事物的大概一致的认识和看法，例如对政府决策的赞否，对社会现象的看法，或者对某个具体问题的态度和立场，都可以看成是一种民意。回顾社会发展的历史，我们可以看到，民意是一种代表着大多数公众的较为一致的意见或思想倾向，从人类社会的初级阶段开始，民意就是社会管理者关注或重视的对象。随着社会的发展和进步，民意在社会公共领域里越来越被重视，发挥的作用越来越大，尤其是在现代社会里，民意的内容和方向会在某种程度上直接影响政府的各种决策行为，同时也从侧面反映了特定的社会的民主化程度和社会信息的公开透明程度。我们可以对民意

---

① 资料来源：http://www.jswxyx..com/book/books/FangDIURL/002/011/L000000000007068.html（2008-02-18）.

有这样的定义：民意是社会公众针对公共事务在公共论坛上展开讨论所形成的多数人持有的相对一致的观点和意见。民意是社会成员意愿的代表。

大众传播媒介的发展是现代社会的一大特征，传播媒介的公众至上原则为现代民意形成提供了基本的场所，素不相识的公众可以在媒介平台上开展讨论、批评和意见交换，媒介上的民意又作为有代表性的意见得到更广泛的传播和接受。而且，现代大众媒介的传播速度和传播范围，都是以往的人际传播和组织传播所不能相提并论的，因此，媒介的信息成为现代民意的风向标，在形成民意和引导民意上都有举足轻重的作用，而在民意形成和发展过程中大众媒介的这种作用也是现代社会所独有的。

那么，大众传播媒介的信息对民意的形成有什么样的影响呢？现有的研究成果认为，第一，大众传播媒介的信息可以为民意的形成提供话题。大众传播媒介的报道可以反映突出的社会问题和公众的意见，这就为社会公共事务管理应该关注哪些问题提供了话题，同时，这些问题和意见也应该是公众最为关心的、最容易形成讨论的。例如我国人大代表的提案和建议，如房价、下岗失业、污染、税收、教育费用、医疗保险、食品卫生、交通堵塞等都会在媒介上成为报道的中心话题，这些话题通过报道引起公众的关注和讨论，继而也会成为民意关注的中心。

第二，大众传播媒介为民意的形成提供了讨论的场所。社会上的公众虽然在数量上成千上万，但是在实际生活中却是分散的，难以组织管理的。而民意的形成需要可供公众讨论的场地，这个场地在过去可以是广场、公园等公众场所，也可以是咖啡馆、小酒店等小部分公众的集合地。而在现代，人们的生活方式发生变化，人们在业余时间里越来越缺乏紧密的联系，公众讨论的场所也不再是广场、公园或者咖啡馆了，因此需要一个可供人们发言讨论的、信息交流方便而信息量较大的媒介平台。现代的大众传播媒介以其特有的技术条件承担了这个任务，报纸媒介上的评论、讨论、专栏和来信选登，电视媒介上的对话、多人讨论和辩论节目都可以看成是民意讨论的场所，而最为形象且作用最大的则是网络媒介上的各种论坛或BBS这类平台。

这类媒介平台由于电脑和网络的普及，使用者众多和技术的保证，更重要的是信息发布的匿名性和信息把关程度较松，更能为民意的形成提供良好的场地和技术条件，人们可以在自己方便的时间上网发布自己对某个问题的看法，而不必担心时间限制和个人身份的限制，这类网络民意由于发自公众内心，有时会产生较大的影响，而意见的导向由于网络媒体的特性又比较容易统计，所以传统媒介最近不断加大对网络民意的跟踪报道已成为一种趋势。例如以《新快报》2008年广东省和广州市"两会"的相关报道为例，除了会场状况、代表的提案、政府回应、记者调查外，每天都有对网络民意的跟踪和反映，网络民意对现实议题的反馈迅速而且直接，更贴近现实和民生，这些反馈和意见对广东的建设都是很好的，也是决策机构收集民意的好时机。

第三，大众传播媒介的报道方向对民意的形成有短时期的影响。大众传播媒介有一项功能——议题设置功能，这个功能简单地说就是通过媒介的大量报道或者重点报道，被报道的事务很容易被公众所关注,成为公众心目中最重要的问题。从民意形成的角度来看,民意关注的内容应该多而复杂,而媒介的报道能把民意的关注点吸引到特定的方向上来,让公众认为这件事才是目前最为重要的事情,应该得到尽快的解决。

近年来,南方某市使用摩托车犯罪的案例不断增加,媒体也有过相关的报道,但是真正让市民认识到这种犯罪的危害性的却是一则电视报道。某日,一位市民在自家阳台上调试刚刚买到的数码摄影机,不料发现下面的道路上正发生着一宗飞车抢劫案,一位刚刚下车提着行李的女性被"飞车党"抢去行李,女性被摩托车拖拉五六米远。这些镜头被录下后在电视新闻中得到播放,使市民们对犯罪的危害性有了深刻的认识,关注和呼吁治安问题的人更多了。在当时的全市社会调查中,市民们把"治安问题"列为"本市急需解决的社会问题"第一位,这个民意导向也得到了决策部门的重视,随之采取了打击飞车抢劫的公安行动,并在半年后实施了"禁摩"政策(市内禁止摩托车行驶),彻底解决了这个问题。从这个案例中可以看出媒介报道的设置议题提示公众关注点的作用。

第四,大众传播媒介的报道方向会形成多数意见。民意的内容是非常多而复杂的,同时又是动态的、不断变化的。大众传播媒介对特定问题的报道会对动态的民意走向有所影响,例如媒介不断报道专家、学者或权威人士对某个问题的看法,渐渐地就会有人认为他们的看法是正确的,因而加入到支持这个看法的民意队伍中去。

当我国成功发射"神舟"五号时,新浪网上呈现了两种不同的网上意见,一种是为"神舟"五号的成功欢欣鼓舞,认为是我国航天科学技术的一大成功;但是也有一种意见认为我国目前落后地区还很多,民生问题也有待解决,有必要把巨大的财力花到"神舟"五号上去吗?新浪网的文章在介绍了这两种意见后对后者意见进行了说明,文章认为一个国家的发展体现在很多方面,除了经济发展和民生问题外,对外显示我国科学技术的进步,积极贡献于人类的航天事业,塑造国家形象也是我国的基本任务之一,因此对"神舟"五号的投资是有其重要意义的。据统计,这篇文章发表之后,新浪网上持质疑态度的帖子明显减少。这就是媒介的导向瓦解了少数民意,或者说归拢少数民意形成多数民意的作用。

第四节　强力效果论时期的重要理论

一、媒介依存理论

1. 媒介依存理论的主要观点

媒介依存理论认为,在现代社会里,人们为了达到自己的目标,必须从大众传播媒介那里及时获得各种社会信息,人们自身会有强烈的意识去维持和媒介的密切关系,这正是大众传播媒介的威力所在。而且,社会不断发展,社会关系也会变得越来越复杂,

人们为了维持自己的社会关系和了解周围不断变化的状况，也会越来越觉得经常接触媒介是必要的。

媒介依存理论认为，人们对大众传播媒介的依存程度与社会系统、媒介系统有关。当社会系统比较安定的时候，人们对媒介信息的依存相对要少一点，相反，社会系统不安定的时候，人们对媒介信息的依存程度会很大。例如战争时期，社会环境动荡不安，人们出于自身需要会迫切关注战争信息，这时他们对媒介的依赖程度会增加；而在社会安定时期的周末或假期，人们或者休息或者度假，对媒介上的新闻信息的依赖程度就会减少，一般不会花很长时间读新闻或上网看新闻。

媒介依存理论还认为，如果媒介系统提供的信息对人们很有用，那么人们对它的依存程度就会高一点；相反，媒介系统如果提供了对人们不是很有用的信息，那么人们对它的依存程度则要低一点。这个区别体现于媒介之间的比较，新闻媒介最为重视的东西往往就是报道的时效性，越快把新闻提供给读者，就能更好地满足读者的信息需求，人们会在以后的信息需求中选择这个媒介。相反，报道不及时，报道内容不能满足读者需要，或者出现误报、假新闻或其他失误都能导致媒介读者的流失。

社会是不断向前发展的，社会关系也会越来越复杂，媒介出于生存和竞争的考虑也会不断报道对人们最为有用的信息，所以从一般意义上来说，社会成员对大众传播媒介的依存程度会越来越高。

据2007年10月实施的一项调查表明，在平时，人们看电视的时间平均为2.23小时，而在周末等休假日为3.15小时。从年龄的差异上看，随着年龄的增长，被访者平均每天看电视的时间在逐渐缩短。在平时，20—24岁的年轻人平均每天看电视的时间约为2.34小时，而45—49岁的中年人约为2小时；在周末，20—24岁的人平均为3.54小时，而45—49岁的人平均为3小时。新闻时事、综艺类节目、电视剧是被访者看得最多的三种电视节目。在对不同类型电视节目的偏好上，不同年龄的人有较大差异。随着年龄的增长，被访者对新闻时事类节目越来越感兴趣，而对综艺类节目的兴趣在减退。在20—24岁的年龄段，被访者看得最多的是综艺类节目，而25—34岁的人群对新闻时事、综艺类节目、电视剧这三种类型的节目类型都比较感兴趣，年龄在35岁以上的人最感兴趣的是新闻时事。

网络媒介对电视、报纸等传统媒介的冲击比较大，但是报纸媒介有着网络媒介所无法拥有的优势。从调查的结果看，44.3%的人表示自己每天都会接触报纸，有29.7%的人每周接触的频率至少在3次以上。这说明报纸每天都在影响着很多人。

从年龄上看，受网络影响最大的20—24岁的人群中，每天都接触报纸的人仅为30.3%；而45—49岁的人群中的这一比例为58.9%。可见报纸对45—49岁人群的影响比较大。① 以上调查结果也表明了人们对媒介的依存程度会因年龄、时间段、媒介内容

---

① 资料来源：http://www.searchina.net.cn/report/view.asp.

的不同而不同。

但是，媒介依存理论也指出了一点，即人们对媒介的依存不是无条件的，多种社会因素影响着人们对媒介的依赖程度。你能思考一下影响人们对媒介依赖程度的主要因素有哪些吗？

2. 接触媒介的步骤

那么，受众与媒介的依存关系是怎样的呢？图 5-5 提示了人们接触媒介信息时的四个步骤。

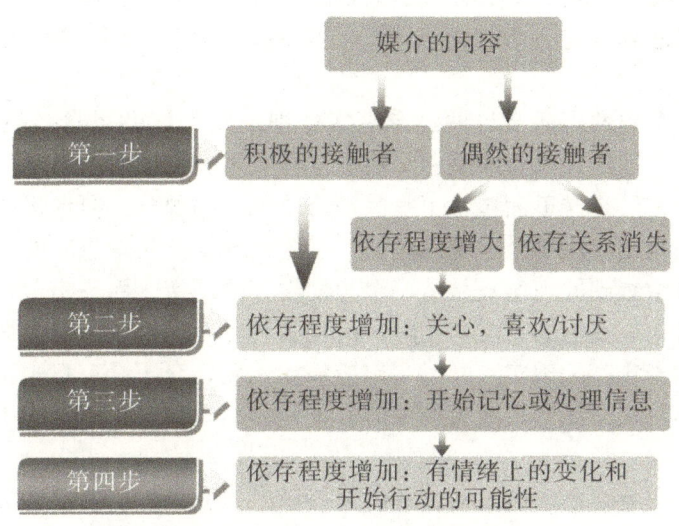

图 5-5　受众接触媒介信息时的四个步骤

在第一阶段，媒介信息的接触者可以分为积极的接触者和偶然的接触者，积极的接触者是指那些以前有过接触经验、对这次的信息有预测能力的人。偶然的接触者则是没有接触经验和预测能力的人，但不排除他的媒介依存程度会增大；当然，他的媒介依存程度也会减少，这时他的媒介接触行动就会结束。

第二阶段，人们对媒介信息的依存加大，会产生关心、喜爱或憎恶的情绪，这也使他们开始进入第三阶段，如果他们对信息的依存还很大，就会开始处理记忆信息。在第四阶段，人们对信息的依存还存在的话，就会有情绪上的波动和开始行动的可能性。

这个图式的特点在于它把媒介对人的影响力放在人、媒介和社会的范围里来看，比较重视三者的相互作用。这也是媒介依存理论所强调的。

二、媒介与媒介事件（media event）

1. 媒介事件的定义

媒介事件的研究起源于学者对电视直播节目的研究。电视的直播节目会给人们带来什么样的影响？一般来说，电视的直播节目会使人产生身临其境的感觉，由于对画面的确信，人们对直播节目的内容深信不疑，极易受到现场气氛的感染，从而轻易地以此画面推测现实的情况。一个实证研究展示了这样的结果，研究者对麦克舍尔将军凯旋归来的电视直播节目进行了分析。他们在电视直播现场安置了录像机，同时又录下了电视台直播节目的实况。在比较两者之后，他们发现，在电视的直播节目之中，人们对将军翘首以待，热烈欢迎，将军的面孔和群众的欢呼被拉近、放大，反复重播，有很强的感染效果，看了电视直播节目的人会认为人们欢迎将军的场面非常热烈和壮观。可是再看看现场录像机的录像，现场等待的人们因为长时间等待而疲倦、焦急，因为将军的车一晃而过，欢呼的场面其实也很短，之后人们一哄而散，并没有那样热烈、壮观和持久的场面。

这就是说，电视的直播节目并没有真实地把现实生活的场景转给我们。媒介的取景、取材、编辑、播出都可看成是一个重新选择、重新构成的过程。电视的直播节目看起来是实景实播，可是这里面包含了一些被修改加工的部分。摄像机的镜头只能切割现实的一部分，怎么拍，从哪个角度来拍，都是构成现实的一个重要的要素。所以，人们在电视直播节目中看到的现实只是从一个角度看到的现实，而不是现实的全部。但是人们往往不会去考证电视上的现实与实际中的现实有什么区别，而是习惯性地将电视上的现实简单地等同于实际的现实。同时，也应该认识到媒介不是有意去歪曲现实的，媒介内容上的偏向不是媒介工作者故意的偏向，而是由新闻编辑加工过程中不可避免的手法导致的。

但是也有媒介特意制造的现实，这就是所谓的媒介事件。在媒介的信息海洋里生活的现代人，总是期望明天会有精彩的新闻出现，但是现实中媒介不可能每天都找到一个轰动的事件来大作新闻。这样就使媒介不得不寻找制造出来的新闻事件了。

媒介事件就是社会组织如政府、政党团体、企业、社团或者传播媒介组织本身策划并执行、有媒体参与并面向受众的具有特定新闻价值的事件。两位著名的传播学家丹尼尔·戴扬和伊莱休·卡茨自20世纪70年代初开始关注这个课题，并进行了一些针对媒介事件的实证研究，他们1992年出版《媒介事件》一书，认为媒介事件是一种"经过提前策划、宣布和广告宣传"的传播行为，在一定意义上大众是被"邀请"来参与一种"仪式"或者"文化表演"的，作者认为媒介事件有三种版本，即"竞赛"、"征服"和"加冕"。[①]

"竞赛"类媒介事件如奥运会比赛、总统竞选等，表现的是双方的竞争，以竞争的结果吸引人；"征服"类媒介事件如宇航员登月、政治人物出访等，以英雄、伟人、政治家为主角，表现的是领导人或国家的力量；"加冕"类媒介事件如皇室婚礼、葬礼、就职与颁奖典礼，通过贵族、娱乐名人、要人的辉煌登场来表现一种崇拜和节庆。丹尼

---

① 丹尼斯·戴扬、伊莱休·卡茨著：《媒介事件》第二章，麻争旗译，北京广播学院出版社2000年版。

尔·戴扬和伊莱休·卡茨之所以对媒介事件进行分类，是为了说明媒介事件是事先定好框架，有完整的策划或计划甚至排演好的仪式，除非极其特殊的情况发生。同时，在媒介事件的报道中，媒介也无法体现其批判性和灵活性。

这种媒介事件有三个特点，可以用来区别它与真正的新闻事件。即：①没有新闻工作者与受众的空间界限，观众可以直接参与到事件的进程当中；②受众会突破一般的时间限制，投入到观看"表演"的行动当中；③由于媒介经过了提前的策划和电视参与，使得媒介事件在转播之前就产生了相当的"知名度"。

例如，2003年10月15日"神舟"五号的成功发射就是一个典型的媒介事件，这个事件有重要的时代意义、巨大的新闻价值，有航天英雄和国家领导人的出场，发生的时间可以事先知道，可以提前准备好各种背景资料。这些特点对新闻媒介来说都是一个低成本的大新闻，当时的全国各家媒体用了几乎70%的版面和电视、广播时段来进行报道。

而2007年的瑞典"哥德堡"号仿古帆船抵达中国也是一个媒介事件，在仿古船访问上海的活动中，负责新闻组织工作的上海市政府新闻办公室原计划邀请50家左右的媒体，但媒体记者报名踊跃，共有80多家媒体100多人参加。加上东方卫视进行现场直播的记者和工作人员，参与采访报道的总人数达到160多人。据主办方的不完全统计，仿古船在上海期间，中外媒体刊播文章2700篇，电视报道820多分钟，网络点击达到21000次，估计媒体价值达到12亿元人民币。

媒介之所以重视这些媒介事件的报道，无疑是因为这种事件本身的新闻价值、知名度、公众的可参与性、时间上的可控性等等。

2. 媒介策划的媒介事件

而现代社会媒介产业竞争激烈，由媒介本身策划的媒介事件不断增多，媒介自己策划的事件与戴扬和卡茨所认为的媒介事件稍有不同，但追求低成本高吸引力以及独家新闻仍是其主要目的。

媒介制造的"新闻事件"有以下几个特点：第一，不是自然发生的事件，而是人为策划、计划好的，包括媒介参与策划或者左右事件发展的事件。第二，具有新闻价值，是可以当成新闻来广泛传播的故事。第三，在这种新闻事件中会有一些令人兴奋的意外插曲，可能是事先安排好的，但是受众无法判断事情的真假。第四，这种媒介事件往往具有很大的新闻价值，事件发展的结果也会按媒介的预测和计划进行。

一般自然的新闻的发展过程是媒介和新闻工作者不能预测的，而媒介事件的发展和结尾都会在预定的时间内向观众交代好。媒介事件会为观众设定一些新闻事件和新闻人物，但是强调场景的自然和新闻故事的逻辑性，一般情况下人们无法辨别这个事件是社会生活中自然发生的一幕，还是人为制造的一景。

例如发生在2007年的刘德华"粉丝门"事件就被质疑为媒介事件。狂迷刘德华13年之久的兰州女子杨丽娟及其家人成为两岸三地传媒追逐争抢的焦点，在媒体接力赛式的轮番轰炸下，这个悲剧不断被放大被推动，并演变为层出不穷的闹剧。相当多的媒体一边出资出力将这场"真人秀"的舞台从兰州搭到香港搭到北京，一边又反思与批判杨的行为，更收获着暴涨的点击率或发行量。

香港某报的记者在采访中证实杨氏母女此前往返香港的食宿及路费确实是由南方某报纸及某网站支持；杨氏母女也透露出某电视台主动提出要"安排见面"；当杨丽娟返回兰州时，随行记者多达十余人。据香港《明报》报道，一家广州的新闻网站更以每日400元的费用，安排杨丽娟母女入住兰州市一家四星级酒店，拟对她们进行"全程独家报道"。

香港《文汇报》指出，中国内地部分媒体早就介入了杨丽娟追星事件，不断对事件推波助澜，令事件愈演愈烈。在助长杨家疯狂追星行为乃至酿成杨父蹈海身亡方面，部分传媒难辞其咎。杨父身亡后，部分媒体又出钱把杨家母女接到深圳，从深圳接到兰州，再从兰州接到北京接受歌手捐赠。在所谓"新闻策划"下，一幕悲剧被传媒利用为炒作和扩大销路的对象。①

为什么媒介或其他社会组织要制造媒介事件？

由政府、政党团体、企业、社团等策划并执行的事件通常是为了特定的目的而希望得到媒介的关注，希望通过媒介的报道吸引公众的注意，扩大影响，引导公共舆论等。例如一个组织希望媒介来报道本组织的一些主张，但是媒介认为这些内容没有新闻价值而不予报道，于是这个组织策划了一次万人请愿活动到政府机关静坐，这个万人请愿活动是具有新闻价值的，所以媒介给予了报道。这是一些组织出于特定目的而策划的媒介事件，它不同于某些群众自发的集体行为，而是组织者事先策划好的有具体目的和组织的行为。

而媒介自身策划新闻事件的目的与之有所不同，媒介本身策划的媒介事件更多的是出于竞争、经营和争取独家新闻的目的。从采写成本上来说，策划好的媒介事件因为时间和过程都是可控的，所以可以有所准备，可以节省采访的时间成本和经济成本；从内容上来说，媒介深知哪些内容会吸引公众，可以设置得很有观看价值，以获得较高的收视率；从竞争的角度来看，媒介事件事先由某个媒介策划，可以获得独家新闻或报道时间上的优势。

3. 媒介事件的社会影响

媒介事件有何社会影响？媒介事件的报道可以起到社会整合的作用。丹尼尔·戴扬和伊莱休·卡茨所定义的媒介事件的报道如典礼、仪式等以激动人心的方式整合了社会，唤起人们对社会与合法权威的敬仰和忠诚。这种整合作用表现在：第一，向人们提示社会权威；第二，通过集体行动维护已有的权威。

而媒介自身策划的媒介事件除了新闻制作上和经营上的有利之处外，其社会影响是值得人们关注和思考的。陈力丹指出，新闻报道的对象应是传媒以外客观发生的事实，

---

① 《刘德华粉丝门悲剧》，资料来源：金羊网 http://www.ycwb.com/。

第五章　媒介传播的社会效果

一些传媒自己出面制造事实，参与事实的发生、发展，然后报道自己所推动的事实，把它作为新闻推出，这背离了传媒的基本职责。他还指出媒介自身策划媒介事件的根本原因，即利益驱动。首先，媒介的市场化运作要求记者不断地拿出好新闻，但是好新闻需要时间成本和经济成本，于是就出现了找捷径、制造事实，或推动已有的事实按照自己的设计发展，产生戏剧性情节，然后进行的行为。其次在于传媒本身走向市场，扩大自身的影响力的自我宣传需求。第三个原因则是我国传媒工作者的职业规范素养的低下。陈力丹还指出媒介事件的恶果是误导受众，误导舆论；如果传媒充满了这种媒介事件，人们通过媒介看到的世界也会是一个被传媒歪曲了的世界。①

三、议题设置机能（the agenda-setting function）

世界上不断发生着各种各样的事情，人们是怎样来判断事物的重要性的呢？大众传播媒介的报道对我们的社会认知有什么样的影响？这个问题在20世纪70年代初期得到了论证，美国的两位传播学学者提出了一个新的理论——媒介的议题设置机能理论。这个理论引起了学术界的轰动，对后来的媒介研究也产生了重大的影响。

1. 理论的萌芽

虽然麦库姆斯和肖被推崇为议题设置研究领域的开山鼻祖，《大众传播的议题设置功能》也被奉为这一研究领域的经典之作。但是，与议题设置假设有关的思想渊源却来自美国著名的专栏作家和政论家沃尔特·李普曼，他在20世纪20年代初就形成了有关议题设置的基本想法。麦库姆斯将李普曼视为"议题设置概念的精神之父"，李普曼的《民意学》一书被认为是议题设置理论的奠基之作。这本书用许多事例说明世界的真实特征与人们对之所持的信念不是一致的，并且认为报刊对于事件的解释会改变人们对于现实的看法和行为方式，但是李普曼并没有对媒介的议题设置功能作深入的分析。

后来，美国政治学家伯纳德·科恩在《新闻媒介与外交政策》一书中提出，新闻媒介不仅仅是新闻和观点的提供者，它"在告诉读者怎样想这一点上大都不怎么成功，但在告诉读者想什么方面却异常有效"。这个观点被看成是与议题设置理论研究最有直接关系的观点，他明确指出，大众媒介除了它们可能具有的无论什么样的直接效果以外，还有极其重要的间接效果，即告诉人们想什么，相比之下，媒介的后一种效果似乎是更加重要的。

继而美国名记者西奥多·怀特在其《总统诞生记》中指出，报纸在美国是一种"原生性的力量"，它安排公众讨论的议程，而这种巨大的力量甚至超越法律的限制，它决定人民要读些什么和考虑什么。与科恩的"想什么"相比，他着重强调报界"安

---

① 丁超：《新闻不能制造——访中国人民大学教授陈力丹》，http：//www.crta.net.cn/lilun/ShowArticle.asp? ArticleID=1519.

排公众讨论的议程"。①

从李普曼到西奥多·怀特，议题设置理论有了一个初步的萌芽和发展，但是都属于理论上的探讨，而麦库姆斯和肖则通过实证手法检验了议题设置效果的存在。

2. 理论要点

1968年，麦库姆斯和肖实施了一次调查活动，他们针对美国一个小镇的100名有选举权的人，询问他们所认为的这次选举中的最重要议题，同时，又分析了报纸、广播和电视上有关选举的报道，当他们对投票者认为重要的问题和媒介报道中反复强调的问题进行比较时，发现两者重要度的排列很相似。由此他们认为，如果某个问题被大众传播媒介大加报道后，受众对它的认知也比较明显，也会认为这个问题比较重要。这就是媒介的议题设置机能（如图5-6所示）。

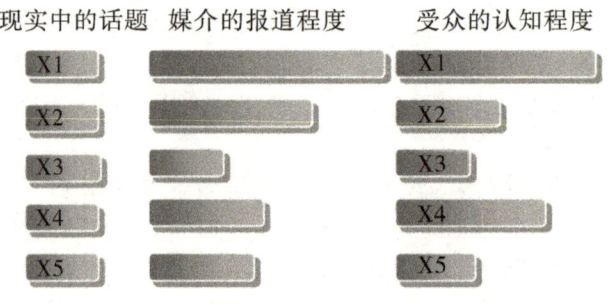

图5-6 媒介的议题设置机能的模式

这个图式说明，在某个社会环境里，有X1，X2，X3，X4，X5等话题存在，它们的实际重要程度是相当的，但是如果大众传播媒介对这些话题进行了不同程度的报道，比如对X1，X2，X4进行了大量的反复的报道，对X3，X5的报道相对少一点，这样，接受了大众传播媒介的报道的受众会认为X1，X2，X4这几个问题具有较大的社会重要性，而X3，X5这几个问题相对不是那么重要。也就是说，媒介的报道在人们对社会问题重要程度的认知上起了引导作用。大众传播媒介的报道也许不能改变人们对某个问题的态度和看法，但是，对于这个问题是否重要，即人们在有关某个话题的社会重要度的看法上却能发挥作用。

20世纪60年代以前的媒介效果研究总是把研究重心放在媒介是否改变了受众的态度和行动上，而忽略了媒介信息对受众认知的影响。媒介的议题设置机能理论正是抓住了这一点，它认为，大众传播媒介的报道在告诉人们如何思考（what to think）上面可以说效果不大，而在告诉人们思考哪些问题（what to think about）上却是比较成功的。这个假说提示我们，大众传播媒介不是简单的信息导管，也不是镜子，可以把外界的事

---

① 西奥多·怀特著：《美国的自我探索——总统诞生记（1956—1980）》，美国大使馆文化处出版，页56。

物直接地传输给我们,媒介的报道是有所选择的,它会依照某个特定的标准重点报道某个事件,同时对另外一个事件却只是简单一提。正是这种有轻有重的报道给人们提供了一个"媒介的现实",乐于接触媒介的人们正是通过这个"媒介的现实"来推测自己的社会环境的。

3. 议题设置机能的作用机制

那么,大众传播媒介的议题设置功能是如何发挥作用的呢?

麦库姆斯的研究表明,有三种递进式的影响作用模式存在于大众传播媒介的传播活动中。①

第一种是知觉模式。它指的是大众传媒是否报道某个特定的议题,会对社会公众对这个议题的感知产生影响,被报道的议题自然在很广泛的范围内被认知,没有被媒体报道的议题就很难有这种效果。例如一些社会话题本来涉及公共利益,但是如果权势机构对传媒组织施加压力,不准报道,那么,即使这个话题非常重要,也可能不为广大公众所察觉。长期以来我国的重大自然灾害报道一直被认为是比较敏感的话题,灾害发生后常常要得到上级政府的层层批准后才能见报。现在政府对公共信息的公开和传播已经有了明确的规定,人们对很多以前的敏感话题也可以通过大众传播媒介及时地知觉了。

第二种是显著性模式。它指的是大众传播媒介如果对少数特定的议题进行强调,或者突出的报道,会引起公众对这些突出议题的特别重视。这种结果显示了大众传播媒介具有转移公众视线的作用。如果大众传播媒介对某个事件进行突出报道,而不报道或者很少报道另外一个事件,那么人们对这两个事件的感知从媒体的报道量上就能分出胜负。例如2004年国际知名足球劲旅皇马首次到中国访问,皇马的知名球员如贝克汉姆等历来是媒体报道的重点,中国媒体也不例外,对皇马几天的访问作了大量而详尽的报道,中国的公众很少有不知道这件事的。当时皇马曾到云南昆明训练,受到当地媒体的密集跟踪采访,相关报道占据大量版面,而那几天云南一个县发生地震,媒体对此倒是很少报道。也就是说,皇马访华与云南某县地震这两个新闻,不管对于中国读者的现实意义哪个大哪个小,在媒体上呈现出来的显著度则是前者大大高于后者。②

第三种是优先顺序模式。它指的是媒体在报道多数议题时,按一定的优先顺序给予各个议题不同程度的报道,这会影响公众对这些议题重要性的认识,或者说影响公众对这些议题的重要性顺序所作的判断。公众会认为被大量报道的议题是重要的议题,用很少篇幅报道的议题则不那么重要。例如,被放在报纸头版的政治新闻会被认为很重要,被配上大号标题、占用大幅版面的新闻被认为是重要新闻。

---

① McCombs, M. E. (1976). *Elaborating the Agenda-setting Influence of Mass Communication*,《庆应义塾大学新闻研究所年报》第7号, pp. 15–38.

② 丁超:《新闻不能制造——访中国人民大学教授陈力丹》, http://www.crta.net.cn/lilun/ShowArticle.asp?ArticleID=1519.

4. 议题的偏向

既然大众传播媒介通过设置传播议题可以影响社会，那么媒介是在公正、客观地选择传播议题吗？针对这个问题，有学者认为，大众传播媒介对议题的选择和强调带有媒介的特定报道倾向。美国学者鲁宾逊做过一次针对美国电视新闻的议题研究，发现在报道新闻议题时，哥伦比亚广播公司（CBS）和全国广播公司（NBC）具有自由主义的倾向，而美国广播公司（ABC）则带有保守主义倾向。[①]

另外，在学术界和传媒业界也流传着一些说法和共识，说明了不同媒体具有不同的议题选择倾向。如，在议题内容的选择上，《纽约时报》重视国内政治选举报道和国际政治新闻；《华尔街时报》重视国际金融和经济界新闻议题；《基督教箴言报》多选择国际新闻报道和国际政治评论。

日本五大全国性日报也在议题偏向上有所不同，如人们普遍认为，《朝日新闻》比较具有革新意识，《读卖新闻》偏于保守，《每日新闻》比较中庸，《产业经济新闻》偏于右倾，《日本经济新闻》重视经济议题的报道。

5. 媒体之间的议题影响

德国传播学家诺依曼曾指出一种不同媒体之间内容或者议题比较类似的现象，她称之为媒体之间的"共振（consonance）"。她认为这种存在于不同媒体之间的在选择议题、形成报道热点和评论导向方面的类似性是媒体影响社会公众的重要条件[②]。不同的媒体之间在选择议题上存在互相影响的现象同样被其他学者所关注，例如一个被观察到的例子是，美国的《晚邮报》在某一时期报道了某个犯罪新闻，结果《太阳报》的主编立刻质问本报的记者为什么漏掉了这个新闻；《太阳报》的记者上了另外一条犯罪新闻，继而其他报纸都开始积极报道犯罪新闻，一时间犯罪新闻成为媒体上的主要议题。[③] 另有一种说法是，在美国所有的报纸都时刻关注著名的《纽约时报》在报道什么议题，准备随时根据《纽约时报》的议题改变自己的报道议题。特别是美国的政治选举报道，《公共汽车上的家伙们》一书中就有个例子反映在1972年美国新闻媒体报道总统选举时，所有媒体的记者都从《纽约时报》的记者小阿普尔的肩膀上往下看，看他如何写导语，然后再决定自己的报道中应该强调什么。

美国学者丹尼利恩和赫斯把这种在议题选择上媒体之间互相"传染"的现象称为"媒介间议题设置（intermedia agenda setting）"。他们的研究结果发现，1985—1986年毒品问题被大多数媒体积极报道，但是这两年其实并非美国社会的毒品问题高发期，而是媒体在报道上互相跟风，导致毒品议题在媒体上很流行。研究还发现，媒体上的主导

[①] Fischman, J. F. (1985). Views of Network News. *Psychology Today*, July. Robinson, M. J. (1985). Jesse Helms. Take Stock. *Washington Journalism Review*, No. 7, pp. 14–17.

[②] Noelle-Neumann, E. & Mathes, R. (1987). The Event as Event and the Event as News: The Significance of Consonance for Media Effects Research. *European Journal of Communication*, 2, pp. 391–414.

[③] 张慧元：《大众传播理论解读》，苏州大学出版社2005年版，页249。

议题一般都是从《纽约时报》传向其他媒体的,在当时,印刷媒体的议题会影响电视媒体的议题选择。①

在不同的媒体之间,由于不同的传播特性,一般人有时都可以观察到上述议题选择的倾向。例如,印刷媒体的议题选择会影响电视媒体,强势媒体的议题选择会影响弱势媒体,网络媒体的议题选择会影响传统媒体。其原因在于作为影响者具有议题选择上或者传播上的优势,例如印刷媒体擅长深度报道,往往刊登引起轰动的新闻,电视媒体可以跟着这个议题在现场报道方面再发挥作用;强势媒体具有较高的传播实力,容易有效地推广特定的议题,那么中小媒体跟踪报道这个议题也比较得到认可;尤其是网络媒体,不但传播速度快、传播范围广,同时也是一个"人人都能当记者",可以促成各种新闻、设置各种新议题的传播媒介。目前,传统媒体经常把网络媒体上点击率高的议题,作为自己报道采访的新闻,这就是网络媒体新闻议题对传统媒体的影响。

6. 谁在设置媒介的议题

既然大众传播媒介的议题设置能发挥影响公众的知觉的作用,那么,这些媒介上的议题是谁设置的呢?从媒介社会学的角度来说,答案肯定不会仅仅是"媒介工作者"。有学者指出,在美国,压力集团和特殊利益集团可以通过各种人为的方法把特定的议题纳入媒介报道的范围内。例如,在20世纪60年代,美国的学生非暴力协会把种族歧视问题纳入了公众关注的范围;70年代,美国的妇女组织也把妇女议题提升到了公众议程的高度,两者都利用了大众传播媒介的作用。② 此外,从社会学和媒体新闻制作的角度来看,政府、知名人士、专业人士、非政府组织、商业机构等都是设置媒介议题的重要因素。

芬克豪泽认为有五种运作方式可以决定媒体是否关注某个议题,这五种方式是③:

● 事件的样式是否新奇,如果某个事件与其他事件相同或者类似,媒体就不会认为它还具有新闻价值。

● 重要而且罕见的事情,媒体对此的报道总是连篇累牍,长篇大论。

● 在总体事件中选择具有新闻价值的那部分挑出来报道。

● 制造媒体事件,如抗议游行、示威静坐、宣传促销等,都能引起媒体的关注和报道。

● 按具有新闻价值的报道方式来描述无新闻价值的事件。

---

① Danielian, L. H. & Reese, S. D. (1989). A Close Look at Intermedia Influences on Agenda Setting: The Cocaine Issue of 1986. In P. J. Shoemaker (ed.). *Communication Campaigns about Drugs: Government, Media and the Public*, pp. 47–66. Hillsdale, N. J.: Lawrence Erlbaum.

② Funkhouser, G. R. (1973). Trends in Media Coverage if the Issues of the 60s. *Journalism Quarterly*, 50, pp. 533–538.

③ 同上。

早在麦库姆斯和肖提出议题设置理论时，就在文章的结尾处指出"关于媒介议题设置者的研究非常重要"①。这个观点后来得到不少学者的关注，美国学者休梅克和瑞斯的相关研究表明，影响媒介内容或者议题的因素有五种，其中既有源于新闻制作层面的微观因素，也有基于社会层面的宏观因素，这个研究将在后面的章节具体讨论。②

7. 新媒介环境与议程设置

到了互联网时代，媒介的议题设置功能的问题变得更复杂，因为互联网的发展带来了新的媒介环境，这给基于传统媒介而发现的议题设置理论带来了新的理论挑战。

首先是互联网的普及是否减低了传统媒介的议题设置功能的问题。从传播者的角度看，媒介的多样化使得媒介本身在议题设置上出现竞争和冲突，从而减少了传统媒介的议题设置效果，也导致了传统媒介议题成为公众议题的可能性在减小。从新闻受众方面看，年轻人对网络媒介的依赖性越来越大，对报纸媒介和电视媒介的接触时间在减少，这也就意味着传统大众媒介对年轻人的影响越来越小，不论是从传播者还是受众来看，传统的议题设置理论都受到了空前的挑战。

一些研究者发现，目前互联网新闻正在改变新闻媒介设置公共议程的方式。由于有了因特网，人们可以创造自己的"个人日报"。因此有学者预言，在新的媒介环境下产生的独特的个人议程将使议题设置效果消失；网络议程的广泛性、非理性、开放性、民主性使网民成为信息操控的主体，网民的价值判断和选择既可以与传统媒介形成良性互动，也可以形成冲突，这就会导致传统媒介难以像以往那样有效地影响受众，也就是说，传统媒介的权威性和公信力会受到网络议程的制约。

同时，新媒体以及使用新媒体带来的多种传播方式使社会议题的设置者更加分散，议题也更加广泛，例如博客的议题设置。

博客是以一种定制的、用户化的方式传播各种议题，相较于将受众作为一个整体而产生的规模性的议题设置效果而言，这种传播方式会缩小议题设置的作用。但是，网络博客中的议题常常会转化为传统媒体的议题，尤其是具有新闻价值的名人博客。以下几个议题都是首先出现在当事者的博客中，后来被媒体广泛报道的。

● 演员李亚鹏在他的博客中承认他与王菲的女儿是兔唇并正在美国治疗，同时对给予他们帮助和支持的人表示感谢。消息一出，传统媒体的跟踪报道和评论铺天盖地而来，除了报道和评论外，媒体还就怎样预防和治疗做了知识普及。兔唇儿童并非首例，但是这一事件引发的媒体和受众对兔唇儿童的关注是空前的。

---

① McCombs, M. E. & Shaw, D. L. (1993). The Evolution of Agenda-setting Research: Twenty-five Years in the Marketplace of Ideas. *Journal of Communication*, 43 (2): 58-67.

② Shoemaker, P. J. & Rees, S. D. (1991). *Mediating the Message: Theories of Influences on Mass Media*. NY: Content Longman.

● 央视主持人芮成钢在博客中"请星巴克从故宫里出去"一文得到了数十万人的点击,围绕该话题产生的评论如潮,也引起了传统媒体的跟踪报道,星巴克明确表示考虑搬出的问题。

不但是一般的社会性话题,博客有时也可能挑战并改写主流媒介的议程。在美伊战争中,大多美国传媒在报道中大量加入"爱国主义"的感情色彩,例如前线记者用"我们"代表美军,不时大写特写烈日下的美军、战斗直升机和随风飞扬的美国国旗,渲染一种强烈的爱国氛围。而一位巴格达的当地居民通过个人网站向全世界发布巴格达各方面的消息,从战争的状况到当地人们的生活情况,每天吸引全世界成千上万的人去看他的网络日记。

媒介全球化加剧了媒介之间的竞争态势,不同媒介因为经营模式、市场定位、目标受众的差异而出现了议题设置不同步甚至不同质的现象。不同媒介机构之间出现了议题碰撞,新闻业本身也在经历着全球化。但网络化是将来传播业发展的必然趋势,网络议题设置对社会民意将会产生越来越大的作用。如何正确认识网络议题设置功能?国家如何在议题全球化的压力下争取自己的主动权,以保护本国的民意安全?如何在民众议题与主流机构的期望相左时及时引导民意回归本位?这些都是议题设置研究面临的新的问题。

四、沉默的螺旋理论(the spiral of silence)

人被比喻为"社会的动物",是因为人们生活在一个社会中,彼此关联牵制,在作出判断时会受周围的社会环境的影响。那么,社会成员是怎样受到周围环境影响的呢?他们通过什么方式了解自己周围的状况和变化呢?无疑,大众传播媒介的信息传播是人们了解、确认社会环境的重要渠道。人们通过媒体了解周围的环境和周围人群的态度,并形成自己的态度。基于这样的思考,一位传播学者指出一个社会民意的形成其实是和媒介的报道有关的。20世纪80年代初期,德国女传播学学者诺依曼提出了一个有关大众传播媒介报道和民意形成假说——沉默的螺旋理论。这个假说认为,人们对社会上某个问题与现象的看法和意见会受大众传播媒介的报道的影响。也就是说,大众传播媒介的报道在某种程度上左右了人们对社会问题的看法和主流意见的形成。

1. 理论背景

诺依曼对1965年西德联邦议会的选举进行了调查,在调查人们对各个政党的支持率时,她发现开始人们的支持意向比较分散,可到了投票前,人们的意见突然开始向基督教民主党和社会同盟党集中。对这种现象,诺依曼是这样解释的:人生活在复杂的社会里,对孤立有一种恐惧感,他会时常观察自己周围的情况,以避免让自己陷入孤立。所以,对某个社会问题,当一个人判断自己的意见和社会上大多数人的意见一致时,他会坦然将自己的意见说出口。相反,当一个人判断自己的意见和社会上大多数人的意见相反时,为了避免和多数意见冲突而导致被孤立,他会暂时保持沉默,不公开自己的意见。这样,被认为是社会上的多数意见的意见,会被越来越多的人支持,以一种类似螺旋上升的形式被扩大和公开。而被认为是少数人的意见则越来越少,直到无声无息(如图5-7所示)。

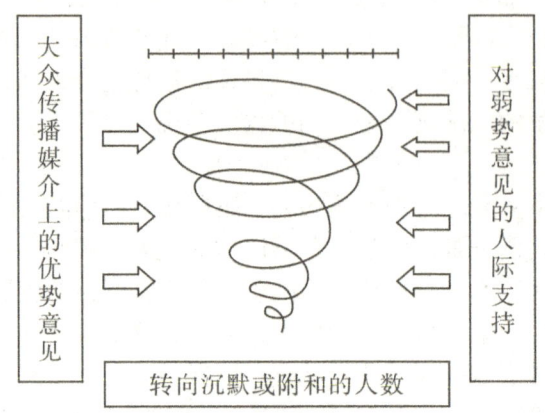

图5-7 沉默的螺旋示意图①

诺依曼认为,人们具有一种准统计学的感觉,他们借此判断哪种观点和行为模式是他们的环境所允许的,哪种观点和行为模式是他们的环境所不允许的。对于一种特定的行为模式,人们在观望社会上对此的意见风向的时候,大众传播媒介的报道起了很大的作用,媒介的报道告诉人们目前多数派的意见是什么。也就是说,媒介的报道是人们观察社会风向的观望镜。虽然人们还可以通过人际传播来了解周围的情况,但是,人们会更相信大众传播媒介的报道。这就是沉默的螺旋理论的主张——大众传播媒介在社会民意或民意形成的时候发挥了重大作用。

诺依曼在她的两篇论文中②论述了沉默的螺旋理论,通过这个理论,诺依曼主张大众传播媒介对社会的影响力是不可忽视的,这与麦库姆斯和肖的议题设置理论遥相呼应,成为主张宏观媒介效果说的代表理论之一。诺依曼从这样几个角度主张大众传播媒介具有强势的影响力。首先是传播媒介对人们的社会环境的认知给予较大的影响,这是由于大众传播媒介的报道内容大多比较类似,不同的媒介在新闻价值和价值判断方向上基本是一致的,这样由众多的、相似的媒介传播活动就构成了一种传播的共鸣效果;其次,类似的信息被多个媒介不断传播,传播的持续性和重复性则会带来传播的累积效果;最后,由于媒体无所不在,信息的传达也是无处不达、范围广泛,因此会产生传播

---

① 参考自郭庆光《传播学教程》,中国人民大学出版社2003年版,页220。
② 这两篇论文是:*Reture to the Concepts of Powerful Mass Media* 和 *Mass Media and Social Change in Developed Societies*。

的遍在效果。

由于媒介的传播活动给人们的社会认知带来较大的影响，诺依曼继而主张大众传播媒介在形成或左右社会舆论方面也是力量强大的，具体来说有三个要点：

（1）人们对特定问题的看法和态度来自于大众传播、人际传播，以及他们对"意见环境"的认知结果。

（2）一种意见如果被大众传播媒介重点传播，会被公众认为是具有代表性的，是大多数人赞同的多数意见。

（3）基于这种意见带来的安全感或者压力，赞同的人会无所顾忌地发出自己的声音，而反对的人感到压力则会选择保持沉默。媒介的不断报道会不断推动"出声"人群的扩大以及"沉默"人群的减少，这样就形成了社会上的大多数的意见——社会舆论。

2. 诺依曼的舆论观

舆论一直是一个不断被争论和研究的概念，对舆论的定义可以有多个角度。正如郭庆光指出的那样，诺依曼的舆论观基于社会心理学的观点，她认为舆论未必是多数人的意见，舆论与其说是一种"公共意见"，不如说是一种"公开意见"。诺依曼认为一种意见如果"被认为"是多数人持有的，而且是可以安全地在公共场合公开的，这才是舆论。诺依曼强调舆论形成过程中的社会心理压力的存在，更把舆论称为"我们社会的皮肤"——通过舆论人们可以感知社会的意见的"气候"，依此来调节自己的适应和应对行为。①

那么，大众传播媒介是如何影响舆论的形成的呢？诺依曼指出了三种方式：

（1）人们通过大众传播媒介的报道对哪种意见是主导意见形成印象。例如放在头版头条的新闻中的观点和评论等都告诉公众其重要性和代表意义。

（2）人们通过大众传播媒介的报道对某种意见正在增强印象。通过一个新闻的连续被报道，人们可以得知这种观点正在不断被支持。

（3）人们通过大众传播媒介的报道对某种意见的安全性形成印象。通过长期接受大众传播媒介的信息，人们可以判断某种意见对于特定的社会环境是否安全。

3. 理论的优势和弱点

诺依曼一提出沉默的螺旋理论就受到很大的关注和多方评论，而批评的声音显得更大，例如很多学者指出，由于社会环境和组织、个人的条件不同，沉默的螺旋现象在不同的情况下并非会有一致的结果。

总的来说，沉默的螺旋理论有其理论上的优势，例如这个理论从社会心理学的角度分析社会舆论的形成过程，结合社会的宏观层面和个人的微观层面对舆论的本质和形成

---

① 郭庆光：《传播学教程》，中国人民大学出版社2003年版，页222。Noelle-Neumann, E. The Spiral of Silenc: A Theory of Public Opinion. *Journal of Communication*, 24 (2), 43–51.

模式给予了说明和解释，这一点是其他理论所没有顾及到的。这个理论还强调了大众传播媒介对社会民意形成过程的影响，在现代社会大众传播媒介越来越发达，传播的覆盖面和深度也越来越广、越来越深，媒介的传播对社会舆论形成的影响和左右是不言而喻的。而媒体对舆论的作用建立在媒介长期的、普遍的和重复的传播作用上，这也是具有说服力的。

当然，正如多位学者批评的那样，这个理论也存在一些弱点，如公众对社会孤立的恐惧应该不是绝对的，在东方社会人们比较重视社会道德和规范，不愿意当"出头鸟"，也尽量避免社会集团中的不一致和不和谐，因此，对被自己所处的集团和社会所孤立是他们不愿意的，在这些人中可能会产生沉默的螺旋现象。而西方社会主张个人英雄主义，一个人发出与其他人不同的声音时并非要承受很大的压力。另外，意见种类的不同也会导致不同的社会压力，例如，形成与生存、安全、政治倾向、社会地位、道德和社会声誉等人们普遍在意的问题相关的意见时人们可能比较慎重，可能会有左右观望后沉默的现象；但是在一些不重要不敏感的意见上人们还是可以直接地、大声地说出自己的意见。同时，这种沉默的螺旋现象也并非在所有社会环境中都存在，应该是与特定社会的传统和文化环境相联系的。表5-1是对沉默的螺旋理论优势和弱点的总结。

表5-1　沉默的螺旋理论的优势和弱点

理论的优势	理论的弱点
● 将社会舆论的形成过程与社会心理学分析结合起来，具有宏观和微观的解释能力 ● 强调了媒介对社会民意形成过程的影响 ● 强调了媒介的长期的、普遍的和重复的传播作用 ● 主张舆论的形成是动态的，是可以转移的	● 公众对社会孤立的恐惧不是绝对的，假说对公众是否能抵抗媒介的影响过于悲观 ● 意见的种类导致不同的社会压力 ● 社会压力与特定的社会传统和文化有关 ● 对团体力量可以抵消沉默的螺旋估计不足

4. 网络媒体与沉默的螺旋

每一种媒介效果理论都具有时代性，随着时代的发展变化，大众传播媒介和媒介周围的社会传播环境也相应地发生了变化，这些变化从不同的角度对既有的媒介效果理论提出了问题和挑战。对于沉默的螺旋理论来说，最强的挑战来自于互联网媒体。不同于一般的传播媒体，互联网媒体在传播上具有平等性，传播者具有匿名性，发送信息和接收信息都不受地域的限制。由于舆论集团的形式不明显，所以发出声音的个人很难感到多数人的压力，如果没有这种压力，人们害怕被孤立的心理不存在，沉默的螺旋理论也就不存在了。

这种认为沉默的螺旋理论在网络传播中不存在的观点立足于对网络媒体以下几个传

播特性的分析上：

第一，网络传播的匿名性和恣意性使网络传播者的身份难以确定，即便网络上的"人肉搜索"可以准确地找出某个特定的对象，这也是网络的汪洋大海中很少的几个例子，不适用于全体的网络传播者。因此，网络传播者相对于传播媒体还是安全的，可以不在乎其他人的反应而直接地发出自己的声音。因此，网络媒体上的传播可以让人们在更大程度上进行自由表达，而这种"自由"正与沉默的螺旋理论假设中的条件相反。

第二，网络传播的自由程度使个体在进行自我表达时，较少顾忌社会规范的约束，比起在真实的社会人群中，可以独立自我，不受别人想法的影响，也无需承担因发言不慎而导致的社会压力。如果没有这样的心理负担，网上的发言者就不会面临"害怕被孤立而沉默"的情形。

但是也有人指出，网络媒体上其实也存在强势意见对弱势意见的打压，以及从论坛意见领袖那里感知安全意见的方向的现象，也就是说，网络媒体上的沉默的螺旋效应也是存在的，只是比起传统媒体来说可能要弱很多，但是并不是说完全消失。目前针对网络实名制的呼声和讨论越来越高，部分国家已经有了实践，如果网络实名制得到实现的话，人们可能会对网上的沉默的螺旋效应有新的讨论。

五、知识沟与数码鸿沟（knowledge and digital gap）

1. 《芝麻街》节目

20世纪60年代，社会教育平等这个课题在美国受到重视，怎样使贫困阶层的孩子和黑人、少数民族的孩子得到平等教育成为社会学家的一个难题。这时正值美国电视的黄金时代，于是作为政府实施学前教育的项目，有人提议在电视上播放教育节目，使贫困家庭的孩子也能得到学前教育。这个项目成立的基础在于当时人们对大众传播媒介的信息可以又多又广地传播到社会的各个角落的威力的认识，消息闭塞的人也可以通过电视媒体得到更多的消息。

《芝麻街》就是当时推出的一系列儿童教育节目之一，这个节目通过可爱的卡通人物和通俗易懂的对话以及歌舞节目来帮助儿童掌握学前知识，节目的风格很受儿童欢迎。可是，在《芝麻街》播出后，学者经过调查发现，经常在家里收看电视教育节目的不是贫困阶层的孩子，而是家庭富裕的孩子。即是说，电视上的儿童教育节目不但没有使贫困阶层的孩子补上教育上的差距，相反，使家庭富裕的孩子和贫困阶层的孩子的教育差距更加大了（如图 5-8 所示）。

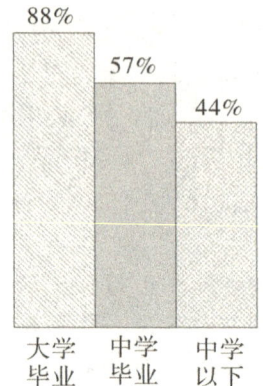

图 5-8　前三个月收看《芝麻街》节目至少一次的家庭的教育程度①

这是怎么一回事呢？原来，《芝麻街》虽然是一个在电视媒体上播出，任何人都可以看得到的节目，但是不同的人群从这个节目中获得的信息量以及这些信息对他们生活的影响都是不同的。也就是说，人们所认为的大众传播媒介的信息可以传到社会的任何一个角落，在大众传播媒介的报道面前人人享有均等的接收机会的观点在现实生活中并非如此。

1970 年蒂奇纳等三位美国学者提出了"知识差距假说"，认为社会经济地位较高的人比社会经济较低的人更易于得到大众传播媒介的信息，所以，大众传播媒介的信息量越多，社会经济地位较高的人与社会经济地位较低的人在知识上的差距就会越来越大。②

知识差距假说还认为，虽然社会经济地位较高的人和社会经济地位较低的人都在接受来自大众传播媒介的信息，但是社会经济地位较高的人已有的知识比较多，对新的信息接受快，知识扩展的速度也快，所以说，大众传播媒介的信息越多，两种阶层的人的知识差距会越来越大。③

针对《芝麻街》节目本身的两个调查也表明了以下观点：

（1）家长的文化程度越高，这个家庭收看《芝麻街》节目的次数就越多。这个结果表明在不同的经济收入或者文化背景的群体之间，《芝麻街》并不能缩小人群之间接

---

① Cook, T. D., Appleton, H., Conner, R. F., Shaffer, A., Tamkin, G., & Weber, S. J. "Sesame Street" Revisited: A Case Study in Evaluation Research. New York: Russell Sage Foundation, 1975, p. 293. 参见沃纳·赛佛林，小詹姆斯·坦卡德著《传播理论　起源、方法与应用》，华夏出版社 2000 年版，页 278。

② Tichenor, P., Donohue, G. & Olien, C. (1970). Mass Media Flow and Differential Growth in Knowledge. *Public Opinion Quarterly*, 34: 159-160.

③ Tichenor, P., Donohue, G. & Olien, C. (1970). Mass Media Flow and Differential Growth in Knowledge. *Public Opinion Quarterly*, 34: 166-167.

第五章 媒介传播的社会效果

收知识的差距。①

（2）即使收看的节目完全一样，家庭经济条件好的孩子会比经济条件差的孩子获得更多的收益。②

知识差距假说提示了大众传播媒介的传播行为与社会平等问题的相互关系。其实，不但是社会的不同阶层的知识差距，在国与国之间存在的新闻差距也是一个重要的问题。

2. 知识贫困层的存在

信息可以说是一种资源，而且这种资源在社会上的分布和被拥有程度是不均等的。就像从经济收入的层面来看，人可以分为穷人和富人一样，在信息接收和拥有的层面上，也存在信息富人和信息贫困者。也就是说，人们接受和掌握的信息是存在个人差异的。查尔登等学者指出过知识贫困层人群的特点：①不知道通过什么渠道解决自己的问题；②不知道如何满足自己的需求；③经常看电视，很少看报纸和杂志，完全不看书；④不认为自己需要信息；⑤不主动接触信息；⑥过分依赖正式信息；⑦局限于某个非正式的信息圈里。③

但是对于民主社会来说，公众是否接收到各种社会公共信息非常重要，人们必须通过掌握充分的信息来判断社会公共管理是否有效，政府的决策和作为是否符合公共利益。进入信息化社会后，公众对社会公共信息的需求就具有更大的意义了，例如，社会高速发展带来的人口密集和各种污染，都会引发各种意想不到的社会危机，这就需要人们通过知识储备和信息收集、分析来预防或应对危机。当然，大众传播媒介是社会信息传播的首要并且最有效的渠道，在知识和教育的普及方面大众传播媒介也发挥了重要的作用。但是，正如《芝麻街》节目，大众传播媒介带来的社会传播效果有时候并非是均等的，有时并不能及时解决一些传播问题。

3. 知识沟假说的作用方式

蒂奇纳等三位学者认为，知识沟假说在现实生活中发挥作用的方式有两种：

首先是在媒体对某个固定话题大量传播后，文化程度高的人会比文化程度低的人以更快的速度接受信息。例如研究者询问受访者未来人类登上月球的可能性时，不同的学历层次的人对此的回答存在明显的知识沟差异，受过大学教育的人对人类可以登上月球的信念随着时间的推移而迅速增加，比其他层次的受访者要快得多。

其次是在特定的时间内，较之未大量报道的话题，有关被媒介大量报道的话题，接收者的信息量与教育程度有更高的关系。有这样一个实验，让受访者阅读两篇科技文

---

① Cook, T. D., Appleton, H., Conner, R. F., Shaffer, A., Tamkin, G. & Weber S. J. "*Sesame Street*" *Revisited: A Case Study in Evaluation Research*. New York: Russell Sage Foundation, 1975, p. 293.

② Katzman, N. (1974). The Impact of Communication Technology: Promises and Prospects. *Journal of Communication*, 24, p. 55.

③ Chlidern, T. & Post, J. (1975). *The Information-poor in America*. Metuchen, N. J.: Scarecrow press.

章,然后要求阅读者回忆文章的内容。结果是,一篇文章的内容被媒体大量报道过,对这篇文章的回忆,高学历与低学历受访者的结果的差异会更大,也就是说,对于媒体大量报道过的话题,受访者的教育程度与其对文章的理解程度成正比。①

4. 导致知识沟的因素

那么知识沟形成的因素是什么?为什么不同的人对信息的接收和掌握能力有所不同?蒂奇纳等三位学者继而指出,有以下几个原因导致人与人之间知识沟的出现:

第一是信息处理上的差别。不同经济背景的人的阅读、理解、记忆不同。例如,经济条件比较好的人可能同时通过不同的媒体来接受信息,如果发现自己感兴趣的信息,也可以较好地收集和保存,便于自己日后再次阅读,加深理解;而经济条件不好的人不但在接触媒体的成本上受限制,在收集和保存信息的方式上也受限制。

第二,现存的信息量和知识背景的不同也导致知识沟的形成。已经拥有较多知识储备的人在接受新的知识的时候,原有的知识可以帮助他更快更多地理解新的知识,特定的知识结构也可以帮助人们事先就对相关的新知识有获取的欲望,这可以使他们主动地了解新的认识。

第三,专业、学历对特定知识的拥有和理解有所帮助,特别是远离社会日常生活的领域里的知识,如果缺乏专业知识就很难有所理解。

第四,一个经济条件较好的人一般也会拥有较多的社会关系,如同事、同学、上级、客户、朋友等,这些人的知识需求和容量也会对其有所影响,他们之间可以通过相互讨论来加深或者获得有关的知识。

第五,人的选择性接触信息的机制也会有所影响,经济条件较差的人可能无法在公共领域等领域里找到符合自己价值观和兴趣的话题,因此他们会对这类信息不感兴趣。他们也可能不知道自己所需的信息是什么,因此无法有明确的信息接受欲望。

第六,大众传播媒介尤其是印刷媒介本身就是面向高层次人群的,在信息阅读上有文字和知识修养上的要求,一些媒体上的话题也是面向社会中层以上的读者的,符合他们的兴趣和价值观,因此从根本上导致了知识沟的产生。

5. 知识沟与公共领域

知识沟假说关注的一个要点就是,由于社会经济条件较好的人比经济条件较差的人更愿意接受某类信息,因此对这类信息来说,前者比后者容易更快更多更好地接受,媒体对此报道得越多,前者与后者在接受这类信息的程度上的差距越大。蒂奇纳等认为,在公共事务和科技新闻类的信息领域中知识沟较为容易出现;在与人们的兴趣有关的特定领域,如体育、园艺等方面知识沟不容易出现。这是因为社会经济条件较好的人从自

---

① Tichenor, P., Donohue, G. & Olien, C. (1970). Mass Media Flow and Differential Growth in Knowledge. *Public Opinion Quarterly*, 34: 159–160. 参见沃纳·赛佛林和小詹姆斯·坦卡德著《传播理论 起源、方法与应用》,华夏出版社 2000 年版,页 274—275。

己所在的社会阶层的角度出发比较关注社会公共事务的相关信息,由于其原有的学历水平,他们对科技新闻信息也能有一个较为接近的理解,因此可以更快地理解这类信息。而在个人兴趣方面,一个热爱足球的大学教授可以通过电视和网络来收集相关信息,一个普通工人出于自己的强烈兴趣也可以通过各种手法获得信息并增加自己的相关知识,因此在关于一场足球赛的话题中,大学教授和普通工人之间可能并没有较大的差距。

很早之前拉扎斯菲尔德的一个研究也证明了这一点,这个研究从社会经济地位的角度来看收听罗斯福总统广播演讲的听众,结果是处于社会经济地位高、中上、中下、低四种人群收听总统广播的比率分别为43%、38%、35%和28%,可见经济地位越高的人群收听总统广播(应该是政治和公共事务的话题)的比率越高。①

6. 知识沟的后续研究

知识沟假说出现后,一些后续研究也不断出现,对这个假说从多个角度进行补充或者完善。例如罗杰斯认为,人们在接受媒体信息上的这种差距不但存在于人们的知识水平上,还存在于人们的态度和行为上;同时这种现象不但存在于大众媒介的传播上,还应该存在于人际传播上。②

提出知识沟假说的蒂奇纳等三位学者也在1975年开始研究缩小或者消除知识沟的条件,他们通过调查研究得出了以下的结论:

(1)如果人们对于某个地方议题的看法发生冲突,那么人们在这个议题上存在的知识沟可能会缩小。

(2)社区是多元化还是比较相同也与这个社区中人们之间知识沟的存在情况有关,多元化社区拥有较多的信息渠道,人们从不同的渠道获得信息,因此知识沟现象比较明显;在同质化社区里人们都接触相同的信息渠道,因此知识沟现象不太明显。

(3)对一个与本地区密切相关、对本地影响较大的问题,人们的知识沟容易缩小。

蒂奇纳等三位学者的观点说明一个议题社会关注程度的大小是缩小知识沟的重要变量③。

另外一些学者提出的导致知识沟缩小的因素还有:

(1)电视收看的时间较长——经常收看电视节目的人,知识沟的缩小比较明显。④

(2)社会名流参与传播——对于知名人士出现的新闻引发的议题,人们的知识沟

---

① Lazarsfeld, P. F. *Radio and the Printed Page*. New York: Duell, Sloan and Pearce, 1940, p. 28. 参见沃纳·赛佛林,小詹姆斯·坦卡德著《传播理论 起源、方法与应用》,华夏出版社2000年版,页277。

② Rogers, E. M. (1976). Communication and Development: The Passing of the Dominant Paradigm. *Communication Reasarch*, 3: 213-240.

③ 转引自沃纳·赛佛林,小詹姆斯·坦卡德著《传播理论 起源、方法与应用》,华夏出版社2000年版,页279—280。

④ Katzman, N. (1974). The Impact of Communication Technology: Promises and Prospects. *Journal of ommunication*, 24, p. 55.

的存在不明显。①

（3）电视媒体的独特作用——不论经济条件的好坏，人们都喜欢电视节目，他们之间的知识沟没有扩大。

（4）个人动机——人们对与自己有利害相关的议题有强烈的信息需求，针对这个议题，人们的知识沟会缩小。②

7. 数字鸿沟与知识需求

现代社会新的科技技术发展很快，不少新的传播通讯技术被应用于社会传播领域。与传统的大众传播媒介相比，光盘、有线电视、互联网、手机等新媒体已经成为人们接受信息的重要渠道。这些媒体的普及无疑可以让社会成员更方便地接触到更多信息，但是所有社会成员接受信息的具体状况应该是不同的，例如，新媒体一开始的使用成本不菲，只有经济富有阶层才能使用，这个阶层的人就会比经济贫困阶层的人更快地享受新媒体带来的优势，这自然会导致不同阶层知识沟的扩大。

20世纪90年代美国电脑用户的分布情况也说明了同样一个问题，据一项1995年的统计，在占美国人口1/4的富裕阶层中，62%的家庭拥有电脑；在占美国人口1/4的贫困阶层中，只有6.8%的家庭拥有电脑。如果按种族来统计拥有电脑的人口构成，其结果则是，亚裔中36%，白人中28%，拉美裔中12%，黑人中9.5%的家庭使用电脑。③

互联网的发展也被认为伴随着"数字鸿沟"的问题，所谓"数字鸿沟"是指互联网等传播媒体导致的知识接受方面的差距。最为简单的例子是，电脑需要基础的操作知识和技能，不像其他传统媒体那样对个人的操作技能基本上没有要求。因此，不懂操作知识的人如文化水平较低以及老年人群首先就被拒之门外，这些人是无法分享浩瀚的网上知识的，这就形成了网络社会的"数字鸿沟"。

再者，即使没有操作技能和文化水平的限制，互联网媒体还可以导致另外一种"数字鸿沟"——使用发达国家语言的网上资源占绝大多数，而弱势语种的网上资源则无法与之相比。例如网上资源的90%使用的是英语，而中文只占0.6%。

除了关注网络媒体导致的知识沟问题，一些学者还关注人们在寻求信息时的兴趣和动机，兴趣和动机被认为是引起人们接受信息的动力，但是也有学者观察到相反的现象，就是一些被认为具有兴趣和动机的人在实际生活中并未积极地寻求特定的信息。例如格里芬的研究就发现，经济条件价差、年纪较大的人对能源问题并不感兴趣，按道理

---

① Wanta, W. & Elliott, W. R. (1995). Did the "Magic" Work? Knowledge of HIV/AIDS and the Knowledge Gap Hypothesis. *Journalism Quarterly*, 72: 312-321.

② Sharp, E. B. (1984). Consequences of Local Government under the Klieg Lights. *Communication Research*, 39: 110-123.

③ Powell, A.C. (1995). *Diversity in Cyberspace*. Address Presented to the Association for Education in Journalism and Mass Communication, Washington, D. C.

来说，这些人群更应该关注能源消费方面的信息。①

韦尔使用马斯洛的需求等级结构来分析人们的信息需求，马斯洛将人们的需求分为几个等级，如生理需求、安全需求、归属需求、自尊需求和自我实现需求，韦尔则提出了信息寻求行为等级图（见图5-9）。他认为，一个人只会从自己所在层次出发来寻求相应的信息，只有在一个层次的信息得到充分满足之后才会关注上一个层次的信息；如果一个信息对处于某个需求层次的人来说并非最重要时，即使传播的量很多，也会形成知识沟。② 韦尔的等级图有助于理解人们信息需求的具体行为。

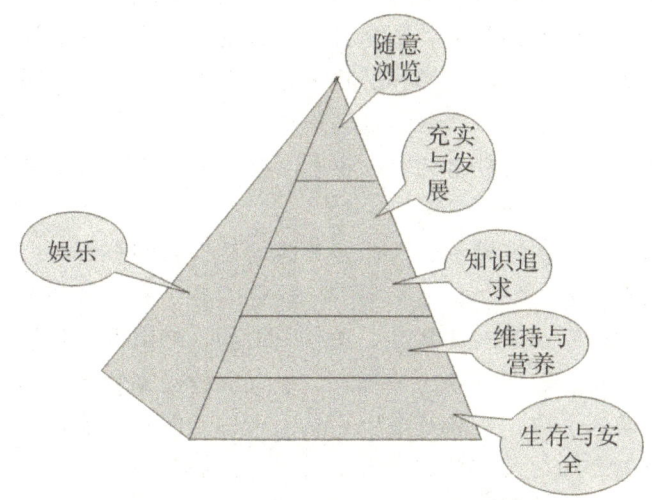

图5-9　韦尔信息寻求行为等级图③

知识沟假说不断得到后来学者的扩展研究，研究的重点还是在于如何缩小社会知识沟，在这个问题上，人的求知动机和接触信息的机会是最为重要的因素。

六、培养理论（cultivation analysis）

培养理论是研究电视媒体的报道会给社会带来怎样的影响的研究。格伯纳和他的同事认为20世纪80年代的美国已经是一个电视的社会，电视媒体成为社会文化的中心，美国的家庭会花很多时间看电视，电视主宰了社会信息的来源，成为社会的主要叙述

---

① Griffin, R. J. (1987). *Energy, Education, and Media Use: A Panel Study of the Knowledge Gap.* Paper Presented at the Annual Meeting of the Communication Theory and Methodology Division, Association for Education in Jounalism and Mass Communication, San Antonio, Texas, August.
② Weir, T. (1995). *The Continuing Question of Motivation in the Knowledge Gap Hypothesis.* Paper Presented at the Annual Meeting of the Communication Theory and Mass Communication, Washington, D. C., August.
③ Weir, T. (1995). *The Continuing Question of Motivation in the Knowledge Gap Hypothesis.* Paper Presented at the Annual Meeting of the Communication Theory and Mass Communication, Washington, D. C., August.

者。由于大多数人在相同的时间内观看相同的电视节目,因此格伯纳认为电视对社会成员的世界观和价值观产生了相同的影响。例如,格伯纳团队的研究结果认为,大量看电视会让人感到社会是不安全的,而且看电视时间越长的人所受的影响越大,人们可能会通过暴力手段减少对社会的不安感。[1] 这就是培养理论的出发点。

20 世纪 60—70 年代,电视媒体在美国得到普及,电视上出现的暴力镜头让很多人担忧,研究者们对美国三大电视网 10 年间的 1548 个儿童电视剧进行了分析,结果发现,80% 的电视剧里含有暴力镜头,平均每一集里有 5.2 次暴力镜头出现;64% 的剧中人物与暴力事件有关,或是被卷入暴力事件。这表明了客观的社会现实与电视里描绘的象征的现实之间存在着很大的差距。研究者们接着发现,看电视节目时间越长的人,对电视里的象征的现实印象越深,也越容易将客观现实和象征的现实混淆起来。比如说,经常接触电视上暴力镜头的人,会认为自己周围的现实社会里也是暴力泛滥,只有暴力才能解决暴力问题,因此他对社会会有一种不安感,一旦他在现实中遇到某些问题,就会产生用暴力来解决的念头。[2]

培养理论的理论背景是这样的。对社会整体而言,人们需要一个共同的印象来判断在这个社会里存在着什么,什么是最重要的,社会的各个部分之间是什么关系,基于这个共同的印象,人们得以在共同的基准上思考和活动。那么人们是怎样形成这个共同的印象的呢?宗教、文化、教育都是一种方式,在大众传播媒介普及的现代社会,大众传播媒介也是一种重要的手段。它通过提供信息来告诉人们社会上发生了什么事,什么是重要的,什么是不重要的,使分散的个人通过媒介传播的价值观、文化观和宗教观相互联系起来,在某一个类似的判断基础上共同行动。大众传播媒介以其传播范围广、传播速度快的特点将大量相同的信息一次性地传给人们,特别是电视,它对受众的文化程度没有更高的要求,传播方式以图像和声音为主,比较生动,有很大的刺激性和煽动性,易于使人们忘掉时间而一直看下去。

特别是电视连续剧,虽然是虚构的故事,但是把它和真正的现实区分开来对一般人来说是比较难的,人们在不知不觉之中将两者划了等号。格伯纳的研究表明,在美国的电视连续剧中,男性人物总是比女性人物多 1/3,人为的事故总是比自然的事故多,现实中从事律师这个职业的人只有 1%,但在电视连续剧中他们的比例占 20%。[3] 而受众

---

[1] Gerbner, G. L. & Gross, L. P. (1976). Living with Television. *Journal of Communication*, 26 (No. 2), pp. 172–199. Gerbner, G., Gross, L., Morgan, M. & Signorielli, N. (1980). The "Mainstreaming" of America: Violence Profile No. 11. *Journal of Communication*, 30 (No. 3), pp. 10–29.

[2] Gerbner, G. L. & Gross, L. P. (1976). Living with Television. *Journal of Communication*, 26 (No. 2), pp. 172–199.

[3] Gerbner, G. L., & L. P. Gross (1976). Living with Television. *Journal of Communication*, 26 (No. 2), pp. 172–199. Gerbner, G., Gross, L., Morgan, M. & Signorielli, N. (1980). The "Mainstreaing" of Amecian: Violence Profile No. 11. *Journal of Communication*. 30 (No. 3), pp. 10–29.

不可能严格区分电视剧提供的虚构的现实和身边真正的现实,他们会把电视连续剧中的印象直接移到现实生活中来。例如美国的电视连续剧《ER 紧急救生室》播放后受到观众的欢迎,但是也引起很多观众对当地急救中心的不满,抱怨急救中心的医生不尽力、未能救活更多的人,而根本原因则是《ER 紧急救生室》中为了渲染故事情节往往让大多数被抢救的人都存活下来,电视剧中的救生成功率高达 70%,而实际生活中急救的成功率一般只有 30%。

从这个角度来看,大众传播媒介的报道影响着人们对身边现实的认识和判断。容易混淆电视剧中的暴力与现实中的暴力,容易把电视剧中人物的自我化,或者把电视中的故事与现实同化。一个相关的调查表明,当询问美国的被调查者美国人口占世界人口的比例时,实际答案是 6%,但是得到的回答都高于这个数据。另一个调查询问被调查者他们认为在任何一周内自己被卷入暴力事件的几率是多少,现实的答案是 1%,但是电视中呈现的答案则是 10%,看电视越多的人回答的几率越高。在回答"你认为人是值得信赖的吗"这个问题时,看电视越多的人越倾向于"应多加小心"这个答案。① 因此研究者们认为,电视媒体向人们提供了一个被夸张的现实,人们越是依赖通过电视来了解外部世界,越是对外部世界感到不安。格伯纳等人提出的"培养"一词,正是指电视媒体通过画面向人们教导了共同的世界观和价值观,影响了他们对自己在这个世界中的角色的认知。

格伯纳还做过一个信息系统分析,他认为媒介的信息是通过符号来构筑的,如画面、语言、文字、声音等,这些媒体上的符号不是随意组合的,而是根据一定的观点和意识形态进行加工的,具有完整的意义结构系统。格伯纳对美国 821 个电视连续剧出场人物年龄进行了分析,发现年龄在 25—45 岁的人物超过半数,而青少年和老年人在电视剧所占的比例低于实际生活中的比例。格伯纳还发现,美国电视剧的主人公多为白人,老人形象也被"非善意"地描述。② 这些分析结果说明,电视剧中的现实是按一定的价值体系结构来勾画的。

格伯纳在 1980 年的研究中又提出了"主流化"和"共鸣"两个概念来更新培养理论,这次研究的出发点在于考察不同的社会团体在观看电视时的不同影响。例如"主流化"这个概念用于说明不同社会阶层的人在成为长期的电视观众后会形成趋于相同的意见。如即使是不同收入阶层的人,他们在长时间观看电视后,会形成"犯罪是亟需解决的社会问题"的共同认识,但是,很少看电视的人就没有形成如此特定的看法。另外一个词"共鸣"是指电视对特定人群的影响比较突出,例如研究发现女性观众对电视情节会产生认同感,假如一位女性经常在电视节目中看到女性在夜归时受到袭击的

---

① Gerbner, G. & Gross, L. P. (1976), The Scary World of TVs Heavy Viewer. *Psychology Today*, Apr., pp. 41 – 45.

② 郭庆光:《传播学教程》,中国人民大学出版社 2003 年版,页 228。

内容,就会由此产生对社会治安的担忧心理,担心自己在现实生活中也会受到类似的袭击,即使现实生活中这种几率并不高。①

培养理论关注电视媒体在促成社会共识方面的作用,这是因为电视媒体不同于其他媒体,在当时的美国社会,电视是人们接触时间最长的媒体,拥有最多的受众,视频的传播效果生动。具有现场感和冲击力,也正是因为这种现场感让很多受众无法区分电视上的"现实"和真正的现实,电视上很多虚构的"现实"也被加入到人们对现实的构筑中去了。

七、媒介框架理论(the framing theory)

媒介框架理论也是20世纪80年代出现的一个理论假说。这个理论认为,媒介报道的内容不仅仅是单纯的信息,而且包含了各种各样的价值观和思考方式。一般来说每个大众传播媒介都是有其特有的报道标准的,这个报道标准可以看成是一个框架,新闻信息总是按照这个框架来定位、编写和评论的,这种包含在信息中的框架一般不为受众所察觉,久而久之,人们在不知不觉中习惯或接受了某个固定的媒介构架。在思考、判断某个问题时,这个媒介构架就会起作用,对人们的思维和行动产生影响。

"框架"一词在社会学或社会心理学的领域中不算是新词,已经有多种研究成果出现。大众传播学的框架理论主要是基于社会学的有关研究成果而展开的。正如前面提到过的,大众传播学领域里的媒介框架理论研究有个特点,即研究者的研究目的,对框架的定义和抽取手法都不尽相同,研究成果也呈百花齐放的局面。

1. 框架的定义与定义的延伸

首先,成为媒介框架理论基础概念的"框架"一词来源于著名社会学家戈夫曼的著作。戈夫曼在其1974年的《框架分析》一书中首次使用该词,他认为人们在认识社会事务时会使用一个道具作为认识或判断的基准,这就是"框架(frame)"。他是这样为框架定义的:左右我们对事物,至少是社会事务的主观认识的组织原则②。为了更好地说明框架这个概念,戈夫曼又提出了另一个词"断片(strip)"。他认为人们在认识社会事物时,往往是基于社会事物中的一些断片开始其认识过程的,这些断片被有效地组织起来后,形成一个集合体,这就是框架。或者说,框架就是把外部世界的断片组织起来,使人们可以以此来认识经验之外的事物,或者将未知事物与其他事物有效地区别开来。一句话,框架是人们认识社会现状及其变化的一种基准。③

---

① Gerbner, G., Gross, L., Morgan, M. & Signorielli, N. (1980). The "Mainstreaming" of America: Violence Profile No. 11. *Journal of Communication*, 30 (No 3), pp. 10–29.

② Goffman, E. (1974). *Frame Analysis: An Essay on the Organization of Experience*. Philadelphia: University of Pennsylvania Press. p. 10.

③ Goffman, E. (1974). *Frame Analysis: An Essay on the Organization of Experience*. Philadelphia: University of Pennsylvania Press. p. 10.

几年后，传播学家塔库曼参考戈夫曼的概念，首次将"框架"一词用于大众传播学领域，她提出了"作为框架的新闻（news as a frame）"这个观点，来分析新闻工作者的信息处理活动和习惯。她认为，新闻工作者经常按照特定的框架来预测和定义社会上发生的各种事情，新的信息会按照这个框架被分类和处理；正是由于在他们的头脑中有特定的框架存在，新闻工作者才可以迅速有效地对事物进行定义、解释和评论，以保证新闻工作的时效性。塔库曼将社会事物变为新闻的过程视为两个部分，一是社会事物变成新闻事件，二是新闻事件变成新闻，在这两个过程中都存在着新闻框架的作用。①

塔库曼的理论要点在于指明了新闻制作过程中的类型化问题，并用"作为框架的新闻"这句话来总结新闻采访和编辑中新闻框架的重要性。她认为新闻工作者的头脑中都有一个达成共同认识的"新闻框架"，用来作为判断信息是否具有新闻价值的标准，符合这个框架的信息才有可能成为新闻。同时新闻工作者的"框架"还有一个作用，即作为一个参考体系对即将成为新闻的信息进行定义、解释和说明。②

按照塔库曼对框架的定义和说明，我们可以认为，新闻框架是新闻工作者用来判断信息价值和制作新闻的准则体系，也是我们研究至今尚未解明的新闻制作过程中各种问题的有效入手点。简单来说，新闻框架是指媒介在报道某个事件时，总是基于某种特定的看法，通过反复使用特定的关键词、比喻、图片或论调从某个固定的角度来说明问题。新闻框架的存在使事实的全体和背景简单化，在利于受众理解问题的同时，也容易引导受众只重视问题的一个方面，而忽视另一些方面。如果说，媒介的议题设置机能是告诉人们"what to think about"，那么，媒介的框架理论认为，包含在媒介内容里面的框架则引导人们"how to think about"。同时，媒介会使用什么样的框架是和媒介所处的社会环境密切相连的。媒介周围的社会文化背景、政治经济制度等都和媒介框架的具体内容有关，而且，随着社会和时代的变化，媒介框架也会不断变化。比如说，媒介的一些主要议题的报道框架也在不断变化，如环境问题、核电子问题等等。

2. 媒介框架的研究成果

在有关单独议题的媒介框架研究中，Gamson 和 Modigliani 的有关"核能源"报道的媒介框架分析比较有代表性。这个研究分析了媒体对核能源的报道框架的变化与美国政治之间的关系问题。这个研究列出了媒体在 1945—1979 年之间对于"核能源"这个议题使用过的七种报道框架，即：①进步；②能源自给；③恶魔的交易；④失去控制；⑤公共的说明义务；⑥成本问题；⑦绿色能源。③

Gamson 和 Modigliani 的研究表明，媒体对同一议题的报道框架不是一成不变的，随

---

① Tuchman, G. (1978). *Making News*. 日语版, 1992, p. 262.
② Tuchman, G. (1978). *Making News*. 日语版, 1992, p. 263.
③ Gamson, W. A. & Modigliani, A. (1989). Media Discourse and Public Opinion on Nuclear Power: A Constructionist Approach. *Amercian Journal of Sociology*, pp. 10 – 16.

着社会环境尤其是政治环境的变化,媒体框架也会发生变化,美国媒体对"核能源"这个单独议题的报道框架在不同年代就有不同的特点,例如,在20世纪40—50年代,核能源是"进步"和"能源自给"的表现,但是到了70年代末,媒体却开始从环境保护的角度来看待核能源问题了。不同的时代,同一议题也会被冠于不同的媒介框架。

Ball-Rokeach、Power、Guthrie、Waring四位研究者也关注媒体对某个单独议题的长期报道和媒介框架的变化。他们对美国媒体有关人工流产在20年间的报道框架进行了分析,认为媒介框架可以看成是媒体评价人物、事件和议题的价值标准框架(value-frame),而美国媒体对人工流产问题的评价标准在20年内是不断变化的,由20世纪60年代初期的"女性的权利"框架到70年代的"自由与平等"框架和80年代的"选择的自由"及"尊重生命"框架,可见媒体会用多种媒体报道框架来评判某个单独议题。①

与以上注目于媒体长期报道框架的研究不同,Nelson、Clawson和Oxley在1997年对另外一个单独议题——"是否赞同三K党集会"的短期媒介框架和受众认识框架作了比较。他们采用了这样的分析方法:首先选择两种关于"三K"党集会的新闻报道,一种新闻报道采用的是"言论自由"的框架,即从言论自由的角度主张对"三K"党集会采取宽容的态度;另一种新闻报道采用的是"公共次序"的框架,主张要从遵守公共次序的角度反对"三K"党的集会活动。将这两种含有不同框架的新闻分别给两组试验者看后,读了含有"言论自由"框架的新闻的试验者认为应该对"三K"党集会持宽容的态度,而读了含有"公共次序"框架的新闻的试验者却显示出对"三K"党集会的否定态度。这个研究结果表明,媒体对同一议题的不同报道框架在受众的认识形成过程中起了明显的作用。②

另外还有Power和Andsager的研究,他们以20世纪90年代美国新闻杂志和女性杂志对"乳腺癌"的有关报道为研究对象,分析了杂志在报道"乳腺癌"时经常使用三种报道框架,即:①有关乳腺癌的基本信息;②治疗方法和预防方法;③乳腺癌患者的个人故事。而且,在采用这三种框架时,新闻杂志和女性杂志的强调度和侧重点有所不同。③

3. 片段框架与主题框架

知名传播学学者Iyengar曾指出,如果说某个选择性问题被套入了"框架",那就

---

① Ball-Rokeach, S. J., Power, G. J., Guthrie, K. K. & Waring, H. R. (1990). *Value Framing Abortion in the United States: An Application of Media System Dependency Theory*. International Journal of Public Opinion Research. pp. 266 – 268.

② Nelson, T. E, Rosalee, C. A. & Zoe, O. M. (1997). *Media Framing of a Civil and its Effect on Tolerance*. pp. 577 – 578.

③ Power, A. & Andsager, J. L. (1999). *How Newspapers Framed Breast Implants in the 1990s*. pp. 560 – 561.

是说这个问题被套入了一个足以深刻影响其结果的文本提示之中。① 他认为人们在思考社会问题时是从判断"问题的责任是在于个人,还是在于社会全体"这个问题开始的,也就是说,受众持以上两个认识框架。针对受众的认识框架,Iyengar 将有关社会问题的电视报道内容分成两类,这两类报道各自含有不同的报道框架,一个是片断框架,另一个是主题框架。

片断框架是指用报告的形式来报道社会事件,以事件发生的经过为主,一般是关于劫机、杀人案件、自然灾害等内容,多用实际的映像来描述。主题框架则是选用综合的、相对抽象的议题,如政府的社会保障预算、政府的教育投资、环境保护问题等,用分析和解释、论证的手法来报道。Iyengar 认为,用片断框架来报道的新闻容易使受众认为事件的责任在于某个个人,如新闻中的劫机者或罪犯;而用主题框架报道的新闻则会促使受众将问题的责任归于社会全体或政府。②

Iyengar 的研究结果还表明,电视媒体的报道一般较多使用片断框架,因此,人们渐渐认为很多社会问题是由特定的个人引起的,不是社会全体或政府应该对应的问题。这种报道会导致这样一种结果,即人们渐渐放弃对社会问题的思考和应对,对社会现状持肯定态度。

Iyengar 的这两种媒介框架适用于很多社会问题,如犯罪、贫困、恐怖活动、失业、种族差别等的报道,是一种没有被媒体内容束缚的概括性的框架。这样的框架有利于从整体上分析和理解媒体报道与受众社会认识形成的关系。但是,也有学者认为,从单独议题的媒介框架的独特性出发,能更好地分析受众对特定议题的思考方式,这才是媒介框架理论的基本点。所以他们认为一旦媒介框架脱离了具体的媒体内容,其研究价值就值得商讨了。

4. 复合议题框架

有关复合议题媒介框架的研究,还可以举出 Neuman、Just 和 Criegler 三位学者 1992 年的著作,他们选择了与政治议题有关的五个议题的媒体报道,即"南非种族隔离政策"、"美苏外交"、"股市暴跌"、"大麻"和"艾滋病",对此采用了内容分析、试验者面谈、民意调查、个人访问等研究手法,研究结果表明,媒体在有关五个议题的报道中使用了五种媒介框架,它们分别是:①经济框架(economic frame);②斗争框架(conflict frame);③无力框架(powerlessness frame);④人情框架(human impact frame);⑤道德框架(morality frame)。③

---

① Iyengar, S. (1991). *Is Anyone Responsible? How Television Frames Political Issues.* Chicago: University of Chicago Press. pp. 11.

② Iyengar, S. (1991). *Is Anyone Responsible? How Television Frames Political Issues.* Chicago: University of Chicago Press. p. 15, pp. 140 – 142.

③ Neuman, W. R., Just, M. R. & Crigler, A. N. (1992). *Common Knowledge: News and the Construction of Political Meaning.* Chicago University of Chicago Press. pp. 62 – 70.

经济框架是指社会价值观的反映,在理解和说明政策议题时帮助人们判断政策的得失和可行性。例如对政府项目经费或社会公益积金的使用状况等相关报道中都会使用这个框架。简单地说,经济框架是利用人们对"金钱的欲望和使用方法的关注"来吸引受众的。

斗争框架标志新闻中的对立、冲突和斗争的内容,以此吸引受众的眼光,特别是在有关政治活动的新闻中这种框架尤为明显。在西方新闻学中,对一个问题从正负两方面来记叙,或者引用观点对立的专家的意见的新闻往往被称为"好新闻"。比较明显的斗争框架多出现于国际关系和国际政治的相关报道中。

无力框架是表现普通人在权势、自然灾害和不治之症面前的无可奈何和软弱,媒体在解释普通人不能抗拒的势力时都会使用这个框架,表示了媒体作为第三者对权力控制的无奈和对抗争无用的认可。

人情框架则是指媒体在新闻中往往以人或人的团体为主人公,强调人情味、人与人之间的友情与爱情等,这个框架在社会新闻中最为常见,在解释枯燥乏味的社会政策性议题时也常常被使用,以便用人情故事来吸引人们对政策性话题的兴趣。

在有关文化和社会生活的新闻中,为了强调特定的价值观和社会道德,道德框架经常被使用,例如,媒体在报道美国社会中大麻和兴奋剂使用者不断增加的情况时就会使用这个框架来说明这种行为对社会和个人的危害。

但是,当三位学者将这五种媒介框架与试验者的认识框架作比较时,他们发现,媒介框架的使用状况与试验者的认识状况之间有差距,例如,媒体比较多用"斗争框架",但是试验者却对含有"人情框架"的内容记忆深刻,这反映了媒介框架有时并没有给受众认识带来决定性的影响。同时试验结果还证明了受众比媒体更喜欢使用"道德框架",这说明使用道德框架来理解社会议题的受众比较普遍。

Neuman等三位学者指出的五种媒介框架对后来的研究很有启发,因为这五种框架比较有概括性,可适用于多种媒体议题的研究。但是也有学者认为,这五种媒介框架无非是媒体报道内容的综合样式,并不能看成是对某个特定议题的认识框架,Neuman等三位学者是从媒体对特定议题的报道和受众对这些议题的认识中抽出了这五种框架,这只说明了它们是媒体工作者选择信息和受众阅读信息时的一种分类方法而已。新闻的构成是一个相当复杂的过程,这五种媒介框架是否能概括所有的媒体内容还是一个值得思考的问题。

5. 公共议题的框架

另外三位学者 Price、Tewksbury 和 Powers 在 1997 年对媒体上公共议题的报道对受众认识形成的影响作了考察,他们认为有关公共议题的媒体报道中一般都含有三种框架,即:斗争框架(conflict)、人情框架(human interest)和重要性框架(consequence),斗争框架和人情框架使人们对新闻事件感兴趣并进行思考,帮助人们认识信息的新闻价值,重要性框架则可以提高新闻的价值和人们对它的兴趣。他们对 135 名大学生进行了试验,结果表明,这三种媒介框架在大学生的认识过程中也出现了,这表明媒介框架对大学生政策性议题的认识产生了影响。① Price 等三位学者的研究方法与 Neuman 等人的做法有些相似,所以,他们的研究结果是否可以推广也是需要探讨的。

---

① Price, V., Tewksbury, D. & Powers, E. (1997). Switching Trains of Thought, The Impact of News Frames on Readers' Cognitive Responses. *Communication Research*, 24 (5), pp. 481–506, pp. 485–486.

第六章 影响媒介内容的社会要素

第一节 媒介内容的形成——新闻生产

新闻生产是指新闻工作人员采集、编写、排版、印刷等制作新闻的过程,之所以将这个过程称为"生产",是因为这个过程是媒介组织按照新闻信息的特征以及组织的编辑原则,通过特定的制作手法对原始信息进行加工修改的过程,最终呈现出来的新闻并不是对原始事件的百分之百的反映或者还原,而更像是按照特定的标准生产出来的"作品"。

要了解影响媒介内容的社会因素,首先必须了解媒介内容的形成过程。虽然媒介组织各种各样,但是任何媒介组织制作新闻的大致程序都是一致的,新闻制作的程序一般来说是按照以下步骤完成的(如图6-1所示)。

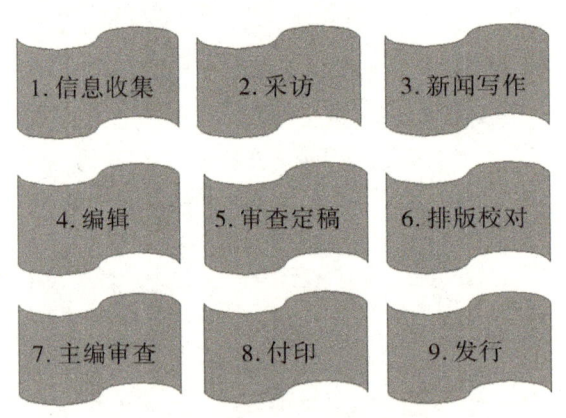

图6-1 新闻制作的程序图

下面以报纸媒体为例说明这个步骤。

首先是信息收集。信息收集活动是在通过媒介的社会信息网络收集相关信息,根据现实情况和媒介组织的编辑方针对目前的报道重点作出判断后展开的活动,既包括通过媒介组织自有的信息网络和通讯员收集信息,设置热线电话收集报料信息和突发新闻,也需要记者通过自己的新闻敏感发掘、发现新闻苗头或者新闻线索。

有了新闻线索后,记者需要进行相关的采访,采访工作按不同的情况可以很顺利,也可以很难,这就需要记者发挥收集信息和积极主动的沟通能力来获得信息。获得初步信息后,也需要向自己的上级汇报,协商如何发掘和体现新闻的价值。记者在获得的信息的基础上开始新闻写作,新闻写作有特定的方法上的要求,例如导语要清楚地交代五个W和一个H,即时间(when)、地点(where)、人物(who)、事件(what)和原因(why),还有事件的经过(how)。不但如此,记者还必须按照真实、客观、公正、中立等原则,通过事实来说明事件的本质。记者写好的稿件首先交到自己所属部门的主管或者编辑手中审查,审核新闻的内容,完善新闻的要素。各部门的主管或者编辑要在当日所有交来的新闻稿件中编辑出可供本部门负责版面所用的稿件,并确定稿件和版面。然后交由排版、美工和校订部门形成初步的报纸样稿。这个样稿必须在规定时间内递交到当日值班的主编手中作最后的审查,主编确认后签字,这样才能开始报纸的印刷工作。

报纸因为是印刷媒体,所以必须预留印刷的时间。例如一份早报计划在早上6点送到读者的信箱里,那么早上5点就必须送到发行站或者报摊,3—4点就必须印刷完毕,也就是说1—2点前报社必须把最终确定好的样稿发到印刷厂,而11—12点则是值班主编审稿的时间。

电视媒体因为不用印刷,所以它的制作程序稍有不同。电视新闻的制作程序一般是:记者外出采访——回台写稿编辑录像——编辑集中审稿——部门集中定稿——播音员配音——制作人员剪辑合成——电视台审片——上传到硬盘播出。现在很多电视台采用直播的方式,这样就等于把最后四个步骤合为一步,这种做法对播音员和电视台的传播技术有较高的要求。

除了程序上的步骤,媒介组织更在内容制作以及审查上有具体的要求。以广东一个市级电视台为例,其新闻中心的节目制作流程就有以下具体规定:

一、编辑新闻的要求
(一)编辑新闻时遵循先由值班主任审稿后编辑的原则。
(二)编辑新闻时遵循先配音后编辑画面的原则。
(三)每条新闻片的前、后各留2秒黑场。
(四)每条新闻片中不能出现画面夹帧。
(五)新闻片编辑各项技术指标必须符合要求,采访同期声效果清晰,语言简练,意思完整。
(六)编片时多用中景、固定镜头,起幅和落幅完整,讲求编辑艺术,遵循编辑规律。
(七)采访对象的身份、职务准确,同期声抄写清楚、完整。
(八)为了确保新闻时效性,当天新闻必须当天完成,不能因为本次新闻节目未采用而放弃编辑。

（九）编片后须写明编辑长度，认真填写目录以便于查找。

（十）编辑新闻一般只能编在自己的专用带上，不可随便用他人的编辑带。

（十一）编辑带用完后及时更换。

……

二、后期制作要求

（一）制作人员必须熟练掌握业务，认真负责、按时优质完成制作任务。

（二）严格遵守到岗时间，白班10:00以前，夜班19:30以前。

（三）制作节目前，各岗位提前检查设备情况，调阅、检查字幕，检查音响、灯光效果，录、放机是否正常，磁带是否准备，及时通知制作部人员按时到岗。

（四）制作过程要求按直播录制。一般情况下，《本市新闻》定于每天18:00开机录制，粤语版在18:45开始录制。

（五）制作新闻前，制作人员必须关闭随身携带的通讯工具。

（六）制作新闻时，不得谈论与制作无关的话题。

（七）制作新闻时，不得将闲杂人员带入制作室，特别严禁带小孩进入工作现场。

（八）制作新闻时，须服从合成岗位人员的调度指挥，合成岗位人员必须发出清晰指挥信号。

（九）制作新闻时，各岗位时刻注意合成效果，保证接点准确、流畅，制作精良，不出差错。

……

三、播音工作要求

（一）不断加强业务学习，提高播音水平，走采编播相结合复合型主持人的道路。

（二）调整、保证最佳播音状态，服装得体、语言流畅。

（三）严格遵守岗位时间。午间及上午配音员9:00到岗，14:30与下午配音员交接后方可离开。下午配音员14:30到岗。一般情况下，正点（普）播音员18:00上机，开始按直播录制节目。正点（粤）播音员18:45开始按直播录制节目。晚间播音员21:30开始按直播录制节目。早新闻播音员22:30开始按直播录制节目。各档新闻值班播音员必须在录制时间之前完成准备工作，按时上机。

（四）认真备稿，熟悉导语。

（五）工作时间内不得擅自离岗。

（六）当天配音、出镜播音员下班后需保持通讯畅通，以防节目需要修改。

（七）不经组长、值班主任同意，不得私下换班。

（八）台内外各种其他主持、配音活动，须经主任、台领导同意后方可参加。

第六章 影响媒介内容的社会要素

……

四、审片制作要求

（一）把好政策宣传关，时刻注意提高政治敏感，坚持正确舆论导向，确保不出任何政治差错。

（二）值班主任必须按时到岗，除用餐时间等因素外，不能擅自离开岗位，记者稿件随到随改。

（三）坚持审片制度。

（四）一般情况下，午新闻节目要在 10:30 以前完成稿件的选择、修改、排定。正点新闻节目要在 15:30 以前完成稿件的选择、修改、排定。晚新闻节目督促责编在 20:30 以前完成稿件的选择、修改、排定。同时做好应付各种突发事件的准备，一旦有事发生及时上报台领导。

（五）监督制作岗位人员到岗情况、节目制作过程，按要求对各岗位进行考核。

（六）审片时，严把技术制作关、画面关、效果关，保证播出稿件语言流畅、画面清晰。

（七）审片时，严格把好字幕关。严格审查现场采访，特别注意核对采访对象的身份和职务。

（八）审片时，关闭随身通讯工具。

（九）审片时，不得谈论与节目制作无关的话题。

……

由此可见，新闻的生产过程是一个具有各种具体要求、存在各种内容上和时间上的尺度的过程，并非简单而直接的。在这个过程中，受各种因素影响，尤其是在采访、编辑、排版、审稿等环节中，不同的新闻稿件都会面临着被删除或者被强化的可能性。来自外界的各种因素也可能在这个过程中通过施加各种压力或者给予各种利益来达到对新闻内容的影响，这就导致了一个结果，即新闻并非现实生活的真实写照，而是一种带有被制作特征的产品。

第二节 媒介内容产生的特点及相关研究

在介绍媒介内容的生产制作过程之后，有必要了解一下学者从不同角度对媒介内容产生的特点的研究。这些研究针对媒介内容的形成从不同角度给予了分析和讨论，指出了媒介内容的特点和实质，指出了与人们普遍理解的媒介内容所不同的意义。

一、新闻内容的倾向性

美国知名新闻记者和学者兰斯在分析美国新闻事业的基础时指出，美国的新闻自由程度较高，新闻从业者的目标定位于为公众提供准确、独立、有条理、审慎、启迪心智的政治新闻报道；美国的公共信息体系具有开放的优点，但是美国新闻信息仍然具有明显的倾向性。从历史上看，这种倾向性可以追溯到 19 世纪，当时新闻从党派报纸向商业性新闻转变，新闻开始成为批量生产的消费品，开始缺乏批判性视角，也不再遵循有条理、有用的组织原则。因此，兰斯指出美国新闻的四种倾向性。

第一是新闻的个人化倾向。所谓个人化倾向就是新闻把重大的社会、经济、政治问题简单化、表面化，从个人的表层进行报道。例如对某一政治、政策议题而言，记者不去描述、阐释该议题本身，而倾向于从某个不起眼的平民百姓的视角切入，讲述个人所受议题的影响。产生这种趋势的原因是新闻媒体为了吸引公众的注意力。但是这种新闻很少将个人的关注与更深层的社会背景分析联系起来，对公众带来的不良影响在于公众被培养成了被动的看客，"只见树木，不见森林"，只看见个人，看不见社会问题，渐渐失去批判性和分析性。

第二是新闻的戏剧化倾向。这是指把新闻报道当成"新闻戏剧"，以戏剧化标准来选择新闻，强调对突发性事件的关注，忽视了一些重要但爆发缓慢的问题和危机，并且过分强调视觉效果，选择新闻的依据是视觉效果而不是事件的政治意义和背景。这样的新闻报道不能触及问题的根源、解决措施等核心问题。

第三是软化倾向。这就是把硬新闻软化，把有趣但缺少新闻价值的事件放大。例如媒体在报道一个具有历史意义的国家元首的跨国访问时，会将报道的视角聚焦在第一夫人的穿着打扮上。虽然有更多具有冲击力的画面出现，但是新闻的思想性更少了。

第四是片断化倾向。这是指新闻报道既片段又琐碎，新闻事件之间以及事件背景之间彼此孤立、没有联系，报道不够全面。这是因为媒体习惯于强调人物个体，忽略政治背景，这样一来就会使公众难以看清问题的根源和意义以及问题之间的关联，给人们留下混乱的印象。

第五是权威—无序模式的倾向。这是指新闻重点关注权威人物的举动，让少数人成为新闻舞台的中心，把极端的政治家和评论家的观点当作整个社会典型普遍的观点，还将报道的视线集中在社会生活的无秩序上。这表现在新闻记者比较关注社会上的负面新闻，报道中有炒作倾向，造成虚拟环境。[①]

兰斯指出的这几种新闻特点虽然是针对美国媒体的政治新闻来说的，但是这种现象也可以说比较普遍。导致这种倾向的原因在于新闻媒体在市场经济中的商业导向和利益选择。另外，政治报道需要记者自身有较高的政治素质，否则会影响其对社会和政治问题的分析。从媒体的采编成本的角度来看，深度挖掘新闻的成本较高，也存在一定的风险。

---

① 兰斯·班尼特著：《新闻：政治的幻象》，杨晓红译，当代中国出版社 2005 年版，第二、三章。

二、新闻出于"惯例"

塔奇曼从社会学的角度探究新闻工作者采编新闻的过程,发现他们在这个过程中始终遵守着一些工作"惯例",依靠这些"惯例",新闻记者们判断新闻的价值并且"制作"新闻。这些新闻采编工作中的惯例包括:

(1) 把新闻分成"软新闻"和"硬新闻",根据初步分类进行下一步的处理。

(2) 把新闻事件按程序来采访编写,原因是为了避免"偏颇",但是这种程序往往带来新的"偏颇"。例如新闻记者得到了一个社会团体领袖人物的发言,为了保持观点的平衡,记者会同时寻求反对意见,并且把两者最为对立和冲突的内容突出出来,这样往往让观点脱离了特定的语境,导致了不准确的报道。

(3) 按以前对某个新闻的处理方式来处理新发生的类似新闻。[1]

塔奇曼的研究表明新闻工作者虽然在自己的工作中会坚持客观性的原则,但是他们坚持客观性原则的具体做法中有很多"惯例"存在,这些惯例往往是决定新闻内容的重要因素。但是,塔奇曼在她另外一个研究中也指出新闻工作者在采写新闻的过程中为了坚持客观性而遵守新闻组织固定的"惯例"或者"程序",这样反而会引起以下几个弊端[2]:

(1) "惯例"或者"程序"会形成对记者事实认知时的诱导;

(2) 只认表面"事实"可能导致错误;

(3) 会把记者的意见导入新闻;

(4) 新闻受制于组织的新闻政策;

(5) 表面上看来新闻是经过分析和深思熟虑的,其实未必。

塔奇曼的观点说明,新闻工作者为了在新闻中达到客观性,往往通过一些固定的程序来做到这一点,这也像其他行业的一些做法,如一个医生为了更准确地诊断疾病,会要求病人事先作各种各样的检查和化验,这些医学上的"程序"可以防止专业上的错误,证明诊断的客观性。但是,在新闻工作中,这些为了显示客观性的固定做法未必能反映新闻事实的客观性,这只不过是新闻工作者用来显示自己工作具有客观性的做法而已。

三、新闻的生命周期

新闻是一种有较强时间限制的信息,超过了时间限制,新闻信息的价值就会丧失,正所谓"今天的新闻是金子,到了明天就是垃圾"。媒介组织是依靠信息传播活动来维

---

[1] 塔奇曼著:《做新闻》,麻争旗、刘笑盈、徐扬译,华夏出版社2008年版,第二章。

[2] Gaye, Tuchman. *Objectivit as Strategic Ritual*: *An Examination of Newsmans Notions of Objectivty*. 转引自张慧元《大众传播理论解读》,苏州大学出版社2005年版,页132。

持运营的，因此不同于其他社会组织，它们的新闻制作有着特定的工作周期，它们的新闻产品必须在有严格时间限制的范围内制作，超过了这个时间限制，新闻产品就会失去其原有的价值。有位学者指出，新闻其实只是关注特定时间内发生的事情，这种时间限制与现实生活其实是不一样的。① 例如，现实生活中的各种事情并不会因为深夜或者节假日的原因而停止发生，但是这个时间段却是媒体新闻报道的薄弱环节。

另外，不同媒体也有自己特定的工作周期，这个周期甚至决定了这家媒体报道内容上的特点。如报纸媒体可以按出版周期分为日报和周报，日报还可以按更具体的印刷时间分为早报和晚报，早报媒体难以顾及当天晚上发生的新闻，晚报媒体可以及时报道当天上午的新闻，但是对当天下午和晚上发生的新闻就要等到下一次了。媒体的新闻报道都有一条新闻时间的"死线"，超过这条时间限制的新闻就不得不被忽视。

这样的时间限制对新闻内容的影响在于，发生在媒体新闻报道有效时间内的事件比较容易受到媒体的关注而成为新闻，相反，发生在有效时间外的事件就可能被媒体遗忘了。

各种媒体由于自身的技术特点，在报道时间的限制上有很大的不同。印刷媒体因为需要较长的印刷时间，在时间限制上最为严格；电子媒体则没有这种限制，但是也有编辑和节目设置上的时间要求；网络媒体在这一点上最为自由，可以说没有印刷和节目设置上的限制。

四、新闻价值

另外，新闻是新闻工作者按照一定的新闻价值观来收集采写的，并不是现实生活的真实写照，当一位记者发现新闻时，首先会用新闻价值的尺度来衡量这个事实，不符合尺度的事实会被放弃；而记者采写好的新闻稿到了编辑手中，编辑人员也会按照编辑方针进行第二次调整，或作为头条新闻配上大幅标题，或进行删减、从轻处理。这些新闻价值观也会对新闻内容的形成产生一定的影响。美国新闻学家、名记者赫伯特·甘斯在1979年对哥伦比亚广播公司、全国广播公司、《新闻周刊》和《时代》进行调查后，发现这些新闻媒体在新闻题材的选择上有所偏向，下列题材就会经常被报道：①美国的外交活动；②直接影响美国的境外事件；③东西方政治关系；④在欧洲皇室中拥有特别利益的首脑更迭；⑤急剧的政治冲突；⑥自然灾害；⑦国外独裁统治者的暴行。②

甘斯甚至对美国记者在新闻选择时抱有的固定的价值观进行了研究，举出了"民族优越感"、"民主主义"等八条价值因素，他认为，这些固定的新闻价值因素对美国

---

① Plmer, J. (1998). News Production. in Briggs, A. & Cobley, P. (eds.). *The Media: An Introudction*, London: Longman, p. 387.

② Gans, H. (1979). *Deciding What's News: A Study of CBS Evening News, NBC Nighly News, Newsweek, and Time*. New York: Vintage Books.

记者如何选择国际新闻有一定的影响。①

新闻工作者不仅要选择符合新闻价值以及吸引受众的信息,还要将这些信息用满足受众诉求的形式展现出来。这些展现形式也是媒介工作中重要的一部分。譬如报纸必须考虑报道的可读性,照片要放在恰当的位置,标题要能抓住读者的眼球;电视新闻必须在视觉上具备吸引力,并能保持受众的注意力。这其中最为传统的一种做法便是新闻故事的结构。媒介内容通常以戏剧化的故事结构来吸引受众。

五、新闻控制

美国新闻学学者布瑞德在其《编辑室的社会控制》一文中指出新闻组织的编辑室内往往存在着一种通过编辑政策来控制新闻生产过程的行为,媒介组织的编辑政策往往是不成文的,需要记者通过日常工作慢慢领会,通过自上而下的渗透方式来得知。虽然这种编辑政策没有被公开要求严格执行,但是作为一个新闻工作者,在具体的新闻实践活动中具有不得不遵守这些编辑政策的理由,布瑞德对此举出了六项理由:①媒体组织具有权威性,组织成员不得不服从体制的权威,遵守体制的条例;②责任感以及对上级的服从和尊敬;③在组织内部晋升的希望;④工作中合作和协调的快乐,例如与其他同事保持工作上的一致,保持对工作的兴趣,以及获得上司和同事的赞赏等;⑤编辑政策可以看成是一种工作惯例,可以保持工作的一贯性和方便。②

由此可见,在新闻生产的过程中,新闻工作者的行为是有所控制的,这种控制行为可以看成是新闻工作者对组织政策的一种自觉的遵守,同时也说明了新闻生产的过程不是简单自由的过程。

第三节 探讨媒介内容形成的社会理论

探讨媒介内容形成的主要理论有政治经济决定论、传播者决定论、市场决定论以及休梅克提出的五个环状要素说。

政治经济决定论主张媒介的传播内容是由一个社会的政治经济制度来决定的,媒介可以看成是一个社会的意识形态的道具,它有维护社会安定的职能,会自觉地从社会领导阶层的角度出发来报道新闻,反映社会政治制度的内涵,也代表经济体制的特征。

传播者决定论认为媒介的传播内容受媒介的工作者——传播者的个人素质、文化背景和工作方法的影响。传播者的工作环境、政治态度、职业水平、同事之间的关系都或多或少地影响到他对社会上某个问题的看法,还有传播组织内部的人与人之间的相互影

---

① 甘斯列出的八条新闻价值因素在下一章将有详细论述。
② Breed, W. (1955). Social Control in the Newsroom. *Social Forces*, May, pp. 326 – 335.

响也是一个重要的因素。另外，媒介组织是一个较为特殊的组织，有其独特的工作方法和行为准则，新闻制作也是一项很重视工作规则的活动，有着既定的报道方向和编辑方法。

市场决定论的角度与以往传统的媒介观不一样，它倾向于把新闻看成商品，把受众看成是市场，主张经营至上、媒介利益至上的媒介内容选择尺度。这种观点近年来对媒介的报道内容有很大的影响。媒介组织主张尽可能地节约各种报道开支，尽量去获得更多的读者和市场，在考虑报道内容时往往将发行量或收视率看成重要的因素。

美国学者帕梅拉·休梅克是一位媒介社会学家，她将影响媒介传播内容的社会因素列成一个使人一目了然的环状图。她认为影响媒介内容的要素有（如图6-2所示）：

（1）媒介的传播者，即媒介组织里的工作人员；
（2）媒介的制作方法，即特定的工作程序和工作方法；
（3）媒介组织内部的要素，即编辑方针和经营方针；
（4）媒介组织外部的要素，即政府、经济实体和社会团体对媒介内容的影响；
（5）社会意识形态，即社会的主导意识形态。

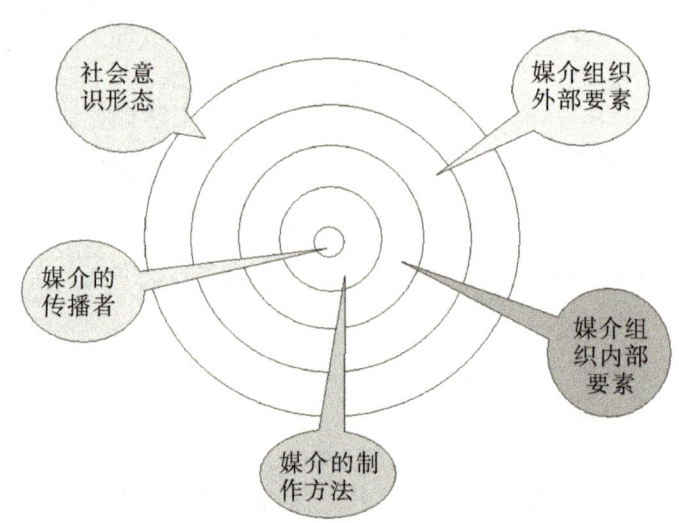

图6-2 影响媒介内容的社会因素图

2005年7月休梅克女士在访问中国社会科学院新闻与传播研究所时谈到，媒介内容并不完全是对社会现实的真实反映，媒介在积极建造现实（包括扭曲现实），研究哪些因素参与这种建造是很必要的。她再次重复了上述的五个要素，但是这次她把五个要素用一个金字塔的形式表示出来，认为可以按诸因素的重要性排列成金字塔（见图6-3），在这五个层次的影响中，作用最小的是新闻工作者的内在素质，包括个人背景、工作背景、性别、种族、教养、经历、价值观和政治宗教信仰、职业道德、角色定位等等。这些个人素质在具体的内容上会有所反映，但整体上的传播内容已经被其他四个层次，特别是最底层也是最重要的社会意识形态所决定了。

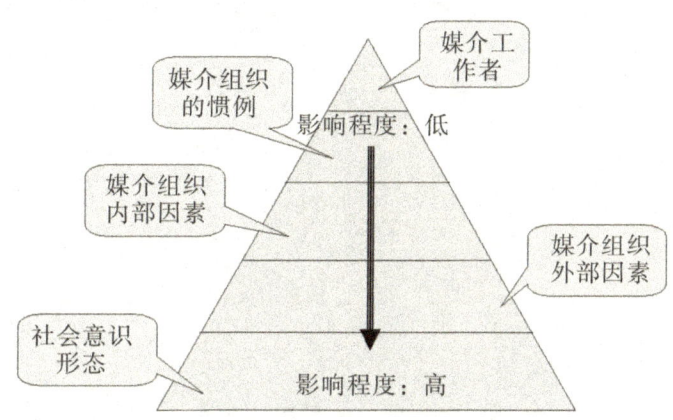

图6-3 影响媒介内容要素的金字塔

休梅克认为，新闻媒介是社会系统中的一分子，其生存和发展都离不开社会的土壤，因此社会环境和意识形态对媒介内容的影响是最根本的，社会意识形态泛指一个社会的政治、经济、文化体系以及社会控制方式等。例如，政治和经济上相互联系紧密的国家，媒体之间的相互报道就会比其他联系少的国家要多，一个国家不同的政治经济制度也规定着大众传播媒介的体制和经营方式，对媒介内容上的影响不言而喻。

另外，媒介组织之外的社会组织对媒介内容的具体影响也比较明显，例如各种社会机构。休梅克把这些机构分为三大类：一类是作为新闻源的组织如各种利益集团、公共关系公司和其他媒介；一类是与媒介经济来源有关的，如广告商、受众等；还有一类是传播技术方面的，如各种生产最新传播科技手段的公司。前两类对媒介内容可以产生明显和直接的影响，后一类对媒介的影响则表现在传播形式和速度、范围上。

休梅克认为，媒介组织本身对传播内容的影响分为五个方面：
（1）媒介组织的所有权，如是否合资、独资等；
（2）媒介组织自身的大小、结构和分工状况；
（3）媒介存在的目的，如是为了经济目的，还是为了意识形态等；
（4）媒介内部的某些政策或观念；
（5）媒介的效益压力大小和媒介管理方式。

在媒介工作者方面，休梅克认为记者和编辑的日常工作方式也就是他们的惯例，如新闻报道的体系、常用的公关渠道、对官方信息源的依赖，以及习惯性的判断新闻价值的标准等，对传播内容保持着潜在而持久的影响力。①

　　休梅克的五要素说对媒介社会学研究的影响较大，因此以下将按这五个要素从媒介工作者、媒介组织的制作惯例、政治组织、经济组织、利益团体和非政府组织、受众对媒体内容的影响，以及社会文化、意识形态对媒介的影响进行分章论述。

---

① 参见陈力丹《美国传播学者休梅克女士谈影响传播内容的诸因素》，传媒学术网，http://academic.medi-achina.net/article.php?id=2186#（2005-11-28）.

第七章 媒介内容与媒介工作者及其价值观

第一节 媒介工作者的职业特性

一、媒介工作者的类型和社会地位

媒介工作者也称媒介传播者，他们可以说是媒介组织传播活动中的第一要素，同时也是最活跃的要素，主要是指在媒介组织里从事各项专业传播活动的人员，例如媒体管理者、文字记者、摄影记者、编辑、美工、校对、广告人员、发行人员等。

现代信息化社会的到来使社会上从事媒介传播的专门人员越来越多，具体的工作也越来越多样化，以前不被认为是媒介工作者的多种职业目前也被列入媒介工作者的范畴了，例如专业广告公司、公共关系公司、从事各类信息提供和信息传播的网站等等。但是本章论述的媒介工作者专指在大众媒介组织内部工作的专职人员，他们也有更加具体的分工。例如，从介入新闻制作的接近程度上看，媒介工作者和编辑可被称为直接的媒介工作者，广告人员、发行人员和编辑辅助人员可被称为间接的媒介工作者。在媒介组织外的社会层面上活动的媒介工作者则可按他们从事传播活动的专业性分为普通和专职两类媒介工作者；或者按照传播活动的性质，分为人际媒介工作者（产品推销员、宣传员等）、组织媒介工作者（宣传部、广告部、信息部、市场部的工作人员）和大众媒介工作者（媒介工作者、编辑等专业传播媒体组织中的人员）。

最早的专业媒介工作者出现于早期传播媒介初步形成的资本主义生产关系形成发展时期，由于社会生产力的发展和社会分工的需要，可以形成广泛告知和宣传、继而达到社会动员和团结组织的传播行为变得越来越重要，早期的传播媒介——报纸因需求而不断发展，专业的媒介工作者也由此产生。从社会发展的状况来看，媒介工作者的出现是由特定的社会因素促成的。

第一，由于当时社会生产力的发展和大规模工厂的出现，城市人口变得密集，人们需要各种信息，而面向密集的城市人口从事信息传播也能成为商业谋利的手段之一，这样，由于商业媒介组织的大量出现，以传播工作为职业的人群也出现了，他们可以凭借信息制作行为来谋生，而商业媒介的盈利和竞争性也促使早期的媒介工作者的专业性越来越强。

第二，社会的发展与社会信息传播的自由性有密切关系，随着社会生产力的发展，社会组织和社会成员对各种信息的需求不断增加，信息的消费不但在数量上，而且在质量上都有更高的要求，这种要求同时随着社会的进步又有不断的提高，这对媒介产业和媒介从业人员是一个促进也是一个刺激，促使他们在专业上不断有新的要求。

第三，社会的发展完善了社会传播的客观条件。首先是通讯技术的不断创新，让社会传播可以借助最新的技术基础来达成新的飞跃。其次是社会民主精神的发展和社会政治生活的公开透明都要求社会信息的流畅和更大程度的公开，人们的思想水平和文化素质也不断得到解放和提高，对外部世界的信息有更多的要求；信息化和全球化的进程更是将信息传播作为不可或缺的前提条件。

在社会性传播活动越来越为社会发展所需，同时社会的发展又为社会传播活动大规模化和专业化提供了相应的条件时，专业的媒介工作者的队伍就这样形成并不断壮大了。那么，社会传播活动为什么需要专业的传播工作者呢？可以从以下几个层面来考虑这个问题：

第一是质量的层面。人类社会生活丰繁复杂千变万化，值得人们关注的信息可谓海量无限，但是一个人接收信息传播的时间有限，传播媒介运载信息的能力也有限，所以在无限的信息和受众有限的接收时间、媒介有限的运载空间之间，需要专业的工作人员，运用专业的知识和技术来对信息进行选择和筛选，只把最有必要传播的信息传递给社会公众。同时，新闻信息不同于其他信息，在质量上面有特定的要求，例如新闻采写的基本要求是真实、客观、公正、中立等，还要求具有较高的新闻价值，这些对新闻信息的专业要求也需要具有专业知识的工作人员专门去采写和编辑，并非所有人都能承担和完成的工作。

第二是加工的层面。被专业的媒介工作者挑选过的信息基本还是处于初始状态的信息，这些信息如果原封不动地传递给公众，由于其特殊的价值没有被挖掘，公众很难得知这条信息的现实意义，媒介工作者的另一个重要职责是信息加工，通过多种编辑和加工手法，运用各种技术和表现形式，把信息中对社会生活有意义的部分重点呈现出来，同时也需要通过事实的呈现和评论来对难以判断的信息从社会主流价值观的角度给以引导。

第三是把关的层面。传播媒介的社会影响力越来越大，这已经是不争的事实，任何一个社会管理机构、政治团体、商业团体和社会组织都期望通过规范或限制特定的传播内容来达到特定的目的，这些要求和限制一般情况下也是通过对媒介工作者的思想意识和专业精神进行教育和引导来间接地起到把关作用的。

二、媒介工作者的任务

媒介工作者的基本任务可以归结为以下几个方面：

首先是搜集新闻信息，这主要是新闻记者的工作。新闻记者分属不同的部门，如政治部、经济部、社会部、突发事件部等等，通过媒体组织固有的信息收集网络（如各大事业部门和商业机构的宣传部、通讯员和信息提供人员）以及个人信息收集网络（如网络上的 BBS、QQ 群，各大论坛，手机信息）来收集信息。最近几年来，各大新闻媒体为了广泛收集新闻信息，都设置了面向公众的新闻报料热线，请社会公众发现并通报新闻事件，新闻记者根据报料的线索来采写新闻。在新闻采写的具体过程中，新闻记者有这样一些通常比较固定的做法：

（1）确定重要的新闻选题，每周开部门会议，提供新闻选题，讨论决定本周或者本月的中心选题和其他选题，各自确定具体任务。

（2）新闻记者按各自的区域划分或者行业划分来落实采访计划或者寻找信息和被访人员。

（3）参加政府或者企事业单位的新闻发布会或者记者招待会。

（4）奔赴突发事件现场采访。有的媒体组织有专门的突发事件部门，专门采写突发事件；有的媒体组织则按突发事件的类型组织不同部门的记者一同采访。

记者的新闻采访工作不是简单的信息收集，包含着很多专业技能，例如，要从客观中立的角度去描述事实，展示持不同意见各方的分量要平衡，对事实和意见的陈述不能带有自己主观的意愿，必须通过呈现事实来说明观点，重视信息核实和数据正确，需要判断信息来源是否可信、信息是否具有新闻价值，等等。可见，新闻采访决不是任何会写作的人都能做的工作，记者需要具有较高的专业知识和技能。以前文字记者一般会和摄影记者配合出动采访，现在数码相机的普及和媒体工作人员数量的限制，新闻记者有时也会同时承担新闻摄影的任务。

其次是新闻的加工制作，这一般由新闻编辑来执行。新闻编辑是指在媒体组织中从事新闻信息和其他信息的编辑、策划、加工、修改、版面组织等任务的工作人员。一般来说有文字编辑、美术编辑和总体编辑。文字编辑主要审查新闻记者上交的新闻稿件和新闻图片，修改其中的内容，确定新闻标题，必要时与记者沟通进一步增加信息、完善稿件；美术编辑对版面设计、新闻标题的字体字号、颜色和插图、新闻图片的运用等做具体设计；总体编辑一般是这个部门的负责人，负责具体的版面，对新闻、图片、标题和版面风格等所有内容作具体组织和审核。

再次是媒体组织内部的新闻筛选和版面确定。这是指媒体负责最后把关的主编或者副主编对报纸的整个版面和内容、对电台、电视台节目的全部内容进行最后审核的过程。汇合了所有部门初步确定的版面的样稿会在付印前一段时间到达主编室，主编会审视所有内容，从把握当前报道重点、判断信息是否符合政策法律到版面风格和文字标题运用，一一审核，并签字付印。

最后，媒体组织的新闻信息会通过报纸、电台和电视台的节目传播出去，但是这并不意味着新闻工作的阶段性结束。新闻信息传播出去后，媒体组织还要收集公众的反应，处理各种反馈信息，从中寻找和发现公众的关注点以及媒体工作中的问题，及时组织跟踪报道并改正不足之处。这些工作具体表现在媒体组织对读者来信来电的应对和反映上，也表现在媒体组织内部的评报活动中，这是媒体内部员工对自己作品的自我评判和自我纠正，当天的报纸被贴于某个布告栏中，既有专人的评判意见，任何一个员工也可以添加自己的意见。这是一种自我反馈的方式。

可见，媒体工作者的主要任务就是采集信息、编辑信息并确定最终发布的信息。

三、被赋予的权利和应该承担的责任

新闻工作是一个比较特殊的工作，媒体以社会公众的代言人为己任，承担着社会公众的信任，也承担着相应的社会责任，因此，媒介工作者在获得一些权利的同时也必须承担相应的社会责任。

媒介工作者被赋予的权利包括：

（1）知情权。当发现新闻线索时，媒介工作者有权接近消息来源和新闻现场（因安全理由不能接近新闻现场的情况除外），有权接近新闻事件的当事人和目击者。不同的国家和地区对新闻媒体的知情权有不同的规定，但是近年来相关规定基本都趋向于支持和尊重新闻媒体的这种权利。例如，2008年5月1日开始实施的《中华人民共和国政府信息公开条例》规定我国政府行政机关应当将主动公开的政府信息，通过政府公报、政府网站、新闻发布会以及报刊、广播、电视等便于公众知晓的方式公开，这也是对新闻媒体知情权的一种保证。①

（2）采访权。媒介工作者有权采访与事实相关的人士，有权要求相关组织或者个人提供相关信息。

（3）编辑权。媒介工作者有权决定什么是新闻，哪些信息可进入媒体版面，哪些信息应该删除，哪些信息是重要的信息，哪些信息可以从轻处置。这一点体现了大众传播媒介具有的议题设置的社会功能。

（4）版权，也就是著作权。这是指媒体对在媒体上发表的文字作品或者图像作品拥有版权著作权。对专栏作家、评论家和文艺连载等特殊作品事先需要与作者沟通，决定版权所属。

（5）消息来源保护权。这是指媒体在采访新闻事件的当事人或者新闻信息的提供者时，必须对消息提供者、渠道等信息采取保护措施，以防信息提供者因此受到干扰或遭受危险。只有在对方同意的情况下才能公开消息提供者的姓名等信息。

（6）安全保护权。在挖掘新闻的过程中，新闻信息的提供者或者采访对象如果被暴露出真实的姓名和住址等信息，往往会因媒体的传播导致意想不到的后果，如自己及近亲属的人身、财产安全遭到威胁，生活和工作遭到骚扰，成为媒体报道的受害者。有鉴于此，媒介工作者应加强对新闻提供者和采访对象的安全保护，例如在新闻和新闻图片中对个人信息和个人形象的披露采取安全保护措施。

---

① 参见 www.gov.cn/zwgk/2007-04/24/content_592937.html。

现代社会大众传播媒体的影响力越来越大,媒介工作者的权利和传播活动必须承担的社会责任也越来越重,社会公众要求媒体及时提供有价值有质量的新闻信息,同时又要求媒体在行使其权利时承担必要的社会责任,而不能借"新闻自由"的口号为所欲为。媒介工作者必须承担怎样的责任?

西方新闻学界比较重视媒体的社会责任,1947年美国自由委员会提出当代报刊理论,其主要内容要求传媒要对新闻报道负法律责任,对新闻报道的确凿性负责;也要求媒介工作人员必须实施新闻自律,即遵守职业道德和伦理精神,对自己的工作有所约束。新闻自律是媒体行业组织约束媒体工作人员工作操守的一些原则,早在1908年,密苏里大学新闻学院就曾提出报人守则,指出新闻工作人员必须遵守以下原则:报业是职业;报纸是公共信托;正确与公平;真实;反对新闻压制;反对贿赂;公共服务;独立和爱国。

1923年美国报纸主编人协会也提出记者守则,主张新闻工作人员必须在工作中体现责任、讨论、独立、真诚和忠实、公平、适度等原则。

一般来说,不同的新闻组织重视的新闻自律的范围不同,西方新闻界比较重视在以下方面媒介工作者的责任承担和自我约束:①禁止在采访范围内从事对自己有利的活动;②必须诚实,忠于公众;③敢于坚持真理;④不接受礼品;⑤不隐瞒封锁消息;⑥敢于和善于与邪恶势力斗争。

南非摄影家凯文·卡特1993年在苏丹拍摄了一张照片,当时苏丹北部发生叛乱,人民生活悲惨,遍地饿殍。照片中一个小女孩正艰难地向食品发放中心爬行,身后停着一只对女孩虎视眈眈的兀鹰。1994年凯文·卡特因该照片赢得普利策摄影奖。但是随着《饥饿的小女孩》传遍全世界,人们在寄予非洲人民巨大同情的同时,更加关注那个小女孩的命运。人们纷纷质问,身在现场的凯文·卡特为什么不去救那个小女孩?就连凯文·卡

图7-1 饥饿的小女孩

特的朋友也指责说,他当时应当放下摄影机去帮助小女孩。无法忍受外界公众与自己内心的道德困惑和越来越大的精神压力,凯文·卡特在获得大奖仅3个月后自杀。

四、媒介工作者的信息裁量权

上述分析可见,媒介工作者在媒介组织的传播活动中具有"特权"——对媒体内

容的裁量权,这种裁量权表现在以下几个方面:

(1) 对信息进行把关、过滤、筛选。世界上每天都有成千上万的"新闻备用信息",信息化时代让新闻的选择范围更加广泛了,但是任何传播媒介的版面、时间和空间都是有限的,所以媒介工作者的主要任务之一就是对大量的"新闻备用信息"进行过滤和挑选,选择出符合媒介传播要求的,舍弃大量不符合传播标准的信息。这种过滤和挑选工作可以看成是一种"把关"行为,也可以看成是一种设置议题的行为。因为媒介工作者在决定今天的新闻是什么的同时,也直接地决定了人们今天能看到什么样的新闻。

(2) 决定传播的时间、内容和形式,对信息进行编辑、制作和传递。媒介工作者在选择新闻之后,还需要对新闻素材进行加工和编辑,报纸的编辑要决定新闻刊出的版面位置和标题的大小;广播和电视的编辑要决定播出的时间长短、顺序和语调;网络的编辑对版面位置和时间顺序都要做相应的布置。对于不同内容和性质的新闻话题,编辑还可以采用不同的传播形式来构成主题报道,例如,配置彩色图片、背景资料和图表,配加社论、评论和读者反馈信息等表示各方面的关注,等等。这些媒介工作者的幕后工作实际上意义重大,人们每天在众多的新闻信息面前最关注哪些话题其实与他们的工作密切相关。

(3) 对整个传播进程进行控制和制约。媒介工作者的工作并不是在新闻播出后就结束了,传播行为是一个从媒介工作者到受众的复杂过程,从时间上看是可以估计的,但是整个传播过程可能会被多种社会要素介入,传播内容和效果也可能因此改变,而对整个传播过程进行控制和制约的主要承担者还是媒介工作者。例如,当新闻编辑好之后,情况突然发生变化,另有一件突发事件更具新闻价值,媒介工作者可以在编辑过程中对此进行更换或调整;如果某条新闻的传播效果被预知可能引起社会不安,那么这条新闻的传播形式和是否进行传播也需要媒介工作者进行判断。

第二节 媒介工作者的文化人类学倾向

一、媒介工作者的普遍特征

上节介绍了媒介工作者的职业特点,本节将讨论媒介工作者的内在特点对媒介内容的潜在影响,主要是从媒介工作者的个体层次来分析他们的性格和工作对媒介内容的影响。

要分析媒介工作者个体对媒介内容的影响,先要关注几个要点。首先要关注媒介工作者的个体特征和专业背景;其次要考虑他们个人的态度、价值观和信仰对媒介内容的影响;最后要考察在他们职业社会化过程中发挥作用的职业倾向、职业定位和角色观念对媒介内容的影响,例如,媒介工作者是将自己视为中立陈述事件的人还是积极构建新

第七章　媒介内容与媒介工作者及其价值观

闻故事的人。

首先来看看媒介工作者的普遍特征,可以从他们的文化人类学倾向作为观察的入手点来分析。

(1)性别。一些相关研究发现,在1992年,美国的媒介工作者中有34%是女性,而随着工作时间的增加,女性所占的比例下降(在工作时间超过20年的媒介工作者中只有20%是女性)。女性更多地在新闻杂志、新闻周刊工作(日报较少,电视新闻更少)。在新闻传播院校,1998年女生的比例达62%—63%,但她们更多地选择公关、广告的学习而不是新闻编辑。不过,在新闻界中,女性显然更经常受到提拔。1992年一项研究显示42%的女性媒介工作者拥有新闻编辑的监督管理权力。而随着女性媒介工作者比例的增加,工资上的不平等在本质上减少了。虽然在低水平的工作上,男媒介工作者工资仍比女媒介工作者高;但拥有15年以上新闻工作经验的女媒介工作者工资已经与她们的男性对手相等了。

《2005年全球媒介监测项目》中有关中国的数据展示了这样一些情况。在播音员、记者和新闻人物的性别统计中可以发现,新闻工作者中,特别是播音员中女性居多,占69%,记者中女性占54%。但是在新闻人物中,女性只占19%,男性占81%。在电视、广播和报纸中的新闻人物的性别统计中,电视和广播中女性新闻人数的比例相对较高,分别占20%和28%,而报纸中较少,只占11%。关于新闻工作者,除了报纸以外,在广播和电视媒体中,无论是播音员、广播员还是记者,都是女性比例高于男性。女性记者活跃在经济、犯罪和暴力、科学健康、社会和法律、名人、体育和艺术等各个报道领域,但是在政治和政府领域还是少于男性。①

新闻工作者的性别对新闻媒体的报道内容有什么影响?一位日本学者分析了日本主流媒体20世纪80年代的新闻报道议题后发现,80年代中后期开始,新闻媒体上有关女性的话题不断增加,主人公是女性或者关注女性的新闻主题都比80年代初期有很大程度的增长。为什么?研究者认为,这是由于在80年代中后期大量女性进入新闻媒体的报道岗位,成为新闻议题的挑选者和记录者,这些女记者善于从女性的角度关注并观察、发现社会问题,因此主流媒体上的女性新闻话题也不断增加。

(2)民族。相关研究还发现,媒介工作者中少数民族出身的人不像女性那样能在新闻界取得相对的成功。1993年ASNE(American Society of Newspaper Editors)的一项调查显示,新闻工作室的雇员中只有10%是少数族裔。一些报纸已经开始积极努力地增加其新闻工作室中少数族裔的人数。1986年ASNE发布一份报告,提出了"2000年"目标,即每个报社中少数族裔的比例应至少与其所在社区中少数族裔的比例相当。美国的一些报纸如 *Merced Sun-Star*, *Seattle Times*, *Miami Herald*, *Detroit Free Press*, *USA Today*

---

① 全球媒介监测项目(GMMP, Global Media Monitoring Project)由WACC(The World Association for Christian Communications)的女性项目(Women's Program)发起。资料来源:http://www.globalmediamonitoring.org/.

等已经拥有了较高的少数族裔比例。然而，许多报纸离这个目标还有一段距离。

（3）职业流动性。此外，新闻工作在美国等多数国家是一个进入门槛相对较低的行业。许多人将其作为第一份工作之后便转向其他职业。导致他们离开的最主要原因是低工资与收益。当然，还有其他原因。比如优秀的媒介工作者需要激情及对事件的敏感，当这种特质丧失时，可能就会选择离开；有时候媒介工作者只是对重复性的工作感到厌烦，或者是厌倦了媒介工作者作为事件负面观察者的角色时也会选择离开；还有就是媒介工作者无法平衡家庭与新闻机构的需求。

（4）教育程度和职业培训。媒介工作者的另一个特征来自他们所受教育的程度和类型。根据1987年美国的一项调查显示，美国的全日制新闻传播院校学生（包括四年制与研究生）中98%具有专业媒介工作经验，平均时间为九年；接近3/4的男性学员拥有博士或同等学力学位，女性则为62%。现在绝大部分媒介从业人员拥有传播学学位。而从前他们主要来自英语、创意写作、政治科学、美国研究等其他学科。

无疑，所经历的新闻教育对每个媒介工作者的职业导向关系重大，可是关于什么样的新闻教育是最好的，至今仍在讨论中。新闻教学或者使学生成为传播的"内部者"，或者将其教育为"外部者"，即批判性地观察包括媒介在内的所有社会组织，典型的新闻传播学院能够为学生掌握基础素质提供最佳的机会，其学科设置是围绕媒体来进行的，如编辑、杂志、广播、摄影、公关或广告等。其中公关与广告方面的增长是最快的。由于媒介工作者必须提供一种负面观察的视角，且工资较低，缺乏创造性，学生越来越多地拒绝新闻编辑。另一个仍有争论的问题是新闻传播专业的学生应该接受多少文科教育。毋庸置疑，文科与大众传播是紧密联系的，即使在新闻传播学院学生从事越来越多新闻工作的情况下，文科专业学生仍在这个行业中占据着重要地位。

媒介组织（尤其是报纸）会对新雇员进行培训，也强调新闻媒介工作者要不断地学习，以具备能力来报道这个日益复杂的世界。同样地，一些新闻传播学院正在考虑或者已经鼓励，甚至要求学生修双学位或专业。

日本的新闻媒介组织对于从业人员的选拔比较有特点。日本设置新闻学科的大学很少，新闻媒介组织招收新进人员的方法主要是不分本科专业（这样可以网罗各种专业人才）的统一考试和入社后的自我培训和现场教育。例如，一个学金融学的大学毕业生参加了某报社的招聘考试，他需要通过一些基础科目如语文、外语、常识等的考试，入社后接受为期三个月的社内培训，由本社资深的新闻工作人员教授有关新闻采编的相关知识，之后跟随指定的"师傅"———一位有较长工作经验的记者到新闻现场去实地学习。具有一定的采访经验后，一个新记者还需要"轮岗"，例如从金融记者变为警事记者，从城市报道转为乡村报道，刚刚积累了全国各地的采访经验后，立刻被派往东南亚作国际新闻的特派记者。这样一连串的工作积累让一个记者能在短时间内成为符合这个报社需要的全能记者。

日本的新闻教育的特点就是"现场教育"，不重视新闻理论的灌输，而重视老记者的经验传授和在新闻实践中新记者的自我学习；不要普通的新闻记者，而要符合本报社需求的新闻记者。经受这样的新闻实践教育而合格的记者，无疑是最能承担这个报社报道工作的记者。

二、媒介工作者的个人态度、价值观和信仰

Palet & Entman 认为，媒介工作者所持有的个人价值与信仰通常包括了个人主义、自由主义、竞争性和物质主义。甘斯则将这些界定为八条思维倾向，他认为，美国的媒介工作者在新闻报道中比较突出地显示了这些倾向。

● 民族优越感（ethnocentrism）：媒介工作者倾向于将美国的价值置于其他国家之上。

● 利他性的民主主义（altruistic democracy）：大部分媒介工作者认为新闻应该建立在公共利益与公共服务的基础上。

● 负责任的资本主义（responsible capitalism）：大部分媒介工作者认为商人应该在不追求不合理的高额利润、不对工人进行剥削的基础上进行公平竞争，并且应该尊重那些小型家族企业。

● 小镇田园主义（small-town pastoralism）：媒介工作者眼中理想的乡村是一个美德、技能、富于凝聚力的社会关系集中的地方。而城市的新闻则充斥着犯罪、狂热步调、种族动荡、经济问题、环境污染等。

● 个人主义（individualism）：媒介工作者的特色新闻故事中总是充满了"强烈强调个性的人"——他们以自己的方式为了社会利益而努力。

● 中庸（moderatism）：这是对过分个人主义的检验。

● 尊重社会秩序（social order）：这是媒介工作者非常重视的一条价值。通过报道扰乱社会秩序或违反既有社会价值的案例，媒介工作者帮助人们界定出什么行为是会被社会接受的，而什么行为是不可接受的。

● 国家领袖中心（leadership）：这也是媒介工作者十分重视的，因为协调社会秩序需要领导者，这导致了媒介工作者经常报道那些诚信与道德缺失的政治家。这也可以解释为什么媒介工作者对那些可能影响被选举出来的官员的权力强大的人充满关注或者怀疑。①

至于个人政治态度方面，从 1971 年开始，媒介工作者中的民主党人数逐步增加，1971 年是 35.5%，1982—1983 年是 38.5%，1992 年则上升至 44.1%；而共和党人的比例则下降了，1971 年是 25.7%，1982—1983 年是 18.8%，1992 年是 16.3%；无党

---

① Gans, H. (1979). *Deciding What's News: A Study of CBS Evening News, NBC Nighly News, Newsweek, and Time.* New York: Vintage Books.

派人士的比例则从 1971 年的 32.5% 增加到 1982—1983 年的 39.1%，1992 年又下降到 34.4%。① 根据利希特等三位学者 1986 年的调查，在美国全国性知名媒体中，54% 的新闻工作者声称自己是自由主义者，17% 是保守主义者，剩下的则走"中间道路"。②

与政治倾向的讨论紧密相关的是媒介工作者对于基督教、犹太教等宗教的支持或反对程度。利希特等三位学者曾对 10 个"精英"媒介组织的工作人员进行研究，发现有 20% 是新教徒，13% 是天主教徒，14% 是犹太教徒，约有一半的媒介工作者认为自己没有宗教关系，而 86% 的人声称他们很少或是从不参加宗教活动。③ Weaver 和 Wilhoit 于 1982—1983 年从来自全美的媒介工作者中随机抽取了 1001 个样本进行研究，他们发现在总体上媒介工作者的情况与当时社会的宗教背景是较为相符的：有 60% 是新教徒，27% 是天主教徒，6% 是犹太教徒，只有 7% 的媒介工作者提到他们有其他的或是根本没有宗教关系。④

大众媒体研究最富有争议性的问题之一是媒介工作者的态度、价值、信仰在多大程度上影响到媒介内容。一些评论家认为媒介工作者的个人态度会自然地影响到其新闻报道。1979 年甘斯在他的《决定什么是新闻》一书中写到：媒介工作者努力地追求客观，但任何人最终都无法抛却价值观念。⑤ 到 1985 年甘斯又提出，组织限制和专业准则可以有效地降低大部分媒介工作者个人态度与价值观对媒介内容的影响。⑥

最后值得考察的要素是媒介工作者的职业角色与伦理道德对媒介内容的影响。Breed 认为媒介工作者的职业角色与道德取向是在其工作及职业培训中，通过社会化过程形成的。⑦ 那么媒介工作者对其职业特性的认知是否影响到他们所采写、编辑的新闻呢？Weaver 和 Wilhoit 认为，媒介组织对媒介内容的产生施加了许多官僚式的控制，这些控制限制了个体媒介工作者职业特性的影响。此外，他们还界定了媒介工作者的三种职业角色：阐述者、媒介工作者、反对者，而由于这些角色之间有着明显的重叠，绝大

---

① Weaver, David & Wilhoit, G. Cleveland. (1994). *Trends in Professionalism of U. S. Journalists, 1971 to 1992*, Paper Presented at the 1994 International Association for Mass Communication Research.

② Schudson, M. (1995). *The Power of News*. Cambridge, Massachusetts: Harvard University Press.

③ Lichter, S. R., Rothman, S. & Lichter, L. S.：《媒介精英：美国的新权力经纪人》，Bethesda, MD: AdlerandAdler, 1986.

④ Weaver, D. H. & Wilhoit G. C. (1986). *The American Journalist: A Portrait of U. S. News People and Their Work*. Bloomington, IN: Indiana University Press.

⑤ Gans, H. (1979). *Deciding What's News: A Study of CBS Evening News, NBC Nighly News, Newsweek, and Time*. New York: Vintage Books.

⑥ Gans, H. (1985). Are U. S Journalists Dangerously Liberal? *Columbia Journalism Review*, Novenber-Decenber, pp. 29 –33.

⑦ Breed, W. (1960). Social Control in the Newsroom: A Functional Analysis. In W. Schramm (ed.). *Mass Communications* (pp. 178 –194). Urbana: University of Illinois Press. Reprinted from Social Forces, 33.

部分媒介工作者认为他们的职业角色是高度多元化的。① 媒介工作者对其职业角色的认知对媒介内容有着明显的影响。将自己视为媒介工作者/中立者的新闻媒介工作者,与将自己视为解释者/介入者的新闻媒介工作者相比,对同一个事件的描述是大不相同的。

另一方面,媒介工作者的新闻道德观念也会对媒介内容产生明显的影响。尽管新闻业整体而言缺乏有强制力的道德法规,不过1992年就已经有42%的报纸和31%的电视新闻机构出版了约束其员工行为的准则。② 被美国新闻协会所采用的伦理规范把媒介工作者实践中所要遵循的准则归结为责任、新闻自由、伦理道德、准确与客观、公平竞争和互相信任。

媒介的传播报道活动中的伦理问题是难以避免的,利益冲突可能是由媒介工作者接受的任务的本质所决定的。不同媒介工作者对伦理有着不同的认识。没有什么管理规范能够适用于任何情境下的行为。对伦理准则的解释和具体的决定只能由个体媒介工作者完成。许多伦理抉择都包含在三个范围当中:对事件的歪曲,与信息源之间可疑的关系,报道者获得了利益。在美国新闻协会努力完善它的"伦理手册"之时,一个研究机构于1992年进行了一项调查,发现其成员最为关注的伦理困境包括:强奸受害者的称呼、平衡、可靠的新闻源、保密/归因、电子成像、媒介伪事件、免费赠品/公费旅游、专业主义/嫌疑犯与被告者名字的引用、对犯罪的未成年人的称呼等等。③ 相关研究很清楚地表明,媒介工作者对其工作的定位——是作为媒介工作者/中立者,还是作为解释者/参与者——会影响其报道内容。

第三节 媒介工作者对媒介内容的影响

前两节主要介绍了媒介工作者作为一个较为特殊的职业群体所具有的素质和特点,由于他们是媒体内容的直接的选择者、加工者和传播者,他们对新闻信息的认识和理解都不可避免地影响到媒介内容的形成,虽然媒介工作者的职业原则中有公正、客观和中立的限制,但是即使是资深的媒介工作者也不可能做到百分之百的公正或中立。

媒介工作者的素质对媒介内容的影响如图7-2所示。

媒介工作者对媒介内容的影响主要表现在这样几个方面:

第一,媒介工作者的个人性格对媒介内容有影响。媒介工作者的性格是开放还是闭塞、是保守还是激进、是守旧还是富有创新精神,在某种程度上可以影响其对新闻价值的判断和新闻线索的挖掘。例如性格外向的记者可以在人际沟通上占有优势,记者采写

---

① Weaver, H. & Wilhoit, C. (1991). *The American Journalists: A Portrait of U. S. News People and Their Work*. Blooming: Indiana University Press.
② Black, J. (1992). Taking the Pulse of the Nations News Media *Quill*, November-December, pp. 31 – 32.
③ Black, J. (1992). Taking the Pulse of the Nations News Media *Quill*, November-December, pp. 31.

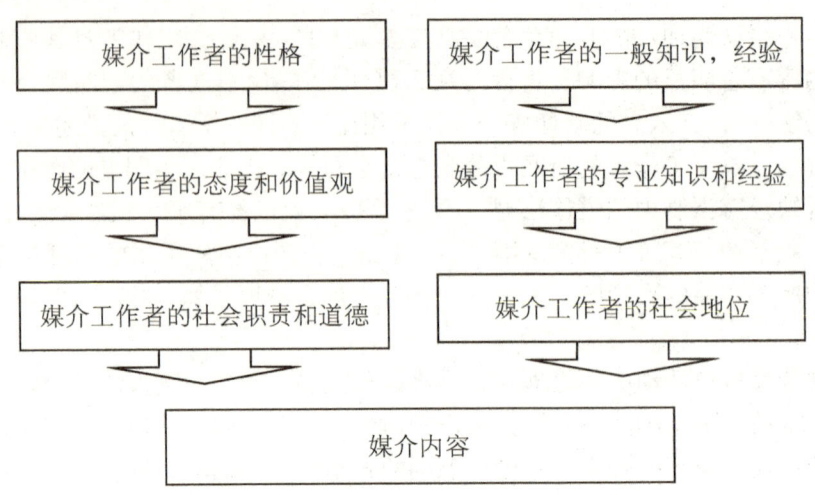

图 7-2 媒介工作者的素质对媒介内容的影响

闻并不是你要采访什么、想知道什么就能顺利如愿。新闻采访基本上靠问。问谁？在什么时候恰当？问什么才能获得最大的信息量？不该问什么？这些都是作为一名记者应该考虑的。同一事件会问敢问的肯定比不会问不敢问的得到更多的信息，报道的内容也自然会更详细、更深入。

第二，媒介工作者的学历结构和经验对媒介内容有影响。有两名记者，一名学识渊博，看问题有深度；另外一名文化程度不高，分析能力不强，那么他们对于同一事件的报道就可能大相径庭。他们也许都对某一事件做出了客观的报道，但在语言文字表达方面也会不同。另外，对于专业报和专业栏目，相关媒介人员还需要特殊的专业知识，例如报道金融行业的记者必须具备一定的经济学知识，跑汽车专版的记者对汽车的相关知识就必须有一定的了解，否则就无法提出有水平的问题，做出有深度的报道。对于同样一个事件，行内人与行外人所表现的是完全不一样的。不具备一定的专业知识，或只懂皮毛，那只会降低报道内容的含金量，甚至出现错误报道。

第三，媒介工作者的工作态度和价值观对媒介内容有影响。媒介工作者是否能端正工作态度，本着新闻工作的原则正确处理新闻价值，对媒体传播的内容有很直接的关系。北京奥运前夕，CNN 主持人卡弗蒂辱华事件就是一个例子。北京奥运圣火在旧金山传递时，CNN 全程追踪报道。主播卡弗蒂在一个名为"The Situation Room"的节目里声称，"中国手拿着我们数以千百亿的美元，我们手上拿的却是数以千百亿价值的贸易逆差。可我们还在继续进口他们的垃圾，上面有超标的铅，还有宠物食品也有毒。所以，我想，我们与中国的关系真的是改变了。我想他们基本上还是那群过去五十年间一直没有什么改变的暴民和匪徒。"言论一出，抗议怒潮立刻席卷欧美，中国国内各大门户网站也掀起了"反对 CNN 报道北京奥运"的大型签名活动。

第七章 媒介内容与媒介工作者及其价值观

卡弗蒂为什么会说出这样一番话呢？这与他的个人价值观有很大的关系。当时美国经济不景气，而美国与中国巨大的贸易逆差使得中国成了部分美国人迁怒的目标。此外，由于经济形势的低迷，很多工作都外包给了东方人，而在很多美国人的印象里，东方人就是中国人，这也使得他们将矛头直指中国。这些印象使得他们在内心对中国充满了敌意，卡弗蒂应该也是这一类美国人中的一员，所以从他口中说出那样的话就不足为奇了。甚至连CNN副总裁大卫·维格兰特也是其中之一，所以才会在道歉中始终持辩解态度。

其他媒体也有类似行为。《读卖新闻》和《朝日新闻》是日本两家主流全国性日报。两报的不同在于《读卖新闻》多年来报道导向保守、偏右，《朝日新闻》则较为革新和偏于左翼。《读卖新闻》长期被看作是持保守和右派立场的报业代表，推动着日本右倾化。从1990年代开始，《读卖新闻》一直赞同日本首相参拜靖国神社，2001年小泉纯一郎作为日本首相参拜靖国神社时，《读卖新闻》就以社论的形式表示支持。但是从2005年6月开始，《读卖新闻》改变了以往的立场，发表了针对日本首相参拜靖国神社的问题的长篇社论，提出"首相不应参拜合祀战犯的靖国神社"，并呼吁尽快建立另外的国立追悼设施。

《读卖新闻》为什么有这样的改变呢？这与《读卖新闻》新任社长渡边恒雄有莫大的关系。渡边恒雄认为，小泉虽然在国会承认甲级战犯是战争罪人，但首相参拜的结果会令中、韩等国产生"日本是个危险国家"的想法，而日本则会因此与其相抵触，导致恶性循环。由于渡边恒雄的立场，《读卖新闻》的报道导向也发生了巨大的变化。从这个例子可以看出，媒介工作者个人政治态度的变化也会影响其传播内容。

第四，媒介工作者的专业知识和新闻工作经验对媒介内容有影响。前文分析过，新闻信息不同于其他信息，必须本着真实、客观、公正和中立的原则去采写。而且新闻信息的采编人员必须通过训练获得采集编辑新闻信息的技能才能胜任这项工作，也就是说，这项工作是一项专业性很强的工作，不是任何人都能胜任的。例如，社会信息的内容非常复杂，信息来源渠道也很多样，如果依靠简单的直观推断必然会导致偏差和错误。新闻记者必须通过特殊的专业技能分辨和判断分析信息的真伪，发布正确的、得到证实的真实信息。

电脑的普及和网络技术的发达让越来越多的人开始通过网络媒介发表自己的看法，传播自己的思想，现代社会已经成为了"人人都是记者"的传播社会，这个现象可以更充分地满足受众的知情权，同时也会带来一个危害，那就是由于网民收集信息和发布信息的非专业性，网络传播过程中会更多地出现信息误差，网络传播者往往会把自己的主观思想融入信息，传播新闻事件时往往容易偏听偏信，或者以偏概全。

贵州"瓮安事件"的信息来源于网络，由于部分网友的成见，传播这一信息时，在事实的基础上添油加醋，混淆视听，事件经过网民们的误传，形成了"警匪一家"的谣传。然而经过调查，新闻发布会公布的事实是，杀害死者的凶手并非与县长和公安局局长有亲属关系，被网友们谣传已经被警察打死的死者叔叔也还健在，死者的其他亲属也没有被军警殴打致伤的经历，对政府大楼和公安局打砸抢烧的人只是受了黑恶势力的唆使，借故进行报复。为什么网络传播者会传播一些失真的信息呢？原因在于他们不知道应该在信息中回避自己的认知偏见，由于政府信息传播和主流媒体的传播透明度也存在缺陷，使得很多人反而愿意把网络信息当成新闻报道。

第五，媒介工作者的社会职责和道德对媒介内容有影响。2007年十大假新闻之一的"纸馅包子"的出现就映射了当前媒介工作者的社会责任感和道德水平的低下。某媒体栏目组曾接到过群众电话反映"包子有掺碎纸"的问题，引起栏目制片人的兴趣，被确定为报道专题。但是记者先后在北京四环路一带进行调查后，始终没有发现有"纸馅包子"的存在。由于选题已上报，压力很大，既想出名又想挣钱，终于自编自导了这一幕新闻闹剧，事后"纸馅包子"被认定为虚假报道，摄制者被刑事拘留，北京电视台向社会道歉。

作为媒介工作者，要坚持新闻的真实性，忠于事实，不搞虚假报道，这是最基本的职业道德。近些年来，假新闻络绎不绝，每年网络媒体推出的"十大假新闻"也引人注目。不可否认，假新闻是多方原因综合的产物，收视率、销售量的诱惑，审查人员的疏忽，受众的偏好甚至利益的诱惑，等等，但归根到底，还是归结于新闻传播者是否具有职业道德。与职业道德同样重要的莫过于社会责任，一个媒介工作者是否具有社会责任也会影响到传播内容。像"纸馅包子"事件那样一则假新闻引起社会广泛关注甚至恐慌，破坏了社会和谐，这就是媒体缺乏社会责任的表现。

杨丽娟追星案的主人公杨丽娟说过一段话，她说："那些记者，我觉得他们不尊重我，一来就逼着我问这问那，我凭什么要回答？他们拿我的新闻回去做了稿子挣了钱，可对我的生活没有一点好的影响，很多人的报道写出来其实就是让更多人来看我的笑话。而且他们还辜负了我的信任。有些记者我相信他们，才跟他们说了一些自己内心的想法，跟他们说千万不要登出去，可他们一回去就写出来了。有些记者根本没采访什么，回去就写了一大篇，连我自己都觉得奇怪他们怎么写出来的。还有的抓住我一个比方的说法就大做文章……"

杨父死后，杨丽娟和其母为再次赴港的签证发愁时，有媒体应承支持她们再次去香港，以完成杨父遗愿，这其实无非是媒体计划将这件事作为一个新闻来策划，以抢专访、抢头条、抢独家的做法。媒介工作者不应该为了提高发行量、收视率、收听率或者点击率，为了满足读者和受众的猎奇心理，就做出有悖伦理的事情。在上述事件中，杨丽娟最需要的是心理治疗和关怀，而不是成为媒体上的丑闻主角。在杨丽娟追星悲剧酝酿发生的整个过程中，媒体难辞其推波助澜的责任。

第六，媒介工作者的社会地位也会影响其传播内容。新闻记者有"无冕之王"之称，他们通过信息传播承担着社会责任，而大众传播媒体也在社会发展过程中发挥着应有的职能。一个社会中媒介工作者的社会地位越高，人们越容易对媒体的传播活动产生信任感，媒介工作者也会更加关注自己的社会职责，在报道活动中更好地体现媒体的传播职能。但媒介工作者社会地位和经济收入的低下则可能导致媒介工作者在工作中的市场化导向。

2008年10月，山西霍宝干河煤矿瞒报死亡事故，向记者发封口费的事件既反映了新闻工作者道德水平的低下，也透射出媒体组织的市场化导向。据《中国新闻出版报》报道，此次"封口费"事件中，共有4位记者、24位媒体工作者、26位假记者收取费用。中国人民大学新闻与传播学院教授喻国明评论说，这样的事情不仅仅与记者的职业道德有关，还与记者的职业境遇相关。他指出这些事件背后牵扯出来的是一些生存状况有困难的媒体，当媒体不能解决自己记者的生存问题时，会对员工比较放任，有些责任感较差的记者就会利用手中的笔去换钱，从而形成这种现象。①

一项由香港中文大学新闻与传播学院进行的调查表明，1997—2001年间，香港新闻工作者的社会地位显著下降。香港的新闻工作者在1997年的社会地位排名仅在工程师和医生之后，但到2001年却被护士、中学教师和警察所超越。调查又发现，新闻工作者的自我形象评价更为低下。在1996年，香港新闻工作者社会地位的自评较医生、工程师、中学教师和护士落后，仅高于警察、的士司机和建筑工作者；但在2001年，新闻工作者的社会地位自评更被警察所超越。负责调查的陈韬文教授及苏钥机教授认为，这个结果是香港新闻媒介生态恶化所致，包括煽情色腥新闻当道，新闻操守低落，关于新闻界的负面报道较多；另一原因则是新闻人才流失，专业知识缺乏长足的进步，赶不上社会发展的要求，而新闻界也未能建立有效的自律机制。②

第四节　媒介工作者及其价值观对媒介内容的负面影响

随着高新技术的迅速发展，社会信息化趋势的日益显著，使传媒成为人们日常生活中不可或缺的一个重要组成部分，人们已经生活在一个由大众传播媒介构成的环境中。媒介是把双刃剑：一方面，大众媒介作为一种重要的社会力量，承担了舆论监督、传递信息、协调社会及提供娱乐等积极的社会功能。另一方面，也带来了一系列的社会问题：超过个人承载能力的海量信息，惰化了人们对信息的思辨能力，形成了麻木盲从的心态；媒介中出现的一些色情、暴力等负面的东西，严重地污染着我们的社会，极大地影响了人们的身心健康。

正是因为大众媒介对人类社会生活全方位的、无孔不入的影响，使得大众媒介的发展越来越广受关注，受众对媒介的看法也随着时间的增长和认识的深入而不断发展着。

---

①　《喻国明：山西封口费事件与记者职业境遇相关》，http://news.sina.com.cn/c/2008-11-27/072116734274.shtml（2008-12-12）。

②　资料来源：http://china.qianlong.com/23/2002-1-3/45@10138.html。

过去受众对媒介信息被动的接受,发展到今天,受众的地位有显著的提高,甚至对媒介工作者的信息选择有非常大的影响,于是因社会需求而产生了多种多样的新闻价值要素,比如时新性、重要性、显著性、趣味性、人情味等。

一、当代媒介内容的负面表现

当前国内各大新闻媒体选择的媒介内容较以往已经有了较大的转变,表现出其迎合时代的进步的一面,但是,在市场经济背景下的大众媒介内容带来了大众文化的商业性、感官愉悦性、复制性的特点,带来了一系列价值误区,表现在感性欲望的泛化、自我的丧失等。在此把当代媒介内容的负面表现归纳为以下几个方面:

1. 虚假新闻

虚假新闻是指未能真实反映客观事物本来面貌,带有虚假成分的报道。凡虚假新闻都有一个共同特征,即新闻报道者离开新闻赖以产生和依存的客观事实,任意凭着个人的主观愿望或依据他人的意志去报道新闻。虚假新闻不仅损害受众的切身利益,而且也损害了媒体自身的利益。

网易曾有一幅漫画,描述的是这样一个情景:"读者将报纸放在阳光下晒一晒才看,读者说:现在报纸的水分太多了。"媒体在读者心目中的形象可见一斑。

2. 文化品位低俗

当下非常多的报刊杂志是为了满足某一个特定区域受众的文化心理需求和消费诉求而产生的,是为了商业目的而办的。有些媒介不惜降低文化品位来迎合一般读者,发布一些虚假新闻以及包含暴力和色情的内容。我们的新闻报道是可以而且应该反映社会细节新闻,但是没有任何典型性、没有太多看点的信息大量充斥报刊版面就没有太大意义了。比如狗猫上树、老汉娶妻、邻里纷争、社会青年打架等,统统上了报,这些事件的价值要素含量都很少。还有一些与人们的心理距离有接近性的新闻,可以满足人们的求知欲和好奇心,比如名人隐私、奇谈怪论、奇闻佚事等,不论真假都被当作新闻来刊登。

香港《苹果日报》集团的老板是商人出身的黎智英,其办报哲学就是赤裸裸的"报纸商品论",他认为信息产品与传媒也是一种商品,应该按照市场法则去经营。于1995年6月创办的《苹果日报》因为这样一位拥有者而从一开始就呈现出与其他香港中文报纸不同的内容导向和版面风格。例如,这份报纸在内容上重视突发新闻和黄色新闻,以中下层读者为目标,关注能吸引读者眼球的新闻;在版面上标新立异,常常改版,在编排、设计和色彩上靠近主要读者层的喜好;报纸的特色就是靠感官刺激、色情、暴力和怪异内容取胜。

黎智英曾说,新闻如同面包师做面包一样,必须满足购买者的口味才能卖得出去,才能盈利。新闻工作必须根据市场的"口味"来制定"新闻商品",才能跟随市场的变化。①

---

① 施清彬:《香港报业现状研究》,香港中国新闻出版社2006年版,页46。

《苹果日报》领导层主张的这种市场新闻学理念规定了这份报纸的内容导向，可见媒介组织领导者对媒体内容的影响。

3. 过分强调娱乐性

在当前的新闻报道实践中，满足感官欲望的娱乐性报道大量出现。娱乐性因素在新闻价值观中的位置持续上升。这种现象有些类似20世纪30年代大众文化在西方兴起时西方报纸上出现过的种种情况，社会新闻增多，暴力色情新闻充斥。现在中国的新闻媒体，都不约而同地关注那些与性有关、与隐私有关、与犯罪有关、与个人情调有关的新闻，这些新闻都能够满足社会的感官欲望需求，为人们提供一种闲适的消遣。

但是，当前对趣味性的重视发生了偏差。我们的新闻理论中，原有的趣味性要求是指新闻内容要使受众产生兴趣，可以是新奇、反常、带人情味的信息，也可以是把严肃的新闻写得生动活泼、富有情趣。但是现在的趣味性，已经发展到新闻工作者对那些变态、感性、感官欲望的信息的不自觉的肯定了。

4. 媒体焦点出现偏差

过去，媒体对事件重要性的判断标准，主要是看其政治意义的大小以及对社会产生影响的程度。与人民群众的利益关系越大，对群众的思想、工作和生活越有指导性，新闻的重要性就越大。现在媒介对重要性的判断又有了新的变化，很多记者认为百姓感兴趣的内容就是重要新闻，所以不仅政治题材可以上头版，而且越来越多的娱乐新闻、花边新闻也登上了媒体的头版。

二、媒介工作者对媒介内容选择的影响

媒介的工作者又称为"传播者"，被誉为"精神产品的生产者，精神生产的重要参与者"。媒介的传播内容与媒介工作者的个人素质、文化背景和工作方法息息相关。媒介传播者的工作环境、政治态度、职业水平、同事之间的关系也都或多或少地影响其对社会上所出现的问题的看法。另外，传播组织内部人与人之间的相互影响也是一个不容忽视的因素。

（一）媒介工作者的个人素质

一个合格的媒介工作者应该做到"一日三省"，自觉地进行自我改造、自我锻炼、自我陶冶、自我道德提升，做到内省与慎独，自我监督，自我控制，使自己的行为合乎道德的规范。只有通过自律约束自己的行为、深化内心的道德规范，才能使新闻报道更加严格、规范，反之，媒介工作者的渎职、报道失实和敷衍了事等都是会对媒介内容造成恶劣影响的行为。

欧美许多国家就先后成立了新闻评议会或其他类似机构，来对新闻工作者在实践中出现的问题进行分析、评议，并通过这些行业机构制定公共准则来对从业者的行为进行约束。我国除了《记者条例》、《中国新闻工作者职业道德准则》、《关于加强新闻队伍

职业道德建设，禁止"有偿新闻"的通知》等文件以外，还制定了《中国新闻界网络媒体公约》来约束媒体人的行为。这些条例和规定都是媒介工作者在实践中要求自己、对照自己行为的尺度。

（二）媒介工作者的工作环境

媒介工作者的工作环境不单指工作场所的环境，也包括工作条件、待遇、工作时长等因素。一项2008年的调查报告指出，我国从事新闻媒体工作的人员工作流动性大，时间连续性强，生活欠规律，健康受到很大的损害。由于新闻工作的特点，新闻工作者比其他行业的从业者更易产生焦虑的情绪，长期处于这种情况中极易产生严重的职业倦怠。这就要求媒介组织要积极改善工作环境，因为只有在一个良好工作环境下工作的媒体人才能有良好的心态和充沛的精力，对媒介内容的选择做出科学的把握和衡量，对新闻事件的报道也更加精准和客观。

（三）媒介工作者的人际交往环境

媒介工作者的工作从某种意义上来说是独立性大于合作性的，即使在同一单位也很少有两个新闻工作者的工作范围是相同的，无论记者还是编辑都是如此。工作内容的相对独立使工作上的协助和交流减少，导致媒介工作者在人际交往中的情绪稳定性较弱。从另一个角度来说，由于职业的需要，媒介工作者的社交圈一般比平常人广，这意味着媒介工作者能够比平常人有更多的机会在第一时间获得第一手资料，这对媒介工作者而言是一个优势。社交圈的异同、人际网络对媒介工作者个人的影响，直接反映在媒介工作者在对新闻内容的选材上。

三、如何树立媒介工作者的正确价值观

（一）媒介工作者的政治态度

新闻工作者的政治态度直接影响着其对媒介内容的选择，虽然现在大多数发达国家的媒介已经有充分的独立性、不受政府控制，但在某种情况下，为了获得更有价值的新闻，媒介工作者往往会有意无意地成为权力机构的"代言人"，或者在新闻的字里行间透露出某种政治倾向。例如2008年的"CNN事件"就可以看出包括美国在内的西方媒介工作者对中国的态度。"西藏3·14事件"中，包括美国CNN在内的西方媒体会不顾事实真相，把严重侵犯人权、严重扰乱社会秩序、严重危害人民群众生命财产安全的暴力犯罪活动说成是"非暴力"的"和平示威"行动。新闻工作者应该本着真实、客观、公正的原则去报道新闻，而不是站在特定的立场上表述新闻。

(二) 媒介工作者的宗教倾向

当前世界上的宗教主要由基督教、伊斯兰教、佛教、印度教、犹太教五大教派组成。宗教对世界政治、经济影响甚大。有些国家宗教地位十分重要，例如，有的国家政教合一，国家领袖同时是宗教领袖，宗教教义成为国家法律的依据；有的国家定佛教为国教，有的国家定基督教为国教。教会不仅掌管婚丧、教育大权，而且直接干预政治。宗教有时被统治阶级利用，作为统治人民、挑起事端和对外侵略的工具；同时，宗教作为一种社会意识形态，对人们生活的许多方面，如文化、生活习惯等都有着一定的影响。

作为媒介工作者，自身的宗教倾向会影响其对新闻事件的看法和选择。2005年9月30日，丹麦最大的报纸《日尔兰邮报》刊登了12幅以伊斯兰教先知穆罕默德为主题的讽刺漫画，受到伊斯兰世界的强烈谴责。2006年1月10日，一家挪威报纸又转载了这些漫画，使矛盾进一步激化，在伊斯兰世界引发强烈的抗议浪潮。

上述事件中，某些媒介工作者因为自身宗教倾向的影响，有对其他宗教认识不深以及宗教上的"排他"现象，导致了对其他宗教有侮辱性质的新闻的出现。所以，作为媒介工作者，必须正确对待自身的宗教信仰，慎重处理宗教文化冲突的问题。

(三) 媒介工作者的职业道德

加强媒介工作者的职业道德应该在以下四个方面下工夫。

第一是个人利益与集体利益的取舍。有些记者为了个人利益，动机不纯，或为了迎合一些商业机构或个人自我宣传或其他目的，故意编造假新闻，蒙骗受众；或者和某个人、某单位关系好，就给某人、某单位报喜不报忧，搞"有偿新闻"。记者和当事人合谋炮制的虚假新闻，愚弄的是受众，伤害的是媒体自身的公信力。

第二是对待自身职业的态度。新闻工作者是撰写真实新闻还是编造虚假新闻，要看他对新闻事业的态度。如果把写新闻当成追名逐利的工具，如果没有扎扎实实的采访作风，靠的只是道听途说，对被采访对象的言行举止采取断章取义的处理方法，那么假新闻也就不可避免了。

第三是求实精神。新闻采访需要扎扎实实的作风。近年来有的记者，特别是青年记者忽视了自身职业的素质建设，出现了重写轻采的倾向，采访作风轻浮，导致新闻失实。记者采访是一种特殊的调查研究活动，是运用眼、耳、鼻、舌、身等多种器官功能的全感采访。这样才能既掌握事物的表象，又摸清事物的本质。但目前不少记者在采访中仅满足于一问一答，少观察、少体验，难以全面反映事实真相。

第四是良好的新闻教育经历。一些记者没有受过专业的新闻教育，缺乏新闻职业培训，以文学手法写新闻，在原有的事实基础上合理想象、添枝加叶，这种写作方法会给新闻带来很大的损害。记者队伍良莠不齐，缺乏专业的新闻职业培训和新闻职业道德培养，对新闻采写的基本原则没有足够的认识，这是导致媒介内容失实的主要原因之一。

(四) 新闻伦理与报道的人文关怀

目前媒体之间的竞争越来越激烈，为了抢独家新闻，制造轰动效应，媒体盲目追求新闻的时效性，所以很多新闻没有经过认真的核实程序就搬上了版面。这种情况很容易造成媒介内容的煽情、片面、忽略、夸张和虚假。这就要求新闻工作者在工作中要自觉遵守和把握新闻伦理，在新闻中体现媒介的人文关怀。

苏格兰邓布兰镇曾经发生了一起惨绝人寰的大事，有十多名五岁幼童被狂汉杀害。从新闻价值角度看，这个事件很值得报道，但苏格兰当地警方却下令严格禁止媒体采访死难者家属，违者将绳之以法，苏格兰的媒体自觉地遵守了这一命令。当然，媒体并不仅仅是慑于警方的命令，而是遵循了新闻报道以不违反人道主义为原则这条底线，这个做法得到了其他媒体的高度评价。但是反观今天的中国，虽然媒介"人性化"呼声不断、政策不断，但是当真正面对灾难时，中国部分媒体的表现让人失望。在2008年的汶川大地震中有这样的一幕：

某台主持人在消防救援队紧张救援一名被压在废墟下的妇女时进行采访，记者扯住一名正紧急救援的战士，

记者：你先让一让，我就拍5分钟。

战士：……

旁边废墟下还埋着一位存活的老人，医生正要他保持体力，不要讲话。

记者：这里还能听到老大爷的呻吟声，（话筒向下伸）老大爷，老大爷……我们来听听老大爷的声音……医生，你让大爷说句话……

……

新闻工作者必须有清醒的角色认知和职业道德认识，通过职业教育提升自身的职业道德内涵，通过自律约束自己的行为，深化内心的道德规范，通过法律法规规范自己的行为，维护新闻传播的秩序。

第五节 从"9·11"报道看中西媒介工作者的价值观差异

中西方媒介在新闻理论、传播观念、文化环境与运营机制等方面都存在差异，本节通过对"9·11事件"的灾难新闻报道，比较中美主流媒体的报道，分析这些差异在现实新闻传播实践中的体现和原因。

2001年9月11日，纽约发生了恐怖袭击事件后，美国及西方各大媒体都在第一时间做出了迅速全面的反应。相比较而言，中国主流媒体的报道则显得冷静、沉稳、谨慎。这种反差出现的原因除了国家、民族、文化、地理、宗教等方面的因素所造成的社会宏观差异之外，也有中西方主流媒体在新闻理论、传播观念、运营机制等方面的因素所造成的差异，其中中西方新闻价值取向则是差异存在的主要原因。

第七章 媒介内容与媒介工作者及其价值观

新闻不是单纯客观的信息,它是对新近发生的事实的报道,是传播者的活动,必然包含着人的理性认知和主观判断,而这种认知和判断又是以一定的价值观为基础的。价值观中的价值是一个属于哲学层面的普遍概念,是指客体对主体的某种有用性,或是对主体的需要所具有的积极意义。构成新闻价值的因素既包括信息(客体)本身所具有的属性(如"五个W"),也包括传播者(主体)的社会背景、知识体系、文化品位等个人因素,还包括媒体所代表或追求的政治、经济和文化的利益。同一客体(未经加工的原始信息)对不同主体(传播者和媒体)的有用性是不一样的,对不同主体的需要的积极意义也是不一样的,因此中西方媒体的价值取向必然也有各自的特点。

"9·11"恐怖袭击这种惊天动地的重大事件,无论是对中国传媒还是西方传媒而言无疑都具有极大的新闻价值。但是在认识灾难新闻的价值取向上,中西方却有着不同的标准与尺度。美国新闻学教授比尔·伯尼博士认为:"对新闻媒介来说,最有市场价值的是交通失事、水灾、火灾、地震、谋杀、战争、行业纠纷以及死亡和伤害。"西方历来重视灾难新闻的报道,这是因为灾难新闻几乎涵盖了西方新闻价值的所有要素:突发性、显著性、异常性、接近性、重要性、人情味、涉及负面影响等等。

西方传媒对灾难事件的报道往往迅速、深入、全面、准确,不仅不隐瞒负面的、悲剧性的因素,甚至充分展示灾难细节。在"9·11事件"的现场直播中,美国的FOX、CNN等电视台播放了逃难者从高达110层的世贸中心高楼上跳下逃生的镜头。这给所有电视观众带来的视觉冲击和心灵震撼是前所未有的。可以说西方传媒很懂得新闻作为一种商品所具有的价值,为了最大限度地提高发行量和收视率,获得最大利润,他们在进行灾难新闻报道时,往往将"空前绝后"、"耸人听闻"之类的现象和事件作为报道的重点,以此来冲击和刺激受众的感知神经。而"9·11事件"的现场直播则如同一部好莱坞的灾难恐怖大片,其所具有的受人关注程度正好符合西方传媒这种追求"异乎寻常的感觉"的价值取向。而这种价值取向所带来的过于血腥残忍的报道有时也会超出受众的心理承受能力,带来巨大的负面效果。

另一方面,西方传媒也把追求社会效益作为其所标榜的社会责任,在突出"以事为本"的信息传播的价值取向的前提下,也注重宣扬西方社会所认同的价值观念和意识形态。在恐怖袭击发生后,许多媒体都报道了美国民众昼夜排队献血,全体国会议员在关闭的国会山前齐唱《上帝保佑美国》,警察和消防队员救援受难者,以及坠毁飞机上乘客与恐怖分子搏斗以保护白宫等非常具有人情味和正面意义的报道。

相比较而言,中国新闻传媒长期以来坚持"稳定压倒一切"、"团结稳定鼓劲"的舆论导向原则,把正面报道作为新闻报道的主流。以灾难新闻为代表的负面报道一般被视为不利于维护社会稳定,无益于鼓舞和激励人们斗志和信心的新闻题材。题材内容上的特殊性导致了新闻报道中价值取向的特殊性。长期以来,中国灾难新闻报道以"人"为本位,强调一种道德教化的追求,即站在"人"如何与灾难作斗争的角度来充分肯定人的精神与力量的。

现在随着新闻改革的不断深入，受新闻事业发展新形势的要求、媒体部门观念变更以及受众需要的推动，负面报道包括灾难新闻开始较多地出现在大众媒体的视野中，并开始向以"事"为本位、追求信息层面意义的价值取向转变，但这种"以人为本"的灾难报道仍然在主流媒体中占有相当大的比重，在一些对"人祸"的灾难新闻报道中尤其如此。

在中国目前的社会发展条件下，一些学者认为新闻除了新闻价值外，还具有政治价值、信息价值、文化价值和商品价值。新闻价值是基本的、主要的，但不是唯一的。新闻报道的价值取向还要考虑其他价值，尤其是政治价值（即宣传价值）的要求。这个观念在灾难新闻的价值取向上体现得尤其明显。

客观事实是新闻的本源，新闻是记者对客观事物的"主观印象"，是观念的东西。新闻是记者思维的产物，新闻事实通过报纸、广播、电视等传到受众之前，是经过了编辑记者思维"过滤"的。采编人员的思维方式不同，新闻报道也不一样。思维方式差异的背后有着深厚的地域和时代背景。

由于历史和文化的背景不同，中西方记者新闻活动的思维流程不一样，负面报道形式也就不一样。西方记者倾向再现，中国记者倾向表现。

所谓再现就是客观地展现事物本身的面貌，在新闻报道中，就是聚焦新闻事实的内核，而忽略新闻事实的次要部分。西方记者的这种倾向与西方较早地把信息观念引入新闻报道有关，西方记者在事实的选择、角度的切入、表现的方式等新闻思维过程中，偏向于新闻的信息功能，把新闻当作信息传播，能聚焦新闻信息本身。西方新闻形式比中国新闻形式更具有灵活性，只要能细腻地、形象地展现事物的"原生态"，记者就会大胆发挥，不会拘泥于固有框框。这客观上导致了西方记者再现新闻事实，在报道负面信息时，大肆渲染血腥、暴力细节或场面的局面。虽然追求经济利益的西方新闻媒介也注重新闻媒介的教化功能，但在强调个体、注重精神绝对自由的民族精神的消解下，教化功能在新闻思维中的地位大大降低，传播信息、娱乐消遣的成分大大增加，而且在感情形态方面趋于多元，所以，西方记者善于渲染煽情的细节，在负面报道中尤其如此。

表现就是为传达某种思想观念，有目的地选择某种事实，呈现某种事实。新闻中的表现使报道在某种程度上会发生偏离、淡化新闻核心事实，而把重心放在核心事实的边沿部分，或者至少模糊泛化新闻主体，这在中国负面报道中表现得格外明显。寓教于乐、文以载道的精神传统使中国记者注重新闻的教化功能。因此，同样的负面新闻，中国记者不会太多地着眼于灾害本身，不会渲染灾后的凄惨氛围，不会刻画灾害前人类命运的无助和无奈，对灾难和死亡等直接的描述极少，反而融入了较多对悲的消解的乐观精神，着眼于人战胜灾害的勇气和困难面前众人的团结互助。所以中国的负面报道大多从道德的角度，从救灾、抗灾的角度入笔，力图减压灾害影响的负面性，从正面做文章，报道政府的救助、人们团结友爱的人道主义精神，这样的负面新闻带给读者的不是消极情感，而是一股积极向上的力量。

第八章 媒介内容与媒介组织

第一节 媒介组织及其方针

所谓媒介组织是指专门从事大众传播活动、以信息传播活动为生存手段的机构。在现代信息化社会里，大众传播媒介的作用越来越明显，媒介在社会发展过程中不断发挥着各种社会职能作用，如提供信息、解释信息、持续表现社会文化价值、提供娱乐等等。但是，媒介同时又不同于其他组织的信息发布行为，它是一个特殊的信息传播组织，它的工作程序具有固定的程序，强调重视新闻报道的原则并遵守新闻伦理，具有自己的编辑方针和经营方针。

一、编辑方针——判断什么是好新闻

何谓媒介组织的编辑方针？就是媒介组织判断什么是好新闻的具体标准。作为一个判断基准，编辑方针是为媒介组织中的成员所深刻理解并在实践中用以指导实践的。有些媒体的编辑方针是被明确表述出来的，但是很多媒体的编辑方针并没有文字化，而是作为可意会不可言传的潜在规则被执行着。媒介组织的编辑方针具体体现在这样几个方面：

（1）文字表现基准。也就是用什么样的文字来表达新闻内容。例如《时代》杂志主张面向中高级读者，重视报道的专业程度，文字表述上有一般人难以读懂的部分；而《新闻周刊》主张面向一般大众，采用通俗易懂的表达方式，把报道使用的文字限制在常用词汇中。

（2）时间的限制。不同媒体有不同的截稿时间，这反映了媒体关注的不同时间范围，如日报重视昨天发生的全部事情，晚报关注昨天下午和今天上午的新闻，相比之下，电子媒体和网络媒体则很少受时间的限制。

（3）技术的使用。电视媒体重视视频的使用，如果没有现场图像就难以成为电视新闻；而报纸媒体重视文字的深度表达。

（4）新闻价值的判断。不同的媒体有不同的新闻价值判断基准，例如党报和机关报关注政党和政府的活动和宣传信息，而大众报或者都市报重视报道一般公众在生活中

关注的问题。

（5）对组织盈利是否侧重。有的媒体的编辑方针对经济利益有所倾斜，有的媒体的编辑方针与经营方针两立，互不干涉。

媒介组织的专业方针如何影响媒介的内容？库尔特·卢因在《群体生活的渠道》一文中提出，在研究群体传播的过程时，信息的流动是在一些含有"门区"的渠道里进行的，在这些渠道中，根据公正的规则或者是"把关人"的标准，决定信息是否可以进入渠道或继续在渠道里流动。在传播学中，把关人是一种普遍存在的现象。在传播者与受众之间，把关人起着决定继续或中止信息传递的作用。把关人可以是个人，也可以是集体。从整个社会的角度来看，传播媒介是全社会信息流通的把关人；从传媒内部来看，不同的媒介具有不同的把关人，从报纸、广播、电视等传统大众媒介来看，在新闻信息的提供、采集、写作、编辑和报道的全过程中存在着许多的把关人，其中，编辑方针就是一种把关的标准和尺度，它对新闻信息的取舍起着关键的作用。媒介组织在回答"什么是应该报道的好新闻"、"可以用什么词汇进行报道"时，实际就是一个根据编辑方针进行把关的过程。

对于什么是应该报道的好新闻，每个媒介组织都有自己的新闻评判标准，不同媒体有不同的新闻价值观，这对新闻内容的影响很大。例如广州市地铁1号线因故障停开的新闻，广州市的几家媒体会有不同反应。《南方日报》作为省机关报，面向的是全省读者，像这样的地方新闻一般不会重点报道；而对《羊城晚报》这种面向广州市民、广州家庭的报纸来说，就是一条很有价值的新闻。对于广东省内的政治新闻，《南方日报》一般都要重点报道，但《羊城晚报》就不一定花大量版面报道，它更重视社会新闻和人情味浓厚的市民新闻。两种报纸的新闻准则和编辑方针不同，在报道内容上的选择和侧重就有所不同。

在专业词汇的使用上，不同的媒介组织也会有所不同。面向普通大众的媒介就尽量避免使用，而一些专业性强的媒介就不怕使用专业词汇。如《商业时代》杂志，它是权威学术期刊，面向的受众是工商企业高层经营管理者及相关研究人员。2008年《商业时代》某期有一篇题为《结构性物流需求预测方法研究》的文章，就有很多物流方面的专业术语，该杂志不怕读者看不懂而影响其销量，因为其面向的人群是高层管理者及研究人员。而《时尚家居》杂志面向的是普通女性，特别是家居妇女，就以图片为主，文字为辅，而且文字都要尽量通俗易懂，避免使用专业词汇。

二、经营方针——媒体如何生存发展

媒体的经营方针是指媒体在经营管理上持有的方针和准则，例如在发行、广告、成本预算、投资组合等方面的具体做法。

媒介的经营方针如何影响媒介的内容？这首先要看媒介的经营模式。以报纸媒体为例，办报人可以大概分为三类：政治家、文人和商人。政治家办报如《人民日报》，文人办报如查良镛办的香港《明报》，商人办报如黎智英办的《苹果日报》。办报人的经营方针不同，媒介内容就会有所不同。

《人民日报》是中国共产党中央委员会机关报，是党和国家的喉舌，承担着向全国和世界传播与介绍中国共产党和中国政府的方针、政策及主张的重任，因此，其报道的内容重在大力宣传党和国家的政策。在经营上，《人民日报》获得国家拨款，在国内拥有较大的发行量。

香港《明报》是一份典型的文人办报纸，1959年由查良镛与中学同学沈宝新合资创办。最初的基础靠金庸的武侠小说奠定，60年代《明报》一改报风，从一份侧重武侠小说、煽情新闻和马经的"小市民报章"，提升到一份为读书人、知识分子接受的报章。到80年代《明报》已经被视为一份拥有独立"报格"的知识分子报纸，赢得很高声誉。在煽情文化盛行的香港，《明报》以客观的态度作为办报原则，针对知识分子人群，在香港中文报业中独树一帜。

《苹果日报》则是一份典型的商业报纸，经营方针强调经济效益，一切以提高利润为最终目标，不惜采用煽情手段，视新闻为低俗商品。为吸引受众和广告商，《苹果日报》的内容注重娱乐，报道方式"以图片为主，文字为辅"，常以大版面的图片作为头条；它重视八卦新闻，热衷于报道明星绯闻，多次遭到法律起诉和舆论抨击。但是不可否认其发行量不断上涨，广告收益年年增加。

三、党报与都市报的报道比较

由于编辑方针和经营方针的不同，媒体在处理新闻事件时的角度也是不同的，如果比较一下党报和都市报对同一事件的报道，就会得到不同的报道重点。这是因为党报重视政治性，是党和政府的宣传机构；都市报纸虽然也要接受党和政府的领导，但不具备党和政府喉舌的职能，而是直接面向市场，对公众负责，它们必须坚持社会效益第一、经济效益第二的方针。

报纸的不同定位影响了报道内容。下面以2008年汶川大地震为例，比较《人民日报》和《南方都市报》的报道重点，分析两家报纸在内容上的侧重点。

《人民日报》属于党报，是当今中国最具权威性和影响力、发行量第二大的综合性报纸，每天发行量曾高达300万份。主要受众是党政机关干部，其职能在于承担每天向全国和世界传播与介绍党和政府方针、政策的重任，其中《人民日报》的言论（尤其是社论和评论员文章等）已成为《人民日报》的一面旗帜，直接传达着党中央、国务院的声音。《人民日报》是综合性日报，目前的主要栏目有要闻版、经济版、（政治、法律）社会版、（教育、科技）文化版、国际版、理论版、文艺版、体育版。《今日谈》、《人民论坛》等栏目成为中国新闻界的名版栏目；《经济周刊》、《民主与法制周刊》、《假日生活周刊》、《大地周刊》等也深受欢迎。

《南方都市报》是南方报业传媒集团所属系列报之一，是广东省内发行量最大的综合类日报，平均每天出报100版以上，日均发行量已达169万份。主要受众是珠三角地区收入较高的中青年群体。《南方都市报》在国内首创分叠出版模式，每天出版A、B、C、D等叠，其中有时政和社会新闻版、国际新闻和体育新闻版、娱乐新闻和副刊版、经济新闻版、生活消费资讯版等，还按不同的发行地区附有广州杂志、深圳杂志、东莞杂志、佛山杂志和珠海杂志。《南方都市报》的新闻及时、生动，聚焦热点，短评见解深刻，具有鲜明的城市特色、时代特色和广东特色。

比较两份报纸在5月13日的报道主题，《人民日报》的报道重点是党中央对抗震救灾做的部署和工作，如政治局召开的会议、温家宝总理抵达灾区指挥现场，武警部队实施救援的情况等。《南方都市报》内容关注得较多的是灾难对人民和地区产生的影响，从普通群众心系灾区同胞的角度，报道了地震重灾区人民的伤亡情况、地表的破坏程度、是否得到救援等形势。

也就是说，《人民日报》由于报道方针和定位，必须承担党和政府联系人民群众的桥梁这样的重任，着重报道有关救灾的政府声音。而《南方都市报》则重视读者对灾情的关注，从普通读者的角度关注危机给人们生活带来的灾害。相对于《人民日报》的宏观和整体，《南方都市报》重视具体介绍微观的、详细的现场信息和灾害中的个人，对于政府领导人的报道也更关注个人的视角。

具体从报道标题上来看，《人民日报》的相关新闻数量较少，但是篇幅较长；新闻信息的来源具有权威性，新闻主角是政府或者政府领导人；报道的角度较为宏观，重视全国和整体的视角，鼓动性标题较多，发挥了党报的作用。而《南方都市报》新闻数量较多，篇幅较短，适合读者快速阅读；标题生动，新闻图片较多；在标题上多采用具体的数字，简明扼要地陈述灾情；新闻主人公多为个人，注重读者的个人视角，积极报道与广东地区相关的信息，体现了都市报的地域性。

表8-1 《人民日报》与《南方都市报》对"5·12"汶川大地震的报道比较

	《人民日报》	《南方都市报》
5月13日报道主题	● 中央政治局常务委员会召开会议　全面部署当前抗震救灾工作 ● 温家宝抵达四川抗震救灾 ● 温家宝主持召开国务院抗震救灾指挥部会议 ● 万众一心、众志成城，迎难而上、百折不挠　救援！急赴汶川震区 ● 灾难中凝聚沉着的力量 ● 都江堰通往汶川公路完全中断 ● 全国及四川其他地区近期发生强地震的可能性不大	● 震撼中国　直击四川7.8级大地震灾区 ● 截至今晨7时，死亡9219人 ● 都江堰大批学生被埋 ● 胡锦涛主持政治局常委会部署救灾 ● 汶川三镇2.4万人无音讯 ● 6万官兵紧急集结灾区 ● 总理向被埋群众喊话 ● 睁开眼时，一堆废墟 ● 都江堰：医院坍塌埋百余人 ● 成都：余震已超过500次 ● 北川老县城被夷为平地 ● 大批救援军车受阻 ● 互报平安　共渡难关 ● 社论：奋力行动　携手过难关 ● 都江堰一中学：震垮18个班被埋 ● 三峡大坝未受影响 ● 重庆两小学垮塌　5死20多人被埋 ● 四川周边　陕甘最伤 ● 鸟巢有震感　京城无大碍 ● 四川地震局：汶川地震前未发现宏观异常 ● 震后回头看　网友曾"预言" ● 汶川地震为何波及这么广 ● 500广东游客留川暂无伤亡
报道特点	● 新闻数量少 ● 篇幅较长 ● 权威性新闻来源 ● 新闻主角是政府 ● 角度宏观 ● 整体视角 ● 鼓动性标题 ● 面对全国读者	● 新闻数量多 ● 篇幅短 ● 标题生动，可读性强 ● 新闻图片较多 ● 具体数字的运用 ● 新闻主人公是个人 ● 报道广东地区相关的信息

四、杂志媒体的经营方针对内容的影响

杂志虽然也是一种印刷媒体,但是它与报纸媒体的经营方式有所不同,现今杂志营销主要有两种类型——广告补偿型和发行制胜型。

广告补偿型是我国报刊业经营最普遍和常见的一种经营模式,其理论依据就是"二次营销理论",即第一次营销是把杂志核心内容卖给读者,第二次营销是把读者卖给广告客户。发行制胜型则只有第一次营销。

广告补偿型的杂志一般是在经济比较发达的地区发行。一个地区的广告收入总额基本上取决于该地区的 GDP 总额,只有当该地区的经济发展水平能够提供较大的广告市场时,广告补偿型经营才能成为可能。

广告补偿型杂志多属资讯类杂志,典型的如时尚杂志。其特点是:第一,发行环节的严重亏损。都市类期刊强调占领高端市场,发行投入远高于销售收入。时尚类杂志全彩印刷造成印刷成本居高不下,发行收入连成本都难以收回。第二,广告收入是其实现利润的主要方式。时尚类期刊往往不以发行量最大化为目标,而以提高有效发行、提高广告投放的有效性为目标。据不完全统计,全国约有狭义的时尚类期刊 40 种,约占全国期刊总数的 0.4%,而 2005 年时尚类杂志的广告总收入达 23 亿以上,增幅超过 20%,占期刊广告市场份额 40% 之多。广告收入是其实现利润的主要方式。

由此可见,广告补偿费用远远超过了发行成本。目前在中国,时尚类资信杂志实属暴利行业。这类广告补偿型杂志的经营方针是通过较大的发行量和市场占有率,形成规模效益,通过形成规模效益吸附更多的广告,从而弥补发行成本并创造利润。要吸引广告商,杂志就要提高市场占有率,其内容更多是针对某细分市场的,各种时尚杂志的内容就是女性服饰美容,如城市高端时尚杂志《瑞丽》针对城市白领,内容大部分是女性服饰美容方面的资讯。这些杂志的内容都是以满足受众休闲娱乐需要为目标的,而针对的受众必须与广告产品的受众相一致。

发行制胜型杂志是定价高于成本,依靠发行收入补足成本支出甚至盈利的杂志。在这一模式下,期刊发行价格的制定都是以成本为底线的。如湖北日报传媒集团旗下的《特别关注》杂志,每本定价 5 元,纸张、印刷、发行等成本为 3 元。2006 年《特别关注》期发行量为 230 万册,扣除固定成本及杂志社与各地分销商、零售摊主联谊的活动费用等,当年仅发行利润就达 1420 万元。这种杂志的经营方针在于差异化和细分化的市场定位。面对受众多样的需求与细分化的市场,"大而全"已经不再具备竞争优势,杂志只有为特定的群体设计服务,营造适合这些群体的特色,才能满足需求的多样性。同时,杂志还必须拥有强大的内容优势,从而在竞争中形成不可替代性,才能做到盈利模式的稳定。与亏本发行的综合类期刊相比较,以发行盈利的杂志均具有市场细分程度高、内容针对性强的特点,读者阅读目的性很强,对杂志的忠诚度也较高。如《读者》多年来坚持人情、人文、人道之根底,发掘尘世浮生的真善美,带给每一位读者以安慰、希望、感动，赢得了方方面面的褒奖和认可。这类杂志的内容特点在于针对细分受众，致力于提高其内容的质量，内容是其最大的竞争优势。

第二节 媒介的媒介体制与经营方针

现代大众传播的产品都是由专业组织制作的，这些组织都是雇用大量员工的复杂的企业。过去，对大众传播的理论概括一般是将个人作为信息的加工者，将受众作为由一些群体的成员构成的集合体，甚至将研究停留在一些由人际停留连接的个人层次上。随着社会发展和媒介自身的不断优化升级，这些研究已经远远不够了。只有当我们把注意的焦点从对个体的分析转移到对媒介组织整体的分析上时，大众传播的某些特定方面才变得突出，这在媒介组织高度发达的美国表现得尤为明显，而贯串其中的媒介所有制则对媒介传播内容的影响举足轻重。

一、媒介体制的类型

媒介组织的所有制是媒介体制的集中表现，而新闻体制是指新闻事业的所有制性质、决策机构的构成、新闻事业的结构和社会对新闻事业的制约机制等。媒介的所有制决定了媒介的内容，也决定了媒介的主要影响力。新闻媒介所有制大致可以分为三种：

（1）私营媒介。完全由私人独资或集股兴办。西方国家的媒体基本上都是私营媒体，其主要特点在于董事会为最高决策机构，依托财团，以盈利为目的，广告是主要收入来源，报道的内容迎合受众，在监督政府和公共政策执行方面保持独立，有一定力度。

（2）公营媒介。通过向公众收取视听费来运作的电台和电视台。其特点是由各阶层代表组成管理机构，不受政府控制，属于半官方机构；以视听费为主要收入来源；强调对公众负责；不播放广告内容。

（3）国营媒介。由政府提供财政来源的媒体，其特点在于经济来源完全依赖政府，管理层的人事也由政府指定，承担政府的宣传任务，节目内容偏于严肃和正统。

一般来说，媒介组织具有三大目标，分别是：①经营目标；②宣传目标；③公共性与公益性目标。

这三者之间的关系是相辅相成的，当代媒介组织的体制如上所述可以分为以美国为代表的私营媒介组织、以欧洲为代表的公营媒介组织和以中国为代表的国营媒介组织。而每一种媒介组织类型的偏重点不一样，私营的以经营目标为主，公营的以公共性和公益性为重，国营的以宣传为本。当然每种类型绝不是只简单地以一种目标来运行媒介组织，都是在主要目标的基础之上兼顾其他。媒体组织在考虑到以上三个主要目标的同时，就会不可避免地对所报道的媒介内容进行取舍、删减或修改。这样一来媒介内容就不可避免地受到媒体组织体制特点的影响。

二、媒介体制与媒介内容

首先，当媒介组织受到经营目标驱使时，就会本着趋利的内驱性去选择报道内容。比如说电视媒体，为了获得更高的收视率，增加自己的广告收入，会有针对性地挑选一些观众感兴趣的题材作为节目内容。从正面来讲，这样可以增加节目内容的娱乐性，增强媒体的吸引力，丰富受众的文化生活。但从负面来看，当下的一些新闻媒体将自身简单地视为新闻商品的生产者，因而为了追逐"卖点"而偏爱炒作"八卦"话题。拿美国的电视新闻为例，近些年来美国本土媒体在报道政治议题和选举新闻时重点关注党同伐异、个人竞争，忽视理性的政策讨论，背弃了原本应该承担的公正客观反映事实的责任。受媒体报道的影响，公民难以自由、理性、平等地沟通，积极主动的受众群体在逐渐分化和缩小，对公共生活所持的犬儒主义和玩世不恭者大幅度上升，媒体渐渐丧失了使命感，各种媒介上充斥着暴力、色情和低级无聊的内容。公众对新闻媒体的信任感逐渐消退，甚至在民调中有将近四成的美国民众认为新闻有害民主。

其次，当一个媒介组织在受到公共性与公益性目标驱使时，本着作为社会公器的理念，就会将本身所肩负的社会责任感放大。它会号召记者将受众视作公民，作为公共事件的潜在的参与者，而不仅仅是牺牲者或旁观者；要帮助解决社会问题；要改善公众讨论的舆论环境，而不是冷眼旁观这种环境越变越坏；还要帮助公共生活走向更加和谐美好；应该提倡正面的、有益的新闻，蔑视负面的、分裂性的新闻；将公众而不是将媒体作为议程的设置者；寻求广大民众普遍的团结。但这种新观点与传统新闻理论产生了强烈的碰撞，有人认为因为这样的理念，记者从客观的局外人变成了主观的局内人，作为新闻和社区的参与者而非冷静的旁观者，有观点认为公共性新闻是媒体的不良趋势，记者应该报道事件，而不应该参与事件。

最后，当媒介组织受到宣传目标驱使的时候，起到的是一种政府喉舌或者宣传工具的作用，例如中国的主流大众传播媒介都发挥着从政府角度宣传和教育公众的职能。我国的新闻传播界一直重视媒体的舆论导向作用，舆论导向作为中国共产党新闻和宣传理论中的一个概念提出于1994年1月24日江泽民在全国宣传思想工作会议的讲话中。他指出："正确引导舆论，是党的宣传思想战线非常重要的工作。""舆论导向正确，人心凝聚，精神振奋；舆论导向失误，后果严重。"后来这一思想被概括为"以正确的舆论引导人"。在这一方针的指导下，我国的主流媒介组织在传播媒介内容的过程中，充分考虑到了国家的宣传利益，在发布各项信息的过程中也重视维护党和国家的形象。

综上所述，媒介组织是一个综合性的载体，各种社会因素会对媒介内容产生不同程度的影响，这些社会因素相互作用，发生各种关联，最后通过对媒介组织的操作过程施加作用，完成对媒介内容的影响。媒介组织的利益导向、公共权利的追求和宣传的需要，都可以看成是外部因素和内部因素对媒介内容潜在的指挥。

第三节 媒介工作惯例对媒介内容的影响

一、什么是媒介的工作惯例

为了更好地了解媒介内容的形成,我们必须考察媒介工作者的职业惯例和新闻生产的程序。在媒介从业人员的工作中,他们总是运用一些被程式化、常规化、不断重复的惯例与形式来进行新闻生产。这些惯例保证了媒介系统会按预期的方式运行,不会轻易地被扰乱。各种惯例之间也形成了紧密的联系,并成为媒介职业特性不可或缺的一部分。在分析媒介惯例的影响时,一般研究的关注点大都是较低层次的媒介工作者(譬如媒介工作者、编辑)的日常工作。媒介惯例构成了这些从业人员的直接工作环境。虽然高层媒介工作者也会受到媒介惯例的影响,但毕竟他们的活动权和选择权要宽松很多。所有的组织都希望通过工作的程序化和惯例化来提高效率,有些组织会要求更高一些,譬如电视新闻机构。但是同时,高度程式化的运作结构也通常具有缺乏弹性的缺点。

总而言之,媒介惯例的研究在认识和分析媒介内容的形成时是十分重要的,因为它们影响了媒介描绘社会现实的方法。

二、媒介内容的生产过程

媒介惯例并非随意形成的。媒介组织的工作就是在有限的时间与空间内,运用最有效的方式向消费者传播最有可能被其接受的产品。媒介从外部供应者(譬如政府机构、官员、线索提供者等)那里获得原始素材,加工成新闻,之后将其传播给消费者(读者、观众、听众)。在每个阶段,媒介组织都会受到各种工作上的限制与约束。可以说,媒介惯例便是起源于与这三个阶段相关的各种限制(如图8-1所示)。

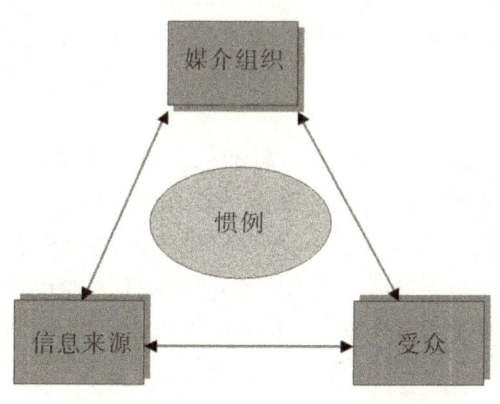

图8-1 媒介内容生产过程关系图

图 8-1 中，位于三角形中间的惯例必须平均满足这三方面的需求，同时任何一种惯例都要在这三方面的限制中寻求平衡，不能忽视任何一方。

三、新闻写作的"假说"

除了从受众方面考虑的惯例外，媒介还有其他类型的惯例。研究表明，并非所有符合新闻价值的故事都能见诸报端，而对新闻工作的观察研究也指出，新闻活动受到职业及组织的限制，远比来自受众需求的限制要大得多。因此，我们必须考虑新闻生产过程中另两个阶段的媒介惯例。接下来要讨论的是第二个因素——媒介组织或者新闻的生产者。这一方面的惯例是为了满足媒介组织的需要而形成的，已经标准化、制度化，媒介组织的人员对之也十分了解。

另外，媒介组织的新闻采写者在具体采访写作新闻时，也有一套程序化的过程。这就是新闻的故事化写作方法。一般来说，新闻记者在得到一个新闻事件的线索时，会按照以下程序来展开工作：

图 8-2　新闻记者工作程序图

例如，一个记者接到有关"某中学有一学生跳楼自杀"的线索后，首先会按自己的采访和报道经验以及事件的时间和背景等来推测这个事件可能是一宗"因高考失败而导致自杀"（假说）的案例，因此当他到校园采访时，会针对"该学生是否因高考失败而导致自杀"来询问或者收集相关信息（证实），如果收集到的信息不支持这个假说，记者会重新建立新的推测如"家庭问题"、"学习压力"、"个人感情"等（新假说），并重新开始假说的证实，最后形成新闻故事。这说明记者在思考事件和新闻写作时也是有固定程序的，这种程序也会对新闻的内容产生影响。例如，以前发生的新闻事件会对日后发生的类似事件的判断产生影响，因为记者会根据前例的原因来推测后者。

四、媒体的共同思维

媒体之间互相依赖是媒介组织的另一种惯例。许多人批评这种集体思维，认为这会导致媒介内容同质化。然而，由于缺乏衡量产品的外部标准，媒介工作者通常将"一致性"作为准则——与其他媒体保持一致，与自己的报道保持一致。这种惯例十分常见，表现在媒介工作者们总是喜欢"团体（in packs）"地报道新闻。他们不但报道同样的人物与故事，也依赖于彼此对新闻的判断。① 也许媒介组织现在会尝试着提供一些

---

① Timothy Grouse（1972）的研究证明了这一点。Martindale（1984）的研究结果却与此不尽相同。

互补性的信息。媒介间相互影响的这种惯例在许多情景下都被证明是很重要的。阿特华特和菲柯（Atwater & Fico, 1986）提出假设，这种媒介间的相似性表明了在不同的媒介组织中有一个共同的价值体系，接近性、信息共享，以及对其他媒介工作者工作的观察强化了这个体系。而某些媒体在某个方面会有着特别的影响力。当然，媒体必须平衡团体报道与独家报道所带来的利益。①

五、新闻来源的渠道

媒介组织一般都会有一些固定的信息收集渠道，这些渠道一般具有这样的特点：①具有权威性和重要性，如政府机构、法院、警察署，大型的商业机构，知名的有影响力的社会组织等；②经常会有新的消息产生；③这些消息对大多数社会成员来说是比较重要的。媒介组织会派记者常驻或者经常走访这些机构，或者与这些机构的宣传、公关部门结成密切的联络关系。甚至还有专门的记者俱乐部。

在媒介内容的生产过程中，媒体在很大程度上不得不依赖于各种原始素材的供应者，如政府机关、各种企业事业社会组织等。尤其是当公共关系兴起，很多政府机关和大型企业以及社会组织都积极通过公共关系活动影响媒体对新闻内容的选择。从理论上讲，新闻媒体有数不胜数的原始素材提供者，辛格尔将媒介获得信息的正式渠道总结为：①官方行为；②新闻稿；③新闻发布会；④非自发的事件如演讲、庆典等。

将非正式的渠道总结为：①背景简介；②泄密；③非政府行为；④其他新闻媒体的报道、对其他记者的采访、社论。

另外，出于记者自主性较强的渠道则有：①记者自主安排的采访；②亲眼目睹的自发性事件；③独立调查；④记者自己的总结与分析。②

但是从比例上来说，出于记者自主性采访的信息就比较少了。辛格尔的研究结果表明美国媒体上大多数的政治新闻中存在官方观点和行为，例如《纽约时报》和《华盛顿邮报》的新闻来源的比例构成是这样的：

● 美国官员，机构：46.5%；
● 国外官员，机构：27.5%；
● 新闻机构：4.1%；
● 非政府性美国人：14.4%。

政治新闻的背景则来源于：

● 官员名人访谈：24.7%；

---

① Atwafer, T. & Fico, F. (1986). Source Reliance and Use in Reporting Sate Government: A Study of Print and Broadcast Practices. *Newspaper Research*. Journal, 8 (1), 53–61.

② Sigal, L. V. (1973). *Reporters and Officials: The Organization and Politics of Newsmaking*. Lexington, MA: D. C. Heath.

- 记者招待会：24.5%；
- 通稿：17.5%；
- 官方公告：13.0%；
- 背景材料：7.9%；
- 记者自己的调查分析：0.9%；

电视新闻的信息来源于：
- 政府，政府发言人：51.5%；
- 政府以外的社会团体：14.1%；
- 一般市民：13.9%。

辛格尔对《纽约时报》的599件新闻、《华盛顿邮报》的547件新闻的分析结果表明，这些新闻中来自政府渠道的信息占74.6%，另外，来自非政府机构的新闻信息也有到政府机构寻求佐证和解释的倾向。[1] 这表明在现实生活中，政府机构很容易成为新闻媒体的信息来源，政府为何容易成为媒体的信息源？原因在于，政府机构具有主动积极的传播动机，由于是权力机构因而具有行政权力和信息提供能力；由于政府掌握着各种公共信息资源，新闻媒体出于对公共信息重要性的判断会积极地接近政府机构寻求信息，而来自政府的信息一般来说具有信赖性、权威性和重要性。

由此可见，新闻来源其实在一开始就规定了新闻内容的具体特点，例如来自政府、大型企业和社会组织的信息会比较容易成为新闻，而由记者独自发现的信息相对之下比较少。

日本的国会就有专门的记者俱乐部，它最初被称为"共同新闻俱乐部"，是日本的一个特有媒体组织。它是为了让记者在报道时事新闻时，能够参加国会旁听以及时转达政府的声音而创建的。记者俱乐部由公共机关和全国众多媒体选出最好的记者组成，被选记者必须经过"日本民间放送联盟协会"和"日本新闻协会"的批准。其成员每天上、下午聚集在日本政府的心脏地带——永田町，等待政府配置的一整套预备转达给各路记者的新闻，经由各自对口的主管部门召开所谓的记者招待会，把当天披露的新闻发布给自己。例如，政治方面的情报由内阁府的新闻发言人负责向所属的俱乐部记者传达；总务厅、邮政省、自治省的情报由总务省的新闻发言人负责向所属的俱乐部记者传达。俱乐部还有特派成员常驻宫内厅，皇室内所有的消息都来源于内阁宫房召开的记者招待会。[2] 这种俱乐部的新闻发布和采访方式就会导致新闻报道内容的类似和单一，也会助长政府对舆论的引导。

---

[1] Sigal, L. V. (1973). *Reporters and Officials: The Organization and Politics of Newsmaking.* Lexington, MA: D. C. Heath.

[2] 王波：《从日本"记者俱乐部"看日本报纸》，http://www.zjol.com.cn/05cjr/system/2003/06/19/001682965.shtml。

第四节　媒介内部因素与外部竞争对媒介内容的影响

上一节我们探讨了媒介惯例对媒介内容的影响。这些惯例是各种媒体通用的，它影响了个体媒介从业人员工作的直接环境。媒介组织是由不同的部门组成的，每一个部门都有自己的惯例。而本节要探讨的，就是更大、更复杂、更宏观的因素——组织结构。

一、组织结构与媒介内容

组织结构对媒介内容有着关键性的影响。我们考察媒介组织时，会考察其组织角色、组织架构，在这个结构中它遵循什么政策，以及运用什么方法来强化这些政策。图8-3是个基本的模型，清楚地展示了媒介的组织结构及组织中各种角色的作用，也展示了谁应对谁负责、政策如何推行、管理者拥有怎样的权力来确保政策的推行。

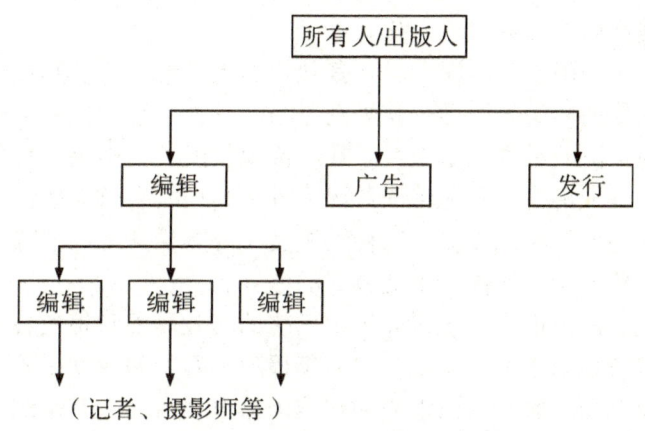

图8-3　媒介的组织结构

现代社会中的大部分媒介组织都带有浓厚的营利性质，它们的基本目标在于获取经济利益。独立的媒介组织面临越来越大的经济压力，这种压力对他们的新闻选择产生了较大的支配作用。媒介社会学家如甘斯和辛格尔认为经济利益对新闻工作有较大的限制，媒介工作者很难将受众需求、广告收益与新闻报道的本质和质量统一起来，辛格尔认为，利益最大化并没有给新闻活动提供准则，反而带来了各种限制。[①]

为了完成组织目标，组织必须设计各种角色，制定一个架构，让其员工以最有效的方式工作。大部分媒介组织有三个层次的角色，最前线为职员，比如媒介工作者，他们

---

① Sigal, L. V. (1973). *Reporters and Officials: The Organization and Politics of Newsmaking.* Lexington, MA: D. C. Heath.

搜集并包装原始素材；中间层次由管理人员、编辑、生产者以及其他处于媒介组织信息中介的人员组成；最高的管理层则制定组织政策、做出预算、制定重要决策、捍卫组织的经济及政治利益，在必要之时，他们还要保护组织职员免受外来压力。而在一个典型的新闻组织当中，出版人管理整个组织，这个组织则包括了新闻采编、广告、发行和生产等各个部门。媒介组织的结构方式通过影响职业文化以及决定媒介组织独立性的程度来影响媒介内容。

当然，媒介组织本身也受限于其所在的社会环境，不同的媒介组织具有不同的组织文化，这种文化的特性也会对其传播内容产生影响。

二、不同的媒介组织文化与传播内容

从空间的角度而言，不同的媒介组织文化具有相对应的不同的内部制度结构、报道理念和运作机制，受到不同因素的制约。相异的媒介组织文化决定了其各异的报道内容和风格。以中央电视台和香港凤凰卫视对于汶川大地震的报道为例，两家电视台报道的差异主要取决于其背后不同的组织文化。

中央电视台，作为国家级电视台，有其独特的组织地位，就其社会功能而言，更注重主流意识形态的传播和舆论引导。其受众更为广泛，政治地位更加权威。而作为在华语传媒中影响较为广泛的香港凤凰卫视，在政治地位上，与中央电视台是中央与地区的关系，但从受众范围上讲，两者在华语传媒范围又同样具有重大的影响。这种地位上的异同，决定了两者各自的组织文化，这种组织文化既有受众方向的趋同性，又有各自不同的社会功能而导致的价值取向和报道方式的差异。

在对汶川大地震的报道中，从媒介组织反应的时效层面和报道方式的权变层面，央视和凤凰卫视没有表现出巨大的差别，但对于报道内容，两者就采取了不同的角度。中央电视台作为覆盖全国、影响华语世界的权威国家电视台，在其组织文化内部的价值观念中，仍然以主流意识形态为核心，更注重媒介的社会责任和舆论引导的功能。在多天的连续直播中，由最初三天的以"救人"为中心到后来逐步转向"防疫"、"安置"，报道多集中在一个相对宏观的角度，而内容和主持人播报方式也都趋向于以鼓励的、安慰的、具有凝聚力的播报为主。

有一个很典型的例子，在央视的直播过程中，震区记者采集到一帧画面，50个遇难的孩子躺在操场上，他们的老师在鞠躬。这是一个很感人的画面，有很大的播出价值，但是中央电视台没有实时播出，原因是这样的画面过于感伤，对于观众会产生较大的刺激，引起悲观情绪，与其内容选择原则不符。有诸多电视观众对于央视报道不够全面有所指摘，认为虽然此次汶川大地震的报道改变了以往"报喜不报忧"的状况，但报道仍然信息不足，偏向性明显。例如其直播后期，每逢整点，交代领导人行踪的时政要闻便出现在屏幕上，而且重复报道较多。

应该说，这样的报道方式和报道内容取决于其特定的组织社会地位、职能以及由此

产生的组织文化，对于稳定社会、引导正确的舆论方向是有一定的积极意义的。在地震的报道中如果过多涉及死亡场面，渲染悲观情绪，受众极容易产生消极影响，进而导致危机的产生。所以，在保证信息的真实和相对全面的前提下，媒介组织具有一定的报道倾向是完全正常的，任何媒介组织都会由于受到社会、政治、经济等因素的影响而不能够做到完全客观中立。

与央视报道产生鲜明对比的是，凤凰卫视在灾区的报道中，有这样一组画面，主持人陈鲁豫透过车窗看到地上满是陈列的尸体，泣不成声，同时画外音陈述对于生命的思考。这则报道给人以强烈的心灵震撼。凤凰卫视这样的选择源于其"以人为本"的组织文化。凤凰卫视从内部的组织管理到媒介内容的采编都围绕着"以人为本"这一理念，这从其特色鲜明的主持人和风格各异的栏目就可见一斑。在这次地震的报道中，凤凰卫视采取的角度一直是相对微观的，常常是以个人感受为出发点来报道灾情，极力追求信息的全面和真实。同时，在节目的编排上强调叙事性和情感性，与央视相对理性的报道是有巨大差别的。

媒介组织文化对媒介内容产生影响的过程中，组织内的工作者具有重要的作用，媒介工作者在组织文化的影响下，形成组织认可的共同价值观、行为方式和媒介伦理认识，进而在媒介内容的遴选中使其最大限度地满足组织文化。央视主持人之间的趋同性和凤凰卫视主持人之间的差异性都是组织文化影响下的一个重要反映。

在汶川大地震的报道中，受众很难发现央视各个主持人之间的报道内容有本质的差别，无论是在语言的表达上还是对灾情的评论上，都是趋同的，即便是以评论见长的知名记者白岩松，在灾情报道过程中也没有突出的表现，评论也止于相对宏观的层面。而在凤凰卫视中文台，从专题地震新闻报道到《鲁豫有约》、《锵锵三人行》、《时事开讲》等，主持人都展现出了鲜明的特色。以窦文涛的报道为例，他对于地震中发生的故事是以一个非常个人的角度展开叙述，并加以评论，将个人的感受和观点加入其中，与整个凤凰卫视的报道风格相吻合，更加注重叙事性和情感性。这些主持人也包括幕后的编导是组织文化对于媒介内容产生影响的一个重要依托和纽带。

第五节 伊拉克战争中中美媒体的报道比较

2003年3月，美、英等国以伊拉克隐藏有大规模杀伤性武器并暗中支持恐怖主义为借口，对其实施大规模军事打击。在这场战争中，中国的媒体和英美等国的媒体呈现出不同的表现。

一、中国媒体对伊拉克战争的报道

北京时间3月20日上午10:35时，伊拉克战争打响，中央电视台第一套节目在事发八分钟后的10:43时及时推出了"伊拉克战争直播报道"，第一轮播出近五个小时。

随后央视一、四、九套节目都根据战况和各国反应的最新进展，根据各自频道特点和时差要求，及时开出直播窗口，结合演播室，进行"现场直播特别报道"；《新闻联播》等重点新闻栏目和各整点新闻栏目递进滚动报道事态进展；《焦点访谈》、《东方时空》等专题节目进行梳理和汇总；非新闻时间，则在屏幕底端滚动播出最新消息。

在新闻报道的内容上，中国媒体从中央电视台到各地方媒体，都统一思想，跟随政府的脚步，坚持反战立场。在整个战争期间的报道中，中国媒体优先报道各反战国的消息或转播来自反战国媒体的消息，对在伊拉克作战的英美联军多采用负面报道，同时有关伊拉克平民的伤亡损失情况也占了报道的很大比例，以给予其人道主义的支持。虽然中国没有参战，但中国媒体的倾向却很明显，他们极力地通过各方的报道，对外宣传中国政府的反战立场和"人道主义精神"，这是伊拉克战争中中国媒体报道的一大特点。例如 2003 年 3 月 24 日《新华日报》C1 版的通栏标题是《巴格达又遭多轮轰炸》，附带的是一张巴格达上空腾起冲天浓烟的照片，这一版的下方用了一张在美军袭击中受重伤的一名伊拉克儿童躺在病床痛哭的照片，殷殷鲜血浸透了孩子的下巴和上身。画面色彩对比强烈，格外触目惊心。读者从两张图片中看到了和平的珍贵和战争的残酷，更能体会到对遭受战争蹂躏的无辜平民的人道关注。又如战争期间新华网对美军的一则报道，标题为《一条命仅换来三千美元——美军移民阵亡士兵家属的悲惨世界》，凸显了中国媒体对美军的态度：对美军入侵伊拉克给予谴责，对美军普通士兵则给予人道主义关怀。

二、美国媒体对伊拉克战争的报道

在伊拉克战争打响之后，美国媒体继续其一贯作风，迅速、全面地报道了这次战争。在报道中各个新闻机构各显神通，许多新闻机构都专门聘请了军事专家参与报道。据当时驻卡塔尔的美国全国广播公司的主持人马特·劳尔说，他们的主要工作就是将从军方获得的信息转交给公司聘请的专家，然后由专家来解读这些信息的具体意义。

但在整个战争中，美国的大部分媒体表现出"一边倒"的态度，似乎完全倒向政府一边，对伊拉克战争持一种支持态度。例如在战争期间，美国的一些电视台反复播出关于萨达姆罪行的纪录片，把萨达姆描绘成残酷迫害老百姓的恶魔独裁者，向观众传达一种信息，即伊拉克人已对萨达姆恨之入骨，盼着美军去解放他们。

另一个例子是，在战争刚刚开始时，美国的媒体就爆出重要新闻《伊拉克第五十一步兵师的师长、副师长率八千名士兵已经在伊南部地区全部投降》，不过这则新闻后来被证实是虚假的。

有关战俘的新闻也是美国媒体当时的一个焦点，在美国的新闻报道中，伊拉克战俘都得到了妥善安排并且状况良好（尽管战后爆出"虐囚"的丑闻），对被俘虏的本国军人则尽量不作报道或很少报道，如 CNN、FOX 等电视机构就只用静止的画面来播放类似的新闻。另外，在美国媒体的新闻画面和图片中也很少出现有关伊拉克平民的内容。

我们可以很清楚地看到，在伊拉克战争的报道中，中国媒体和美国媒体呈现出很大不同。造成这种现象的原因有很多，首先中国和美国在伊拉克战争中的政治立场不同，其次，在战争中美国国防部专门发布了一份长达十三页包括九十七款的对新闻媒体的指导性文件，在总体上限制了美国媒体，从而影响了其报道内容，另外，中美媒介工作者的价值观尤其是政治态度的不同也造成了中美媒体对同一场战争报道的不同。

在中国新闻媒体的报道中，很明显地表现出中国媒介工作者对和平的向往和人道主义精神。报道方式及其所要传达的信息也与中国政府的反战态度一致，这与中国媒介工作者长久以来形成的集体主义精神和爱国精神有很大关系。

再看美国媒体的报道，体现出美国媒介工作者作为美国人所具有的独立、平等、民主思想，这一点可以从美国媒体对萨达姆独裁的负面报道及妖魔化萨达姆政权的做法中看出，因为处在美国政治立场的美国媒介工作者自然会以美国的政治制度来衡量其他国家，所以他们对萨达姆采取的专制制度必然会大力抨击，进而将其妖魔化。同时美国媒体将美军入侵伊拉克的行为描述为"解放"伊拉克人民，也表现出其媒介工作者的美国中心主义和某种程度上的霸权主义。

美国新闻媒介一向宣称自己是独立于政府的"第四等级"，是政府的监督者和公众利益的维护者，新闻媒体也确实在一些问题上与政府唱反调，然而在这次伊拉克战争中，美国媒体的立场却表现出与政府惊人的一致，这一方面是因为政府和军方不断向媒体施压，另一方面也表现出美国媒介工作者在面对有关国家安全问题时具有的爱国主义精神，这与其在"二战"中的表现是一样的。

三、对"9·11事件"中英国媒体新闻报道的分析

"9·11事件"发生之后，以美国为首的联合军事行动在阿富汗展开，全球的反战示威也在同时开始，在伦敦还成立了一个新的组织"反战联盟"。但英国主流媒体对多数反战活动却表现出沉默。主要体现在报道人数错误和报道量少上。

例如2001年11月18日，在伦敦举行了一次反战游行，参加游行的人数为10万人，包括多名国会议员在内的社会各界人士参加了游行，游行本身具有广泛的代表性。BBC在报道时只引用了警察局数字称有15000人参加了游行。这违反了BBC本身的新闻写作规定的平衡原则，因为它只引用了一方的说法，而没有提相差很大的另一方说法，这在BBC是少见的。另外，BBC只在晚十点新闻上用了十秒钟来报道这一消息，可见其报道篇幅之少。

那么英国的新闻工作者为何会如此忽视反战报道呢？

正如MWAW的发言人Mike Marqusee所说："对许多记者来说，支持政府可以让记者本身出名。"在英国，几乎所有媒体都与政府有直接联系，在很多记者的观念里，接近政府中有权力的人会帮助他们在新闻界树立自身地位，所以他们很乐意在报道中为政府帮忙。在对阿富汗的军事行动中，英国政府的态度是坚决支持战争的，所以政府必然

不愿让英国民众过多的卷入反战活动中。在记者看来，减少反战报道、降低民众对反战活动的注意是符合政府意愿的。另外，英国媒体对自身的定位是"看门人"，意在为社会公众看门，保护他们的权力。但近年来不断有批评说记者的工作没有得到有效监督。Mike Marqusee 说："看门人意味着他们将决定是否将一个特定的观点或特定的人群立即提到公众面前，而成为公众讨论的话题。这是一个巨大的权力。但没有人能对媒体在报道战争问题时是否公正进行监督，没有人能保证媒体能注意到反战情绪。"可见，新闻工作者为迎合政府，同时又缺乏有效力量迫使媒体注意到反战声音导致了英国媒体在"9·11事件"之后很少报道反战信息。

英国的新闻媒介工作者大多是信奉基督教的西欧白人，出于宗教的分歧和民族的意识，便造成了在"9·11事件"及后续报道中的另一个现象，即对穆斯林的偏见充斥于各大媒体。这主要表现在：将穆斯林与恐怖分子联系起来；暗示对阿军事行动是宗教战争；对生命价值的认识不对等。

"9·11事件"之后英国媒体对"伊斯兰"和"穆斯林"这两个词的使用率变得很高，类似"伊斯兰恐怖分子"这样的用语随处可见。这种将"伊斯兰"和"恐怖主义"连接起来的新闻不断向英国民众暗示伊斯兰教是有恐怖主义倾向的，是造成恐怖袭击的主要原因。这种用语暴露了某些英国新闻工作者固有的种族主义思想和对异教徒的排斥，我们可以看到，英国媒体从来没有把爱尔兰恐怖组织称为"基督教恐怖分子"。

在报道中，英国媒体忽视伊斯兰教的多元精神、智慧和人道主义，反而带有偏见地将伊斯兰和恐怖主义联系起来，引起了很多英国人对穆斯林的反对情绪。这遭到了英国穆斯林的广泛谴责。可见，英国新闻媒介工作者的宗教意识和种族主义影响了其对"9·11事件"的报道。

在对阿战争中，尽管英国政府不断强调"这不是针对伊斯兰的战争"，但许多英国穆斯林感到"这确实像是一场对伊斯兰的战争"。因为英国的新闻媒体不断地宣传"文明间的撞击"主题，例如BBC在2001年1月21日（对阿军事行动期间）播出节目"文化的冲突"，暗示对阿富汗战争是一场基督教与伊斯兰教的"宗教战争"。

在报道"9·11事件"的遇难者及后来对阿战争中英美阵亡士兵时，英国媒体用了很大篇幅，报道异常具体，使得"美国人个人和家庭的悲剧被全世界人分担"。但在报道阿富汗战争中大批死亡的阿富汗平民时（其人数远远超过"9·11事件"中遇难者人数），其死亡却被英国媒体"正常化和匿名化"了。

从对英国媒体的分析可以看出，英国媒介工作者讨好政府的态度、不受制约的状态，以及其基督教中心主义和某种程度上的种族主义，影响了他们对"9·11事件"的新闻报道内容。

从以上关于美国和英国新闻报道的分析可以看到，新闻传播是一个非常复杂的过程，受到来自社会各个方面的影响。媒介工作者对媒介传播内容主要从传播内容的

"生产者"的角度对其施加影响,在新闻传播中,媒介工作者的政治态度、宗教倾向、文化人类学倾向、职业道德和民族文化意识都或多或少地体现在出自其手的新闻报道内容中,影响到新闻的内容和态度,有时甚至会使媒介工作者的个人情绪在受众中间被放大,造成更深远的影响。所以在当前价值观不断多元化的社会背景下,很有必要对媒介工作者及其价值观对媒介传播内容的影响进行更加深入的研究。

第九章　媒介内容与政治权力

第一节　政治权力对媒介控制的必然性

一、政治权力控制媒介的方式

人类社会是一个需要沟通交流的社会，传播行为可以说是使人类生存社会延续的一种基本的社会行为。同时，人类社会的形成和发展也依靠了人类社会中具有的传播机制，它使社会成员得以团结、整合、维持共同的生活目标，这是社会发展的动力之一。但是，人类的传播活动并不如人们每天的自由自在的交谈和沟通般没有限制。社会管理机构或者说政治权力机构对人类传播行为的控制行为几乎是与传播行为同时存在的。不难发现，在人类发展的漫长历史上，统治阶级在拥有社会的政治、经济权力的同时，也在激烈地争夺社会的媒介控制权。

也就是说，在不同的国家，在不同制度的政治权力管理之下，人类的传播活动都会受到强大的政治权力的控制，这种控制有多种类型，其形式、层次、控制对象或者控制源都有所不同。

第一是政治权力对媒介的宏观控制与微观控制。所谓宏观控制是指社会的统治阶级及其执政党或者某个政治权力，针对社会中的各种传播行为，通过意识形态的灌输引导以及法律法规实施的控制。在宏观控制中，政党或者政治权力不直接参与传播活动的具体操作，或者说对传播媒介的传播内容并不进行详细的限制，而是通过意识形态的灌输、教育和引导，使传播组织和传播者自觉地在传播内容上认同特定的意识形态。例如，统治阶级一般都会给传播组织划分一个安全的传播范围，在此范围内传播媒介可以自由传播，超出范围就会受到限制。这是一种常见的对传播权的宏观控制。也有通过立法和行政权力制定各种约束传播行为的方式，例如把传播媒介纳入政治权力行政架构中，使传播媒介从属于政治权力，对传播事业的所有制形式、数量规模、人员配备有决定权，从而影响传播组织的传播方针和报道范围，在可控制的范围内统一各传播媒介的报道口径，从而体现出统治阶级的意志。

所谓微观控制则是指统治阶级或者政治权力通过对传播组织把关人员的控制来达到控制的效果。传播组织的体制和性质决定了报道方向，政治权力对传播组织的管理权决定了传播把关人的素质，特定的新闻教育的内容决定了传播从业人员对传播行为的理解，这些都可以是政治权力控制社会传播行为的手段。这样即使政治权力机构不出面，不进行具体的控制举动，传播组织和传播工作者都会在某一程度上自觉地按统治阶级意志进行具体的传播工作。这是微观的媒介控制。

第二是主观控制与客观控制。从控制行为的源出处来看，媒介控制可以分为主观控制和客观控制。前者是指统治阶层的意识形态或者说一个社会的主流意识发出的对社会传播行为的控制作用，例如突发事件发生后或者战争爆发期间，政治权力为了国家利益和社会安全都会对传播行为进行控制，这些都被看成是具有积极意义的主观控制。

客观控制是源于传播过程中各种对传播效果产生影响的各种社会因素的控制作用。例如自然环境、社会环境、通讯工具、受众心理等客观条件对传播活动的限制，山高水远不利于信号传递的地理条件，闭塞落后的社会环境，公众知情权意识的薄弱和对社会信息的需求都会对传播行为起到限制作用。

第三是信源控制与信宿控制。一般来说，信息传播行为和信息接受行为必须适应社会环境，传播信息也好，接受信息也好，都要与所处的社会环境相适应，传播的方式和内容也要为特定的社会环境所容纳和接受。媒介工作者有"无冕之王"的声誉，但是并不是说信息传播者可以自由地按自己的理解来传播信息。首先，他们面临着来自权力机关如政治权力、社会组织、大型商业机构等的压力，政治控制、经济控制和社会影响力都是形成信源控制的源头。其次，传播者自身的知识修养和社会经历都或多或少地影响他们对信息价值的判断，虽然专业传播者会遵守客观、公正、全面的报道原则，但在实际操作过程往往难以较高程度地实现。再次，来自媒介组织生存方面的考虑，如果要重视市场效益和广告收益，专业传播者不得不用大量的娱乐信息或者煽情新闻来充斥版面。最后，民族宗教意识和文化心理因素同样是制约传播权的一种重要社会力量。

信宿在传播过程中被看成最后一个要素，很多人都忽视信宿对传播过程的影响力。作为传播过程中的信息接受者，受众也在主动或被动地影响着传播过程。受众具有多种层次，具有不同的复杂的信息接受习惯和理解方式，也有自己的信息需求。受众的信息需求对传播者的信息选择和传播方式影响最大，它要求传播者在传播内容、传播技巧、传播时间、媒介选择上不是按照自己的意愿，而是按照受传者的需求特点来进行。这也是一种间接的控制作用。

第四是内容控制与渠道控制。从控制的手法上来看，媒介控制可以从内容控制或者渠道控制上实现。所谓内容控制就是对将要被传播的内容进行筛选，剔除不适合的内容，或者通过法律法规和条文通知等告知传播者不适于发布的内容的范围。一般来说，内容控制多从传播主题出发进行不同层次的范围划分。在较为宏观的层次上受到控制的内容有：危害国家安全的信息，违反宪法和国家主权的信息，制造民族分裂的信息，非政治权力机构发布的有关重大自然灾害的信息（例如地震、核事故、传染病疫情、汛情等），有关国家政治、经济和军事机密的信息。在法律层次上受到控制的内容有侵害对方名誉权、肖像权、隐私权等的信息。

从控制的效果上看，渠道控制能比较迅速地达到控制目的。一般的控制手法有：限制或拒绝媒体的采访和调查；通过行政、经济或者法律手段给媒体施加压力限制其报道；给媒体主管或者主要传播者施加行政、法律或者人身安全上的压力迫使其放弃特定的传播行为；通过技术手段干扰、屏蔽、封锁某个渠道的信息流出（扣押报纸书籍、干扰电子信号、屏蔽网络链接等）。通过控制传播渠道来控制信息流出的做法虽然比较有效，但是现代社会公众的知情权意识不断高涨，以及大众传播媒介对新闻自由的追求，不适当的渠道控制容易引起社会对立和不良的社会后果。

由于传播活动是一种社会活动，它与社会中的各种因素有着复杂的联系，参与传播活动过程的社会因素很多，对传播活动进行干预控制的因素也很多。研究传播行为必须了解社会环境中对传播活动起重要作用的一些要素，并对此展开多角度的分析。

二、政治权力影响媒介的历史

在远古时代，散见于古典哲学和政治学中的有关媒介控制思想的论断就已出现，这些论断从国家统治阶层或者政治管理的角度出发，体现了不同历史时期不同的思想意识形态对传播活动的认识，也体现了不同时代国家权力在传播活动中的作用和不同时代的统治者对如何通过媒体达成社会控制的思考。例如下列著名论述。

● 思想家柏拉图指出过分的自由是衍生专制的原因[1]。
● 亚里士多德在其《政治学》中主张用强硬的政治手腕管制民众的言论自由[2]。
● 意大利政治学家马基雅维利主张从国家安全的角度对传播活动进行严格控制[3]。
● 英国哲学家霍布斯主张政治权力统治者应该拥有绝对的主权传播权[4]。
● 德国哲学家黑格尔从强调国家理念的角度出发主张传播权力应该服从国家[5]。
● 德国政治学和历史学家特雷契克认为与传播自由思想相比，应把国家的自由和意志放在首位。[6]

不同的时代有不同的社会制度和统治方式，这都直接关系到特定时代的统治者控制社会传播行为的方式。例如，古代社会的媒介控制是专制式媒介控制，奴隶社会和封建社会的社会传播活动不太发达，主要是印刷出版业的传播活动。这正是当时的统治阶级即奴隶主和封建君主严格控制的对象。在文艺复兴前的欧洲，英国国王亨利八世从

---

[1] 柏拉图著：《理想国》，郭斌和、张竹明译，商务印书馆 1989 年版，页 128—130。
[2] 亚里士多德著：《政治学》，颜一、秦典华译，中国人民大学出版社 2003 年版，页 34。
[3] 马基雅维利著：《君主论》，张志伟译，陕西人民出版社 2001 年版，页 78。
[4] 托马斯·霍布斯著：《哲学家与英格兰法律家的对话》，姚中秋译，生活·读书·新知三联书店 2001 年版，页 192。
[5] 黑格尔著：《历史哲学》，王造时译，上海书店出版社 2006 年版。
[6] 转引自胡兴荣《新闻哲学》第六章，新华出版社 2004 年版。

1528 年开始具体实施对社会传播活动的法令控制，可谓最早开始管制出版物的统治者。他不断颁布相关命令限制外国出版商在英国出版书刊，同时建立了出版物的皇家许可制度，任命皇家官员监督出版，未经皇家官员的许可不准出版任何书刊。18 世纪初期，英国国会拥有处置违法传播行为的特权，例如凡属指责国会、批评政治权力或者国王大臣的传播内容，有关反对国会的言论报道都可按煽动诽谤罪论处。

近代社会的媒介控制是集权式媒介控制，近代新闻传播事业始于 16 世纪，18 世纪在英国、德国等西欧国家及美国形成一定规模。近代新闻业的起源与统治阶层和执政党的宣传需求密切相关，当时的报纸媒体大多直接服务于政治集团的斗争需要，统治阶层的媒体拥有传播特权，其他媒体则受到限制。19 世纪末期至 20 世纪初期，资本主义新闻传播业开始萌芽，传媒媒体的基本功能也发生了变化，当初的政党宣传工具的主要功能开始让位于信息传播等其他功能。而直接反映社会生活信息的《便士报》等小型社会类报纸也得到了急速的成长，发行量和影响力不断增大，渐渐取代政党报纸的主导地位，成为近现代社会新闻传播事业的重要组成部分。在报纸媒体急速成长的过程中，国家政治权力对私营的商业媒介通过税收与新闻检查制度等行政管理手段来进行媒介控制，这与传播媒介产业化的发展和新闻自由思想的确立和普及有很大的关系。

现代社会的媒介控制比较多层次多样化，随着社会生产力和科学技术的发展，近现代的大众传播媒介组织开始走向商业化，媒介影响社会的力量不断壮大，媒介垄断集团也开始出现，直至 20 世纪初，资本主义新闻事业产业化初具规模。从这时开始，现代化的传媒企业以先进的传播通讯技术为基础，以企业化经营方式为发展手段，通过激烈的市场竞争成为现代社会中举足轻重的社会组织。由于传媒企业的特性，它们的生存手段和竞争目标是更多地占有、使用和控制各种社会信息，所以现代传媒组织发展壮大的过程就是他们反对信息控制的过程。现代化的传媒企业不论其所在国家的制度如何，都试图在最大限度上摆脱社会权力机构的信息控制与传播干预，不断争取各个领域里的新闻自由。新闻自由既是社会发展的要求，同时也是传媒企业追求和维护自己商业利益的必由之路。20 世纪中期以来，多数西方国家都陆续设置了维护新闻自由的法规，政治权力机构一般都会避免直接干涉或限制传媒的传播活动，而是通过公共关系和潜在控制等手法来实施控制。只是在国家利益受到威胁的危急时刻，西方政治权力对媒介的控制行为才会比较明显。

现代社会中不同的国家存在不同的政治制度，政治权力在社会传播领域中的控制方式会因国家性质或社会体制的不同而不同。一般来说有三种控制方式：第一是国家控制式。这种控制方式以国家统治者的个人意志或者执政党的权力意志和政党利益为主宰，对大众传播媒介进行专制性控制，传播内容需要符合特定的审查制度才能得到传播。第二是法律控制式。大众传播媒介虽然是不受政治权力直接约束的独立的社会组织，但是政治权力制定的相关的法律条款会规定大众传播媒介的作用和行动范围，如果其传播活动超出这个范围就会受到法律制裁。第三是垄断控制式。政治权力对特定的传播媒介组

织实行国家占有或国家垄断，经营主权属于国家管理下的公营制或者以公营私营相结合的形式对媒介的传播行为进行参与介入式控制。

三、政治权力在职能上如何影响媒介

虽然说不同的社会发展阶段有不同的媒介控制方式，政治权力对传媒企业的调控程度也不相同，但是作为社会管理者的政治权力是不可能完全放弃其对社会传播行为的控制的，政治权力的各项职能也可以说都与传播行为有关，政治权力需要通过媒介控制手段来促进其各项职能的实现。

所谓政治权力职能是指政治权力在社会中承担的角色和应该起到的作用，也就是政治权力行使行政权力的范围、程度和方式。不同的历史时期政治权力的职能也不相同，自由资本主义时期的西方国家政治权力的职能发挥相对较小，新兴资产阶级主张政治权力不干预的自由放任理论，政治权力的干预被限制在最小范围内。但是后来的资本主义周期性经济危机迫使资产阶级政治权力不得不实施强制性政治经济干预。同时，科学技术的高速发展和工业化社会导致的社会分工和专业化，也促使社会各个方面开始依赖于社会的管理者——政治权力，政治权力的职能范围不断变大。第二次世界大战以后，社会矛盾不断尖锐，社会冲突屡屡发生，这使资本主义社会变得不稳定，政治权力的管理职能被进一步扩大。之后的时代又有反复，主张政治权力不干预社会或少干预社会的思潮时起时伏。

不管学术思潮如何变化，政治权力职能具有不可替代的特点，也就是说，政治权力职能只能由政治权力来行使才有效，是政治权力的必须作为，其他社会组织不能替代。政治权力职能可以分为政治权力基本职能和政治权力运行职能两种。从各国政治权力的行政实践来看，政治权力的基本职能有四种，即政治职能、经济职能、文化职能和社会职能。政治权力的基本职能是政治权力管理的范围，也就是政治权力可以介入和干预社会的程度，在现代社会，这些职能都可以借助政治权力的传播来促成和实现。

政治权力的政治职能是指政治权力在国家和社会中所起的政治作用。政治权力的政治职能包括政治统治职能、保卫国家主权的职能和民主职能。这些具体职能都可以通过政治权力的传播行为体现出来。例如政治理念、各项政策和国家主权的倡明需要宣传，民主参政需要信息公开和公众参与。而政治权力的经济职能、文化职能、社会职能也都要通过政策传播来具体实现，要通过与社会组织和成员的沟通协作来协调步骤达到目标。

进入20世纪，通讯科学技术的发达使传播媒体在社会发展和人们日常生活中所起的作用越来越多越来越大，信息产业作为一个巨大的生产力在社会中的地位举足轻重，政治权力不但在各项职能的实现上要借助传播媒体的传播活动，同时，政治权力还是一个社会信息政策的制定者、公共信息的生产者和分配者，无疑也是信息时代里最大的信息消费组织。这种关系的形成是由信息化时代的特性所决定的。政治权力要实现其政

治、经济、文化以及军事等各个方面的职能，必须在相关的信息领域里参与竞争并获得优势；同时还需要对社会信息的合理流通制定管理规则，实施管理职责，协调信息市场的合理分配，平衡和解决因信息失衡导致的社会不和谐或者问题。

传播科学技术的不断发展也导致社会信息化程度的提高和多种新型传播媒体的出现，传播媒体作为一个信息企业，在其经营形式上不断更新变化，社会成员对信息的公开和交流的程度也有更高的要求。所以，政治权力与社会传播行为之间的关系变得越来越复杂。新闻媒体等信息产业期望的是更大程度的信息公开和自由流通，以此繁荣信息流通市场，政治权力一方面需要借助信息传播来实现社会管理，另一方面，流通自由程度较高的信息传播活动更加难以控制和管理。但是，不断促进和提高社会信息化程度这个课题是现代政治权力都明确主张的，以上的两难选择在西方国家的管理过程中越来越明显，一些国家已经在相关的法律条文中表示出积极支持的立场。这也间接表明了政治权力的社会信息管理和调控的课题会变得越来越难，同时也预示了政治权力必须改善以往的与传播媒体的关系，需要开始建立新型的相互关系，尤其是在人类社会不断全球化的背景中。

第二节　政治权力影响媒介内容的目的

一、传播政治信息

媒介的主要功能之一即大量搜集、储存、整理信息与传播和交换信息。就政治方面来说，其中包括报道最近发生的政治事件（政治新闻），预告某些即将到来的信息、危险和变化（国内外的政治、军事的动态变化），以使受众、政治组织及时了解自己所处环境的变化，确定自己的应变策略，调适政治行为等。

在大多数情况下，媒介遵循"把关人"理论对所发布的信息进行筛选，而某些时候，政府出于某种目的会通过媒介发布指定信息。如我国的历次人民代表大会，政府会提前通过媒介发布会议日程，并在会议进行中同步发布会议信息。在这种情况下，媒介从自身利益、公众需要及政府影响等方面考虑，大多会积极主动地完成信息发布。而在另外一些情况下，政府会基于某种原因，如维护自身形象、维护公共道德秩序、达成政治目标等目的，通过媒介发布虚假或部分处理过的信息。如"大跃进"时期的高产丰收报道、先进典型树立报道等。这部分信息更能体现政府对媒介的控制作用，但往往发生在集权与民主性不高的环境中。

二、设置政治议题

政治议题设置对于政治过程来说是非常重要的。谁能够确定议题，谁就可以掌握政治活动的主动权。不管是平时的政治运作还是大选期间，力图影响政治议题是政治人物优先考虑的课题。而各国政府或各种政党往往通过引导各级传媒，进行信息发布和宣传，来实现对人民群众的议题设置。控制信息及信息量是政府设置传媒议题的主要手段之一。作为传媒的重要信息来源，政府利用对信息的控制使得他们在对外事件议题上占有明显的优势，因为传媒需要政府的解释、态度和立场。政府通过策划大量的信息并主动向传媒提供，来巧妙地影响和引导传媒与国内外舆论，为国内外舆论设置议题。

  这点在西方世界尤为突出。在 20 世纪 60 年代以前，议题的设置是由总统、行政首脑、议会或政党领袖决定的。到了 60 年代，设置政治议题的功能逐渐转给了在政治生活中发挥着巨大作用的大众传播媒介。美国学者马克·彼得通过调查发现，"大众媒介的宣传报道与公众的观念及政治的行为有较强的相关性"。

  "9·11 事件"后布什政府进一步加强了对不利于"反恐"的信息的控制。美国打击塔利班开始后，一方面，白宫、国务院、五角大楼等部门频频组织新闻发布会，引导传媒按政府的口径报道；另一方面，政府施加各种影响，限制发出异见（议）的声音。通过控制消息发布来源来控制新闻传媒的内容和态度，是在政府机构看起来较少对新闻传媒进行严格控制的资本主义国家的政府部门对传媒进行控制的最主要方式。通过掌握是否提供消息、提供给谁、提供多少、何时提供等问题的决定权，资本主义国家的政府在一定程度上达到了控制传媒的目的。

  通过对政府信息的选择性发布，政治权力可以有效控制媒介内容，从而影响公共舆论，使公共舆论趋向于自己所希望的方向。

三、设置媒体议题

  美国传播学家马尔科姆·麦库姆斯和唐纳德·肖于 1972 年正式提出的议题设置（Agenda Setting）理论认为，大众传媒往往不能决定人们对某一事件或意见的具体看法，但可以通过提供信息和安排相关的议题来有效地左右人们关注某些事实和意见及他们对议论的先后顺序。媒体无法影响受众对某个问题的观点，但是却可以影响受众关注某个问题，通过议题设置来影响公众舆论，进而影响到政府议题。反过来，政府也可以设置媒体议题。"如果一个政府有能力让某些议题成为全球性媒体的议题，那么它就能对世界舆论造成可观的影响，美国就具备这种能力，并且比世界上其他任何一个国家都强。"因而有美国学者认为，在现实中不是美国政府跟着新闻媒体的议题跑，而是新闻媒体跟着美国政府跑。

  政府在设置媒介议题中注意突出对主流媒体的关注，继而通过媒介间的相互议题设置使得一个国家的主流媒体、精英媒体在新闻报道中的领导角色得到充分体现。如《纽约时报》是美国新闻媒体的领导，《纽约时报》的新闻报道经常被其他媒体效仿。当《纽约时报》受到政府的议题设置影响后提出一项新的外交政策议题，大部分其他新闻媒体就会很好地模仿。新闻媒体间的这种相互关注以及追随主流媒体、精英媒体的趋势已经成为一种日复一日的报道模式。

四、实现政治控制

一个国家政权建立以后,其相应的法律制度和意识形态也就随之诞生,任何一个统治阶层都会认识到舆论传播存在的极其重要性。美国学者罗斯认为,社会控制就是社会对个人或集团的行为所作的约束。控制的目标是使个人和集体的行为服从社会整体的利益,使个人和团体的自由与社会秩序实现对立的统一;通过控制过程及其手段(如奖励、惩罚)完成社会成员的角色定位。在控制过程中,政治体系可以利用的手段是多种多样的,有法律约束、道德约束、经济约束、教育约束、文化约束等。它们有的凭借自身的力量,如经济约束(利益分配的杠杆作用)就能够直接地控制人民的行为;有的则要借助于其他的力量,如法律约束须以国家的强制力为后盾;道德约束、文化约束等则更多需要借助于大众传媒才能实现(不道德的行为、不文明的举止,一经大众传媒曝光,社会舆论的压力必将使行为者有所收敛)。即便是经济约束、法律约束,如果能够在报纸、广播、电视上有所反映或得到相应的评价,其约束的效能将会明显加强。

政治体系为了支持有利于自身利益的政治文化的传播,尽可能地控制各种"传媒,特别是诸如学校、大众传媒等在社会化中具有广泛影响的传媒,传播支持现行政治体系的政治文化,培育和塑造适应其统治秩序需要的政治人格,同时还要对各种传媒传播的政治信息进行认真的选择,如政治教育内容的确定、学校教科书的审定、新闻出版审查等"。除了政治文化传播和政治人格塑造外,政治体系还可以利用大众传媒引导、争取社会舆论的同情和支持。

政府实现控制的案例有许多,如《纽约时报》于1973年最先得知美国中央情报局从大西洋底打捞出一艘沉没的苏联潜艇,中央情报局就要求该报不要报道。英国政府1985年8月禁止了英国广播公司播放一部关于北爱尔兰的记录片,政府的理由是该片涉及了民族矛盾和领土问题,危害了国家安全。

五、动员公众获得舆论支持

由于传媒和政治互相依赖的密切关系,新闻传媒始终把总统和政府各级官员视为信息的主要来源,政府则通过传媒向公众宣传施政意图、政策及具体行动等,影响舆论,争取支持。对于传媒来说,或多或少的被政府通过各种渠道控制是在所难免的。因政治压力而被迫倾向政治利益方是最普遍的表现。在美国对外的多次战争中,包括驻各国部队都有"随军记者"这一特殊身份的人员,军队对记者有保护义务,同时,作为获得第一手资料的前提,记者必须在报道中倾向美国军方,即减少负面消息的曝光率。1998年"海湾战争"就因为美随军记者的美化报道而使其在美国国内成为了"一台理想化了的戏剧"。

通过传媒成功地在大众面前展现、加强和美化政府的形象,这是当代西方政治系统的重要特征。这源于传媒直观性的价值追求,因为传媒所带来的政治可视性,比纯粹的观点的说教和逻辑的推论更能激发受众的兴趣。在政治传媒化的语境下,政治不再是抽象的政治哲学，而是经过传媒编码成具有可视性的一幅幅画面或图片。由于与政治事件和政治人物的距离，受众的政治态度和观点的形成在一定程度上依赖于直观、实在的画面和细节。正如美国著名政治学家迈克尔·罗金斯针对"越战"报道指出的，实际上，美国的电视界从未解释越南战争是怎么回事，而仅仅给出了一张西贡军官枪杀一个越共刺客的胶片剪辑，但却激发了美国人的反战情绪，因为，电视能够绕过人们大脑的思考而直指人的内心。

同样，在处理外交问题上，政府也充分利用了媒介，如 1962 年 10 月 14 日，美国一架 U-2 间谍飞机发现苏联正在古巴境内秘密安装导弹，这对与古巴毗邻的美国是一种挑衅和威胁。当时的肯尼迪政府通过大众传媒放出了大量将采取"压倒优势的报复行动"的威慑言论，意图使苏联退却。《纽约时报》就曾报道说："一旦核武器用于军事，美国人民将全体丧生。""肯尼迪与其幕僚研究了十三个日夜后决定，宁冒第三次世界大战的危险，也要与苏联对抗到底。""10 月 27 日，一辆苏军坦克闯入了我们的封锁线，我们的一架 U-2 飞机也在侦察行动中被苏军击毁。总统已发出最后通牒，如果三十六小时内苏联不撤出古巴，美国将发起全面进攻。"在这次事件中，美国媒体强化了核威慑的力量，从而给苏联一方造成了巨大的心理压力。这无疑是美国在这一轮美苏外交竞争中取胜增添了强力助动剂，这种宣扬不管是在战略上还是在策略上都为美国在国际关系中获得更大的利益而争得了优势。

不仅如此，古巴导弹危机的解决还展示了大众传媒作为危机解决中的非官方管道的不可或缺作用。古巴导弹危机前后历时两周，之所以能在短期内迅速解决，除了对核战争共同的恐惧心理使得美苏双方基本上都保持克制和忍耐的态度外，还有重要的一条就是美苏之间建立了迅速、有效和秘密的大众传媒沟通渠道。10 月 26 日，苏联驻华盛顿克格勃官员福明与美国广播公司记者斯卡利秘密接触，首次提出苏联将从古巴撤出导弹，条件是美国保证不入侵古巴。会谈打破了美苏两国之间的僵局，首次提出了谈判的方案，为此次危机的最后解决打下了基础。在严重的国际危机或者当所有的外交渠道都被切断时，大众传播媒介为对立国之间保留了一条恰当且有效的沟通管道。

从以上论述中我们可以看出，政治权力对媒介内容有巨大的影响，与此同时，媒介也在受政府干预的同时以自身的职业限制抵御政府的过度干涉。政治权力与传播媒介在某种程度上来说是互相依存的关系，关键在于既能够寻找到二者利益契合点又不影响到受众对信息的汲取。

第三节　政治权力影响媒介内容的方式

一、把关式影响

由于对公共信息的收集和管理的特权，政治权力通过把关行为来实施媒介控制是有诸多有利条件的,例如,政治权力具有掌握权威信息源的优势,这对传播媒体具有很大的吸引力。政治权力通过新闻发布会来控制消息的发布,这是较为常见的一种把关控制方式。一些西方国家较早开始使用这种方式,并将之制度化。最近一些发展中国家也开始采用这种政治权力主导的信息发布方式。当然,政治权力的把关型媒介控制有多种方式。

第一是行政控制方式。通过政治权力的行政权威对下属组织或者所属媒体发布行政命令,控制特定信息的传播范围和传播对象,这是最为普遍的政治权力媒介控制方式,多针对政治权力组织内部各个部门和政治权力管辖范围内的媒体。同时,由于政治权力是重要的公共信息的信息源,在政治权力新闻发布会或者记者招待会上可以从自己的立场出发选择封闭信息,推迟信息发布,或者选择愿意让媒体知道的信息发布。美国在实施攻打伊拉克的"沙漠风暴"计划前,对所有媒体严格保密相关信息,战争开始后美国军方提供给新闻媒体的也是经过剪辑的轰炸录像。

政治权力通过政策规定从宏观角度指导规定社会传播行为也是一种比较常见的控制方式。例如,2006年10月11日中国共产党第十六届中央委员会第六次全体会议通过的《中共中央关于构建社会主义和谐社会若干重大问题的决定》就明确指出新闻出版和网络传播在构建和谐社会中的任务和作用:"正确的思想舆论导向是促进社会和谐的重要因素。新闻出版、广播影视、文学艺术、社会科学,要坚持正确导向,唱响主旋律,为改革发展稳定营造良好思想舆论氛围。新闻媒体要增强社会责任感,宣传党的主张,弘扬社会正气,通达社情民意,引导社会热点,疏导公众情绪,搞好舆论监督。健全突发事件新闻报道机制,及时发布准确信息。加强对互联网等的应用和管理,理顺管理体制,倡导文明办网、文明上网,使各类新兴媒体成为促进社会和谐的重要阵地。"①

另外,政治权力制定的社会发展战略中也会含有支持或者限制特定传播行为的内容,这些内容对特定的媒体发展来说会起到一种约束或者促进的作用。例如,2006年3月中共中央办公厅、国务院办公厅发布的《2006—2020年国家信息化发展战略》就指明我国信息化发展的战略重点之一是"开发科技、教育、新闻出版、广播影视、文学艺术、卫生、'三农'、社保等领域的信息资源,提供人民群众生产生活所需的数字化信息服务,建成若干强大的、影响广泛的、协同关联的互联网骨干网站群。扶持国家重点新闻网站建设。鼓励公益性网络媒体信息资源的开发利用。制定政策措施,引导和鼓励网络媒体信息资源建设,开发优秀的信息产品,全面营造健康的网络信息环境。注重研究互联网传播规律和新技术发展对网络传媒的深远影响"②。这个政策表明了对国家重点新闻网站建设的支持和鼓励。

在一些看似与传播行为无关的政治权力政策规定里有时也包含着一些与媒体传播有

---

① 中国政府网,http://www.gov.cn/gongbao/content/2006/content_453176.html.
② 中国政府网,http://www.gov.cn/gongbao/content/2006/content_315999.html.

关的行政指令，例如，2006年2月国务院办公厅发布的《中国遏制与防治艾滋病行动计划（2006—2010年）》的通知里就包含了政治权力对预防艾滋病的宣传教育工作的指示："加强大众媒体宣传教育。有关部门和新闻单位要广泛组织开展艾滋病防治、无偿献血知识和'四免一关怀'等政策的宣传。中央、省和市级主要媒体积极刊播防治艾滋病、性病和宣传无偿献血知识的公益广告，其中广播电视媒体确保按一定比例播出。各重点新闻网站要开设预防艾滋病健康教育栏目，定期更新栏目内容。"① 这项规定对中央、省和市级主要媒体的艾滋病防治内容的播放比例有一定要求。

第二是法律控制方式。这是指政治权力通过立法对社会信息传播行为进行规范管理。一般来说规范管理社会传播行为的相关法律大致有：著作权法，煽动叛乱罪法，色情管制法，诽谤罪法，保障隐私权法，保密法，反垄断法，广告管理法，许可证申请法，广播、电视与电影管理法，图书出版法和新闻法等。另外，不同国家的基本法律体系也存在适用于社会传播行为的内容，例如宪法、民法、商法、刑法中有关传播活动的法律文件和条款。我国《宪法》中有关于"中华人民共和国公民有言论、出版、集会、结社、游行、示威的自由"的规定；关于"中华人民共和国公民在行使自由和权利的时候，不得损害国家的、社会的、集体的利益和其他公民的合法的自由和权利"的规定；关于"中华人民共和国公民必须遵守宪法和法律，保守国家秘密，维护公共财产，遵守劳动纪律，遵守公共秩序，尊重社会公德"的规定等，这些规定都可以看成是对社会信息传播行为的控制内容。同时，我国的《刑法》、《刑事诉讼法》、《民法通则》、《公民诉讼法》、《行政诉讼法》、《行政处罚法》中也设置了指导、制约和规范媒体传播活动的有关内容。在《中华人民共和国国家安全法》、《中华人民共和国未成年人保护法》、《中华人民共和国消费者权益保护法》中也有对媒体传播活动的相关规定。这些法律法规都是政治权力控制管理社会信息传播行为的一种方式，任何传播组织和传播者个人都有义务遵守这些规定。

第三是经济控制手段。这种方式是政治权力通过各种经济手段如参股、控股或者税收、拨款和商业政策制定等方法对社会信息传播活动实行间接控制的一种行为。政治权力可以独资创办组织内部或者外部的媒体，也可以以参股、控股的方式干预某个媒体的经营运作。各国都有政治权力独自创办或隶属于政治权力的媒体，这些媒体被称为国营媒体或公营媒体。

一般来说，每个国家的主要对外传播媒体大多数为政治权力所办，并接受政治权力的资助，例如美国之音（VOA）、俄罗斯之声电台、中国国际广播电台、英国广播公司（BBC）、德国之声电台都属于国营媒体，其经费均由政治权力提供，其传播实力也是世界上较强的。俄罗斯政治权力通过参股、控股的方式控制了70%的电视媒体、20%的全国报刊以及80%的地区报刊的股份，是俄罗斯最大的媒体股东。通过这种方式对

---

① 中国政府网，http://www.gov.cn/gongbao/content/2006/content_284340.html.

社会传播行为的控制效果可想而知。

政治权力也可以通过税收、贷款、财政补贴等方式对特定的媒体施加影响来达到控制其传播行为的目的。不少国家的媒体税收政策针对媒体性质而设置，例如针对私营媒体的税收政策较为严格；而国有媒体的税收政策则较为优惠，对后者同时还有增加银行贷款和财政补贴等扶持方式。这无疑是一种间接控制的方式。

以上的把关式控制方式是各国政治权力针对不同媒体的社会传播行为而实施的，由于各国的具体政治经济制度和社会状况的不同，政治权力具体实施的幅度和深度也有所不同，一般说来，当一个社会面临较大社会改革时，政治权力会较多采用行政控制手段；当发生重大社会危机时，法律手段和行政手段的同时运用比较常见；当政治权力需要通过促进媒体事业发展来带动社会发展时，经济控制手段中的参股和政策调整方式会比较有效；在社会稳定发展时期，用法制手段来规范社会传播行为比较合适。不管是哪一种把关控制，政治权力都应该结合当时社会发展的具体情况和媒体、受众的状态来选择。

把关性媒介控制的特点是方式简单，收效较快，但是这并不是一种万能的媒介控制手法，对于过去的封闭型社会这种手法可能很有效，但是在信息化时代的现代社会这种媒介控制手法就时时面临各种挑战，而另一种媒介控制手法却越来越受到重视。

二、引导式影响

政治权力对媒介内容的引导式影响表现在以下几个"软性控制"方面。

第一，通过强调政治权力议题达到控制目的。通过头版、头条、图片、社论、评论和篇幅等制作手法在大众传播媒介上积极强调政治权力议题，提升政治权力议题的传播地位，让公众自然而然地关注并理解政治权力议题，让政治权力议题在众多议题中脱颖而出。成功地强调了特定的议题就等于间接地抑制了其他的议题，人们每天能够接收的信息量有限，可以关注并留下印象的信息更少，所以留在公众的视线和记忆里的议题需要媒体传播手法上的强调。

第二，通过多媒体同时传播政治权力议题达到控制目的。相关调查表明，积极接触媒体的人每天会主动接触两至三种不同的媒体，例如有的人每天早上上网看最新消息，中午读报纸获得深层信息，晚上则打开电视收看现实的画面。尽管如此，他的信息接受量也是相对固定的。所以，政治权力传播可以通过传播渠道控制促成特定的议题在各种传播渠道中的主导地位，加深特定信息对公众的影响的时间长度和空间广度。

第三，借助人际传播的效果达到控制目的。议题设置的效果不仅表现在大众传播媒介上，同时也与人际交流等多种信息累积的效果有关。这要求政治权力传播在设置媒介议题时要有整合传播的思维，在发动电视、报纸、广播、杂志、网络资源的同时，还要重视目标公众的社会成员的人际交流方式，电话、传单、海报甚至邮寄广告都可以借用，这种议题的整合传播可以增强特定议题的传播气势，加速政治权力议题向公众层面

的流动速度。

第四，通过明确政治权力传播的公众类型及其导向需求达到控制目的。政治权力媒介控制的效果表现在目标公众是否最大程度地接受到了特定的政治权力议题这个问题上。同一议题对不同类型的公众会有不同效果。社会公众可以按性别、年龄、经济收入、教育程度、生活方式、社会集团、信仰、价值观等划分为不同的类型，不同类型的人会有不同的信息接受导向和不同的信息内容需求，同样的政治权力议题在不同层次的公众身上会有不同的设置效果。政治权力的传播战略和具体传播活动应该建立在一个公众信息接触数据库上。这个数据库包含从人口统计、社会意识、社会心理等多个层面出发的对公众信息接受状况的统计，这样才能够针对政治权力传播的目标公众，增强议题设置的针对性和有效性。

第五，通过把握议题设置的最佳时间来达到控制目的。萨尔文在一项研究中发现，媒介的议题设置效果是在新闻报道后5—7周才显示最佳效果，而对公众认知冲击最大的时期是报道后的8—10周。[①] 但是不同性质的事件其报道的议题设置效果也有所不同，重要的突发性新闻事件的议题会被公众迅速感知。时间是影响媒介议题设置效果的重要因素之一，政治权力传播需要事先把握最佳传播时机，尤其是公共危机事件发生后，如果没有及时的政治权力议题满足公众的知情欲望，谣言或者虚假信息便会泛滥，以致影响社会的安定和谐。

三、引导媒介内容的具体做法——以美国为例

通过议题设置的方法达到控制大众传播媒体议题传播的目的，这种引导型的媒介控制是一种软式控制，往往不为被控制对象所察觉和反感。美国政治权力经常使用并且使用得较好的引导型媒介控制主要有以下几种方式：

1. 经常举行白宫吹风会

政治权力意在影响媒体的传播议题，可以通过信息来源的权威性，还可以通过特意传播某些话题来对媒体的报道方向、方式和内容进行引导。白宫经常有记者吹风会，由总统新闻秘书或者白宫发言人宣布当天的主题并回答记者的问题。政治权力传播者可以借此机会主动设定媒体每天的头版头条。吹风会也是政治权力官员和记者亲和关系的场所，通过经常性的交流，政治权力传播者可以在友好的气氛中向媒体传递政治权力的声音，拉近官民关系。这种信息发布方式还在无形中培养了一大批专门报道政治权力活动的记者，目前专门报道美国政治权力事务的美国记者被称为白宫记者，人数约有上千名。

2. 总统亲自主持新闻发布会

这种由政治权力首脑或者高级官员出席主持的新闻发布会虽然不定期，但是从传播

---

① 陈力丹：《舆论学——舆论导向研究》，中国广播电视出版社2005年版，页207。

者地位上看这种信息更为重要。政治权力首脑亲自出马解释政治权力决策和立场，还可以树立政治权力官员的亲和形象，这种方式更为大众传播媒体所关注。

3. 白宫每年一次举行记者招待晚宴，邀请美国最有名的记者、艺人和政客到场与政治权力首脑见面交谈

2003年的白宫记者招待晚宴有近3000人的记者和政客到场，当时的美国政治权力的高级官员全部出席。晚宴上白宫记者协会对报道政治权力事务有贡献的记者颁奖，这其实也是一种引导报道方向的做法。晚宴上总统会展示自己的才艺和自拍照片，目的则是借此表现政治家人性化的一面，缩小政治家与记者之间的距离。这种由白宫主持的记者招待晚宴由白宫记者协会主办并邀请嘉宾。白宫记者协会成立于1914年，目前已经成为美国政治权力与媒体记者沟通的桥梁。历届美国总统几乎一直参加这个协会举办的年度宴会。参加当晚宴会的除每年获奖受邀的记者外，还有政界人士和娱乐界人士。

4. 政治权力官员的故意泄密

由于政治权力传播者熟知媒体对政治权力独家新闻的渴求，所以时不时策划一种有计划有目的的泄密行为。例如由美国国务卿计划具体的泄密内容，由某位官员不经意地传达给特定的媒体。这种泄密当然是有政治目的的，一是可以通过信息泄密来试探国内民众对政治权力某个新政策的反应，可以根据舆论反应微调政策。如果遭到舆论反对，政治权力也不需要承担泄密的具体责任。有意的媒体泄密还可以散布对政治对手不利的言论，在国际政治舞台上通过有意地泄漏一些国际战略构想可以达到威慑对手国家的目的。

一位分析家曾经根据不同动机归纳了六种泄密的方式：①政策性泄密，目的在于利用一些文件和内部消息直接支持或反对某一提议；②测试性泄密，目的在于发现一些提议的优点和缺陷；③自我式泄密，目的在于满足消息提供者的自我意识；④善意泄密，目的在于获取某位记者的信任；⑤恶意泄密，目的在于试图陷某人于尴尬境地；⑥揭发性泄密，多来自组织内部的成员，出于对组织的不满而泄密。

政策性泄密在政治上的运用反应了媒介与政府的共生关系，政府需要媒介来传达信息并支持政府决策，而媒介又需要政府作为信息的主要来源。

在试图说服日本主动限制对美汽车出口的贸易谈判过程中，美国政府就对媒介巧妙地采用了这种方式。美国政府不想公然地采取措施限制日本出口，于是利用媒介对日方施加压力。当时有一份来自"美国贸易官员近旁人士"的新闻发布稿，表示谈判进展不顺，美方希望日方能提供其他方案。而受其诱导发布了该消息的记者事后认为自己不明就里地被利用了，结果帮助美国完成了向日本突然施加压力的计划。事实上，美国政府利用媒介作为谈判的砝码，但表面上始终声称他们并不想限制日本出口。

5. 培养媒体关系

美国政治权力积极与主流媒体保持良好的合作关系，总统或政治权力官员会经常联系主要媒体的高层，也会适当透露一些重要信息，而媒体为了在信息竞争中获胜，也愿

意与政治权力官员保持良好关系。

第四节 美国政治权力对媒介内容的影响

美国是一些人印象中信息自由程度最高的国家之一,这并不是说美国政治权力不进行政治权力媒介控制,而是美国政治权力的媒介控制手段比较"高明"而已。以下的分析可以帮助我们了解美国政治权力是怎样实施政治权力媒介控制的。

一、西方媒介的可信度

西方社会公众普遍认为大众传媒要比国家领导人,甚至比教会还可信。有学者谈到大众传媒的社会作用时这样形容:大众传媒在人们的生活中发挥着决定性的作用,几乎是无形的而又经常出现和永远存在的信息来源,就像人们呼吸的空气或者随意可以打开或关上的水龙头一样。根据《洛杉矶时报》公众和出版商时代镜像中心的资料,可以看到媒体对公众意愿的影响程度。

表9-1 各国媒体的可信度调查①

国家	可信比例(%)			
	报纸新闻	电视新闻	教会	国家领导人
美国	68	73	60	49
加拿大	71	81	47	53
法国	68	74	35	41
德国	84	90	40	40
意大利	63	67	52	38
墨西哥	74	75	79	72
西班牙	60	64	40	27
英国	53	85	44	26

表9-1显示了这样的结果,各国的公众对大众传播媒介的信任感高于他们对本国领导人的信任,也部分地高于他们对宗教组织的信任,可见大众传播媒介的影响力。美国传播学者巴格迪坎也指出政治权势机构对大众传播媒介影响力的重视和掌控欲望:①政治当权者无疑知道,控制信息是控制社会的一个主要杠杆;②当权者认识到,要控

---

① (澳)吉姆·麦克纳马拉:《管理者公共关系手册》,中央编译出版社1999年版,页41—42。

制公众，必须控制信息；③最早掌握新闻和各种意见的人越具有政治权力；④民主国家领袖都珍爱控制思想的权力，不亚于巫医、国王和独裁者，他们像渴望控制军队那样渴望控制信息。①

二、日常的新闻管理

美国宪法明确显示了对信息传播自由的法律保障，美国政治权力从法律上不能公开控制新闻报道，但是他们深刻了解信息的传播会给社会带来的正面或者负面的影响，了解信息的不适当传播会给政治权力工作带来被动，给社会管理带来棘手的问题。美国各级政治权力官员深知日常公共信息管理的重要性，因此积极采取各种对策与媒体合作。一般来说，美国政治权力的舆论控制和信息管理都是采用各种引导手法进行的。

美国政治权力很早就重视政治权力信息的传播发布工作，每当白宫需要发布新政策时，都会根据政策信息的内容和重要程度采取不同的传播方法。最为重要的信息一般由总统或者副总统以及指定发言人召开新闻发布会传播，也有总统挑选、指定媒体亲自进行新闻发布。美国的罗斯福总统亲自在哥伦比亚广播公司的节目中发布并解释自己的新政策；克林顿总统在任期间曾每周定时在广播节目中说明政治权力的最新政策。

美国政治权力的日常新闻操作其实就是通过各种手法巧妙地、不动声色地在大众传播媒体上树立政治权力议题，并通过媒体的报道来引导公共舆论。克林顿在任期间有42人的媒体沟通班子，布什政治权力的媒体沟通班子也有44位成员。这些工作人员有新闻秘书、公关人员、写作班子、传播管理主任等，每天早晨新闻秘书同白宫官员围绕昨天或当天的美国新闻进行讨论，确定希望媒体新闻报道的方向，如何向媒体和记者展示说明白宫的立场等，得出统一意见后，媒体沟通小组会通知政治权力新闻机构统一口径，让白宫新闻发言人了解主要观点，然后设置信息发布日程。白宫的新闻传播班子由负责政策的官员和负责媒体的管理者主管，其主要工作内容一般来说包括：①每周开会设定本周白宫的传播目标；②新闻秘书每天决定"今天向让媒体报什么"；③向媒体重复特定的政治权力议题；④统一口径，保证白宫上下官员对媒体说的是统一内容；⑤给政治权力官员提供新闻纲要，安排媒体发言；⑥动员媒体前来采访政治权力官员；⑦举行媒体见面会/新闻发言；⑧为总统和官员的发言做大量的民意调查和市场研究。

白宫不强求新闻媒体的记者完全采用白宫的官方观点，而给予记者站在媒体立场上写新闻的自由，这是因为白宫明白美国媒体的记者都比较重视来自白宫的信息，这种依赖关系为政治权力树立议题引导新闻报道的方向创造了有利的前提。

美国地方政治权力的官员也非常重视公共信息的收集和媒介控制。李忱介绍过这样

---

① （美）本·巴格迪坎：《传播媒介的垄断——一个触目惊心的报告：五十家大公司怎样控制美国的所见所闻》，新华出版社1986年版，页242。

一个案例①。美国犹他州卫生署在盐湖城举办冬奥会时设置了一个应急中心，这个中心拥有众多的信息媒介控制设备。共有 11 条电话专线、两台全天播放的电视（一台播当地新闻，另一台播全国新闻）、六台电脑、一台大型投影仪以及收音机等设备，专门用来监测每天发生的事情和信息，大小事情都不放过，从中发现危机事件的苗头。如果断电，还有备用发电机、一部卫星电话等应急设备，如果这些都失去联系，还有二十个"红色代码队"可立即转移到另一地进行通讯联系。在服务中心墙上挂有三块记事板，一块记录每天发生的普通疾病，一块记录有可能大面积突发的关键性流行病，一块记录各种谣传和小道消息。每块板上还标示着哪项工作由谁负责以及联系方式。每天中午应急中心的所有人员开一次碰头会，研究舆情与新闻报道的方向，以及选择什么时机及怎样公布信息，如何尽快发布本中心的新闻信息，如何在新闻信息中引入政治权力观点，等等。

美国政治权力也充分认识到公共危机发生时政治权力信息媒介控制的重要性。公共危机发生时，美国政治权力的传播策略是融控制于合作之中，表明采取与媒体合作的姿势，其实通过各种手段操作、控制新闻媒体的信息发布。首先，美国政治权力极为重视政治权力树立议题的迅速性、及时性。也就是说，政治权力要赶在记者即将通过其他途径获得信息之前发布政治权力的立场和观点，杜绝谣言，以正视听，只有当政治权力及时发出自己的声音，媒体才不会过多理会其他信源的信息。但是，美国政治权力也认为，及时迅速地发布政治权力议题并不是把政治权力知道的所有信息都告知媒体，而是根据政治权力工作的需要，从有利于政治权力工作展开的角度告诉记者相应的信息。当然，政治权力向媒体提供的信息一定要准确。政治权力信息的价值在于信息的重要性和政治权力的可信程度，如果政治权力信息失信，政治权力形象也就会受到损失。

2001 年美国出现炭疽病危机时社会舆论不稳定，美国政治权力相关部门每天都收到来自媒体和公众的大量咨询。为此，美国邮政部以其公关部门为中心组建了一个信息中心，每天用 30 部电话和 15 台电脑为媒体和公众提供政策和信息，相关工作人员与哥伦比亚特区的媒体公司每天举行远程会议，会后美国邮政部的新闻发言人立刻就出现在电视上发布最新消息。这种做法较好地达到了政治权力引导舆论、安抚民众的目的。

三、长期的政府公关

通过公共关系活动来达成政府的传播目的也是美国政府经常使用的手法。美国政府每年投入到政府公关活动中的经费很多，例如从 1981 年开始，美国政府每年花费 6500 万美元用于各种政府公关活动，2 亿美元用于政府广告，5 亿美元用于制作和政府事务有关的影片，10 亿美元用于各种政府宣传。而政府公关活动的重点还在于通过给媒体提供新闻素材，通过新闻报道来促成公共关系的缓和。例如美国媒体的一些新闻报道来

---

① 李忱：《美国政府是如何管理新闻的》，《中华新闻报》2004 年 2 月 2 日。

自美国政府部门提供的线索，但是后来查明其内容值得质疑。

2002年初，美国国防部长拉姆斯菲尔德宣布五角大楼将建立一个新部门，用于向外国政府和媒体传播信息。他坦言，故意的谎言，即假情报也将会是这个部门的重要工具。据媒体事后的确认和调查，在布什总统执政四年间，至少有20家联邦机构（包括国防部和人口普查局）制作并发布了数百条事先制造的"新闻"用来引导公众的视线。在伊拉克战争中，五角大楼编造的假新闻让媒体多次上当，英国《独立报》为其列出的战争谎言就有20个之多，例如：

（1）伊拉克应为"9·11"恐怖袭击事件负责；
（2）伊拉克与"基地"组织有瓜葛；
（3）伊拉克寻找铀以用于"重新制定的"核武器计划；
（4）伊拉克企图进口铝管来研制核武器；
（5）伊拉克拥有大量化学和生物武器；
（6）伊拉克保留可携带化学或生物弹头的20多枚导弹；
（7）萨达姆有能力制造天花病毒；
（8）美英声明得到了武器核查人员的支持；
（9）伊拉克在给武器核查人员设置障碍；
（10）美国将轻松赢得战争；
（11）"拯救"女兵杰茜卡·林奇；
…………

而在这些谎言的背后大都能看到美国政府的影子。

美国国防部在伊拉克战争前夕曾雇用林登公关公司（每月佣金10万美元），专门设立了一个战略影响办公室，用于向国外媒体提供真假新闻，影响外国的决策人和公共舆论，林登公司专长于阿拉伯国家宣传，它帮助美国国防部采用各种手段影响世界舆论，例如向世界各国政府、领导人、舆论领袖不断发送电子邮件。

2002年11月，美国记者詹尼弗·莫洛报道了一条新闻，声称根据国会制定的时间表，交通部按时在各大机场安装检查行李的测弹仪。这其实不是记者的独自采访所得，而是美国交通部提供的"作品"。

2002年8月，一条"美国士兵帮助阿富汗妇女"的新闻引起舆论关注，内容讲述美国大兵正在帮助阿富汗一个名叫卡马尔·哈迪的中学教师。这事实上也是美国国务院制造的新闻。

2004年7月，记者赖恩报道了布什总统签署的医保处方药品改革法案会给老年人带来很多的益处。这其实是美国卫生及公共服务部为记者提供的现成的"作品"。

2004年7月，记者克里斯·维斯纳报道美国密苏里州空军基地里有针对监狱卫兵的训练项目。这则新闻来自美国空军内部的新闻单位。

政治权力机关之所以能够轻易地吸引媒体的视线，是因为政治权力机关往往是重要信息的来源，对于新闻媒体来说，政府机构是最大最重要的新闻信息提供者。政府机构不但具有为媒体提供新闻信息的动机（参见本章第二节），同时还具有对下属机构的行政权力，政府单位本身都会设有具有较高信息收集和编辑能力的部门，如宣传部、公关部、对外联络部、信息部等等，也拥有较高素质的信息收集、编辑、发布能力的工作人员。

同时，政府机构会积极、主动地接触新闻媒体，新闻媒体也因为前者具有资源提供的可能性而乐于接近政府信息源。新闻媒体深深知道，政府机构是唯一掌握各种公共信息资源的单位，而且由于政府机构的特性，这个组织提供的信息具有比其他信息源更高的信赖性、权威性和重要性。由于这种相互关系的存在，政府机构通过提供各种新闻素材来促成新闻媒体报道政府活动，利用新闻的客观性来达到润滑公共关系的效果。

伊拉克战争期间，美国国防部曾安排六百多名记者（其中有一百多名外国记者）到航空母舰"小鹰"号上进行体验式采访，这其实是一次有目的的"嵌入"式采访，通过吸引记者到平时不能进入的"小鹰"号上采访，来引导报道内容和方向。表面上记者可以自由参观和采访"小鹰"号设备和成员，但是每篇写好的报道在发送前都被设定好口径，记者只能依赖官方提供的信息，报道范围被限制。而所有的新闻稿也必须通过美国军方的审核，发稿权在美国军方。有记者指出，这种做法极大地占用了媒体有限的战争采访资源，无疑是一种信息控制。

四、战时的信息控制

美国的多次战争都非常重视开战前和战争中的战争宣传，美国政治权力战争宣传的目的在于谋求政治上的主动，赢得世界舆论的同情以及本国民众的理解和支持。大众传播媒介是美国政治权力展开战争宣传的重要工具。而操纵媒体信息导向的则是美国政治权力的两个重要部门——美国新闻处和中央情报局。美国政治权力在战争开始后严格控制战争信息的来源，一般来说战争爆发后的战争信息都是美国新闻处主管的"美国之音"广播电台发布的（有时也会指定 CNN 电视台）。

"美国之音"广播电台总部设在首都华盛顿的广播网，是由美国政治权力资助于1942年2月成立的，自称其宗旨是"促进各国对美国、美国人民、文化和政策的了解"。"美国之音"目前以 53 种语言、每周 1300 多个小时，向世界各地广播，内容包括新闻、专题特写、音乐和评论，号称听众将近 1 亿人。"美国之音"各部门中外语播音部门最大，而中文部又是外语部门中最大的一个。现任台长罗伯特·赖利是一名资深电台主持人，而且还是熟谙国际问题的专家能手。1981—1983 年，他在当时辖管"美国之音"的美国新闻总署任职，担当私营部门项目的主管。1983—1985 年，他被提拔为里根政治权力白宫班子中的一员。他发挥自己的特长，担任外交政策和国家安全问题方面的顾问。1985—1988 年，赖利出任美国驻瑞士大使馆的外交事务高级顾问。也许是因为他曾在白宫班子中任过要职，与布什政治权力和国会形成了密切的关系。

美国政治权力历来十分重视利用"美国之音"树立政治权力议题。尼克松总统特别强调要发挥"美国之音"的战争宣传作用,主张不要节省这方面的经费,认为"美国不能赤手空拳进入思想战场","美国从事的最有效的对外政策计划之一就是支持'美国之音'"。艾森豪威尔在20世纪50年代曾宣称,在宣传上花一个美元就等于在国防上花五个美元。而里根政治权力从1983年起拨款10亿美元用于"美国之音"等广播电台的建设。

每当战争发生后,美国政治权力都会加大战时新闻管制的力度,严格实施信息封锁,要求新闻媒体必须与政治权力口径一致,对战事不得妄加评论。对"美国之音"的管理原则是既要让公众了解一些情况,又不能让公众因了解的情况而产生负面影响。例如1983年10月25日美国入侵格林纳达,有关战事的新闻报道均由美国军方单独发布之后才由"美国之音"重复广播,战争信息受到了军方的严格控制。1989年12月美国入侵巴拿马,当时的国防部长切尼直至入侵开始后才向"美国之音"发出报道通知,并要求"美国之音"进行正面报道。

伊拉克战争开始后,美国白宫方面频频组织新闻发布会,在信息中树立政治权力议题,引导新闻媒体按政治权力的口径报道;同时也对媒体施加各种影响,限制其发出不同的声音。例如"美国之音"在2001年9月25日通过短波向全世界播放了对塔利班领导人的专访后,当时的"美国之音"台长以及国际广播局局长便遭到撤职处理。美国政治权力还决定在伊拉克战争开始后,政治权力不会向公众或媒体透露相关信息,哪怕是一些例行性的公开信息,以防止被敌方所利用。

由此可见,美国政治权力具有比较成熟的信息媒介控制手段,平时积极与大众传播媒体保持合作关系,积极提供信息,在信息中巧妙地树立政治权力的议题;政治权力的信息发布重视时效性和方式方法。而在公共危机事件发生时或者战争时期,美国政治权力会启用非常时期的信息媒介控制手段,对战争时期的信息传播实行严格的控制,控制手法包括控制信息源,杜绝不利于政治权力方针的负面信息,提供虚假信息迷惑对方,等等。这也从另一个方面表明政治权力媒介控制的方法和模式不是一成不变的,而是根据实际情况采用不同的手法。

五、政治领袖与名人对媒介的影响

政治领袖和政治名人是媒体报告的重点对象,因此这些新闻人物在某种程度上也会影响媒体报道的议题,例如一个重要政治领导人在会议上的讲话内容一定会被媒体作为头版头条来报道。这是因为领袖人物本身具有的知名度、较高的社会地位和被关注度,还有个人魅力,都是媒体新闻报道的好题材,因此,当政治领袖和名人出现在媒体面前时,会引发媒体的特别关注,他们的出现也左右了当天的新闻议题重要性的排列,也就是说,这些政治人物正是通过自己在媒体上的出现来左右媒体的内容的。下面这个案例可以说明这个现象。

2007年的第91届白宫记者年度晚宴上,美国第一夫人在媒体面前出色"表演",自称"绝望的家庭主妇",赢得满堂笑声和第二天媒体的头版报道。在白宫4月30日举行的招待获奖记者年度宴会上,美国第一夫人劳拉一改过去温柔和顺的形象,不仅打断布什讲话,还用一连串俏皮话大抢布什风头。

劳拉"攻击"的首要目标就是布什"过早的"睡眠时间。她说,"我曾对他说过,'乔治,如果你真的想要结束这个世界上的暴政,你恐怕还得再晚睡一会。'"

劳拉接着描述了一个"典型的"布什之夜:"晚上9点钟,这位充满活力的先生已经睡在床上鼾声阵阵了。而我只有收看电视节目《绝望的家庭主妇》。女士们,先生们,我就是一个绝望的家庭主妇。"

劳拉当晚的表现看似突然向布什"发难",但明眼人也许早就看出来,这只是一场早已安排好的"插科打诨",目的是给媒体带来一些新意。布什先是开讲一个过时的笑话,正当听众感到乏味之时,劳拉"及时"站起来"救场",之后赢得大家热烈的掌声。这可能正是她作为总统夫人的精明之处,也是成为明日媒体头条的技巧。

当晚的宴会由白宫记者协会主办。这个成立于1914年的协会已经成为美国政府与媒体记者沟通的桥梁。从卡尔文·柯立芝总统开始,美国总统一直都参加这个协会举办的年度宴会。参加当晚宴会的除今年获奖受邀的记者外,还有美国副总统切尼等政界人士和娱乐界人士。①

第五节 不同政治体制的影响方式比较

一、《放送法》下的政策配合——日本政府的做法

每个国家的政治制度和媒体制度不同,政府对媒体的管理方式在很大程度上也体现了政治制度和媒介体制的特点。例如,日本媒体是独立于政府的,以"民主主义"、"新闻自由"为原则,日本政府往往是通过制定法律条文,依法来限制媒介内容。日本的媒体和国民都具有较高的新闻自由意识,媒体对来自政府的管理和限制比较敏感,反应和抵抗也比较强烈。但是,日本政府的做法在于通过法律来限制媒体内容,例如《放送法》。

最明显的案例是日本政府对媒介"绑架事件"的报道。在日本国内,20世纪70年代后发生的朝鲜绑架日本人事件成为日本社会密切关注的报道重点,也成为日本政坛的重大政治问题。其中一部分被绑架的受害者已经通过日本和朝鲜两国间的交涉回到了日

---

① 资料来源于新浪网:http://news.sina.com.cn/o/2005-05-02/13025803330s.shtml.

本,但是,仍有数十名受害者滞留于朝鲜,这个问题的解决对于2008年的安倍政权而言是一个重大政治课题。针对这个问题,安倍政权向NHK的短波国际广播发出了需要重点进行报道的命令,从政府的立场来说,需要通过国际广播播放直接呼唤那些仍滞留于朝鲜的绑架受害者的内容。

日本放送协会(NHK)不是民营机构,而是特殊法人经营的,它的预算必须经过议会认可,因此它极容易成为政治干涉的对象。特别是由国家拨款的短波国际广播,根据《放送法》的规定,总务大臣可以对NHK"指定放送事项以及必要事项,并命令其通过国际广播进行播放"(日本《放送法》第三十二条)。所以政府命令是按照法律规定提出的,那么作为NHK就不得不接受这一命令。

二、战时的舆论引导策略——美国政府的做法

在美国近代发动的对外战争中,美国政府通过影响和控制媒体,使媒体在战时充当美国战略意图和军事行动的舆论工具,达到利用舆论战获得军事利益的目的。

以海湾战争为例。此次战争可以看作是布什当局、五角大楼与媒体一起制作的文本,他们利用危机和战争的画面、话语等促使人们同意和支持美国的军事干预。一开始,美国的主流媒体小心翼翼地顺从公众的舆论和官方的路线,有意成为政府政策与行动的传声筒。布什政府采用限制信息源、新闻管制、编造虚假情报等措施控制媒介内容。

海湾战争期间,白宫、国防部和中情局每天早上都要开会研究当天的"每日咨文",经白宫发言人审查后向新闻界发布。这些消息发布后,又整理成"谈话要点"和"谈话指导",传真给与政府关系密切的政党领袖、企业总裁和宗教人士,通过他们向公众传播。美国政府的一份有关"谈话要点"的备忘录这样写道:"无论是在鸡尾酒会上,或是在董事会上都不要忘记提到这些要点。"因为这些政党领袖、企业总裁、宗教人士是公众人物,对社会舆论有影响,这样做,有利于改变信息供给比例。

同时,美国国防部成立专门机构对战场发出的新闻稿、电视图像和新闻照片进行严格检查,并对记者采访制定了所谓"战时采访禁令",规定:报道中不能说出己方士气情况、作战及后援弱点;照片及电视画面中不得出现伤患者痛苦的镜头;特定的军事行动和军事地区不接受采访;军方对记者实行"共乘制度",记者到每个军事区采访必须由军方派专车、专人跟随,记者可能随时被带离不适合采访的地方;记者采访形成的照片、录像带和稿件必须经过军方的审查才能发表;不允许出现美军士兵血淋淋的镜头和画面;阵亡美军尸体被运返回国时,不得拍照;等等。

海湾战争期间,美国媒体似乎很少出现反战声音,但海湾战争结束后,美国民间媒体监控组织FAIR统计表明:战争期间,美国主要媒体采访对象中只有1.5%来自美国的反战抗议团体,其他被访问对象中有1.5%的人认为战争对他们的生活造成影响,在接受采访的887个组织机构代表中,只有一个是来自和平组织的领导人。信息供给比例

几乎全部倒向主战派。

海湾战争中布什亲自签署过三项密令：授权全国舆论工具、情报机构、科研机构、某种心理战专家和东方学家拟订"特殊计划"，编造"可靠消息"使伊军摸不透多国部队的具体计划与意图。战争爆发第一天，美联社就报道了一条"传闻"，称萨达姆已被炸死，其家眷已逃到毛里塔尼亚；并称萨达姆在瑞士为家人购置房产，其妻及九名家庭成员已入住赞比亚总统的国宾馆。在美英对伊拉克轰炸高峰期间，美国媒体又散布伊拉克可能发生政变的消息，谣传伊拉克国内反对派和军人企图暗杀萨达姆，以动摇伊拉克民心、涣散军心。美军第一次空袭后，媒体向外界报道，伊拉克军事力量已受到沉重打击，"飞毛腿"导弹大部分被摧毁，剩下的也已失去发射能力，80%的作战飞机、几百辆坦克也成一堆废铁，欢呼这是"100%的胜利"。后来的资料证实，美军头一天轰炸的目标有相当一部分是假的，只有12辆坦克、11架飞机被炸毁。据调查显示，美国的谣言战术使伊拉克士兵士气受到严重影响，也使部分阿拉伯国家对伊拉克政府的前途产生疑虑和担心，减少对萨达姆政权的支持。

由美国政府对媒介的影响和控制可以看出，作为国家的统治机关，政府对媒介的影响是不可忽略的，虽然在美国这样一个言论相对开放、媒介之间属于商业竞争的媒介环境中，也由于美国的国际地位及意识形态，媒体在某种程度上依然是政府的宣传工具。

三、危机事件和奥运中的政府与媒体——中国政府的做法

在中国，主流媒体包括电视、报纸、杂志都是政府的喉舌。近年来，中国政府逐渐推行政府体制改革，推动中国的民主化和政治体制改革，在调控媒体传播内容、影响媒体议题方面的做法有了一定的变化，由生硬变得柔软。这种变化在中国发生重大公共危机、举办大型公共活动时尤其明显，例如，2008年汶川大地震和同年8月的北京奥运就是中国政府改变以往媒体关系的好例子。

汶川大地震发生后，中国政府允许境外记者赴灾区自由采访，对比32年前发生唐山大地震时政府的做法，其开放程度让许多记者吃惊不已。

1976年7月28日唐山发生7.8级大地震，由于"文革"前的大部分报纸已停刊，中央只有"两报一刊"，地方基本上一省一报，使得新闻的传播极其有限，人们只能从不多的报道中获得一些关于地震灾区的信息，而且时效性很差。例如灾害中的死难人数到后来才知道有24万多人。救灾动员的范围也很小，主要依靠军队救灾，拒绝任何外援。

在时隔32年汶川发生大地震后，5月12日14:46分，新华网就发出快讯："12日14时35分左右，北京地区明显感觉到有地震发生。"这是国家通讯社发出的第一则地震报道，从一开始就打破陈规，在尚未确定震中、震级的情况下便发出了第一报，这在以前是不可想象的。14:53分，新华网发出快讯："四川汶川发生7.6级地震。"由此正式拉开了中国媒体抗震救灾媒体报道战的大幕。各报纸和广播电台、电视台都反应迅

速,发挥了各自信息传递的特长。下午15时,中央电视台新闻频道播出四川地震的新闻,15:20分开始,央视一套和新闻频道正式启动24小时直播,打破原有的节目板块,形成全天候播出的"抗震救灾、众志成城"特别节目,影响全国。同时,各地方电视台也迅速反应,纷纷加入抗震救灾报道,关注营救进程。

汶川大地震发生在国务院《信息公开条例》5月1日生效之后。除了报道快速、及时以外,信息的公开也是这次地震报道的一个显著特点。与以往强化信息控制的做法有所不同,中外记者在四川的新闻采访活动受到的限制不多;政府每天公布震灾的伤亡数字、救援进展等各方面的情况,民众可以通过媒体随时获得有关灾区的各种信息。对地震预报的质疑、学校房屋质量的责难、救助中出现的各种具体问题,都有一定的反映。

当然,如果与境外媒体相比,中国的媒体报道并非令人满意,地震发生之后,凤凰台即刻播报了"中国四川发生大地震",国外网站随后发布这个消息,十几分钟后,中国的官方网站上仍然没有相关信息。这是因为中国的媒体还是保持着审查与自我审查的习惯,重大自然灾害的新闻须经上级批示之后才能报道。

政府对媒体的关系变化也在2008年8月的北京奥运会中得到了客观的印证和演练。2007年1月1日中国颁布了《北京奥运会及其筹备期间外国记者在华采访规定》。其中第六条规定,外国记者在华采访,只需征得被采访单位和个人的同意。这对于长驻中国的境外记者来说是重大的利好消息。在此之前,外国记者的采访行为一直受到我国1990年颁布实施的《外国记者和外国常驻新闻机构管理条例》的约束。该条例规定,外国记者在中国内地采访,应当向有关外事部门申请,并经同意后才能进行。但是"奥运"让这一切改变了。北京奥运会的注册记者人数为奥运会历史上之最。而中国也以前所未有的开放态度迎接数万名境外记者的试探、询问甚至质疑——三大媒体中心提前开放,采访"零拒绝",天天有公开新闻发布会、各新闻中心引进境外报刊等。一系列措施都显示着主办方积极配合媒体报道的信心与决心。

不仅如此,北京奥运会的主新闻中心提前一个月就对所有媒体开放,北京奥运会四位新闻发言人集体亮相。境内外20多种报纸杂志也走进了奥运会各大场馆。记者在MPC看到《今日美国》、《联合早报》等报纸整齐地摆放在架子上,价格在几元到几十元不等。这些报刊有的是与国外同步印刷的,有的则是从国外空运到中国的,很受记者的欢迎。

境外媒体则可以在北京任意一条大街小巷制作节目。对此北京奥组委媒体运行部部长孙维佳表示,中国政府已经允诺奥运期间对全世界各国媒体开放,因此在天安门前制作节目、直播报道都没有问题。

北京奥组委早在6月份就宣布,要对采访要求实行"零拒绝"政策。奥组委媒体运行部部长孙维佳说:"媒体提出的要求不是说你样样都满足,但是你要先接受下来,然后你来看你能不能满足他,能满足的你尽量去满足,不能满足的说清楚依据是什么,比如说告诉他这不是奥运会的规则,或者说告诉他这个问题你应该我帮你从哪个方面去

解决。所以我们要求零拒绝。"①

显然，这是一种从生硬的硬性管制到灵活多变的配合式政府——媒体关系的转变。

第六节 政府对战争信息的传播控制

不同于一般的新闻信息，战争信息是具有重要性、保密性和重大影响力的特殊信息，加上战争的背景，任何政府都对媒体报道战争信息有特殊的控制手法。这也是政府权力影响媒体报道的一种模式。本节将重点对美国政府在不同的战争时期如何控制战争信息传播的不同做法进行分析比较，了解战争时期政府对媒体的控制模式。

一、世界大战时期

第一次世界大战初期，美国政府在表面上保持"中立"，实际上暗中倾向于以英国为首的协约国。而美国的媒体也同时在刻意渲染某些事件来为美国参战作舆论准备。1915年5月7日，德国潜艇击沉了英国库纳德轮船公司的游轮"卢西塔尼亚"号，在遇难的1198名乘客中，有114名美国乘客。美国媒体对此进行了耸人听闻的报道，激起了美国民众要求参战的愤怒情绪。1917年4月美国正式对德宣战。宣战后一周，总统威尔逊就任命成立了一个公共新闻委员会，并提名新闻记者乔治·克里尔领导该委员会的工作，负责协调政府的宣传工作，加强政府与报纸之间的联系。克里尔上任后的第一件工作就是向报界发出一个简短的解释性规定，要求各报自动检查禁止发表的新闻。这个时期战争信息的传播是由政府的掌控及美国媒体本着对国家利益和社会安全的责任感的配合来进行的。

第二次世界大战期间，美国媒体也同样以配合的姿态配合美国政府的战争行动，积极报道战争进程，在对外传播信息前自觉接受新闻审查，被称为美军在第二次世界大战中的一支重要力量。美国学者甚至认为，在这场战争中，美国传媒对于美国政府采取的各种传播限制政策基本上是无保留全盘接受的。这种服从的姿态一直持续到朝鲜战争和越南战争初期。

二、越南战争时期

随着战争的推移，美军在越南战场上的伤亡越来越惨重，美国社会开始出现否定美国政府最初决策的情绪。战争后期，美国的报刊、广播、电视记者的新闻报道，特别是电视报道，开始比较客观地对外反映侵略战争的真相。这时的美国传媒开始从政府的看门狗角色转而成为代表公众监督政府的角色。

但在同一时期，美国政府对于美国传媒的真实报道也进行了各种封锁。如1968年

---

① 资料来源：http://news.sohu.com/20080806/n258618517.shtml.

5月16日，一支侵越美军在越南广义省美莱村野蛮屠杀村民，其中大多数是妇女、儿童和老人。其中仅一位美军上尉威廉·卡利至少屠杀了22名越南平民百姓。这条大屠杀的新闻直到1969年10月才由自由投稿作家西摩·赫什报道出来。正因为对于一些重大事件的瞒报和缓报，使得美国传媒报道的一些关于越南战场的新闻事件成为一个个孤立的事件，从而难以反映出战场的全貌。

三、"水门事件"时期

在越南战争之后，美国政府开始进一步加大对出境信息的审核和控制力度，但美国媒体没有屈服。相反，美国新闻界掀起了一股揭露性报道的潮流，"水门事件"就是最典型的案例。

1972年5月17日凌晨，美国警方在首都华盛顿特区水门大楼内的民主党总部捕获了五名盗窃分子。采访这个盗窃案的《华盛顿邮报》的两位年轻记者鲍勃·伍德沃德和卡尔·伯恩斯坦仅仅根据盗窃分子赃物中两个与白宫有联系的电话号码和人名，穷追不舍，历时26个月，终于挖出了盗窃分子与"争取总统连任委员会"直至与白宫办公厅、尼克松总统的联系。1974年8月9日理查德·尼克松总统因"水门事件"被迫辞职。

"越战"失败和"水门事件"之后，美国政府把矛头指向了美国新闻界，怪罪于新闻传媒，普遍对"越战"期间的"新闻失控"痛心疾首。对于越南战争的失败，尼克松曾经宣称："我们的最糟糕的敌人看来是新闻界！"从20世纪70年代中期开始，美国开始制定所谓"兼顾新闻界与政府利益的政策"的战时新闻政策，逐步加紧了对美国新闻媒介的战时对外新闻的控制。

四、美伊战争时期

"越战"失败和"水门事件"以后，美国政府要求对新闻界"滥用新闻自由"的言行进行规范，美国新闻界不得不小心谨慎地规范自己的言行。然而，在美国右翼当权者看来，把新闻媒体从"攻击"变成"听话"还远远不够，还应该进而成为"引导"美国民众的工具。

伊拉克战争期间美国政府的媒体引导就是一例。在战争开始前，布什政府内外的新保守派早就在为打伊拉克制造舆论，声称萨达姆拥有大规模杀伤性武器，并且跟"基地"恐怖组织有联系，对美国构成严重威胁，传媒也对此进行大量报道，据《纽约时报》和CBS新闻的联合舆论调查，美国人有42%相信萨达姆直接插手"9·11"恐怖袭击。ABC新闻的调查表明，55%的美国人认为萨达姆直接支持"基地"恐怖组织。这种看法与美国媒体的报道有很大关系。

战争打响之后，五角大楼展示了操控媒体新闻的手腕。这体现在：第一，国防部大手笔地批准600名记者随军进行现场报道，它们用现代技术（如卫星电话）从现场直接报道。这个安排似乎很开明，实际上军方制定了一系列规则，严格控制报道，企图把媒体变成军方的喉舌。第二，在整个战争过程中，白宫和五角大楼都很精明，力争记者发出的消息符合官方的意图。他们有时召见新闻网络和报纸主管，警告他们的报道"不合孤意"。提问不恰当的记者遭到百般刁难。政府的黄金时段新闻发布会不是为了向公众介绍实际情况，而是为了推行政府的日程。新闻界称之为"交给新闻界发表的新闻"。

通过分析可以看到，美国政府出于不同时期统治的需要，采取了不同程度的媒体管制。不仅是美国，世界上其他国家的政府也是根据不同时期不同国情对媒体传播采用不同控制模式的。

一般来说，各国中小媒体的国际新闻信息来源大部分都是通讯社。如美国的美联社、英国的路透社、法国的法新社、日本的共同社、中国的新华社等等。这些大型的通讯社掌握了足够的信息来源，如美联社作为美国最大的通讯社，是由美国报业（1300家报纸）和广播成员（3890家电台、电视台）组成的新闻联合组织。全社工作人员约3000名，其中编辑、记者1600多人。国内分社134个（包括6个总分社，100多个分社和记者站），国外分社83个（包括3个总分社），驻外记者500人。每天用6种文字播发新闻和经济信息约300万字。每年发图片15万张。不仅为美国1500多家报纸，6000家电台、电视台服务，还为世界115个国家和地区的1万多家新闻媒介供稿。

路透社是世界四大通讯社之一，至1980年，共有雇员2595人，其中国内有1000多人。在雇员中，有532名记者，551名技术人员。它在国外共有122个分社，分布在75个国家和地区，派出的常驻记者约370名。在未建分社的地方，路透社雇用了1000多名当地人作为其兼职记者或报道员。它自己的分社和兼职记者发稿点加起来共有183处。它还同120多个国家或私人的通讯社建立了业务联系，以扩大它的消息来源；还同约1500家外国报纸有供稿联系，每天发稿约70万字。

由于通讯社的采访实力和丰富的信息来源，通过对通讯社的影响可以使政府很方便地影响其他媒介的内容。据统计，在国际国内重大新闻以及对政府有重要影响的新闻上，国内媒体的信息来源有90%以上来自新华社。在西方资本主义社会中，这个比例虽然较低，但也达到了60%以上。由此可见各大通讯社对于媒体的新闻来源有多么重要。同时，正是政府牢牢地掌控着各大通讯社，使得政府对于媒介传播内容在重大问题上有着绝对的控制力。

第十章 媒介内容与商业组织

第一节 经济发展与大众传播媒介

大众传播媒介不是独立于其他社会因素而发展的,相反,大众传播媒介的发展往往受政治体制、经济体制和文化传统的制约和影响,其中经济的因素是最具有变化性、最为活跃的,它对大众传播媒介的影响有四个方面。

第一,大众传播媒介的功能受经济体制的制约。信息传播是一个社会经济发展的重要因素,反过来,一个社会的经济发展状况也决定了社会成员和社会组织对信息及大众传播媒介传播内容的需求。在自给自足的封建社会,人们在小范围的生活圈子里就能完成个人的生活需要,对外界的信息和情况没有迫切的需求。但是在现代社会,尤其是在全球化进程越来越快,全球成为一个地球村的时代,社会经济的发展早已不局限在一个城市或者一个国家,而是整个世界,一个社会人不但需要知道自己生活圈子的具体情况,还需要知道远离自己的国际环境的信息,因为远离自己的国际环境信息也会对自己周围的生活产生影响。我们提到过的"蝴蝶效应"在信息化社会里就可以解释为"一个微不足道的信息可能会在遥远的国度掀起惊涛骇浪"。在经济发展较快的社会里,人们自然地对各种信息有较多的需求,这与经济不发达的社会里信息需求量不大形成鲜明对比。因此,受社会经济发展和经济制度的影响和推动,大众传播媒介的功能也从以宣传为中心转为以传播信息为中心。

第二,大众传播媒介的运作方式受经济体制的制约。不同的国家存在不同的媒体制度和媒体经营方式,例如,国有制的媒体一般以政府拨款为主;公有制的媒体则依靠公众的视听费生存;私有制的媒体所有的命脉都在自己的发行量和广告收入上。这些不同的媒体运作方式与媒体周围的社会经济体制有密切关系。改革开放前我国的主要经济体制是国有制,我国媒体的主要运作方式也是国有制的。改革开放不但带来了经济体制的改革,也带来了媒体运作方式的改革,一些大型媒体集团的产生标志着国有制媒介生存方式的渐渐消失,以读者为中心,以发行量为目标的媒介运作方式已经成为主流。

第三,大众传播媒介的发展速度受经济体制的制约。经济的发展需要及时、广泛、快速的经济信息的传播环境,因此,经济发展所需要的大量的产品信息、市场信息、消费者信息和广告新闻也为大众传播媒介的运作提供了基础。在一个经济发达的社会里,人们往往习惯于接受大量的各种信息来满足自己的生活和工作需要，而较高的生活水平也保证了人们能够有信息消费的实力。例如一个经济收入较高的家庭可能定有两份报纸、四份杂志，拥有两台电视机和两台个人电脑，这些都是接受信息的物质保证。而一个经济收入较低的家庭可能就不能达到这样的条件了。

第四，大众传播媒介的发展基础是社会经济的发展。信息的快速传播有赖于通讯技术的发展和建设，新闻采访和报纸运送依赖于交通，印刷设备、广播网、电视网、互联网的形成依赖于科技业和制造业。就以网络媒体来说，个人电脑的技术不断革新，越来越大的信息容量、越来越快的传播速度，越来越丰富的表达形式和越来越方便的操作方式，使网络媒体成为社会成员不可缺少的传播工具之一，这些与社会经济不断发展，社会科技水平不断提高密切相关。只有在社会经济基础较为雄厚的社会里，大众传播媒体才能有快速发展的基础。同时，大众传播媒介高质量的、稳定的读者群和观众也依赖于现代化大型城市的崛起。

由此可见，大众传播媒介的发展是与社会经济的发展相辅相成的，社会经济的制度和发展水平制约着大众传播媒介的发展，而经济社会里重要的商业组织也需要大众传播媒介的传播活动来帮助他们传递各种商业信息。在信息化社会里，各种商业活动都不得不依赖信息传播，这样大众传播媒介和商业之间的关系就更加密不可分了。

第二节　商业组织的社会传播

一、商业组织的传播目标和传播优势

商业组织的主要目标是市场和消费者，为此任何企业都非常重视面对市场和消费者的传播活动，这是因为通过媒体的传播活动可以帮助商业组织达到这些目的：①提高产品的知名度和美誉度；②提高企业的知名度和市场的认可，完善企业自身的形象建设；③品牌的认知程度和推广活动；④企业内部的动员和凝聚力的提高；⑤促进企业和公众的双向交流；⑥加强企业与政府、非政府组织等机构的合作；⑦企业的危机公关和传播活动。

因此，不难理解商业组织为何要积极利用大众传播媒介，主动影响大众传播媒介的议题了。而同时，商业组织在展开传播活动时也具有以下优势：

（1）拥有资源。资源包括人力资源、人脉资源、信息资源等等。资源的拥有使得企业与外界的联系产生必然性，也为其发展提供了方便。而且某些资源也是企业对媒介内容产生影响的根本要素，例如一个知名的企业提倡环保意识，减少自己产品的多层包装，减少成本，这本身就是一个具有新闻价值的信息，会引起新闻媒体的关注。另外，重大企业的人事调动、股东变化、盈利亏损状况、政策改变等也属于重要的商业新闻。

（2）拥有资金。拥有资金就为商业组织的传播活动的展开提供了可能性，其中也

包括了社会地位、话语权等等,这也就促使企业担当了社会传播的重要任务。一些大型商业机构会购买媒体的股份,借此拥有控制媒体的能力。

(3) 传播能力。大型企业和商业机构因为重视传播,所以会吸收一些专业的传播人才为企业所用,设立企业的公关部、广告部、宣传部、信息部、对外联络部等机构,还会创办企业内部的媒介如杂志、报纸、企业网站等。

(4) 知名度也有新闻价值。知名企业具有较大的社会影响力,来自这类企业的信息往往具有这样的特点:市场和消费者关注、与社会成员的生活有关因而重要、影响范围广等,这种类型的企业信息也正是媒体所关注和传播的。

由于商业组织具备上述的特点,它们也成为大众传播媒介关注的重要对象。总之,企业既然是为社会提供产品和服务的经济组织,就不能避免和公众及各种各样的社会存在打交道。要获得盈利,企业不依靠传媒展开相关的传播活动是无法达到企业目标的。因此,可以说企业既具有传播信息的能力,也具有传播上的优势,可以吸引大众传播媒介的视线。

那么,商业组织是通过什么方式来影响大众媒体的传播内容的呢?一般来说,企业影响大众传播媒介内容的方式有以下几种:①商业组织的信息发布;②商业组织的公共关系活动;③商业组织的广告投放;④商业组织成为媒体的股东。

下面简要论述一下企业是如何影响媒体的内容的。

二、商业组织的信息发布

商业组织面向媒体进行信息发布是影响媒体内容的一种方式。商业组织重视信息传播的作用,理解大众传播媒体在信息传播上的巨大作用和效果,因此会积极地通过传媒为商业组织传递信息,塑造公司的良好形象,传播公司的商业理念,促进市场销售等。当商业组织面临危机的时候,也会通过各种公关行为使组织化险为夷,渡过难关。由于大众传播媒体的公信力和报道上的客观性,新闻报道往往比广告宣传具有更大的说服力。因此,商业组织的公共关系部门非常重视与新闻媒体建立良好的合作关系,公共关系人员都掌握了一定的新闻专业素质和能力,例如商业组织会把新闻发布会与记者招待会作为自己整合营销的一部分,将公关、广告与营销巧妙地结合起来,针对记者和受众的心理需要,制造新闻热点,形成话题,从而最终实现商业组织的经济目标和文化目标。

而另一方面,虽然新闻记者有很多信息来源,但并不是所有的来源都能平等地到达媒体。相对而言,具备了经济实力的消息源比较容易受到新闻记者的关注,甘斯在1979 年的研究就表明这一点。①

---

① Gans, H. (1979). *Deciding What's News: A Study of CBS Evening News, NBC Nighly News, Newsweek, and Time.* New York: Vintage Books.

商业组织的新闻发布会是商业组织根据需要召集媒体前来发布相关信息的一种做法，一般关于商业组织奠基、建成、投产或有新的产品投产、投放市场，或商业组织的庆典纪念活动以及处理危机公关时，都可以通过召开新闻发布会及记者招待会来进行宣传。在这种场合，商业组织往往邀请相关的媒体记者，向他们发布相关的数据和新闻稿件等，这些信息往往具有商业组织想要传播的"经济价值信息"，同时也必须是新闻媒体所期待的"新闻信息"。由于新闻发布的形式可以集中相关的人和事，时效性强，参加发布会也免去了预约采访对象和采访时间难以调和的问题，通常情况下记者都不会放过这些机会。当然，只有知名大型商业组织的新闻发布会才能引起媒体的关注，如果商业组织的知名度不够，就要在发布信息的新闻价值上做文章了。

信息发布通过发布具有新闻价值的信息，向媒体和读者传递商业组织的基本理念和主张，如果得到媒体的报道，商业组织不但占领了媒体的版面，获得了媒体上的话语权，也在读者心目中留下了印象，这种传播行为的成本还很低，所以商业组织是非常重视这个机会的。

三、商业组织的公共关系活动

商业组织比较多地通过公共关系活动中的"新闻策划"来影响媒体传播的内容。新闻策划是商业策划与新闻报道联姻的产物，也是一种公关手段，是商业组织借助媒体的社会影响及稳定的受众群体，通过精心策划某些新闻事件，以达到树立商业组织和产品良好形象，引导和创造市场需求，营造最佳外部环境的目的。新闻媒介是其中一个必不可少的环节。商业组织将自身的经济信息转化为媒体的新闻信息，吸引新闻媒介对其进行编辑、报道、宣传和评价。

例如，被媒体广泛报道的芙蓉王诉讼案就是一例。这也是一个新闻策划活动，它以起诉"美丽王"侵权案为契机，通过形成新闻热点，利用媒体传播，发挥新闻舆论的优势，来达到保护"芙蓉王"知识产权，捍卫消费者利益，扭转并消除"美丽王"烟对"芙蓉王"的负面影响，增强公众对"芙蓉王"的亲和力，提升"芙蓉王"的品牌效应，并适度塑造商业组织良好形象的作用。首先，这个策划以"芙蓉王"商标的索赔金额为新闻热点，通过索赔金额创全国最高的纪录来形成全国第一高的新闻点。其次，围绕索赔金的用途做新闻，索赔金将用于支持西部开发，展示了企业的社会责任感，博得公众的好感，同时还能增加媒体对企业新闻报道的密度。最后，作为报道的背景，媒体介绍了"芙蓉王"创牌生产以来对国家做出的重大贡献，发出"保护民族工业，拯救国家名牌"的呼吁，以引起国家有关部门和媒体的关注。

在具体的新闻媒体的发布形式上，侧重在不同性质的报纸媒体上发布不同的相关报道，充分考虑了媒体对目标对象读者面的互补，以及新闻视角的多样化，力争全方位整体连动，确保传播效果。如：

● 在《人民日报》发布《赢了官司，索赔金捐赠公益事业，常德卷烟厂造福社会见真情》的新闻，重视社会公益这个要点；
● 在《法制日报》的名牌栏目《周末专刊》、《法制时空专版》上发布以《为了法律的尊严——常德卷烟厂依法维权纪实》为主要内容的特写，突出法制观念；
● 在《经济日报》的栏目《经济与法》上发布以《国有名牌岂容肆意践踏》为题的综述性新闻；
● 在《湖南日报》上除刊发新闻外，还在畅销的《周末特刊》上发表评论性文章《在刻意仿冒的背后……》。

像上面这样的新闻策划是商业组织经常使用的传播手段之一，其特点就是表面上看起来好像都是媒体的客观报道，但是背后则具有"策划"的痕迹。

此外，企业的公关活动还有面对新闻媒体进行软新闻发布、广告宣传、危机公关等各种活动，都在不同程度上影响着媒体内容的形成。通过新闻题材来获得新闻媒体的关注也是一种手法，例如有人总结出媒体最爱报道的五种新闻题材：①弱势者与强势者的故事；②不寻常大胆新奇的事情；③具有争议性的故事与话题；④名人的故事；⑤已经是热门新闻的故事。

当商业机构能创造一个能具备上面一点或者两点因素的新闻事件时，那么经过媒体报道所达到的宣传效果将远远超过发布广告所达到的效果。

20世纪90年代初，美国航空业处于衰退阶段，各大航空公司纷纷裁员，但是在新泽西州的一个小屋子里，一些被裁员的飞行员共同创办了他们自己的航空公司——Kiwi（原意是一种没有翅膀不会飞的鸟）。可以说这个起名就是一件不寻常且大胆新奇的事情，于是这个带有讽刺意味的名字反而吸引了媒体的注意，他们报道说一家无法起飞的航空公司反而起飞了，如此，Kiwi开始吸引媒体注意了。当各大航空公司裁员之际，Kiwi反而大量接收被裁员的飞行员，当各大航空公司以涨价来弥补损失时，Kiwi反而大幅度降价以招揽顾客，如此挑战强势者的行为再次引起了媒体的关注。大陆航空公司为了彻底摧毁正在起飞的Kiwi公司，开始大幅度降价，但是如此行为更让Kiwi找到了机会。Kiwi航空立刻发布了一份新闻稿，指责其违反联邦政府的掠夺性定价法规，当时美国运输部对掠夺性定价战采取不干预态度，于是Kiwi又开始向运输部提出法律控诉。Kiwi航空与大陆航空和运输部打起了官司，这是一个典型的弱势者与强势者的故事，各大媒体开始竞相报道这些新闻，Kiwi的知名度也因此获得了极大提升，营业规模也在这一时段腾飞。

四、商业组织的广告投放

商业组织需要进行商品宣传，最有效的方式就是在大众传播媒体上投放商业广告，这同时也是大众传播媒体经营的最重要的来源，因此，商业组织可以通过投放广告的主动权和选择权来影响媒体的内容。例如，如果媒体刊登了不利于企业的新闻信息，企业可以通过提出收回下次的广告投放计划来要挟媒体，或者索性事先说明广告投放的条件之一就是不得刊登有关这个企业的负面消息。这样的一些做法也会给媒体工作人员带来新闻选择上的限制，如果有不利于企业的新闻信息，他们会事先考虑到企业的反应。

五、商业组织成为媒体的股东

由于近几十年来媒体发展迅速，不少媒体成了成功的盈利机构，也成为其他商业机构积极购买媒体股份的重要理由，不少世界知名媒体集团的股份掌握在其他财阀或者商业机构的手中，而作为股东，通过董事会来控制媒体报道的方向并不是难事。

第三节 广告对媒介内容的影响

一、媒介与广告的关系

现代社会商业机构与媒体的关系越来越密切，可以说两者之间具有较大的依赖性。一方面商业机构需要媒体的信息传播和商品宣传，另一方面媒体也需要从商业机构那里获取自己所需要的信息和资金，而前者主要是商业机构对媒体的广告投放。如今广告产业的发展可谓进入了一个辉煌的时代，以中国为例，中国是全球第五大广告市场，根据中国权威调查机构央视市场研究（CTR）的报告，2004年中国两岸三地广告花费总额接近3600亿元，较上年增长了27%。其中，中国内地的广告花费达到1935亿元，比上年增长25%。来自另一家知名调查机构尼尔森的预测则显示，中国广告业将继续保持较快的增长速度，并在未来7—10年超过日本，成为全球第二大广告市场。无疑，这样巨大的广告信息主要都是在大众传播媒体上投放的。

广告商在选择媒体的时候，所关注的一个最根本的因素是如何以一个有效的成本价格达到最大的宣传效果，即广告商会选择那些能以最低的投放成本来接触最广大的受众群体、具有最大公信度的媒体。媒体所面对的受众购买力的强弱又与媒体公信度的高低紧密相关。所以广告商通过比较每个选择范围内的媒体的成本，并同媒体所面对的受众群体的数量与质量结合起来，就能够较为准确地判断出究竟哪个媒体才是广告的最佳载体。

广告商的广告媒体选择一般来说都是属于大面积撒网的类型，关注的都是哪个媒体拥有最广泛的受众群体。如今，当小众化的传播在世界范围内出现之后，商业机构也开始根据自己的形象和产品的定位来选择媒体。

例如，《金融时报》是英国著名的金融类报纸，全球发行，所面对的受众群体是著名大企业的领导者、成功的企业家和金融从业人员。这些受众群体的收入水平都很高，也很舍得花钱。据统计，他们的人均年收入为18.6万美元，1/10的读者是百万富翁，90%的读者认为，值得多花钱买高质量的产品。《金融时报》为了确定自己在激烈的市场竞争中的优势，首先就确定了自己的受众群体的定位和品牌影响力。对很多商业精英来说，每天早晨"一杯牛奶，一份《金融时报》"已经成为他们的习惯，这也就意味着，如果广告商想要把他们的产品广告信息传达给这些商业精英，《金融时报》就是他们的最佳选择。

很多广告商会和自己所选择的媒体产生长期合作伙伴的关系，广告商为媒体提供准确、可靠的广告信息，而媒体作为商家长期的广告载体则获得长期的盈利。媒体也会为了建立自己的广告商合作伙伴，将自己的定位明确化，将自己所面对的受众群体明确化。

二、广告影响媒介的议题

很难用简单的语言说明现代社会的广告到底给人们带来了怎样的影响，人们只是直接地感觉到，广告信息无处不在——报纸、广播、电视节目中固定穿插的广告，街道上无数的广告牌和广告灯，地铁和公共汽车也成为移动广告牌，就连人们在等电梯、乘电梯的时候也会有电梯视频广告在冲击人们的视线。而媒体上的广告不但影响人们的生活和工作，也影响到媒体的新闻议题的选择和形成，这包括对新闻报道议题、报道内容的倾向、版面设置和报道空间的侵占。

1985年8月15日日本发生了一次重大航空事故，号称百年未有事故的日本航空公司的一架飞机在山区坠落，机组成员和乘客无一生还。这个事故发生在上午，因此它无疑成为当天所有新闻媒体的头条新闻。可是比较当天日本的三大全国性报纸，《朝日新闻》和《每日新闻》都用头版的正版版面报道了这起突发事件，而《读卖新闻》的头版只有一条新闻，更多的消息被放在第二版来报道。为什么《读卖新闻》的报道比前两家报纸更为慎重呢？原因很简单，日本航空公司是《读卖新闻》的大广告客户之一，因此《读卖新闻》放弃了使用头版整版来报道空难的选择。

1989年，美国科学家通过实验发现怀孕的女性如果吸烟将有害于婴儿的发育成长，这个信息立刻在美国的各个媒体上得到了报道，但是与女性健康有关的美国六大女性杂志却无一报道"吸烟有害母婴健康"的信息。这是为什么？原来，美国女性的吸烟率较高，这六大女性杂志正好是美国的烟草商大量投放香烟广告的场所，不知是由于烟草商的警告还是杂志本身的顾虑，总之，这条重要的新闻没有出现在杂志上。

在中国也有类似的现象，例如有学者质疑中国的媒体为什么对艾滋病问题的报道不多，不少媒体回答这是因为登载了关于艾滋病新闻报道的版面无法吸引广告，广告商不愿意自己的商品信息与艾滋病放在一起。

这是广告商影响新闻报道议题的例子，你还可以轻易发现很多大型媒体的报道内容有以下固定化的倾向：

● 节假日的提示和节日新闻；
● 节假日前有固定的消费报道或者专版；

- 名人的生活方式的详细报道；
- 消费风尚的报道；
- 本季节最新时尚商品的介绍。

这些都可以看成是媒体配合商业广告的投放而设置的内容，也就是说，媒体在选择新闻内容或者设置新闻版面时，有时会考虑如何才能更多地吸引广告的问题，与人们的消费有关的内容最容易吸引广告，这也说明了为什么大多数媒体设置的专版都集中在以下几个内容上：

- 房地产；
- 汽车；
- IT（手机/电脑/通讯娱乐产品）；
- 家用电器；
- 时尚；
- 美食；
- 旅游；
- 保健。

不单单是新闻媒体，作为另外一种大众传播媒介的电影，其部分镜头也会受到提供赞助的广告商的左右。2008年末上映的《非诚勿扰》中有为植入式广告设计的幽默对白；同期上映的几部影片如《桃花运》、《证人》、《爱情左右》以及《女人不坏》，广告身影更是无处不在。例如《爱情左右》，赞助厂商的Logo在片子中反复出现，推动剧情主线进展的是某品牌的新款汽车，而手机、纸巾之类的广告随处可见，最后还有两台赞助商旗下的品牌车的特写镜头。

这些植入式广告粗看起来无伤大雅，但是反复出现就会令人厌烦，占用电影作品的镜头空间。

根据iResearch市场咨询的调查，美国在2005年支出的广告费用达到58.9亿美元，比第二位的巴西多出39.6亿美元，而同年中国的广告费用支出为14.6亿美元，排第三位，近年来世界商业广告投放的份额还有不断扩大的趋势。从内容上来看，商业广告是一项创新程度较高，不但要与时俱进，有时甚至要超越时代的信息传播方式，因此商业广告在大众传播媒介上的大量涌现也影响了人们的生活和思考方式，对新闻报道议题的形成也有影响。例如，商业广告往往在以下几个角度或者主题上下工夫，这些主题也往往会成为媒体新闻报道的主题：

- 掀起全民运动（清洁、卫生、健康）；
- 推行社会责任（环保、公共秩序、义务、道德、互助）；
- 促进文化推广（地方特色、民族文化）；
- 创造潮流（新思维、新方法、新习惯）；
- 塑造公众人物的形象（公众人物的个人形象）。

第四节 商业化趋势带来的媒介内容变化

如前所述,大众传播媒介的发展与社会经济的发展密切相关,一个社会的商业发展的特点和趋势往往也会体现在大众传播媒介的内容中,例如在一个重视商业价值的社会里,大众传播媒介的经营方针也会偏向于商业导向;相反,一个坚持新闻专业导向的媒体在崇尚商业价值的社会里会感到寸步难行。进入 21 世纪,大众传播媒体处在一个不断变化的环境中,全球化、信息化趋势对大众传播媒介的行业结构也产生了影响,一些巨大的全球性的传媒集团出现了,其全球化的经营模式给媒体行业带来较大的影响,一个明显的特点就是,媒介的商业化趋势不分国界地蔓延开来。

社会的商业化趋势或者说商业机构的经营模式给大众传播媒介组织带来的影响突出地表现在媒体报道的内容上,具体有以下五点。

一、公共利益报道的淡化

所谓公共利益可以看成是针对社会公众的公开的、易接近的、共享的、集体的社会管理的内容;而评判一个媒体对公共利益的贡献则在于观察媒体在本质上是否参与公共事件,而不是获得的私有经济利益。① 美国学者克罗图和霍伊尼斯认为媒体对公共利益的追求可以表现在以下内容特点上:

(1)多样性。新闻报道要对问题表现出多样的观点和看法,反映不同阶层的特点和经历。

(2)创新性。通过创新性和想象力反映出社会的多元文化。

(3)实质性。新闻报道重视社会管理的公民参与沟通,不把版面花费在丑闻等轰动性事件上。

(4)独立性。媒体应该为公众提供独立于社会权力的信息和特点,无论来自政府或者企业的观点多么强势。②

商业利益导向的媒体在经营上会自然避开对公共利益的重点报道,这是因为涉及公共利益的相关报道往往不符合市场口味,例如媒体报道环境污染、种族政策、新移民现状、贫困和失业等,这些议题从传播学角度来看都缺乏利于传播的因素——如突发性、事件性、紧迫性、兴趣、色彩和噱头,虽然具有较高的社会意义和重要性,但是媒体出于读者可能不感兴趣的考虑会淡化这类报道。同时,涉及公共利益的报道在采访和制作

---

① 大卫·克罗图、威廉·霍伊尼斯著:《运营媒体在商业媒体与公共利益之间》,董关鹏、金城译,清华大学出版社 2007 年版,页 132。

② 大卫·克罗图、威廉·霍伊尼斯著:《运营媒体在商业媒体与公共利益之间》,董关鹏、金城译,清华大学出版社 2007 年版,页 132。

时也会花费较高的成本,例如环境污染的报道需要记者长时间的调查和取样分析,需要采访多家企业和多位居民,记者本身也要对污染的相关知识有所储备才能较好地完成任务,这对于媒体组织来说是一项成本较大的工作。而突发事件、娱乐信息、暴力、色情、丑闻和怪异故事这类远离公共利益的内容却可以立刻为媒体带来看得见的市场效益,采访和编辑成本低廉,因此不少媒体在内容选择上往往会回避公共利益的报道。

二、内容的趋同化

媒体对商业利益的重视导致他们新闻采编原则的一致化,而后果则是媒体报道内容的趋同化。例如,一个大型城市里的读者可能可以看到多份报纸,但是这些报纸的主要内容基本上是一致的,在某个日报头版上看到的内容可能原封不动地出现在另一家报纸的头版上。这是因为对媒体来说,可以带来商业利益的报道模式是类似的。例如在内容上重视突发事件、娱乐体育信息、暴力、色情、丑闻和怪异故事,在版面上采用夸张、对比强烈和大幅图片来夺人耳目。也就是说,如果多家媒体在报道上的商业导向是一致的话,他们在新闻议题的选择上趋近哪些题材、回避哪些题材也会一致。

三、模仿或者复制

所谓媒体传播内容的模仿或者复制是指某个媒体的传播内容或者形式收到了较好的市场效果,其他媒体马上会对相关内容和形式效仿或者跟风,或者改头换面,或者原封不动,导致一种传播内容和传播形式的雷同。电视节目主持人崔永元曾说,电视节目有一个套路,美国的电视学北欧,日本的电视学美国,港台的电视学日本,内地的电视学港台。在我国电视界也有类似案例,如湖南卫视有模仿港台节目而生的《玫瑰之约》,其他地方卫视马上开始克隆;中央电视台《焦点访谈》名声在外,其他电视台就出现一大堆形形色色的"焦点"节目;在电视频道设置和内容结构上也相互模仿,例如几乎每个省电视台或者地方电视台都有影视频道,都设置了综艺频道,都重点关注股市栏目;……

媒体的内容设置为什么会产生模仿或者复制?

首要因素无疑是媒体经济利益的驱动。让观众感兴趣的节目就会有高收视率,有高收视率就会带来丰厚的广告收入,也就是说这类传播形式与传播内容会带来丰厚的媒体利益,为追求高额经济效益,对已经获得市场成功的传播模式进行效仿就成为很自然的事情。其次,模仿或者复制是激烈的媒体竞争的后果。商业上有一种做法被称为"集中效应",指的是销售同类商品的店铺往往集中在一起,看起来加剧了竞争,而实际上生意反而更好,例如麦当劳的附近多会有肯德基,这是因为集中化趋势可以吸引更多的消费者前来选择,比起无人问津的情况要好。一些缺乏经济实力和人力资源的弱势媒体通过模仿强势媒体的成果也可以暂时获得生存的机会。最后,媒体缺乏创新能力也是不得不模仿或者复制的原因之一,媒体数量的不断增加,媒体传播形式的多样化,新媒体对传统媒体的挑战，媒体消费者价值观的多元化和多层次等因素都要求媒体在传播内容和形式上不断创新，但是媒体创新并非易事，需要对市场和消费者的深入了解和前瞻性，需要优秀的人力资源和资本投入作为后盾，无法做到这一点的媒体就会走复制之路。

四、新闻的地方性缺失

新闻报道的地方性是指关于地方行政区域的话题报道，例如地方的新闻和有关地方建设的讨论平台等。一般来说地方新闻是地方媒体的报道中心，同时也是地方媒体的特色和主要卖点，但是由于媒体的并购和集团化进程，很多地方媒体被并购进某跨国媒体集团，地方媒体的报道指挥权也从原来的地方决策部转移到国际决策平台，直接的结果就是国际新闻选择标准代替了地方新闻选择标准。这是因为从媒体运营的成本角度考虑，适用于更广泛地区的新闻选择标准更符合媒体集团的连锁效应，符合特定地区的新闻往往因为受众面不广而不被报道。

五、低级和煽情

低级和煽情的媒体内容包括对暴力事件的血腥报道，劣质的灾害新闻、黄色新闻、名人丑闻和过度的花边新闻，庸俗的脱口秀、真人秀、快速发财游戏等，这类媒体内容远离社会公共利益，尤其是电视媒体的内容借助电子媒体视频真实、生动的传播特点，希望观众能处在一种轻松愉快的"购买心境"下来观赏电视节目和附带的广告，而能给观众带来"购买心境"的节目都趋于娱乐化和煽情。另外，走低级和煽情路线的媒体往往在版面的视觉效果上下工夫，以下是一些通常的做法：

- 通栏标题；
- 大字号标题；
- 标题用词夸张、不雅；
- 大幅新闻图片；
- 图片内容具有刺激性、冲激性效果。

综上所述，商业化趋势给媒体内容的设置和选择带来较大变化。这些做法引起了不少学者和新闻工作者的警觉和批评。

第五节　媒体妖魔化机制的表象与成因

媒体的妖魔化（demonize）是指对某个特定的对象全盘否定，以负面意义为主的报道。其表象有三方面，即偏向、炒作和负面。媒体妖魔化的成因与媒体的内部制作要素有关，与媒体生存的社会环境中的各种要素也有关系。妖魔化的形成不仅仅是一种媒体行为，更应该被看成一种各种社会因素与媒体相互作用的结果，除媒体自律、法律和政府管理之外,受众对媒体内容的监督和批评——媒介素养教育(media literacy)的作用显得越来越重要。

近年来,媒体的妖魔化一词在我国新闻界和媒体报道中频频出现,它是指对某个特定的对象进行大量否定,以负面意义为主的报道。这个词的提起人清华大学国际传播研究中心李希光教授将这个概念概括为那些读过之后,让人在政治上、道德上、种族上和文化上产生厌恶和仇恨中华民族作为国家和民族存在的新闻报道和言论,比如美国媒体有关"中国威胁论"的宣传,支持西藏、台湾独立的言论,丑化中国人、中国政府的报道等。李希光认为妖魔化有几个特点,即媒体不顾事实本身和事实的整体,筛选出一些负面素材或镜头加以放大、夸张,构成冲突和对立,以此达到渲染和煽情的传播效果。[①]

可以说,妖魔化是一个很有概括力和说服力、让人难忘的用语,所以,很多人用这个概念来分析国内国外的各种新闻报道现象和传播事例,一时间到处可见妖魔化的字眼。例如,媒体妖魔化明星,尤其是女明星;妖魔化大学生,尤其是女大学生;妖魔化外国人,尤其是日本人;妖魔化罪犯,尤其是带有形容词的罪犯,如大学生杀人犯、女贪污犯;还有妖魔化有钱人,妖魔化网络;等等。这些都可以看成是对某种媒体报道倾向的一种简单概括。

但是,很少有人仔细分析媒体妖魔化的表象和特点,也很少有人从新闻学、传播学,尤其是社会学的角度,探讨媒体妖魔化的内部机制和形成的原因,这就等于指出了媒体报道的病症但是懒于对症下药。同时,对于媒体为什么会妖魔化特定的报道对象,批评的眼光都集中于媒体,认为妖魔化报道及其不良后果来源于媒体的责任缺失,而忽视了对媒体所处的社会环境和各种社会要素的分析。

从媒介社会学的角度来看,首先有必要对媒体妖魔化的表象从理论上进行探讨,继而在分析媒体妖魔化机制的形成原因时,不但要从新闻学、传播学的角度,更重要的是从社会学的角度进行分析,这样才能从本质上对媒体妖魔化的病症开出科学的药方。

一、媒体妖魔化的表象

媒体妖魔化现象从传播学角度来说有几个特点:第一是媒体对某个事件短时间内的大量报道,这种报道可以说是铺天盖地、急风骤雨式的;第二是多家媒体的同时报道,不论是报纸、电视还是网络,都蜂拥而上,这就给受众营造了一个密封的信息氛围,使他们被迫接受相同的新闻信息;第三是报道的负面倾向十分明显,是以否定、指责、批判为主的,甚至会诬蔑造谣;第四是制作上的煽情,如通栏大标题,带刺激性的关键词,大幅图片和长篇的主观描写,等等。

媒体的妖魔化一词出现在我国传媒界的时间不长,提起者也没有对这个词进行学术

---

① 李希光:《畸变的媒体》,复旦大学出版社2005年版,页390—391。

上的界定和探讨,但是我们还是可以借助已有的新闻学和传播学的研究成果来分析媒体妖魔化的表象。即偏向、炒作和负面。

第一,媒体偏向是指媒体由于其生存环境和特殊的产品生产制作方式,易于在传播的同时带有某种固定的偏见,这种偏见来源于媒体周围的意识形态和文化氛围。所以,对持有不同意识形态的事物,或来自外来文化的事物,媒体总是不由自主地从本位思想出发,对此进行否定、批评,甚至攻击和诋毁。但是,应该指明的是,媒体不是刻意要去诋毁某个事物,对任何事物,媒体还是以客观、公正和真实为报道准则的。但是,媒体都有自己的新闻选择标准和报道框架,如社会主义国家的媒体与资本主义国家的媒体就有不同的新闻选择标准和报道框架,这些标准和框架反映了媒介所处社会环境的社会价值观和文化判断基准,所以,站在这样的基准和框架上的客观、公正和真实就有折扣了,就会出现媒介对某个事物进行带有偏见的报道的现象。这种媒体偏向多发生在国际报道中,例如一些美国媒体对中国"非典"的报道,一开始就从中国政治失误的角度报道本应属于公共健康范畴的"非典"问题,使外国读者认为中国的"非典"问题是政治问题。一般来说,外国媒体在报道中国的"非典"时应该从多角度进行全面的报道,从政治的角度报道"非典"只是其中一个角度,而大量的以偏概全的报道方式往往会导致一种传播上的偏向。媒体偏向是媒体妖魔化的一个重要的内涵,它表明媒体妖魔化机制的特征之一,即:不顾事实的整体性,从某个固定的价值观出发,抓住某些异端行为和思想加以批判式的报道,以偏概全,或者将报道中心放在新闻中的冲突和对立上,报忧不报喜。

第二,炒作是媒体妖魔化的基本传播方式,也是媒体商业化的最大表现之一,其目的是追求最大的商业利益。媒体炒作的特点是对事实的某个情节进行夸张、放大、渲染,再进行大面积的报道;在新闻编辑上,标题的制作、字号的大小、关键词的使用、内容主题的导向等,也都有夸大、渲染和煽情的倾向。媒体对马加爵事件的报道就带有妖魔化的倾向,例如,马加爵尚未被定罪就被冠以"杀人魔"、"大学生屠夫"和"杀人狂"的代名词,继而在通缉和逮捕过程中媒体又把大量相关新闻娱乐化,使这个刑事案件的报道变得像电视连续剧。

把个案放大成群体事件是媒体炒作的常见手法之一,例如,某大学仅有个别女大学生涉足"三陪"事件,在媒体上就被报道为"某大学女大学生争当'三陪'女",一个清华大学的毕业生自己选择去卖猪肉,在媒体上就成为"清华学子卖猪肉",一位中国女性在美国发生民事纠纷,网络新闻就冠以"中国母亲在美国的悲惨遭遇"。炒作就是将个案扩大成群体行为以博得受众注目的传播方式,而且,这样的炒作往往是多个媒体同时进行的。

媒体在炒作某个事件时,还喜欢用某个易于迎合读者兴趣的报道模式去硬套事实进行报道。例如,媒体对最近一些外国人在中国的不良行为往往不是从法律的角度,而是首先套上民族主义的模式,或与历史问题挂上钩进行炒作,这样的报道因为迎合了读者的社会心理，从而能很好地吸引读者的眼球。尤其是对外国人与中国人之间发生的一些不愉快的行为，媒体往往忽视法律和文化冲突的因素，一开始就用爱国主义、民族主义或历史问题对其定义，这样的报道使读者仅仅看到了事实中被放大、被渲染的一面，而忽视了事实的其他的侧面。例如，媒体对2003年发生在珠海的日本人集体买春事件的报道就体现了媒体炒作的特点，媒体的相关报道都集中在日本人公然在中国买春、伤害民族感情这个主题上，而对珠海酒店的治安管理，使日本人买春行为得以实现的中方合作者的法律责任一笔带过。读了相关报道的读者会认为事件的责任全部都在日本人身上，而忽视了事件中中方人员的法律责任和环境的因素。

第三，媒体妖魔化是通过大量负面新闻构成的，或者说负面报道是媒体妖魔化的基本形态。西方新闻学对负面报道有很多的论述，它主张通过负面新闻揭露社会的阴暗面，伸张社会正义。所以负面新闻在西方新闻学里有较高的新闻价值，是主流媒体常见的报道方式。但是，媒体妖魔化中的负面报道与新闻学中的负面报道有所不同，它的目的是通过负面新闻达到某个政治目的或商业目的，因此会有意无意地忽略事件中的正面因素和对受众没有吸引力的因素。因此，媒体在妖魔化某个对象时，都是避开正面，针对事实中某个带有负面因素的侧面进行大量渲染式的报道。曾有学者对美国《华盛顿邮报》2000年有关美国给予中国最惠国待遇的相关报道进行了分析，在作为分析样本的40条新闻中，负面报道占58%，正面新闻只有2%，而且，报道集中在中国的军事演习、人权问题和台湾问题这些敏感问题上，对中国其他方面的发展和成就只字不提。①

以上我们从偏向、炒作和负面三个方面探讨了媒体妖魔化的表象，也就是说，媒体的妖魔化是带有价值偏向的媒体通过大肆炒作新闻事件中负面因素的一种行为，李希光认为它多出现在国际报道中。不少学者也用实证分析证明了外国媒体对中国的妖魔化，其实从历史上来看，中国媒体的对外报道也存在妖魔化外国的倾向。但是，应该指明的是，不论是国际报道还是国内报道，妖魔化特定的报道对象是现代媒体的一种内在机制，这种机制是不分国界的。最近我国国内报道中的媒体妖魔化现象就越来越多。

二、媒体妖魔化机制形成的内因

那么，媒体为什么会妖魔化某个报道对象呢？我们先讨论其内因。内因是指由于媒体内部体制、价值观、制作方式和规范上的特点引起的妖魔化现象。导致媒体妖魔化现象产生的内因有四种：

第一是媒体报道的片段性。媒体报道任何事件都是片断的，不连贯的，无法做到百分之百的全面和客观，这是由于媒体报道量和制作时间都有限制，只能从大千世界中挑

---

① 包丽敏：《分析华盛顿邮报关于美众议院表决给予中国PNTR的报道》，http://www.chinamediaseudies.com/tsinghua_content.asp?DocID_134 (2001-05).

选出极少的一部分事情，对其某一个侧面进行报道。而受众是基于"媒体的报道是客观全面的"这样一个前提来看报道的，这就会形成一种受众把媒体的片面信息当成全面信息来接受理解的阅读环境，从而在受众接受信息时形成媒体妖魔化的现象。例如，不论是外国媒体对中国的报道，还是中国媒体对外国的报道，都容易突出报道某个社会现象或突发事件，受众会以此来概观一个国家的整体形象，或用一个事实来推测对某国的整体印象。有关"9·11"的媒体报道铺天盖地，美国因此被视为一个不安全的国家。外国媒体有关中国"非典"的报道也是妖魔化的一个实例，它影响了我国的对外声誉。所以说，媒体的国际报道往往会左右受众对他国的印象，片面的主观印象正是妖魔化报道带来的一个不良后果。

第二是新闻价值的奇异性。奇异性是新闻价值的要素之一，大众媒体的迅速发展和《便士报》的新闻理念使西方新闻学极为重视新闻的奇异性，所谓"狗咬人不是新闻，人咬狗才是新闻"，因为这种要素会直接带来发行上的效益。所以，媒体，尤其是西方媒体，对超出日常生活范畴的奇异事物，或脱离人们习惯思维的东西都特别感兴趣，会积极大量地报道。西方记者也会特别注重在报道某一件事时挖掘事物奇特新鲜的一面。由于人们都有好奇心并对新鲜事物感兴趣，所以对媒体报道中带有奇异性的一面会留下深刻的印象。如果媒体报道上的价值倾向和受众阅读与印象形成的侧重点都向奇异性一面倾斜的话，就会导致媒体妖魔化现象的形成。女大学生在中国是媒体报道的一个焦点，之所以成为焦点，是因为"大学生"阶层的高注目性和作为"女性"的吸引力。

导致媒体妖魔化机制形成的第三个内因是新闻制作的程序化，众所周知，新闻媒体是一个严格按照制作规则运行的机构，一般的大众媒体都有自己的编辑方针和报道方向，尤其在新闻采编上更有自己的新闻价值观、信息选择手法和编辑手法，媒体工作人员会自觉地按照这些规范和模式来选择新闻和编写新闻。这种制作上的规范化和程序化既保证了新闻采编工作能及时、顺利地进行，又保证了新闻产品的低成本和高发行量。更重要的是，正如塔奇曼所说，新闻制作的程序化使新闻工作者能在最短时间内分辨出哪些是有价值的受众喜欢的新闻，同时又为他们提供了一个可以参照的样本。① 例如，有一则新闻按某个模式编辑后受到读者的喜爱，使发行量有所上升，那么下次若有类似事件发生，媒体工作人员就会按照这个模式进行编写，以求好的发行量。新闻制作的程序化使媒体的采编营运得以顺利进行，但是表现在新闻内容上就不可避免地出现模式化和炒作倾向。新闻故事会不知不觉地被套入一个可能会讨好受众的模式里，吸引读者眼球的标题和内容被一用再用。马加爵事件的发生震动了全社会，随后凡是发生在大学校园内的流血事件都被冠以"南京马加爵"、"湖北马加爵"等等。媒体的这种传播方式在于用一个熟知的模式让读者简单迅速地了解新闻，但是其结果往往是把不同类型的事

---

① Gaye, Tuchman (1978). *Making Nwes*. 日语版，东京大学出版社，第三章，页69—78。

件统一化和简单定义,于是一时间全国处处有"马加爵",导致了对大学生凶杀个案的妖魔化。

网络媒体对传统媒体的影响是媒体妖魔化机制的最后一个内因,网络媒体传播的电子化方便了信息的传贴,也形成了不采访不调查仅靠引用和传贴的新闻信息传播方式。这种现象在网络新闻上尤为突出。一些传统媒体也纷纷转载,这就使有记者亲身去采写确认的信息越来越少,将道听途说得来的消息富有想象力地编辑后发表的做法越来越多。这种做法对媒体本身来说自然可以减低成本、提高发行量和收视率,所以这种现象在社会新闻和娱乐新闻中尤为常见,很多媒体针对有关明星的道闻途说不加确认就大加报道,配以大幅照片和煽情标题,本来仅仅是一个谎言,但是在媒体上可以变成现实。

以上我们从四个方面探讨了媒体妖魔化机制形成的成因,值得指出的是,媒体的妖魔化一般来说不是媒体故意带有恶意的报道,而是媒体作为一个制造新闻这一特殊产品的机构,有很多自身特有的规范和运营方面的因素,正是这些内在因素的综合作用,使媒体在报道上不自觉地带有妖魔化某些报道对象的机能。

三、媒体妖魔化机制形成的外因

媒体妖魔化机制的形成还有其外因,即媒体组织以外的来自社会环境和受众文化方面的因素。这些因素有以下几种:

首先是媒体神化,这是指现代社会里媒体效果被神化、媒体作用被神化的一种环境。现代社会的大众传播媒介借助通讯技术的发达得以快速发展,媒体的传播效果在多个社会层面得以证实,大众媒体作为监督和影响社会、政府和个人的组织越来越显示出其巨大的威力。不论是推动社会民主的进程还是反对和揭露社会黑暗势力,大众媒体的社会作用都是被肯定被推崇的,这样也同时引起了社会对大众媒体的一种盲目崇拜,正如把大众媒介看作社会的第四权力一样,现代人对媒体越来越崇拜和依赖,在媒体面前,人们渐渐地失去了分析和批评的能力,对媒体报道的内容全盘照收。这样,媒体的任何报道行为都可以不受抵制、为所欲为了。也就是说,媒体妖魔化机制的形成首先与媒体的社会地位越来越高和社会成员对媒体的依赖态度有关。

其次,面对媒体的报道内容,受众读解语境的偏向也会导致媒体妖魔化的形成。受众天生对丑闻、奇闻轶事、桃色新闻和负面新闻感兴趣,相比之下对正面新闻、社会公益新闻就很少主动关心,这是受众的社会心理因素导致的。因此,即使每天读报和看电视,受众对正负新闻的报道量也无法有一个较为平衡的认识,正面新闻即使很大,受众也鲜有印象;相反,小小一个负面新闻就会吸引大量受众去看去读,大的负面新闻就更不用说了。现代大众媒体正是看中了受众在读解信息时的这个特点,对奇闻轶事和负面新闻大加报道,这种行为稍一过火就变成了妖魔化。同时,大众媒体是大众化社会的产物,大众化社会的受众有被动、盲目喜好简单肤浅、娱乐、懒于思考等特点,在全球化过程中世界性大众文化的普及也加速了受众读解语境的肤浅化和娱乐化,这对大众媒体

第十章 媒介内容与商业组织

的传播内容和方式也不无影响。

再次,凡是被妖魔化的新闻素材都具有易传播性,例如人情味,悬念,有趣,出乎意料,辜负某种期待,超越道德底线,暴力血腥,奇闻,民族主义和爱国心,这些素材都是可以大做文章的。也就是说,被妖魔化的新闻素材,其传播学价值都比较高,易于包装成受众感兴趣的传播符号,制作成本少,传播效果大。再以"马加爵事件"为例,媒体之所以妖魔化马加爵,并不是因为媒体对马加爵怀有恶意,而是因为"马加爵事件"本身具有很多容易被炒作的因素,如通缉令上的那张面目狰狞的相片,贫穷的出身,寂寞的童年,名牌大学的学生身份,作案手段的残忍,令人难以理解的杀人动机,等等。同样,媒体之所以妖魔化大学生,是因为在我国大学生虽然已不像从前那样有着天之骄子的社会地位,但是社会公众仍然对他们有很高的期待,人们对大学生的期待不外乎认真读书,毕业后找一份体面高薪的好工作。所以一旦大学生做出超出"认真读书,找体面高薪工作"的行为,哪怕是属于个人选择范围的行为,媒体都会认为这些新闻事件有很高的新闻价值,会受到公众的高度关注,于是就会积极炒作。

最后,我们可以看到,被妖魔化的对象往往是不为受众所熟知的人与事,如高高在上的知名人士和影视明星,象牙塔内的高校学生,犯罪行为与罪犯,发生在外国的事件或在中国的外国人,等等。同时由于特殊的职业性质,媒体工作者对这些事件和人物有特殊的接触权和解释权,受众因为没有或者很少有相关知识和信息,只能被动地接受信息,读解时易于依赖媒体现成的解释,导致妖魔化报道的程度不断加深。

另外,我们可以从相关报道中看出,被媒体妖魔化的对象一般在新闻中都没有话语权,对名人明星的报导很多都是报料人的独言,对罪犯的报道多出于公安机关提供的材料,对大学生的报道多为采访者的单独叙述,对发生在外国的事件和有关外国人的报道更是媒体的一面之辞。消息来源的单一和媒体的独语无疑会导致妖魔化程度越来越深。在为数不多的对被捕后的马加爵的采访中,我们可以看到,与媒体报道相反,马加爵本人不承认自己有作为贫困生的自卑心理,平时和同学的关系也很好。在有关国内发生的中外民事纠纷的报道中,可以看到中方当事人滔滔不绝的说明和解释,而有关外国当事人的自我辩护和陈述就很少。湖北枣阳市原市长尹冬桂因受贿被捕,被媒体冠以"女张二江(张二江,原湖北天门市市委书记,因受贿被判刑,玩弄女性108名并详记体会)"的名称广为报道,后来她运用法律手段起诉媒体,最终赢了这场事关女性清白的名誉官司。这些案例都说明,被妖魔化的对象都是在新闻中没有话语权的人物,因为没有话语权,媒体对其的妖魔化就会轻而易举地实现。

正如以上所述,媒体妖魔化机制形成的外在原因多为媒体的生态环境中与其有密切关系的要素,如媒体的社会地位,受众对媒体的认识,受众的信息读解环境,新闻素材的传播学特征和被采访者的话语权,等等。因此我们可以看出,媒体的妖魔化机制的形成和存在不单单是媒介个体的原因,与媒体所处的生态环境有很大的关系。简而言之,媒体的妖魔化现象是一种社会性的产物,这就提示我们要从社会学的角度,在社会大背景中多方位地分析媒体行为。

四、媒体妖魔化机制形成的社会背景

那么，媒体的妖魔化机制是在怎样的社会背景中形成的呢？

首先，社会的信息化是一个大背景。信息化社会的标志是信息成为有价值的商品，以传播信息为主要职责的大众媒体因此加速了其商业化的过程，信息化社会里的大众传播媒介与其说是新闻组织，不如说是企业或产业，因为其运营体制多为商业体制，以追求商业利益为主要目的。商业化媒体的传播理念在于怎样传和传什么才能提高发行量和收视率，以争取更多的广告这个根本问题上，所以，以往的大众媒体所信奉的客观、公正和真实这些新闻专业主义精神被渐渐淡化，古典新闻学所主张的社会责任论在现代社会里也显示出其无奈的一面。商业化同时导致媒体内容的娱乐化，这两种倾向都与媒体的妖魔化机制密切相连。媒体妖魔化某个特定的对象，能否获得更多的利润是其目的之一。

其次，媒体所在社会的意识形态与媒体妖魔化机制的形成是息息相关的。媒体是天生有偏见的，媒体内容是一种按既定程序和规则组织起来的文本，是对社会意识形态的反映，所以，媒体妖魔化的对象、模式和方向都是既定的，与媒体所处的社会文化文本是一致的。例如，对"清华学子卖猪肉"一事的妖魔化报道，是按照中国古代"万般皆下品，惟有读书高"的文本展开的，而在尊重个人意愿和选择的西方社会，"清华学子卖猪肉"和"哈佛毕业生开出租车"一样没有炒作的价值。

或者说，媒体妖魔化机制是建立在某个特定的社会文化文本的基础上的，对不符合这个文本的新闻素材，媒体往往会进行妖魔化报道。例如，从妖魔化的方向性来看，美国的媒体总是在中国的政治体制、人权、西藏和台湾问题上妖魔化中国，两国不同的社会体制和文化、宗教背景是妖魔化的原因；中国媒体对外国的妖魔化总是集中在日本和美国两个国家上，历史问题，民族主义，贸易摩擦和国际政治理念的不同是妖魔化的原因；而中国媒体对本国特定群体的妖魔化则集中在名人、明星、大学生、罪犯、有钱人和网络上，作为新闻素材，这些群体的某些行为满足了国人对新、奇、娱、惊的要求。一旦某些妖魔化报道获得受众的青睐和较好的传播效果，这种传播效果反馈给媒体，又会促使媒体按此模式加大报道量，受众与媒体之间的这种互动式传播往往使媒体的报道有如脱缰的野马，朝某一个固定的方向越走越远。

最后是媒体之间的竞争背景。在现代社会，大众媒体之间的竞争越来越激烈，竞争使媒体相互模仿，尤其是对热门议题的报道。网络媒体上的热点新闻经常被传统媒体转载和追踪，一个话题刚刚被某媒体报道，引起受众的注意，立刻就有众多媒体争相报道，这种媒体议题的相互"传染"和大量多余、重复、不负责任、未经调查核实的炒作式报道往往是妖魔化的开始。

媒体妖魔化机制的形成不但与媒体内部要素和社会要素有关，媒体所处的社会环境也为媒体妖魔化机制的作用营造了特定的氛围，尤其是商业化背景和特定的社会文化

文本。

五、以受众的力量抵制媒体妖魔化

综上所述，媒体妖魔化机制的形成和影响不仅仅是媒体自身的问题，而是关系到社会、媒体和受众三者的问题。应该说，不能把媒体妖魔化的责任及其不良影响全部推给媒体，在现代社会商业化的凶猛大潮中，媒体的社会责任与自律越来越显得弱小。同时，媒体工作者并没有专门妖魔化某个特定的群体的主观愿望，只是在媒体产品的制作过程中不断有促使其妖魔化的社会因素加入，最终导致了妖魔化的结果。所以，抵制媒体妖魔化要重视社会整体的作用，要从媒体自律、法律和政府对媒体的管理上入手，同时，受众对媒体的监督和批评也是一种不可忽视的力量。

20世纪下半叶，英国、加拿大的学者和一些社会组织较早地提出了"媒介素养教育"（Media Literacy）的理念，在欧洲、北美洲和大洋洲部分地区作为一种新的学科迅速展开。现在，加拿大、英国、法国、德国、美国、日本等国已将媒介素养教育设为大学或中学的正规教育课程。媒介素养教育鼓励人们学习和认识媒介的社会职能和作用，媒体制造新闻和赋予其意义的方式等问题，目的在于促使人们获得分析、批判媒体内容和行为的能力，监督媒介的报道内容，对媒体的不良报道行为进行抵制。英国的媒体监督组织曾多次抵制媒体上的不良广告，日本的媒介素养教育团体曾抗议电视台对"9·11事件"撞击镜头长时间的播放。日本还有一个社会组织名为"媒介检查机构"，它经常同学者联手对媒体的传播内容进行监督和分析，以保证受众的各项权利不受损害。

妖魔化现象在媒体上的蔓延提示受众要积极主动地监督媒体的内容，同时还必须丰富相关的知识，学会用批评和分析的眼光来读解媒体信息。对于媒体研究者来说，则要学会多方位多角度地分析媒体行为。

第十一章 媒介内容与社会组织

第一节 社会组织与大众传播媒介

一、社会组织的特点和功能

社会组织是人们为实现特定目标而建立的共同活动的群体,具有一些特点①,例如,社会组织一般具有明确的组织目标,标志着这个组织的性质和功能;社会组织拥有一定数量的、相对固定的组织成员,这些成员需要通过特定的程序如申请、考察、审查、批准、宣誓等才能加入组织,成员也有自己属于这个组织的明确的意识;社会组织内部具有制度化的组织结构,也有体现不同作用和职能的各个部门或者职位;社会组织还有自己的组织章程,作为组织成员展开活动的依据,是每个组织成员必须遵守的,同时也起到维护组织统一性的作用。

社会组织不能独立于社会而存在,它应该是一个开放的系统,不仅要在周围的大环境中进行各种运作,而且还要与其他社会组织构成深浅不一的各种关系,组成不同的组织体系,如教育系统、卫生系统、商业系统等,以便在更大的范围内发挥作用,达成组织的目标。社会生活中各种实际存在的设施如工厂、机关、医院、学校、商店等都是社会组织的具体形式。

按照组织目标和获利的类型,美国社会学家 P. M. 布劳等人将社会组织分为互利组织如工会;营利组织如商业组织;服务组织如医院;公益组织如政府机构。还可以按照组织对成员的控制类型划分为功利组织(以金钱或物质控制其成员的组织)以及规范组织(通过将组织规范内化为成员的伦理观念或信仰来控制成员的组织)。

中国的一些学者则偏向于根据组织形式和从事的内容将社会组织分为经济组织,政治组织,文化、教育、科研组织,群众组织和宗教组织等几种类型。

现代社会里社会组织的功能可以说是通过专业化能力,聚集有相同志向的成员,以特定的目标和明确的规范协调人的活动和能力,从而更有效地达成组织的目标,满足成员的需求。大大小小、不同性质的、具有不同功能的社会组织构成了现代社会的运作发

---

① 郑杭生主编:《社会学概论新修》(第三版),中国人民大学出版社2002年版。

展的基础。

近年来,我国的社会组织可以说从初步规范、结构调整到稳步发展,数量上也呈现出持续增长的趋势。截至 2007 年底,我国依法登记的社会组织已经超过 38.69 万个,其中社会团体 21.16 万个,民办非企业单位 17.39 万个,基金会 1340 个。目前,仍以每年 10%—15% 的速度在发展。同时,在城乡基层,不具备法人条件的服务型、群众性社会组织也快速发展,经民政部门备案的农村专业经济协会有 4 万多个,城市社区社会组织有 20 多万个。

二、社会组织的传播需求

一般的社会组织,尤其是非政府组织或者民间团体,代表来自民间的声音,资金和人力物力都有限,而组织发展的目标又要求以得到社会越多的组织和个人的认同和支持越好为条件,因此社会组织在利用大众传播媒介传播组织议题上面是积极而主动的。例如,在吸引媒体报道方面非常有经验的知名社会组织——绿色和平组织会组织新闻记者到事件现场采访,邀请记者登上绿色和平组织的船只,现场报道他们的生活;不但如此,对于发生在遥远地区媒体记者难以到达之处的事件,绿色和平组织还提供生动的图片和新闻通稿,这非常符合媒体的胃口。对于电视媒体绿色和平组织也会提供视频资料。

在中国,社会组织尤其是非政府组织的情况比较特殊,有学者指出法律合法性、政治合法性、行政合法性、社会合法性是中国非政府组织存在与运作的合法性的四个方面。① 在法律合法性层面,目前依照 1998 年颁布的《社会团体登记管理条例》与《民办非企业单位登记管理条例》,对非政府组织的成立和监管分别实行分级登记管理体制和双重管理体制。这一管制的后果是国内大多数非政府组织严格说来仍是以非法的地下身份存在,造成其传播上的种种困难。由此,我国本土非政府组织通常的做法往往是一方面通过寻求一定程度的国家权威支持和认可,借助官办、半官办社团的行政网络,来弥补自身法律程序的缺失所造成的合法性不足;另一方面不断加强同媒体的合作,除了借助媒体进行公关宣传外,也向新闻媒体提供舆论监督消息来源。本土非政府组织与媒体最为典型的一种特殊合作方式是开办记者沙龙,其中的成员大多既是环保组织成员,又是媒体从业者,而在许多环保组织中,有不少成员的身份就是职业记者②,即"双栖记者"。通过与媒体合作,借助媒体的传播放大非政府组织的声音,这点对于我国的非政府组织来说可行性更大一些。

另外,很多社会组织的目标是通过社会成员的意识和行为的改变来达成的,需要社

---

① 高丙中:《社团的兴起及其合法性问题》,http://www.chinanpo.org/.
② 比如汪永晨是中央人民广播电台的记者,同时也是中国最早成立的环保组织 NGO 之一"绿家园志愿者"的召集人。

会成员对组织理念和观点、主张的认可和支持，因此，组织理念和主张的传播就成了他们必不可少的任务之一。例如，20世纪70年代绿色和平组织开始环保活动时，一般的社会公众还鲜有环境保护的意识；而为妇女、儿童、自然、动物、同性恋和艾滋病患者争取权益的组织也在当时遇到过不同程度的社会意识层面的阻力。这些都需要通过大众传播媒介的不断报道来改变和促成人们的观念转变。

第二节　社会组织影响媒介内容的手段

有了社会传播需求后，现代社会组织积极地展开了对媒介内容的影响，这种影响主要可以从三个方面来分析：第一，社会组织影响媒介内容的手段是什么；第二，不同时代社会组织影响媒介内容的手段的发展与变化；第三，社会组织对媒介内容的影响效果。

不同的社会组织在社会传播需求的需要程度上有所不同，例如一些组织本身就具有吸引大众传播媒介报道的能力，如政治组织、大型商业组织、知名社会团体等，而组织理念比较独特，在意识形态方面比较激进或者新潮，不易被社会公众或社会道德所立刻认同的组织就需要刻意引起大众传播媒介的注目。例如西方的环保组织、妇女解放组织、同性恋组织等在其初期活动中都有上述特点。以西方同性恋解放组织为例，同性恋组织为寻求社会认同不得不通过增加媒体曝光度来提高组织的知名度，然后制造话题以引起媒体对同性恋现象的关注。当媒体的关注度提高后，又开始借助权威机构的科学性解释和政府法律的颁布引导媒体正确认识并对待同性恋现象，具体的手段主要有以下五种。

一、影响政府决策和政策制定

对于需要改变人们固有的意识形态，接受社会组织的特定主张为目标的社会组织来说，他们的相关社会活动难度更大，美国的同性恋组织就是一例。在20世纪70年代中期，社会传统意识对同性恋持反对态度，美国同性恋组织认识到很难一下子推翻现存的异性恋架构为自己争取利益，与其抗争和破坏，不如在这个体制内争取自己的权利，这样更符合组织成员的切身利益。于是，他们采取了美国传统的少数团体的政治传播策略——游说、沟通协商、示威游行，在部分州和社区都取得了一些成果，这些地区由于同性恋组织的游说，通过了就业、住房和其他机构的反歧视法令。在80年代美国有44个城市和郡通过了市民立法，到90年代中期有另外52个法令通过。

同性恋组织发现通过对政府施加压力，向政府呼吁制定法律法规保障其合法权利更能获得媒体的关注。这是因为媒体会时刻关注与政府政策有关的信息，媒体会认为与政策有关的新闻因涉及较多的人群而更有新闻价值，因此会时刻关注着政府的举动和政策的导向。一个社会组织如果把自己的议题与公共议题和政府政策联系起来，必然会得到大众传播媒介的广泛报导,所以当政府颁布或废除有关法律法规时,相关社会组织都会积极介入,结合自己的主张,拿出自己的提案,借此得到媒体的报道。荷兰的"同性爱联合组织"曾派出游说者在政府部门层层上诉,反复讲明赋予同性恋者平等权益的必要性,最后终于说服了荷兰总统,使他敦促政府在20世纪80年代颁布了未婚伴侣登记法,使包括同性恋伴侣在内的未婚伴侣享受到类似于异性恋夫妻的平等权利。政府政策的导向往往会影响到更多的企业和其他社会组织,目前大多数美国的大型跨国公司如IBM、微软、福特汽车、可口可乐、波音、迪斯尼、AOL等,都制定了公司内部的基于性倾向的反歧视政策,这样一来,媒体对反对歧视同性恋的主题也更加关注了。

二、寻找政治代言人

除了引起媒体的关注,社会组织还采取寻找政治代言人的方式来加强传播效果。媒体对知名人物有天生的兴趣,知名人物拥有的知名度和影响力都是增加媒体传播效果的重要因素,因此,如果由一位支持同性恋组织,对同性恋持赞同或宽容立场的政治人物在媒体上发表相关言论,或者引用其对己有利的言论,都是强化传播效果的好方法。美国最著名的同性恋权益组织的负责人伊丽莎白·伯奇曾在民主党大会上发言,呼吁支持当时的副总统戈尔,以此对抗对同性恋持反对意见的布什。而希拉里在竞选拉票期间为了获得同性恋选民的选票,曾悄悄访问人权战线组织,而该组织也首次将此类集会上的发言公之于众,因为他们想让更多的人看到希拉里的发言。美国前民主党总统候选人、马塞诸塞州民主党参议员克里则公开支持同性恋婚姻合法化。

著名的政治人物往往具有巨大的社会影响力,他们的一言一行都会受到媒体的强烈关注,同性恋组织善用他们的知名度,为自己的群体寻找强有力的政治代言人,从而引导媒体的价值取向,影响媒介内容。

三、寻求权威认同和科学鉴定

从科学的角度出发,解释一些与传统思维相异的观点和行为,给特定的观点以科学的基础,以获得更多人的理解和认同,这也是一种传播方式。美国反同性恋歧视的运动首先在法官和律师阶层赢得了支持者。一些法律人士认为私人性行为不会带来什么危害,应该受到保护。1964年联邦民权法案废除了由于种族、肤色、性取向、宗教和母国等方面的法律歧视。法律界专业意见的转变极其重要,它代表了数个世纪以来美利坚法律传统的打破。由于法官和律师是拥有专业知识的权威人士,享有较高的社会地位,再加上他们具有执行法律的权力,所以获得他们的认同无疑找到了获得媒介认同乃至整个社会认同的突破点。1973年,美国精神病协会把同性恋从心理疾病行为名单里移除,这是很大的一个成就,虽然不少普通人仍然视同性恋为一种疾病,但是有了科学理论的支撑,使后来的媒体报道在介绍和描述同性恋现象时,都或多或少地引用科学的解释,也使媒介内容越来越趋向于客观和中立。

一些环保组织的理念可能在当时难以被政府和公众立刻接受，于是这些组织设置研究基金，开设指定课题的项目研究，把相关的科学研究成果整理成科学报告或者提案上交政府相关部门，如果研究结果有新闻价值的话，他们会直接给新闻媒体提供信息，促成新闻报道。

四、组织召集有关的大型活动

美国同性恋组织的运动形式可以分为前后两段时期，前期以激进式行为为主，比如举行游行示威等活动；后期以温和式行为为主，如在某些纪念日举办庆祝游行活动，建立同性恋独立居住区等。这些行为虽然不一定都能抢夺到媒体的眼球，但是却能不知不觉地转变媒体对同性恋群体的观感。

另外，20世纪70年代美国的妇女解放运动也经常举办大型活动来造声势并赢得媒体的关注和报道，但是开始的时候并没效。一是妇女解放组织的活动多在下午召开，而日报记者的工作中心时间是上午；二是妇女解放组织的活动口号是"自由"和"解放"，而当时报社主流记者多为已婚的中年男性，对妇女的"自由"和"解放"并不赞同，很少来现场报道。于是妇女解放组织改变了自己的口号，声称本组织的理念是"提高妇女的生活素质"，这个口号得到了当时主流媒体记者的认同，相关报道也纷纷见报了。

五、及时回击歧视性言论

对于同性恋群体在维权过程中受到的不公正待遇和他人的一些歧视性言论，同性恋组织一般都会在第一时间予以坚决的回击，尽量不使这些行为和言论左右媒体的视线。

如上所述，美国同性恋组织通过多样的传播方式来获得媒体和社会的认同，让一种难以让传统思维接受的观念在美国社会渐渐得到承认和认同。

第三节　社会组织影响媒介内容手段的变化与效果

一、社会组织影响媒介内容的手段的变化

美国同性恋组织争取社会认同的社会传播行为方式多种，这些方式并不是一成不变的，而是随着社会的发展而不断变化的，其社会活动和传播手法都带有时代的烙印。例如，从"二战"后到20世纪60年代，这一时期的同性恋群体的自我身份认同感还比较低，同性恋组织也还没有完全发展起来，他们主要要求平等的权利，维权的手段也比较温和。当时媒体对同性恋现象的关注相对比较少，组织的作用还没有完全体现出来，媒体的关注度也比较低。

从20世纪60年代末的"石墙"骚乱①到70年代中期,这段时期被称为"激进的年代"。同性恋解放运动前期充斥着激烈的街头冲突和示威游行,同性恋解放阵线的成员在反抗中显得过于激进和具有强大的破坏性。这时的组织具有重要的作用,它调动起成员的热情参与斗争并领导整个运动,其激进的方式使媒体的注意力迅速聚焦。

从70年代中期到80年代,同性恋组织的作用依然显著并愈加突出。这一时期维权方式又从激进转向温和,组织转而用软性力量——主要通过政治和权威的力量来影响媒介内容,例如采取游说、协商、立法呼吁、寻找政治代言人、权威认同、科学鉴定等方式来引起媒体的关注和报道,大众传播媒介也开始从科学的角度解读同性恋现象,报道中会借用医学上的理论解释同性恋行为,这也使媒介内容有了理论的支撑。

90年代至今,酷儿理论②的出现使同性恋行为有了合理的解释,为同性恋文化的完善提供了理论的支撑。这一时期的同性恋组织开始充分利用各种媒体平台如专业书籍、报刊杂志、电视、电影、互联网等来传播组织的理念和主张,尤其是网络媒体,例如建立专业同性恋网站、交友网站、健康资讯网等,积极利用新媒体宣传同性恋的相关知识,提供咨询服务。

二、社会组织对媒介内容的影响效果

社会组织积极地通过媒体来传播组织的观点和立场,媒体的新闻报道也不可避免地受到不同程度的影响,这种影响表现在媒体对特定组织的立场的转变,也表现在公众对特定社会组织的认知的转变上。

1. 媒体报道内容与立场的转变

媒体对事物的理解和判断是不断变化的。以上述对同性恋的立场为例,从罪人到病人,这已经是一个人道主义的转变了,因为这样,同性恋人群从被诅咒和镇压的对象变成了需要理解和帮助的对象。其次的观念转变是认为同性恋不是病态,而是一种异于常人的违反社会行为规范的个人倾向。随着同性恋解放运动的发展和在许多国家合法地位的获得,媒体对同性恋的立场又发生了第三次转变,认为它不过是一种与众不同的生活方式而已。媒体对同性恋看法的转变可以说反映了人类社会的发展,也可以说是同性恋组织的社会运动获得成果的体现,更进一步来说,这同时也是社会组织不断影响媒介内

---

① "石墙"骚乱是指发生在纽约的一次同性恋者和警察间的一系列暴力冲突。这次骚乱开始于1969年6月27日,星期五,在石墙旅馆外,格林威治村的同性恋住所。这次骚乱被认为是美国乃至世界现代同性恋权利运动的起点,第一次有同性恋者拒绝警方的逮捕。

② "酷儿(queer)"由英文音译而来,原是西方主流文化对同性恋的贬称,有"怪异"之意,后被同性恋者的激进派借用来概括他们的理论,含反讽之意。酷儿理论是20世纪90年代在西方火起来的一种关于性与性别的理论。它起源于同性恋运动,但是,很快便超越了仅仅对同性恋的关注,成为所有性少数人群"正名"的理论,进而成为一种质疑和颠覆性与性别的两分模式,挑战男权文化的思想武器,是后现代主义在性学研究上的典型表现。资料来源:http://zhidao.baidu.com/.

容的明证。

过去西方媒体对同性恋的认识不充分，虽然很少正面表示歧视态度，但有关同性恋的报道多是负面的，以刺激性字眼来满足受众的猎奇心理，而且在报道中不自觉地含有主观性的评论，产生误导公众的效果。而随着媒体的发展和同性恋组织积极主动地发展媒体关系，不断推广科学理论，媒体也开始适当地向公众介绍一些有关同性恋的知识或医学常识，在报道有关同性恋话题的新闻时也尽量小心地措辞。尽管媒体对同性恋问题的报道仍存在误区，但是从总体上来说，内容已逐渐向客观中立的真实报道转变，并且一般都有科学根据的依托，态度也从开始的排斥和偏见逐渐转为理解和宽容。

2. 社会认知的转变

有学者说过，真正影响社会的还是必须通过学术与媒体的途径来推动社会认知的变化。大众传播媒体作为社会的观察者和监督者，具有提供信息、促进社会沟通和交流、监督社会舆论并引导公众认知的社会功能。因此，媒介内容的改变通过日复一日的传播活动也导致了社会认知的改变。同时，媒介言论（如社论和评论）在很大程度上也会影响公众的判断，甚至影响公众的价值观，尤其像"同性恋"这样一种敏感而隐秘的话题，公众一般只能从媒介获得相关的信息，容易认同媒介观点以保持和身边大多数人一致的评判标准，因此媒介负有非常重大的社会责任。

一般来说，社会组织对媒介内容的影响取决于组织的媒体话语权的大小，所采取的影响措施以及媒体发展的程度。也就是说，第一，与组织的媒体影响力有关，例如政府组织，或者知名的大型商业组织等能轻易地吸引媒体的关注；第二，如果这个社会组织并没有社会声望并掌握重要信息来源，也可以通过制造新闻、提供媒体感兴趣的话题来吸引媒体的报道；第三，媒体自身的发展程度也影响着媒体对各种新闻事件和新闻主题的判断，发展程度较高的媒体工作者一般来说素质也比较高，能从各种新闻信息中较为准确地判断价值导向，因此对一些社会组织的特定理念可能会有超前的认可。

总之，社会组织对媒介内容的影响手段有三个特点：

（1）由上到下。即指社会组织通过影响政府决策和政策制定，进而影响媒体报道。

（2）由点到面。即指社会组织先从个别有影响力的个人或集体入手，这些个人或集体一般都具备高知名度、高权威性或代表性，比如著名政治人物或者政治代言人、法官和律师等有实权的专业群体，通过寻求群体认同并用法律铺路，寻求知名大型企业的经济支持。攻破这些社会舆论的"制高点"后，社会组织再寻求社会大众层面的普遍认同。

（3）制造媒体关注点。比如举办庆祝纪念性活动、制造新闻事件等引发媒体的报道。

现代社会中各种社会组织发挥着越来越大的作用，这与他们不断宣传组织的理念、扩大组织的影响力有关，其中积极主动地影响媒体的传播内容，在媒体上积极设置组织的议题，引起政府和社会公众的关注，这种做法无疑促进了社会组织在社会环境中的更大发展。而近年来，非政府组织这个名词在媒体上也有很大的曝光度，下面具体看看非政府组织与大众传播媒体的关系。

第四节 非政府组织与大众传播媒介

一、非政府组织的发展

什么是非政府组织（NGO）？联合国给出的定义是，在地方、国家或国际级别上组织起来的非营利性的自愿公民组织；它们提供各种各样的服务和发挥人道主义作用，向政府反映公民关心的问题，监督政策和鼓励在社区水平上的政治参与。它们提供分析和专门知识，充当早期预警机制。非政府组织的形成标志着除国家政府作为行为主体之外，还形成了非政府的行为主体——即国际组织、跨国公司、非政府组织和个人。在人权、人道主义援助、环境保护、和平和安全事务中，非政府组织成为国际关系中的重要因素。1992年联合国环境与发展大会通过的《21世纪议程》第27章提出要加强非政府组织的作用，要求各国政府和各政府间国家组织同各国非政府组织建立起真正的社会伙伴关系和对话关系，以使非政府组织能够发挥独立的、有效的和负责的作用，并为此建立相应的机制。

非政府组织在现实当中有将近50种不同称谓，如第三部门、非营利组织、公民社会组织、独立部门、慈善部门、志愿者部门、免税部门、草根组织等等。我国根据特定目的形成的习惯代称是"民间组织"。这些概念虽然表称不一却实质类似或者相同，都是指那些独立于政府系统和市场系统之外的一类组织。

非政府组织有什么基本特点？美国约翰-霍普金斯大学的莱斯特·萨拉蒙教授提出了著名的五特征法，认为只要是符合这五个特征的社会组织都可以归为非政府组织，这五个特征分别是：①组织性。即有正式的组织和常设机构，非正式、临时的和随意性的聚会不在其内。②非政府性。即在体制上独立于政府，不受制于政府，它们不代表政府或国家的立场，而是来自民间的诉求。③非营利性。即组织不以营利为目的，且盈余不得在管理者和所有者中分配，提供公益和公共服务作为主要目标，而不以获取利润为追求的目标。④自治性。即在管理上具有充分的自主权，拥有自己的组织机制、管理机制和独立的经济来源，无论在政治上、管理上还是在财政上，都相当程度地独立于政府。⑤志愿性。即参与的基础是自愿而非强制，其成员参加组织完全出于自愿而不是迫于无奈。也有学者补充认为它们还有非政党性和非宗教性的特征，即它们不以取得政权为主要目标，也不从事传教活动。因而政党组织和宗教组织是不属于非政府组织范围的。

非政府组织作为人类社会发展中的一种进步现象，反映了人的社会性本质，体现着公民社会的内在逻辑，呼应着行政改革时代多元治理结构的建设要求，通过弥补政府组织的不足和市场体系的缺陷而在社会管理和公共服务中扮演着不可缺少的角色，同时作为人权的组成内容，获得法律肯定和保护。因此，非政府组织的发展就因其具有的必然性、必要性和合法性而成为大势所趋的社会现象。从无到有，从小到大，从弱到强，是非政府组织发展的一个基本规律。

虽然中国的民间结社活动由来已久，但是非政府组织概念的提起则是1995年以后的事。1995年世界妇女大会在北京召开，会间所出现的冠名曰"非政府组织"的论坛，将改革开放背景中的我国带入围绕一种新型组织形态的讨论、认识、探索和实践的新领域。此后，我国政府也开始重视非政府组织的发展，采取了"监督管理，培育发展"并重的方针，国务院陆续出台了一系列关于非政府组织管理的规范性法规，如《社会团体登记管理条例》、《民办非企业单位登记管理暂行条例》以及第一个关于非政府组织的专门法案《公益事业捐赠法》。

根据清华大学NGO研究所在2000年组织的一次关于我国非政府组织的问卷调查显示，当前我国非政府组织活动的领域主要集中于社会服务，调查、研究，行业协会、学会，文化、艺术，咨询服务（包括政策咨询和法律咨询），扶贫。①

从1995年后的十年间，我国民间组织基本保持了10%左右的年增长率。1989年在民政部门登记的民间组织只有4446个，截至2005年底，全国已有民间组织32万个，包括社会团体17.1万个，民办非企业单位14.8万个，基金会975个。在17.1万社团当中，全国性及跨省（自治区、直辖市）活动的有1688个，省级及省内跨地（市）域活动的有21119个，地级及县以上活动的有53080个；从性质来看，专业性的社团50328个，学术性的社团39640个，行业性社团53004个，联合性社团23961个。在14.8万个民办非企业单位中，教育类7.6万个，卫生类2.7万个，文化类3773个，科技类6915个，体育类4012个，劳动类1.2万个，民政类10445个，社会中介服务业1665个，法律服务业662个。在975个基金会中，中央级基金会共计92个。② 这些组织的服务与影响范围涉及教育、科技、文化、卫生、劳动、民政、体育、社区、环保、公益、慈善、农村专业经济等社会生活的各个领域，成为我国构建社会主义和谐社会的重要力量。

二、非政府组织的媒体议题设置

随着中国非政府组织的发展，公益项目已经越来越多地受到社会各界的关注，媒体对各种公益项目的报道热情也越来越高。这既得益于社会慈善意识的提升，也归功于非政府组织对公益项目传播管理的重视。但是也不得不承认，我国的公益事业还缺乏公众的认知和资金的援助，缺乏勇于承担社会责任、有志于社会公益事业的组织和个人。因此，以公益事业为中心的非政府组织如何通过大众传播媒介与社会成员高效沟通，是这类组织的重大课题。这个课题在发生社会危机时更加被凸现出来。下面是几个非政府组织媒体关系管理的案例。

---

① 陈凡：《筹资方式多样化：非营利组织的生存之道》，《行政论坛》2005年第2期。
② 资料来源：http://news.tom.com/2006-07-09/000N/07308009.html。

(一) 汶川地震中的中国红十字总会

2008年5月发生在汶川的一场大地震,使中国蒙受了巨大的灾难,也使非政府组织走进人们的视线。这场地震使人们知道,在灾难面前,除了政府的力量,还有许多非政府组织机构活跃在救援、关爱、无私的公益第一线。而非政府组织能够进入人们的视野,与媒体对救灾抢险的报道有很大的关系。下面以网络媒体第一时间对中国红十字总会的报道来分析中国红十字总会作为社会组织在媒介上的表现①。

从表11-1的统计可以得知,中国红十字总会(以下简称"红十字会")在发生灾难时,充分利用了媒体发挥自己的职责,主要有以下两点:

(1) 联合主要门户网站,公布救援捐助的渠道,如捐助热线、捐款账号。此次红十字会充分利用网络媒体向外公布捐助渠道,主要有银行汇款、在线捐助、邮局汇款等,更是充分利用了新媒体——手机进行短信捐款。

(2) 除了红十字会,还有李连杰壹基金利用名人基金在媒体上的影响力,使在媒体发挥信息传播的作用的同时,提高新闻价值。

表11-1 中国红十字总会(包括中国红十字基金会)联合主要门户网站表

媒 体	主 要 内 容	媒体的报道结果
新浪	中国红十字会联合新浪紧急倡议募捐救援震区	4310000
百度	中国红十字会联合百度号召全球企业抗震救灾	322000
搜狐	中国红十字总会联合搜狐公布救灾专用账号热线	718000
腾讯	腾讯公益慈善基金会、腾讯网联合中国红十字总会李连杰壹基金计划开展网络在线捐赠	1840000
TOM网	TOM网携手中国红十字基金会为地震灾区紧急募捐	298000
分众传媒	分众传媒联手中国红十字总会共同推进汶川地震紧急救援宣传	168000

红十字会有效利用媒体向公众及时公布捐助方式,让媒体注意到捐助的力量除了政府,还有非政府组织,从而发动了普通大众群体。红十字会同时作为公众熟悉的非政府合作组织和慈善机构,引起媒体的关注,促使媒体对社会抗震救灾的捐助情况进行大量报导。

(二) 国家地理学会的自媒体传播

美国国家地理学会是世界上最大和历史最长的环保组织,成立于1888年,至今已

---

① 统计数据来源:www.google.com.

经有近120年的历史。协会的成立目的是为了增加和传播环境知识、保护自然资源。因此，在这117年里，他们探索、考察了地球上各种丰富的自然、文化，致力于通过各种媒介尤其是大众传播媒介向世界公众传播客观、真实的信息。

1888年，伴随着国家地理学会的创办，设计考究、格调高雅的《国家地理》杂志也于当年创刊。目前，《国家地理》杂志已为世界公众所熟知，《国家地理》杂志英语和其他语种的每期发行总量已经突破1000万份。其中文繁体版也已经在中国台湾地区正式出版发行。国家地理学会的网站（www.nationalgeography.org）也是一个非常好的环保传播载体，这是社会组织可以自我控制内容的自媒体，通过这个网站可以实现组织目标信心的传播，实现与受众的互动和更快捷的信息传递。除此之外，国家地理学会还创立了自己的有线频道——国家地理频道，全球120个国家和地区开通了这个频道，拥有超过1亿户家庭观众。正如国家地理学会常务副会长特里·加西亚所言："我们的目标就是利用所有便捷的信息传播工具和手段，无论是图书、杂志、网站还是电视，向大众传播信息。"

这是西方国家非政府合作组织的传播方式，充分利用自己的专业优势，创刊、有线频道、网站、图书的传播，利用大众媒体的影响力，传播自己的理念和奋斗目标。如今的国家地理学会是专业、严谨、权威的代名词，媒体在选择地理方面的信息时，会自然地以国家地理协会的数据、图片、出版物为参考。这是国家地理学会超越一般的社会组织的地方，是难以估量的媒介影响力。这个影响力是学术的、全球视野的、长远的。

（三）北京地球村的多渠道传播活动

中国的环境保护组织在媒介传播的发展程度上远不及西方的环保社会组织，需要在大众传媒的推动下发展，并与环保传播形成良性互动来促进环保事业的发展。

北京地球村[①]从1996年1月1日始，在中国教育电视台开办了《绿色文明与中国》的环保教育电视专栏。地球村采取的多渠道媒体传播方式，对媒体的内容选择产生了一定的影响，他们的具体做法包括：

（1）在中央电视台第七频道（科技、少儿、农业频道）独立筹办制作了电视栏目《环保时刻》。该栏目自1996年4月22日世界地球日正式开播，每周一期，持续了五年。2001年以来，改为在中央电视台第十频道《绿色空间》和一些地方电视台不定期播出。地球村摄制组不仅着眼于中国的公民环保，还以草根组织特有的眼光，到十几个国家进行拍摄采访，介绍国际环保经验。

（2）地球村相继撰写和出版了一系列倡导绿色生活方式的读物，包括与国家环保总局合作的《公民环保行为规范》、《儿童环保行为规范》以及《绿色社区指导手册》、

---

① 北京地球村环境教育中心（简称北京地球村）成立于1996年，是一个致力于公众环保教育的非营利性民间环保组织。现在办公地点位于朝阳区北苑路86号嘉铭园内。地球村现有15名全职工作人员，正式注册的志愿者上千人。地球村的宗旨是通过营造大众环境文化，促进中国可持续发展。

《绿色之声环保歌曲集》和环境教育培训的系列光盘。

（3）于1996年6月4日起在《中国消费者报》（48万订户）开办了每三店一次的、旨在倡导有利于环境的生活方式的专栏《绿色时尚》及热线电话，专栏自开办以来受到企业界和消费群的关注。

（4）从1996年6月3日至9月2日在《中国妇女报》（35万订户）开出每周一期的专栏《环保系万家》，主题为家庭中的环保。中央电视台第一频道《万家灯火》根据其中有关垃圾分类的文章制作了专题节目。

（5）与《北京青年报》合作策划并撰写了1996年6月6日关于北京垃圾问题的整版专号，倡导垃圾分类回收。此专版发表后社会反响强烈，《北京晚报》作了部分转载；北京电视台《每日观察》据此做了专题片。

（6）1996年11月与《中国青年》杂志（40万订户）共同策划环保专号的主题，强调行动和参与。地球村还为该专题撰写了《中国青年绿色行动宣言》和《中国青年绿色行动守则》。

北京地球村从1996年开始，一直致力于用扩展媒介内容来增强公众对环保的认识。利用报纸、电视、杂志的议题设置，地球村成功地运作了自己的职能和传播理念。中央电视台、北京电视台、《中国青年报》、《北京青年报》等媒介中关于环境日益恶化的媒体议题一直存在，然而因为有了非政府组织的推动，将议题转进大众的视线里。

（四）中国环境新闻工作者协会

中国环境新闻工作者协会（China Forum of Environmental Journalists，CFEJ）是联系全国环保传播工作者的桥梁和纽带，多年来组织开展了一系列有影响的新闻宣传活动，产生了积极的社会影响。

中国环境新闻工作者协会成立于1986年，是由全国报刊、广播、电视、通讯社等新闻单位和环境新闻工作者自愿组成的非政府组织，是具有独立法人资格的全国性社会团体，是亚太环境新闻工作者论坛的成员。协会宗旨是团结全国环境新闻工作者，推动环境保护的宣传和教育工作。

中国环境新闻工作者协会致力于推动媒体关于环境保护的宣传报道，提高公众的环境意识，促进我国环境保护事业的发展；加强对环境问题的舆论监督，策划和组织重大环境新闻行动，组织有关新闻发布会；促进环境报道质量的提高，扩大环境新闻的社会影响力，开展优秀环境新闻作品、优秀环境新闻工作者和优秀环境宣传报道媒体的评选和奖励；积极开展与国外及我国港、澳、台地区的非政府组织和环境新闻工作者的学术交流与合作；提高环境新闻工作者素质，开展环保知识和环境新闻业务的培训、学术研讨和经验交流等活动；收集和发布环境新闻信息，主办网络、杂志等环境新闻媒体，编辑环境新闻信息、资料和论文等出版物；开展和社会各界的联络，组织企业界参与环境保护公益活动，积极争取全社会对环境新闻和环保事业的支持。

三、我国环保组织的媒体关系的现状

(一) 传播意识的形成

正是有了北京地球村、"中华环保世纪行"等环保组织的社会活动,同时也在国际社会对环境保护日益重视的大环境中,我国环境保护工作已上升到经济与社会全面发展的战略高度,环保传播已渐渐成为媒体传播中的主要内容。报纸、电台、电视台经常有大量的环境保护节目,从中央电视台到各省级电视台纷纷办起了环境栏目和环境节目;《人民日报》、《光明日报》、《经济日报》等都开设了环境新闻的专栏和专版;全国各地的环保电视专栏如雨后春笋般出现。

中央电视台的《绿色空间》、中国教育电视台的《环境聚焦》、山东电视台的《家园》、河北电视台的《绿色家园》、湖北电视台的《幸运地球村》、北京电视台的《绿色经济》、江苏电视台的《绿色报告》、凤凰卫视中文台的《我们共有一个地球》等节目,都以不同的表现方式传播了一个共同的主题——环境保护。这也从一个侧面说明了环保组织在媒体议题设置上发挥的重要作用,基于环保组织的大力宣传,我国从中央到地方的大众传播媒体都开始对环保议题表示重视,都把它作为一个主要内容来报道。

媒体教育也是环保组织影响媒体议题内容的一种方式,所谓媒体教育就是通过召集媒体工作者座谈会或者参观活动,引导记者关注理解一些新事物和新思维。我国的"绿色记者沙龙"就是由一些环保组织和专注于环境新闻报道的记者组织起来的论坛性活动,旨在提高媒体及环保组织对环境政策和环境法规的支持、宣传及参与能力,提高记者认知环评领域的公众参与办法的能力,形成全国绿色记者沙龙网络,配合环保局举办大型环保活动等。沙龙的参加者有专家教授、环保工作者、记者等,已经在上海、石家庄、武汉、西安、昆明、兰州等地举办,今后还将陆续覆盖全国十多个大城市。

同时,环保组织也开始重视网络媒体的传播作用,很多环保公益类网站纷纷出现,如目前中国环保领域影响力最大的网站之一——www.ce65.com。

另外,从内容上看,我国媒体环保传播的内容也从狭隘的小主题走向大主题,由单纯的环境保护走向环境与经济和社会的可持续发展,从原来的"环境卫生"和"三废"治理逐步扩大到整个环境生态系统的保护,由原来的工业污染治理发展到环境与政策、环境与经济、环境与法制、环境与科技、环境与文化和社会等今天的可持续发展高度的各种报道议题。在报道风格上,发展到既有对污染的打击,又有对美好环境的颂扬,例如媒体不断推出张家港、深圳、珠海等城市可持续发展的报道,报道了治沙英雄牛玉珍、野生动物保护专家潘文石等环保个人。

20 世纪 70 年代,我国公众可能还对环保一无所知,而今天环境保护已经是人们关注和关心的社会热点话题,这其中不能忽视大众传媒的环保传播活动,各种环保社会组织的传播作用也功不可没。目前,我国已初步建立起一支拥有相当人数的环保传播队

伍，大体上形成了从中央到地方的环保传播网络，环保传播的形态也呈现出异彩纷呈的局面，如报纸、杂志、书籍、广播、电视、电影、互联网等几乎所有的大众传播媒介都成了环保传播的重要载体。

(二) 两种传播模式

一般来说，社会组织与媒介的互动存在着两种模式。

第一种模式（如图 11-1 所示）主要以西方成熟的社会组织为代表，多存在于世界性的非政府组织，如美国国家地理学会、世界自然基金会（World Wildlife Fund）等。此类组织的特点是规模大、成员多且多样化、分布广、影响力大。这类社会组织可以运用本身的专业实力和成熟的媒体运作方式，让媒体自动接收和主动寻求资源。例如设置专有电视频道，制作科教电影，举办世界级的大会，等等，都是他们传播组织观点的重要方式。其特点是通过强有力的传播制造强势的影响，通过主动向媒体提供新闻信息制造有价值的、会受到关注的新闻。

图 11-1 社会组织与媒介互动模式

第二种模式是目前非政府组织普遍寻求的发展状态。非政府组织主动提出和媒体合作，让媒体参与到非政府组织的传播中来，通过这样的传播逐渐影响媒体的报道方向和视角，将更广泛的视野纳入非政府组织的主题传播中，从而逐渐影响公众对于社会问题的理解（如图 11-2 所示）。

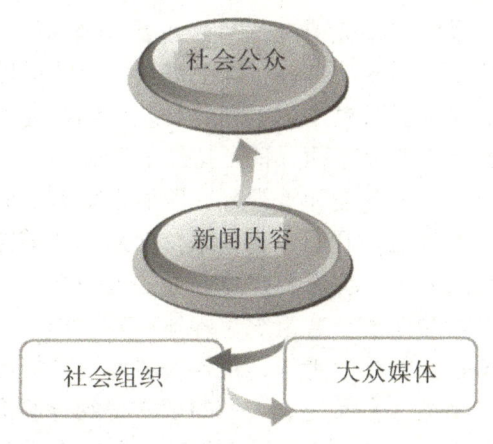

图 11-2 社会组织与媒介互动模式

两种模式并非完全独立，也有两者相互交叉的情况，在此不再赘述。还有一种特殊的存在是类似于中国环境新闻工作者协会。协会的成员是全国报刊、广播、电视、通讯社等新闻单位和环境新闻工作者，而协会本身又是一个自愿成立的非政府组织，达成了双重身份、双重目的。这是值得在以后的非政府组织媒体合作中借鉴并且充分利用的资源之一。

（三）媒体公关活动

通过媒体公关活动来进行主题传播也是一种方式，不是只有企业、政府才走公关的路子，社会组织的发展也可以考虑在媒体公关上做一番准备工夫。公关的传播精髓，符合所有需要在组织与大众之间建立良好关系的群体组织，社会组织作为一种非政府联系的、非官方的组织，其与媒体的关系更显重要。

最近，由民间环保组织——阿拉善 SEE 生态协会发起主办的"2007' SEE 生态奖颁奖盛典"在北京中华世纪坛隆重举办。全国多家媒体赶赴现场对活动进行了报道，而关于这项活动的各种专题报道，也在颁奖前后频频见诸平面与网络媒体。一时间，"关注生态、防治沙漠化"的议题成为社会普遍关注的热点。

此次奖项的评选过程共分为四个环节。第一个环节是网络评选，吸引公众的参与，这一环节占40%的权重；第二个环节是专家组评选，结合前面的网评，评选出前30名；第三个环节是第三方实地评估；最后一个环节是由美国大自然保护协会和阿拉善 SEE 生态协会共同组成的30人评委组，评定出最后的奖项级别。

这个奖项的传播是比较成功的。公众网的投票数达到了44.6万余票。颁奖典礼当天，大约有1000多人到场，其中有30家政府机构的代表，30家国际机构的代表，SEE 生态协会的企业家代表50余人，大自然保护协会的企业家代表20余人，以及40余家非政府组织代表和100多位获奖单位的代表，此外还有52家媒体的60多名记者以及大学生社团等相关人士。媒体对这次活动的报道也很积极，5月5日凤凰卫视转播了颁奖典礼的现场片，其他各类媒体的相关报道已经达到了40余篇原发性稿件。

由此可见，一个公关事件的成功举办，加上成功的媒体报道，在传达社会组织的公益理念的同时，可以使资助企业通过这一系列活动，看到社会组织的业绩和影响力，增强对社会组织的信心和支持力度，进而保证了持续的资金支持。中国扶贫基金会秘书长王行最说，公益组织需要社会知名度和美誉度，因而也就需要向外界进行品牌的推广和传播，对他们来说，问题不是是否开展公共关系，而是不知道应该采取什么样的公共关系方式。这段话指出了我国公益组织需要媒体传播的迫切性。

如何用最有效的公关行为促使社会组织与媒体有效合作，促成共同发展，事关各社会组织的未来发展，事关企业的社会责任，也与公关专业技能的多方面因素有关。在社会发展程度愈加成熟、机制愈加多元化、人们的素质得到普遍提高的情况下，社会组织将会产生越来越重要的作用。而社会组织的发展离不开社会的支持，特别是大众媒体日益影响公众话语权、提供社会视角的今天。

第五节　绿色和平组织与媒介

绿色和平组织为知名国际环保组织，旨在寻求方法阻止污染，保护自然生物多样性及大气层，以及追求一个无核的世界。

国际绿色和平组织由世界各地的分会组成，总部设在荷兰的阿姆斯特丹，目前有超过1330名工作人员，分布在30个国家的43个分会。主要的人员来自各个专业领域，这些专业人员包括研究环境问题的专家，在通讯领域的媒体专业人士，政经界的老手，以及来自英国与乌克兰两个科学实验室的工作人员，这使得其组织诉求与专业建议更加具有可信度。被命名为"绿色和平组织号"的轮船航行于各国家与地区之间，以凸显地方的环境问题。国际绿色和平组织的宗旨是确保我们的地球得以永久地滋养其上的千万物种。绿色和平组织认为虽然每个人的力量微小，但仍可坐言起行，尽力表达他们对环境的关心和爱护，并且由此广泛唤起世人对环境问题的警觉。

绿色和平组织在世界环境保护方面已经贡献良多。在某些环节更是扮演关键角色：禁止输出有毒物质到发展中国家；阻止商业性捕鲸；制定一项联合国公约，为世界渔业发展提供更好的环境；在南太平洋建立一个禁止捕鲸区；50年内禁止在南极洲开采矿物；禁止向海洋倾倒放射性物质、工业废物和废弃的采油设备；停止使用大型拖网捕鱼；全面禁止核武器试验——这是绿色和平组织最早和永远的目标。

绿色和平组织中国分部建立于1997年2月，活动空间覆盖大陆、香港、台湾和澳门。现正在全国范围内展开监测环境问题的工作。和绿色和平组织在其他国家的分部一样，绿色和平组织中国分部独立于任何政府、组织和个人的影响之外，并且严格不接受政府和公司的资助。绿色和平组织将继续坚持在不侵犯个人和破坏产物的原则下，和平而非暴力地推动环保及促进社会在这方面的改变。

绿色和平组织通常透过下列方式表达对环境问题的关心与抗议：使用非暴力直接行动；借助舆论浪潮推动政府相关法令的出笼，与有关当局和国际公约组织进行谈判；借助研究结果提供关于环境问题的解决方法和选择；广泛推动环境技术与产品的发展。在绿色和平组织形成的1971年，一群加拿大人和美国人组成一支抗议队伍，乘一艘渔船，试图亲身阻止美国在阿拉斯加进行的核试验。他们通过亲自见证这些环境破坏行为，并告诸世人来达到环境保护的目的。自此之后，亲身到达破坏环境的现场，成为表达绿色和平组织及其支持者抗议破坏环境行为的重要方式。这种方式也与这个组织的媒体造势行动有直接关系。

例如，据《广州日报》2003年1月的报道，30名绿色和平组织成员13日成功闯入位于萨克福马海岸的英国赛斯韦尔核电站，对英国存在的巨大核安全漏洞表示抗议。他们冒着危险以亲身经历警告政府，恐怖分子要进入这些关乎英国民众性命的建筑实在是易如反掌。13日早上6时多，30名绿色和平组织成员翻过围墙，其中一些抗议者进入了控制中心大楼，另一些人则爬上120英尺高的圆形屋顶，在屋顶一侧写下大大的"Danger（危险）"字样。这些抗议者声称，在进入核电站时根本没有任何警报系统响起。这些抗议者最终在警察和安全人员的护卫下离开了赛斯韦尔核电站。这件事情自然被媒体当作重大新闻报道。

作为媒体报道和该组织期望的结果，事发后，英国首相布莱尔表示："我相信，所有负责安全的人员都将从这件事情上吸取教训。我们所受的威胁从来没有停止过，因此确保安全对我们非常重要。"

而这次行动是四个月内绿色和平组织成员第二次闯进赛斯韦尔核电站。在2002年10月，140名志愿者同样成功进入了该核电站，其中2名女性抗议者和5名男性抗议者在冷却塔的屋顶上呆了一整个晚上才下来。①

12月6日，欧洲各国绿色和平组织的代表装扮成遭受"威望号"油轮燃料油泄漏污染侵害的海鸟，聚集在布鲁塞尔欧盟理事会大厦门前请愿，要求欧盟及下属的海运组织采取措施，避免今后再发生类似燃料油泄漏事故，重蹈"威望号"的覆辙。②

---

① 资料来源：http://news.sohu.com/53/46/news204794649.shtml.
② 资料来源：http://news.sohu.com/53/46/news204794653.shtml.

第十一章　媒介内容与社会组织

4月8日，澳大利亚"悉尼"号皇家导弹护卫舰在悉尼港启程，前往海湾地区加入美国领导的伊拉克战争，但遭到来自绿色和平组织的示威者的阻挠。有的示威者甚至爬上船体，致使战舰的通行延迟了将近一个小时①。

7月21日，数名绿色和平组织成员在菲律宾海滨城市苏阿举行抗议活动，反对使用煤炭作为燃料，并敦促政府使用清洁可再生能源。活动结束后，菲律宾警方逮捕了5名抗议者，包括3个菲律宾人，一个美国人和一个加拿大人。下图为绿色和平组织成员悬挂在标语上进行抗议。②

根据新浪网2007年7月对绿色和平组织活动的报道③，可以看出该组织的所有活动都成为了媒体报道的对象，在内容和意义、新闻价值、行动及其影响性上都是媒体不能不报的内容，而且这些内容都有特定的现场，其行为构成冲突和对立，是媒体愿意用新闻图片展示出来的内容。下面是部分内容：

● 绿色和平组织示威者阻挠澳战舰赴伊战场（04/08 15:55）；
● 绿色和平组织在美使馆外示威（03/20 21:11）；

---

① 资料来源：http://news.sohu.com/91/99/news208239991.shtml.
② 资料来源：http://news.sohu.com/81/67/news202256781.shtml.
③ 资料来源：http://news.sohu.com/1/1103/97/subject215839786.shtml.

- 英国绿色和平组织抗议石油公司暗中支持对伊动武（02/25 10:22）；
- 绿色和平组织要求美国消除大规模杀伤性武器（02/02 12:33）；
- 英国绿色和平组织成员爬上核电站屋顶写大字（01/15 12:07）；
- 绿色和平组织的代表为遭受污染的海鸟请愿（12/08 06:00）；
- 图腾柱上挂标语 绿色和平组织呼吁保护海洋生物（11/03 11:10）；
- 绿色和平组织警告：八十年后纽约可能被海水淹没（11/01 15:21）；
- 绿色和平组织成员爬73米高的耶稣基督雕塑挂标语（09/09 05:56）；
- 绿色和平组织成员抗议澳议会拒批《京都协议书》（08/20 15:13）；
- 绿色和平组织调查显示北极冰川在迅速融化（08/10 07:20）；
- 绿色和平组织塔斯曼海域掀起反核浪潮（07/23 21:33）；
- 绿色和平组织成员别出心裁搞抗议（07/22 17:20）；
- 西班牙绿色和平组织赶潮流 12名模裸体宣传环保（04/30 09:14）。

媒体是公共空间的重要组成部分，让公众了解一些公共议题并形成影响力，必须要通过大众媒体来完成。仅就环保领域而言，可以说没有大众传媒就没有西方环保运动。媒体对信息的要求偏向于有对立和刺激的事件，例如传奇、丑闻、灾难的事件，而环境领域总有这样的素材可以提供，如果缺少，也可以通过人为的因素来补足。对于新闻媒体来说，及时获取具有轰动效应的新闻信息，是其在巨大市场竞争压力下生存的重要手段。为了抢占受众市场，新闻媒体比较喜欢"民生"和"民间"题材，而且很多环保行动都能发出民间的原发性声音，可以把环保话题迅速与民生关联在一起，引发媒体的报道。

第六节 中国女性社会组织与媒介内容

女性社会组织在中国的发展历史不长，也就是近一二十年的事，中国最大的女性组织——中国妇女联合会在促进男女平等和提高妇女素质方面做了不少工作，但是它更多的是代表党和政府。我国民间妇女组织的形成和发展则始于1995年第四届世界妇女大会前后。北京红枫心理咨询服务中心的负责人王行娟女士、《农家女百事通》杂志的创始人谢丽花女士、北大妇女法律研究与服务中心的创始人之一郭建梅女士等是代表人物。

我国女性社会组织可以发挥的功能在于：第一是发出声音，呼吁政府政策向女性倾斜，呼吁政府对妇女的教育和就业等生活层面进行宏观调控。例如，敦促保障妇女就业权的法律、法规的执行和落实，在人大审议的《妇女权益保障法修正案草案》就涉及与妇女有关的"性骚扰"问题。第二是启发女性维护自身权益的意识。成立于1995年12月的北大妇女法律研究与服务中心是由北大法律系的部分教师、研究生，以及律师事务所的部分专职律师兼职组成的组织，这就是一个给女性提供法律服务和咨询的非政府组织。第三是帮助女性实现自身价值，提供各种教育和服务。作为一种利益的表达或传播的组织，加强妇女群体与政府决策者的沟通，使政府决策时更容易考虑到妇女的利益。另外，还要为妇女群体排忧解难，开展专业性服务，如为家庭暴力的受害妇女提供法律咨询援助，为婚姻走入困境的妇女提供心理咨询等服务。

北京红枫妇女心理咨询服务中心是一家专门从事妇女服务的非政府、非营利性组织。中心于1992年9月开通了老年妇女热线，提供恋爱、婚姻家庭、妇幼保健、老年妇女问题、人际关系、妇女就业、离婚手续、护肤美容以及严重生活事件引起的心理危机的妇女咨询等全方位热线服务，并向求助者提供有关咨询服务机构的服务时间、地点及信息。

目前，我国女性社会组织通过不断发展已经能够主动去接触媒体，了解媒介运作方式，积极向媒体提供信息，努力使大众传播媒介理解本组织的工作和宗旨，让更多的组织理念通过大众传播媒介传播出去。

一、多样化的大众媒体合作方式化

女性社会组织吸引媒体关注，或者说与媒体合作的方式不断多样化，例如有下面的做法：

2005年9月，中山大学性别教育论坛项目组①与英国驻广州总领事馆文化教育处联合举办"性别平等和媒体倡导"系列培训活动，参加这次培训的除了性别教育论坛项目组的全体成员外，还有来自《广州日报》、《南方都市报》、《南风窗》、《信息时报》等广州主流媒体以及暨南大学、华南师范大学、广东外语外贸大学、澳门大学等高校师生。这是一次专门的媒体培训，以媒体中的性别平等性概念、媒体能够和应该做哪些改变、性别媒体监督和倡导、媒体性别网络的重要性为主题，以参与式方式为主，邀请英国媒体专家主持工作坊，展开一系列媒体倡导活动，致力于建立一个倡导性别平等的媒体网络。② 这是直接与媒体工作者交流，讨论相关问题，形成新闻关注点和新闻工作者对女性问题关注的方法。

2005年12月7日，全国妇联举办"将性别平等纳入媒体决策主流高级培训班"，目的是倡导性别平等，呼吁主流媒体的报道。来自全国妇联、《中国妇女报社》、《中国妇女杂志社》以及上海、江苏等地方妇女媒体的30多名中高级决策者和骨干接受了为期两天的培训。

2008年6月4日晚，美国女作家伊娃·恩斯的作品《阴道独白》在首都北京首次成功演出，具有里程碑意义。这个剧本的首次演出是2003年12月7日，地点是广东美术馆，由中山大学中文系20余名师生表演。《阴道独白》的成功演出证明女性主义在悄悄地改变着生活、改变着当代中国。女性主义关注的问题恰好和中国当下的许多问题

---

① http://genders.zsu.edu.cn/.
② 资料来源：http://genders.zsu.edu.cn/News/785-Content-785.html.

相互印证、解释，这对于发展中的中国公民的生活无疑有着重要的影响和意义。北京首演成功不仅仅在于《阴道独白》剧本自身的现实意义，也说明女性主义的声音正在融入当代中国的时代氛围。在 599 个城市，由 515 所大学在体育馆、教堂或咖啡馆演出了该剧，共有 35 个国家卷入了这场运动，募捐 700 万美元，共有 1000 个反对针对妇女的暴力的组织接受了演出的捐款，全球上演已有千场。

通过抗议行为引起关注也是方法之一。美国知名商业杂志《福布斯》的一名资深编辑撰写并发表了一篇题为"千万别娶职业女性"的文章，引发女性广泛抗议。文中列举了娶职业女性的若干弊端，包括职业女性更容易离婚，更容易欺骗，更不可能要孩子，等等，建议男士们千万不要娶职业女性为妻。内容十分直白，文笔甚为犀利。美国女权主义领袖格洛丽亚－斯泰纳姆就此事发动民众反抗性别歧视，美国女性社会组织针对他的过激言论发表了一轮又一轮的抗议和谴责。在员工和读者的压力下，《福布斯》对这篇大作也失去了信心，将其中最火辣的部分从网站上删掉，并在旁边加上了《福布斯》另一名工作人员伊丽莎白－科克兰的反驳文章："千万不要嫁懒惰男人"。

另外，女性社会组织可以发现并利用机会成为传播主体或重要信息来源。主要有两种方式：

（1）为媒体提供新的视角。例如在媒介监测网络活动中，女性社会组织参与大众媒介活动，提出了社会性别视角，乐意接受媒体采访，提供相应的详细资料。

（2）参与策划或制作广播、电视节目、公开出版印刷物等，创造替代性媒体。女性社会组织可以制作播出带有明显主张的媒体广告，或者自主创办一个官方的媒介传播平台。

湖南省的媒体在这方面有可称颂的地方。湖南的《今日女报》以"凤眼看世界 见证她时代"为办报理念，并极具前瞻眼光地注册了"女性在线"的域名，表现出敏锐的性别意识。他们通过开设"性别研究"网站；邀请性别专家李小江教授开辟报纸专栏；邀请台湾学者蓝怀恩教授开设"经营男人"和"反准家庭暴力"的讲座；特别是配合湖南女子大学承办的欧盟社会性别意识推广项目，连续地报道了此项目的实施进程及相关的社会性别理论，为湖南甚至全国的读者普及社会性别意识起到了重要作用，成为宣传先进性别文化的窗口。

主流妇女杂志常以服装时尚、美容化妆、养育儿童等为中心内容，替代性媒体则有意识地报道与妇女权利有关的问题，如生育健康、社会上对妇女的歧视、妇女工作权利等，并有意识地提供有关妇女的行动、计划和网络的信息。替代性媒体更倾向于反映普通劳动妇女的心声。1978 年在联合国人口基金会资助下，联合国教科文组织在世界每个地区建立妇女特稿社，以促进国际性的有关妇女的新闻和信息的定期交流。

二、新闻策划事件引起媒体关注

通过新闻事件引起媒体的关注，借此引出相关话题，引发公众的讨论和观念转变，这也是女性社会组织影响媒体内容的一种方式。

例如，俄国妇女组织发起保护运动，反对妇女买卖行为。2001年5月，俄罗斯妇女组织发起反对贩卖妇女的运动，在俄国的六个城市里发放传单，促使俄国年轻妇女和少女提高警惕。俄罗斯43个妇女组织的联盟主席高尔查哥娃认为，俄罗斯妇女正受到数以千计的掠夺者的威胁，这些人在报纸上刊登虚假海外工作广告，以诱骗妇女出国。这些妇女出国后就落入犯罪组织的手里，她们的护照被没收，经常遭到毒打、强奸，被迫充当性奴隶。

另外还有主题活动，例如，消除性别暴力的十六天运动。时间是2004年11月25日到12月10日，活动的主题包括以下内容：

● 会上展示全球反暴力的幻灯、录像，放映纪录片，内容是性别教育论坛在中山大学开展活动，制止校园暴力的纪录片《白丝带》；

● 特殊性活动还是性暴力——湖南女教师黄静遇害案讨论，会上放映采访受害人家庭、法医专家等录像片段；

● 《阴道独白》中文首演一周年暨纪录片《幕后故事》首映式；

● 公共戏剧与人权教育研讨会，会上放映纪录片、录像片段，展示在加拿大、中国天津、广东番禺、中山大学等地运用公共戏剧形式展开的人权教育活动。

活动的主题通过通知、海报、条幅、网站等方式传播，活动通过讲座、访谈、集会、座谈、电影节、工作坊等形式，以文章等形式发布信息，向社会公众进行相关主题的传播。这些主题活动也引起了媒体的关注和报道。

三、通过网络媒体塑造女性主体形象

女性社会组织主张反对家庭暴力，通过建立相关网站来达到传播的目的，如中国法学会反对家庭暴力网络（研究中心）的网站（www.stopdv.org.cn）。这些网站在议题传播上有以下特点：

（1）发现独立的、多元的声音和形象进行报道。比如，在国际人权日的纪念活动中，发布其他媒介难以发现的新闻亮点，如农村妇女演戏的照片。

（2）借助网络新闻与大众媒介形成良性互动。如一篇《中国第一部反对家庭暴力电视剧即将开播》的新闻发布后很多媒体都转载这篇文章，这篇文章之所以能被大量转载是因为报道的视角独特，而且链接有大量相关信息，便于深度报道。又如，关于V-DAY在中国上演反暴力戏剧的新闻刊登后，数家媒体纷纷采访女性组织的负责人。

（3）首先明确网站的传播目标是媒体的记者，其次以提供相关专业资讯为主。既符合媒体记者寻找线索的需要，也满足一般读者了解相关情况的要求。

四、监测协调媒体报道

国外的不少社会组织还会从组织理念的角度出发，对大众传播媒介的报道内容进行

监测,一旦发现不符合组织主张的传播内容,立刻发布声明,组织抗议,反对媒体的特定行为。例如日本某家电视台播放有关动物的节目,其中一个环节是主持人将领一头只有半岁的华南虎上台与嘉宾和观众见面,不料电视台立刻接到动物保护组织的抗议电话,反对将幼年的动物带到展播厅高度的镁光灯下,结果电视台为避免遭到法律起诉,只得当场中止这个节目。国外的不少女性保护组织、儿童保护组织、自然和动物保护组织都会对媒体的报道内容进行监测,及时抓住媒体上的不合适议题,发出自己的声音。近年来我国部分社会组织也有了类似的媒体监测活动。

2006年3月5日,首都女新闻工作者协会发布了关于广告中性别倾向的监测报告,此次监测对象均为电视广告,首都女记协妇女传媒监控网络选取了北京、上海等五城市10家电视台2005年8—11月每月3—4日18:00—22:00时的全部广告,共计4935条。性别歧视广告的评审标准包括:以女性做招徕,女性是性对象,歪曲女性工作上的贡献,强调女性的从属角色,强化社会对两性的角色定型和误导儿童理解男女特质。步步高电子词典、福临门天然谷物调和油、力士沐浴用品、立白集团肤歌沐浴露、马爹利酒、太太美容口服液等产品广告位列"2005十大性别歧视广告",其主要问题包括以女性做招徕、女性是性对象、歪曲女性贡献等。在公布性别歧视广告的同时,首都女记协还公布了"2005十大性别公正广告",IBM、佳洁士形象广告等榜上有名。

另外,"谁制作新闻?——全球媒体监测"项目每五年举行一次,是目前唯一一个在全球范围内对女性和男性的报道进行系统监测的项目。2005年的全球媒体监测有76个国家及地区参与,涉及报纸、广播和电视新闻节目。该项目的监测结果发现,主要报道男性人物、反映男性关注的问题和男性的观点,是全球新闻中普遍存在的问题。我国的首都女记协妇女传媒监测网络负责全球媒体监测的中国部分,成立于1996年3月的"妇女传媒监测网络"是中国内地唯一专门关注妇女与传媒关系的非政府组织,许多传媒和社科界的热心人士为之义务工作。

总之,与政府组织和商业组织相比,社会组织往往由于权威和经济力量的不足而难以在广泛的范围内发挥自己的作用,同时,部分社会组织的理念与传统的道德和社会共识有不相符合的部分,这都要求社会组织不得不花更多的时间和精力通过大众传播媒介来介绍组织理念,争取政府和公众的理解和支持,社会组织对大众传播媒体传播作用的重视可以说既出于组织的需要,也是为了符合社会环境的发展要求。而且可以预见在未来,社会组织会更加重视在大众传播媒介上的议题推广和与公众的沟通交流。

第十二章 媒介内容与受众

第一节 受众的性质与特点

传播过程中必不可少的因素是传播者、传播内容、传播媒介和传播受众,众多的传播理论都是围绕这些要素进行的。有关传播学和大众传播媒介的各种研究大多是围绕受众展开的,例如,受众的特点,即受众作为信息的接收方有哪些接受和阅读上的特点?决定或影响受众信息接收能力和程度的要素是什么?如果说大众传播媒介的某个议题得到社会关注,产生了社会影响,议题与受众和公共舆论之间有怎样的关系?西方的大众传播媒介学始终把受众研究放在中心地位,认为受众是传播媒介理论研究的中心内容,是媒介经营和市场运作的主要导向。而要研究受众对媒介内容的影响,首先就要对受众的特点进行分析。受众分析可以从以下几个方面展开:受众与信息的关系、受众的信息接受和阅读的特征、受众接受信息的动机、受众的传媒接触的社会条件。

一、受众与信息

首先分析一下受众与信息的关系。大众传播媒介生产并输出的产品是信息,媒介与受众相联系的纽带也是信息,那么,受众与信息是什么关系?大众传播媒介的受众首先是社会人,生活在复杂多变、不断发展的社会环境中,需要对社会环境有所认识和理解才能决定自己的行动,而人们认识环境的主要手段之一就是通过接受大众传播媒介的信息来认识、理解世界,所以说,受众是大众传播媒介信息的传播目的地;对于大众传播媒介来说,受众由于具有认识外部世界状况的精神需要,他们其实是信息的积极寻觅者和阅读者,他们期望通过信息接受和阅读来判断自己在社会中的行为和活动。

同时,受众又不仅仅是简单地、直接地接受信息,由于具有亲身的社会经验,他们应该事先就具有不同层次的判断能力,对媒体的信息有分析和批评能力,最起码的,他们也能判断媒体的信息是否符合自己的需要。因此,受众是媒体信息反馈的来源,重视受众的媒体都会积极设置收集反馈信息的渠道。同时,大众传播媒介也是社会系统中的一分子,其传播目标和传播行为都与媒介组织周围的环境因素密切联系,而受众也是媒介传播环境的重要组成部分,受众的信息需求和信息接受方式都对媒体的传播活动有所影响。

其次，大众传播媒介的受众具有怎样的特征？大众传播媒介的受众是不特定的人群，而且由具有不同社会经验的个人组成，由于每个人所处的社会环境、所承担的社会角色不同，所拥有的文化背景、所具备的知识结构和民族特征也不同，因此他们在信息接收活动中也显示了不同的特征。

同时，受众生活在社会环境中，他所接触的信息环境也比较复杂，大众传播媒介仅仅是社会成员接触的信息来源之一，他作为不同社会群体中的一个个体，还同时受到人际传播与组织传播以及各种层次的社会关系的传播的影响，例如一个公司的职员，除了大众传播媒介，每天还会接收到来自家庭成员、公司的上司和同事、自己的客户、自己的不同圈子的朋友的信息，这些信息的接收都是与大众传播媒介信息的接收同步进行的，因此，受众可以按照现实情况与自身的习惯有意识地选择信息。例如，在某个信息的判断上，他更偏重家庭成员的观点，而在另外一个信息上他则相信大众传播媒介的观点。

此外，受众的人数也是很难统计的，一份报纸通常用发行量来估算自己的受众，但是报纸可以重复阅读，这样的潜在人群就很难统计了。而且受众可以跨越多个阶层，成分复杂，数量众多，这个团体同时随着社会的变化而不断变化，阅读的兴趣和关注的热点都在不断变化，因此可以说受众是一个不断变动的集合体。

即使面对同样一个新闻信息，由于受众的个人特点，如心理结构的差异，经验和学历的差别，社会背景的不同，也会对信息的内容选择和事实认知产生不同的影响。

二、受众接受信息的目的

每一个生活在人类社会中的人都会有信息需求，但是每个人针对信息的需求又是不同的，他们对媒介内容的接收是基于自己的目的，受众接受媒介信息的目的和动机不一样，对媒介内容的选择也不一样。

受众接受信息的目的有如下几个：

第一是使用目的。受众有明确的行动目标，为了这个目标而寻求有关的信息，获得信息是为了更好地达成其行动目标。例如，一个大学四年级学生想找一份与计算机有关的工作，他可能经常在报纸上寻找相关招聘信息，也可能在招聘网站上查阅资料。这种信息阅读和接受活动就是出于自己的使用目的。这种使用目的可谓是受众对媒体提供信息的重要选择标准。发行量全美第一的《今日美国》曾做过一个调查，希望了解他们的读者到底喜欢什么信息，调查结果表明受众最需要的是生活指导类信息，例如如何买到物美价廉的日用品，如何给孩子选择学校，如何找到最近的医院，等等。可见，受众接受信息的最大动机就是获得能够给自己以帮助的信息。

第二是娱乐目的。一个人生活在复杂的人群中，不得不应付各种各样的人际关系，也必须应对来自外界和内部的各种变化，承受着一定的压力，而释放这种压力，获得精神上的放松的一种方法就是通过大众传播媒介上的娱乐节目来消遣和寻求刺激。目前，绝大多数的大众传播媒介都把娱乐信息看成是重要的传播内容之一，以电视台的节目构成为例，影视、体育、休闲、旅游、美食、时尚、游戏、谈话、竞争类节目占了时间分配表的大部分，而新闻联播类节目的分量则无法与之相比。也就是说，人们对大众传播媒介的期待不仅仅在通报外部世界的新闻上，同时也期望能从大众传播媒介上获得更多的娱乐信息。在提供娱乐内容方面，电子媒体和网络媒体由于其特性拥有更大的发挥余地，如电视台的影视节目和广播电台的音乐节目，网络媒体不但能包容视频节目，还能提供各种游戏功能。

第三是学习目的。人们通过获得各种信息来了解大千世界，通过学习不同的知识来丰富自己，使自己能更好地生活和发展。大众传播媒介具有的教育功能恰好能符合受众学习新知识、了解未知领域、指导自己行动的目的。出于学习的意愿和接触媒体的便利性，人们往往带着好奇心，主动在媒体上寻求相关知识。网络媒体特有的信息链接和信息搜索功能就很好地满足了人们的学习愿望，例如在一则新闻中出现了一个不太为人们所了解的儿童传染病，一位母亲可能在阅读完这个信息后，继续根据新闻的链接查询这个病症的特点，或者直接输入关键词寻找更多的相关知识。很多专业知识如政治、经济、法律、科技、卫生、心理等都可以通过新闻和新闻的背景解说来让受众得到满足。

第四是沟通目的。一个人作为社会成员生存就不可能是一个信息孤岛，他必须与其他人和组织交流沟通才能了解自己在社会中的具体状况。通过大众传播媒介，他可以更好地、更广泛地与更多的人交流信息和观点。例如一个人可以通过读报了解专家对目前经济形势的具体看法，也可以打通广播台的热线电话发表对市政建设的意见，更可以在网络媒体的BBS、QQ和各种形式的论坛上接受他人的观点、发表自己的观点。大众传播媒介具有的讨论平台的功能就有满足社会成员之间的沟通，形成社会整合意见的作用。

由此可见，受众这个名词虽然带有"被动"的意味，但是一般来说，大众传播媒介的受众并非简单的信息接受者，他们有自己的信息接受动机和目的，如果媒体提供的信息不符合他们的需求，那么媒体就会失去受众的市场。反过来说，受众对大众传播媒介的信息选择标准是有一定影响的。

三、受众接触传媒的社会条件

在有了接受媒介信息的目的和动机之后，受众是如何开始接触媒介的？他们在接触大众传播媒介的行动上具有怎样的特点？

如上所述，受众接触传媒的目的是为了满足他们的特定需求，如使用、娱乐、学习和沟通，这些需求源于受众个人不同的社会经验、知识储存和心理因素。当他们产生信息需求时，首先有两个条件——媒介接触的可能性和受众对媒介的印象。所谓媒介接触的可能性就是指受众是否能方便或者低成本地获得媒体信息，例如当一个人希望了解今天的股市走向时，他首先寻找对他来说最方便、最便宜的信息载体，如可以看免费电视，或者花很少的经费购买报纸，如果他拥有电脑，也可以上网查询更多的信息。不同的媒介所具有的信息传递的便利性和成本是不同的。报纸不需要事先的设备投入，成本低，可以订购，也可以在报摊购买；收音机便于携带，成本也不太高，适于外出行动中的信息接受；电视媒体和网络媒体都需要事先的设备（电视机和电脑）投入，成本较高，但是信息接受的效果最好，在接收信息的过程中还会因情况产生即时费用如有线电视的费用和上网费。人们一般会根据自己的信息需求和生活习惯来选择媒体的类型，方便和满足需求是首要条件。如果不具备这种条件，人们就会选择其他代替性的媒体。

相同的媒体也有不同的种类，如报纸有党报、省报和都市报；也可以分为日报、晚报；电视台和网站也有不同的传播特征和信息选择特点，这些特点就是受众确定媒体的第二个条件。人们往往会根据自己或者他人介绍的对媒介的初步印象来选择特定的媒介，来开始自己的具体的接触行为。例如一个人想了解国家对中小企业的相关政策，他可能选择《人民日报》或者《经济日报》，也可以上政府网站或者专门针对中小企业的网站来了解自己关心的信息。在具体的选择时，自己已经拥有的亲身经验和学识，或者来自于人际传播渠道的推荐和建议都会成为重要的选择标准。

当一个受众接触大众传播媒介后，他的这种接触行为可能产生两种结果，即信息需求得到满足，或没有得到满足。前者能让他对这个媒介留下印象，导致以后的继续接受行为；后者会阻止他再次使用同一种媒介。也就是说，受众媒体接触行为的结果满足与否，都会对他以后的媒介接触行为产生不同程度的影响，人们会根据满足与否的结果来修正他原有的对特定媒介的印象，或者失望，或者期望，在不同程度上改变他对媒介的看法。

第二节 受众对大众传播媒介的意义

大众传播媒介与其受众有着不可分割的关系，因此，任何一种大众传播媒介都会重视其受众资源。在这里，首先分析一下大众传播媒介是怎样看待他们的受众的。应该说，大众传播媒介对受众的看法是不断变化的，是带有不同时代的社会特征的。

一、权力观与财富观

把受众看成是大众传播媒介的权力之源和财富之源的看法古已有之，现在仍然是定义受众与传媒关系的比较固定的看法。

在西方各国，大众传媒号称"无冕之王"和"第四权力"，这并不是媒体自身拥有什么特殊的权利，而是指媒体代表着广泛的、庞大的受众群的利益，代表广大的受众监督政府和公共管理，反映人们的心声，媒体报道是影响舆论的强大力量。受众自愿把自己的信任赋予大众传播媒体，相信他们的新闻报道是真实、客观和公正的，因此自愿购买媒体的产品，这正是媒体"无冕之王"的底气之源。对抗媒体就等于对抗公众，媒体可以以"第四权力"自居来监督、批评各种政治、经济和社会权势。由于西方各国的媒体在经济上独立于政府,是依赖社会公众对媒体的信任和产品购买得以生存的,因此,西方媒体批评政府、得罪总统是常见之事,但是媒体不能对抗社会主流意见或者公众舆论的意见。西方的主流媒体总是顺应并力图代表、反映主流意见,来获得他们对政府、企业的影响力。

所谓财富之源,是指以营利为目的的私营媒介形成后,在经营上要生存并获得更大的发展,必须重视媒体的市场——受众对媒体产品的购买行为。这种购买行为中包含着巨大的财富来源,例如报纸的发行量较大往往可以说明这个报纸拥有较大的影响力,也就是说很多受众相信并依赖这家报纸,因此衍生出来的财富之道有广告——企业和广告商更愿意把自己的产品信息登载在这家拥有大量受众的报纸上;同时,凭借知名报纸的名声,这家报纸媒体还可以开拓更多的经营渠道,如开设网络新闻媒体、出版杂志和书籍、经营音像制品等,都是借助于自己已经拥有的受众资源。在20世纪90年代后期,媒体追求经济利益的导向更加明显,媒体开始主动为广告商的销售需要来"量身定做"专门内容,例如开设鼓励消费的专版、面对特定消费人群的电台专业频道,设置针对有消费能力的受众、能招徕更多广告的娱乐电视节目等。媒体会根据广告商在不同阶段的销售目标和产品诉求,通过市场定位和研究来明确界定其目标消费者的人口特征,然后再通过恰当的内容来聚合最感兴趣的这一群人,有的放矢地出售给广告商。这种做法的基础就是视受众为媒体财富来源的观点。

二、几种主要的受众观

随着社会的发展和各种社会理论的出现,有关如何看待并理解大众传播媒体的受众理论也不断发生变化,这里介绍一下主要的几种受众观,这些观点代表了不同时期学者和媒体对受众的认识和理解。

1. 大众社会理论的受众观

首先是大众社会理论的受众观。大众社会也称"群众社会",是在大众媒介和大众文化作用下形成的群众性的社会。大众的特征被陈述为组织松散;成员之间缺少直接接触;人员流动频繁,不受团体力量的约束;其信息传递是通过大众传播媒介来进行的,也就是说,他们对大众传播媒介的信息传递是依赖关系。

还有学者这样形象地描述大众社会理论中的"大众"——大众是无定形的过往人群,是转瞬即逝、无明显人格特征的人群聚合体,而不是一个组织严密的社会群体;他们彼此之间缺乏任何有效的联系,是孤立的、原子式的人群聚合体。同时,大众还是同质性极高的人群聚合体,具有"千人一面"的形态;而报刊、收音机、电影等大众传媒则促进了这种同质化和整齐划一的人群的形成。[①] 根据这种特点,这种人群的信息接收特征也清晰了,他们对大众传播媒介的信息没有分析批评能力,只是接受;他们没有

---

① 郝彩红:《西方大众社会理论中"大众"概念的不同义域》,《学海》2007年第4期。

各自的特点,也没有形成特定的组织,因此难以对抗大众传播媒介的传播力量。

在大众社会理论的不同阶段,其主张的受众观有所不同。例如早期贵族主义观点认为,大众是无知的暴徒,但是其力量巨大,甚至可怕。之后大众社会理论趋于对法西斯主义的批判,这时的受众观认为大众是觉醒的,但易于盲动,揭示了大众的可引导性和盲动性。而"二战"后美国大众社会理论主张的受众观认为大众是失落、冷漠、麻木的。这是因为在"二战"后,美国民众体验过觉醒期的新鲜感后,觉得原本寄予厚望的民主、自由、权利如今又产生了种种新的问题,这些新鲜的主张使用起来很麻烦、很费劲,力不从心,对此陷入迷茫,产生了冷漠、茫然的感觉。①

克劳斯认为受众可以按规模分为三类:一是特定国家或者地区可以接触到媒介的总人口;一是对特定媒介信息保持定期接触的人群;一是接触媒介信息后在态度和行为上受到信息影响的人群。② 最后一种人群对大众传播媒介来说是有效受众。

2. 受众 = 社会群体

大众社会理论认为受众是分散的、无组织的、被动的、没有抵抗能力的人群,这种观点也促成了在大众传播学效果研究的早期魔弹论的出现,正是因为忽视媒体受众的能力和力量,魔弹论才过大地描述了大众传播媒介对社会公众的影响力。但是,如果真正分析作为社会群体的受众,就会发现受众并不是分散的和被动的,他们属于不同的社会组织和群体,具有不同的社会文化背景,他们的媒体接触行为会受到所属社会组织和文化背景的制约,有时这种背景对受众的影响可能会超过大众传播媒介对他们的影响。③

也就是说,大众传播媒介的受众并不是单一的和同质的,而是千变万化的。受众的具体特征可以从两类指标分析得出,一是人口统计学的角度,包括性别、年龄、籍贯、民族、职业和学历等要素;一是社会学的角度,包括家庭、单位、团体、政治倾向、经济阶层和文化归属等。受众的人口学特征和所处社会阶层的不同、拥有的社会关系的不同会导致他们接触大众传播媒介的方式、选择和所受影响程度的不同。

3. 受众 = 市场

认为媒体的受众等于媒体的市场的看法早已存在,以营利为目的的私营大众传播媒体的出现是这种观点的基础。在市场经济社会里,受众等于市场的消费者,他们的媒体接触行为其实就是购买媒体的产品,这一理论在 20 世纪 90 年代比较流行,学术界将这种观点称为"市场导向新闻"④。这种观点在市场经济环境中比较容易理解,简单地说,媒体提供的信息就是商品,媒体组织和传播者就是卖方,受众就是信息商品的购买者。

---

① 郭庆光:《传播学教程》,中国人民大学出版社1999年版,第十章。

② Clausse, R. (1968). The Mass Public at Grips with Mass Communication. *International Social Science Journal*, 20 (4), 625 – 643.

③ 例如拉扎斯菲尔德等人在20世纪40年代进行的IPP指数分析研究就说明了这一点,具体参见郭庆光《传播学教程》,中国人民大学出版社1999年版,页174—176。

④ McManus, J. H. (1994). *Market-driven Journalism: Let the Citizen Beware*? Thousand Oaks, CA: Sage.

因为是信息购买者，受众在接收媒体的信息时就会从个人的喜好和需求、信息的经济利益和使用价值上来考虑是否购买的问题。同样，作为卖方的媒体则要时刻考虑受众的需求，推测他们的喜好和需求的变化以及走向，好让媒介产品引起受众的购买行为。

处于这样的受众观视角下的媒体则有这样的特点：

（1）传媒组织是一个企业，其追求和重视的目标是获得市场占有额和盈利。

（2）信息要具备交换价值，只有这样才能维持媒体消费者即受众的持续购买。

（3）传媒业的激烈竞争不可避免，而且随着市场和媒体的多样化，这种竞争会越来越激烈。

4. 受众＝权利主体

如果把受众当成一个社会的成员，看到他们在民主政治和公共管理中应该发挥的作用的话，就应该同时看到他们在社会传播中拥有的权利。那么，受众应该拥有哪些权利呢？一般来说有以下几种权利：

（1）传播权。这是每个社会成员拥有的基本权利之一，社会成员有权享受各种媒体和人际传播渠道的信息，也有权利把自己的观点和经验与其他社会成员分享，分享的方式可以通过著述、言论等方式，也可以通过大众传播渠道和人际传播渠道来进行。

（2）知晓权。这既是一种基本权利——社会成员有必要对自己所处的社会环境有所了解，因而对发生在自己周围的信息享有了解、知晓的权利；同时它也是一种政治权利——一个社会的公民对国家行政和执法等公共管理领域的情况有了解的权利。

（3）传媒接近权。这是出现于20世纪60年代的美国的概念，指的是一般社会成员也有权通过各种大众传播媒介来发表、展示、说明自己的观点和主张，也可以通过大众传播媒介来进行各种社会和文化活动。

（4）更正权。这是指当个人或集团遭到来自大众媒介或传播者方面的攻击和对自身利益、权利的侵犯时，有权要求该媒介划出一定的版面或时间供自己作自由公开的反驳，以便人们对事情真相有一个客观、公正的认识。

（5）监督权。它是指受众对大众传播媒介的运作和传播者的传播行为有察看并督促的权利，以免其产生不良后果。受众可以根据法律条文、道德规范、行为准则等标准，并以起诉、写信、打电话、停止订阅、舆论声伸等多种形式对新闻媒介和新闻传播者进行监督。

（6）隐私权。指受众享有个人独处，对个人与公众利益、公众事务无关的私生活进行保密、不受新闻媒介打扰和干涉，以及个人的名誉和利益不受伤害的权利。新闻媒介不得以营利为目的报道他人的隐私。未经本人允许公开其姓名、财产、身体、私人信件、日记、家庭矛盾等，侵犯了个人生活的安宁，引起了个人精神上的痛苦和不安，就是侵犯了他人的隐私权。对此，合法权益受到损害的人，可以向人民法院提起诉讼，并要求道歉和赔偿。

从受众是一个权利主体的角度来看，大众传播媒介就不能忽视受众应有的权力需求而独自选择并确定传播内容,受众拥有的权利也对大众传播媒体的内容形成有影响。例如,公民的传播权和传媒接近权要求大众传播媒介在内容设置上考虑面向公民的节目,提供可以让公民在媒体上发出自己的声音的机会——报纸上的读者来信、短评栏目和讨论板块;电台和电视台邀请受众直接出现在节目中发表自己的看法;网络媒体在体现这项权利方面则具有不可比拟的优势。公民的知晓权也要求媒体在报道政治、经济和社会问题以及重大突发事件方面明确维护让公民知晓社会管理信息的原则,积极主动地报道与公民生活和工作有关的方方面面的情况,对社会管理者的管理行为进行监督和批评。而更正权、监督权和隐私权更是在传播内容的各个细节上要求传播媒介注意不要违反受众的权利。

总的来说,随着社会的发展,现代社会的受众的素质不断提高,他们应该不再是千人一面的集合体,也不应该是彼此孤立、分散隔绝的,而是既有差异又相互联系的。但是作为社会集合体中的一员,他们既带有集团的特征,也带有个人的特征,因而其对大众传播媒介信息的接收行为是复杂的,在宏观层面上看有相对的类似性,在个人微观层面上看又各有差异。大众传播媒介组织在认识和理解他们的受众的时候,只有认识到这一点,并用变化和发展的眼光看待受众的需求,不断调整传播的总体策略,才能收到良好的传播效果。

三、拉扎斯菲尔德和德弗勒的受众论

美国传播学家拉扎斯菲尔德和梅尔文·德弗勒还分别陈述过几种受众观,具体如下[①]:

第一是社会分化论的观点。拉扎斯菲尔德认为,当代社会的人们有着不同的类型,因社会阶层、政治态度、民族血统、经济收入、教育程度、宗教信仰、种族、城乡居住地等的不同而形成不同的社会阶层。城市化、现代化、移民和分工、个人社会地位的升迁等也对社会中的人的分化有着影响。

第二是亚文化论的观点。拉扎斯菲尔德认为不同社会状况具有的特定的、为其团体所有的生命空间,例如贫民窟、罪犯、吸毒者、流浪汉、少数民族、同性恋者、农民、医生等,不同类型的人有较为独特的生活,从而构成一种区别于社会大众文化的亚文化,有属于自己的行话和活动领域,有独特的价值观和信仰。这是社会分化的产物。

第三是个人差异论的观点,这个观点由霍夫兰在1946年首次提出,他认为每个人的兴趣、爱好、习惯、价值观等多是后天获得的,由于每个人所处的社会环境和经历不同,各自的生命空间也非常不同。个人差异论的观点促使研究者重视个人的心理因素对受众成员的媒介信息接收行为的影响,并提倡传播学中对于受众的研究,主张受众分析

---

① 参见德弗勒、洛基奇著《大众传播学理论》(第五版),杜力平译,台湾五南图书出版公司1991年版,页178—179。

从受众成员的心理入手。

第四是社会范畴论的观点,又叫社会分类论,梅尔文·德弗勒指出受众分别在年龄、性别、文化程度、社会地位、兴趣爱好等方面有差异,却能找到彼此的共同点,由此可以分成不同的社会范畴,属于一定社会范畴的人们总有着大体相同的经历,有类似的社会观和价值观,可能对传播媒介作出大体相同的反应。也就是说,媒介组织等各种传播机构可以通过分析和预测不同受众群体的有选择性的媒介信息接收行为,来设计和制作传播内容,达到希望的传播效果。

还有社会关系论的观点,这种观点注目于分析受众成员日常的社会关系对其媒介信息接收行为的影响。认为媒介向社会成员提供各种信息,但社会成员是有选择地接收和解释这些信息的。

造成社会成员有选择的大众传播信息接收行为的重要原因在于他们的社会关系影响着他们的接收方式。当个人对媒介内容的选择性决策为家庭、朋友、熟人和其他与他有关系的人所改变时,就表明上述社会影响在产生作用。个人对大众传播媒介的注意形式和反应形式,反映出他的社会关系网络。因此,大众传播媒介的效果既非一致的、强大的,也非直接的;个人与个人之间的相互影响极大地制约和影响着媒介的传播效果。这种社会关系论的基础来源于美国传播学家拉扎斯菲尔德、贝雷尔森、卡茨等人的研究成果,成果表明人们之间的相互影响可以影响他们对大众传播媒介信息内容的接受。

以上从社会学角度来看待和分析受众的观点有助于对受众特点的分类和分析。

四、社会参与论与受众

美国学者巴伦提出的社会参与论也对如何看待受众与大众传播媒介的关系有所论述。社会参与论又被称为受众介入论。它是一种源于美国宪法中有关公民权利的受众理论,巴伦在其 1976 年《对报刊的参与权利》一文中认为,民众对大众传播媒介的积极参与是公民社会中参与意识的一种表现形式,为了维护受众的表现自由,要保障他们参与和使用传播媒介的权利。①

巴伦的主张在当时并未引起美国理论界和新闻界的重视,但是在 20 世纪 70 年代的日本传播学界却展开了大规模的有关社会参与论的研究与探讨,并在部分媒体的传播实践中进行了试行。20 世纪 80 年代后我国广播电视界也有了一些实验性做法。如今这一理论已为学界和传媒界所认同和接受。

社会参与论的主要观点可以归纳如下②:

(1) 大众传播媒介应是公众的讲坛,而不是少数人的传声筒;

(2) 公民及其团体既是信息的接受者,也是信息的传播者;

---

① 1976 年巴伦在《哈佛法学评论》上发表《对报刊的参与权利》,首次提出"参与权"这个概念。

② 以下观点归纳自 http://zhidao.baidu.com/question/28832462.html?si=6.

（3）受众已不满足于消极地当一名接受者，一种试图积极参与报刊的编写、广播电视节目的制作和演播的自我表现欲望正在增长；

（4）让受众参与传播，正是为了让他们积极接受传播，因为，人们对于他们亲身积极参与形成的观点，要比他们被动地从别人那里得到的观点容易接受得多，且不易改变；

（5）参与传播也是受众表达权、言论权的具体体现。

简单地说，这一理论的主要观点在于主张社会民众积极参与新闻媒介的制作和传播过程，它认为大众传播媒介不应该是少数人的传声筒，而应该是公众讨论和发表见解的论坛。同时，传播媒介的这种作用也体现了对公民的传播权、知晓权和媒体接近权的尊重。大众传播媒介应该让公众更多地参与他们的传播过程，这同时也能让公众更好地理解和接受媒体的传播内容。

随着时代的发展，受众的文化修养和媒体素质不断提高，对自己应有的权利意识也不断高涨。现代的媒体受众已经不满足于消极被动地接触媒介的信息，而是希望参与各种媒体的传播活动。互联网媒体的迅速发展和被称为"自媒体"的博客、播客和视频网站等各种新型传播方式的流行正好说明现代受众不仅仅是"受众"，他们同时也希望成为"传播者"和"传播内容的制作者"。

联合国国际传播问题研究委员会在1980年的工作报告中指出："不要把读者、听众和观众当作消息情况的被动接受者，大众媒介的负责人应该鼓励他们的读者、听众和观众在信息传播中发挥更加积极的作用，办法是拨出更多的报纸篇幅和更多的广播时间，供公众或有组织的社会集团的个别成员发表意见和看法。"① 这段话表明了对受众参与媒体传播活动的支持。

第三节 受众对媒介内容的影响

在大众传播媒介的传播内容的形成过程中，人们往往认为传播者，或者说媒介工作人员具有较高的信息裁量权，他们是媒体传播内容的决定者。这个观点其实只反映了媒介内容生产的一个方面，当媒介工作者在思考和决定传播内容时，他们一般会从多个方面来衡量和判断一则新闻的价值，判断的重要尺度之一就是媒体的受众因素，例如他们会思考受众是否需要这则新闻，是否符合受众的喜好，新闻的角度是否代表了受众的利益，媒体应该设计出怎样的风格版面和视觉效果来吸引受众，也就是说，媒介工作者会在选择和确定新闻价值时考虑受众。新闻学和传播界经常提及新闻价值这个名词，它包含着时效性、新奇性、重要性、对立性、接近性和趣味性等多个衡量新闻的价值尺度，这些价值尺度无一不是从受众角度出发的。那么，媒介工作者是如何在新闻选择和内容

---

① 雅克·拉康、让·鲍德里亚著：《视觉文化的奇观》，中国人民大学出版社2005年版。

确定上思考与受众的关联呢？这里有两个具体的角度，即受众的地理文化因素与受众的社会心理因素。

一、受众的地理文化因素与媒体内容

一般来说，大众传播媒介为了满足受众的需求，赢得行业间竞争和市场占有率，扩大媒体自身的社会影响力，都会强调并突出媒体自身在传播上的优势和特点。例如，美国和日本的报纸都具体分为面向全国的报纸和面向地区的州报以及都市报纸，前者关注全国新闻和国际新闻，后者重视本地区的新闻；两者在国际新闻的采编上相当不同，全国报纸设有国际新闻部，设置外派记者和专门的国际新闻版面；而后者不太重视国际新闻，采编基本靠通讯社稿件和转载，不设置过多的国际新闻的记者，这些州报和地方报认为，做好地方新闻才能体现自己的特色并满足地方读者的需要，如果读者对国际新闻感兴趣，那么他们会去找全国报纸来看。

这说明了媒体对受众的地理文化因素的重视，这种重视还表现在新闻播放时间的设置、新闻内容的选择和导向等方面。例如每个电视台都有设置在每天不同时段的新闻节目，这种节目时间的设置和播放内容的选择也不得不考虑电视台受众的各种特点。

日本的民营电视台每天超过半个小时的新闻联播节目有四次，分别设置在不同的时间段，而且长短、内容和演示方式都按受众生活方式的特点来设置。

清晨的新闻节目设置为 30 分钟，时间是 7:30 分，这个时间是日本的上班族出发前吃早餐的时间，这个时段的新闻节目主要是对昨天新闻的追踪和补充，国际新闻的含量较大，节目重视信息量的传递而不具体展开新闻，主要是让白领阶层在上班前对最新的新闻有个提纲挈领的信息知晓，方便对自己工作和生活的安排。

第二次新闻联播节目设在中午 12 点，这个时候是一般的公司和事业单位中午休息的时间，人们回到公司的食堂吃饭，可以一边吃一边看电视新闻。这个时段的新闻是对上午发生新闻的简述，以经济信息为主，时间也不长，因为日本的午休只有一个小时，人们饭后会用半个小时休息，新闻节目如果设置过长也不会有太多观众。

到了傍晚 6 点左右，各家电视台陆续开始 45 分钟到 1 个小时的新闻联播节目，但是这个时候上班族并没有下班，也不可能有时间看到新闻，这个时段的新闻是针对正在准备晚饭的家庭主妇的，因此这次新闻的主要内容是社会新闻和生活信息，例如深受日本主妇关注的天气预报就被当成这个时段的重要内容来播报。

日本的上班族一般下班较晚，所以在每天晚上的 9—11 点的时段里，各个电视台都陆续开始他们一天中最为重要的新闻联播节目，这次新闻联播节目的时间可以长达一个半小时到两个小时，既重视新闻内容的丰富也重视对重点新闻的深度分析，深度新闻的选题集中在重要的政治、经济和社会问题上，当天的突发事件也会成为重点分析的主题。这种新闻节目的播报形式也与当天前三次的不同。前三次的新闻播报一般是 1—2 位新闻播报员播报新闻，而晚上的新闻联播不但节目名称各有特点，主持人也选择富有采

编播经验的人员，除一男一女两位新闻主持外，还有一位专家在场，这位专家的作用是对新闻的背景进行讲解，对新闻的实质进行分析和解说。新闻主持不但播报新闻，当重要新闻发生后还要到现场进行采访，从媒体本身的角度来提示新闻的要点。这次新闻联播节目面对日本各阶层的受众，其中又特别重视作为社会中坚力量的企业和消费者阶层。

二、媒体报道与受众的社会心理因素

大众传播媒介在报道新闻时会有自己的选择标准和侧重点，这种新闻选择标准和侧重点会重视当地受众的社会心理因素和信息关注层面上的喜好。以美国学者约翰·赖利为代表的学者所主张的社会类型论把受众看成是不同类型的，每个受传者的特点虽然千差万别，但是他们都处在特定的社会环境中，很多人的性别、年龄、地区、民族、职业、经济条件、宗教信仰、文化程度等可能相近或类似，这类人的社会特征也就会比较相似，因此他们对新闻信息的需求和喜好也会相似。大众传播媒介在传播内容的选择和编辑上一般都会考虑受众的社会类型，根据不同的社会类型展开媒介信息的采编、设计和制作活动。而不同社会类型的受众在接触媒体内容时也将会特别关注符合自己需求的节目。

1981年英国王子查尔斯与戴安娜结婚，因名人效应引起全球媒体的关注和纷纷报道，但是如果比较中国媒体和日本媒体的相关报道就会发现，中国媒体主要报道婚礼盛况，报道时间比较短；而日本媒体的报道不但报道量大，时间长，而且背景资料和相关报道也非常多。其原因无非是因为日本与英国一样也是君主制国家，受众中对皇室持有尊敬和报有兴趣的人比较多，日本的媒体中甚至专门有"皇室报道"（专门报道皇室成员活动的新闻）这个分类，说明了受众对这类新闻的兴趣和需求。相比之下，中国的受众对于皇室和君主制度下的社会文化现象就没有那么多的信息需求了。

另外一个例子也能说明这一点。日本媒体非常重视地震灾害报道，国内的地震灾害报道及时而详细，尽量适应受众在自然危机状况下的需求；对发生在远离日本的其他国家的地震灾害的媒体报道也同样迅速而详尽，这是为什么？因为日本是一个地震灾害比较多的国家，其国民在生活中多次经历这种灾害，自然对其他国家的人们如何面对这种灾害非常关心，关注这些国家的救助和善后状况，日本媒体的新闻选择自然不能无视这种倾向。

下面几个例子从广告信息内容的角度说明受众的社会心理对特定媒体内容的抵制。

● 日本丰田公司推出新车"霸道"，其广告内容为，一辆"霸道"汽车飞驰而来，停在两只石狮之前，一只石狮抬起右爪对新车敬礼表敬意，另一只石狮向下俯首，画面配以"霸道，你不得不尊敬"的广告语。广告一出现首先引起中国网民的关注和批评，后来形成社会各界舆论关注的焦点。

● 在立邦漆的广告视频中，凉亭的立柱因为涂抹了立邦漆，上面盘踞的中国龙因

柱面太光滑而滑落下来。因为使用了代表着中国文化的龙和"滑落"的贬义动作而引起舆论的纷纷议论和指责。

● 日本山水音响在泰国推出一个广告，如来佛正在静思，一阵轻柔的音乐传来，美妙动听，大佛不禁睁开了眼睛，随着音乐越来越欢快，大佛不禁走下佛台，开始翩翩起舞，最后舞姿跟随音乐变成了迪斯科，……这个内容在佛教国家泰国引起非议，认为是对佛教的不尊，山水音响最终不得不撤回广告。

● 耐克公司的"恐惧斗室"的广告也引起消费者的不满，该片采用"中国武术高手、类似'飞天'的东方美女、龙"等形象代表"恐惧力量"，"中国古代老者和中国飞天被脚穿耐克鞋的詹姆斯打败了"的内容，让受众非常不满，认为广播电视广告应当维护国家尊严和利益，应该尊重祖国传统文化。

以上的广告内容由于忽视传播受众的民族宗教信仰和文化背景等因素，没有取得好的传播效果，也说明了受众的地域、民族文化、社会心理等特点是媒体进行传播内容选择时不得不重视的一个因素。

三、媒体与读者调查

由于受众对大众传播媒介的内容有着重要的影响，所以现代大型的媒体组织都比较重视与了解他们的受众。怎样了解媒体的受众？主要的方法就是实施读者、视听者的调查。在这方面，英国 BBC 的受众调查是最有历史的。

BBC 是英国历史最久的大众传播媒体，它非常重视受众调查，积极了解受众对媒体内容的看法和态度。BBC 于 1936 年开始对其广播受众进行调查，1952 年开始对其电视受众进行调查，具体调查的方法多种多样，例如广播研究部每天访问 1000 名受众，询问他们对广播节目内容的意见和喜好；在电视节目方面他们设立与受众互动的电视栏目，邀请观众直接在节目上出现并发表意见，《观众》节目还每周一次综述受众的来信。不仅如此，BBC 在 1988 年还开办《亲自看一看》节目，邀请受众在电视上与 BBC 公司高级管理人员对话，沟通交流他们对电视节目的看法。

像 BBC 这样的媒体组织自己实施各种调查并通过多种沟通手法获得受众意见的做法很多，但是随着国外专业受众调查公司的出现，很多大型媒体都把受众调查的任务直接委托给专业公司展开，这样做的优势在于专业调查公司的调查面和样本更为广泛并具有代表意义，对收视率数据的统计更为专业，对媒体组织来说这种委托的成本也更为低廉。

目前世界上著名的涉足媒体受众调查的大型公司很多，不同国家的媒体纷纷委托这些公司开展调查业务。在美国，阿比伦调查公司和尼尔森调查公司是最为出名的两家调查公司，其调查数据也很有公信力；在英国，不少媒体通过调查公司了解节目收视率的相关数据；在法国，最高视听委员会下设有收视调查公司，可以帮助媒体了解他们的受众对节目的反应；在日本，知名的全国性媒体几乎每年都实施广泛的受众调查并公布调

查结果,同时,每逢重大社会事件或者突发事件发生后,媒体也会立刻委托电话调查公司了解公众对这件事情的看法,调查结果不但反映了民意,也可以成为当前新闻报道的参考。例如某次日本首相被曝丑闻,《朝日新闻》当天就委托电话调查公司在全国电话用户中抽取 1000 个样本,了解公众对这个事件的看法和首相支持率的变化,这种在热点话题发生时的电话调查结果往往也是一个好新闻。

第四节 受众对报纸媒体内容构成的影响

受众对媒体内容的影响虽然不可否认,但是对于不同性质的媒体来说受众影响的方式和程度是不同的,这与媒体的传播特性有很大的关系。下面将以历史最久的大众传播媒体——报纸为例,从四个方面简单分析一下报纸读者如何影响报纸内容的构成。

一、新闻的来源

报纸的内容都是为读者服务的,因此读者的文化水平、性别年龄、居住环境等社会特征都能左右媒体对新闻内容的选择。换而言之,把关人筛选新闻的标准很大程度上依赖于目标受众的各种习惯。近年来不少媒体主张"人人都是记者",报纸媒体在头版登出报料电话,很多媒体产业发达的大型城市有很多专业"报料人"的存在,这都标志着受众成为新闻来源的把关者。按道理说,这些报料者并没有受过新闻学教育,相关采编知识也很少,他们仅仅凭借着自己对新闻的本能的认识来发现新闻,他们的新闻价值观与媒体的新闻价值观是有差别的,但是他们的新闻报料在不同程度上影响了媒体的记者和编辑对事物的认识和理解。

此外,受众也可以成为新闻的直接来源。一些受众在事件发生时身在现场,这使他们能够向媒体提供第一手资料,如 2005 年的伦敦地铁爆炸案,媒体报道的现场图片就是目击者在现场用手机拍摄的。受网络媒体"人人都是传播者"的影响,现在很多报纸都提供了受众的报料渠道,这样无疑可以发挥读者的主动性,提供不少新闻线索及素材,丰富了报纸的内容,同时,也可以说在新闻信息的来源方面已经不仅仅是新闻工作者独自的选择了。

二、版面栏目的设计

不同的报纸会针对自己目标读者的喜好来设置相应的栏目。例如《南方都市报》作为面向珠江三角洲城市群的综合性日报,其设置的栏目包罗万象。社论、城事、深度、特别报道、国内新闻、国际新闻、体育、娱乐、气象彩票等版面,与其综合性日报的定位完全符合。此外,其定位于城市的读者群,内容也大多关注城市的大小事件。在一份 24 版的《南方都市报》里,单单《城事》(城市建设、市民生活类新闻)就占了 6 版,十分贴近珠江三角洲居民的生活需求。另外,为了适应城市人快速的生活节奏,

《南方都市报》还特别增加了一个《速览》专版，对报纸的要闻以醒目的大标题或图片进行概括性的介绍。从而吸引读者注意，引导其深入阅读。

三、排版的主次

报纸头版的新闻内容定位往往说明了该份报纸的目标受众的特点。《羊城晚报》拥有庞大的主流读者群，以各类城市白领、公司经营者和稳定的家庭读者居多，该群体收入稳定，年龄主要在25—45岁之间，文化程度、收入水平都较高。所以它的头版较多的是关注民生民情的社会新闻，把对广州市民影响较大的新闻放在头版或者醒目的位置上，这样的做法让《羊城晚报》形成了以社会新闻为主导，兼具大众娱乐、信息资讯的新闻版面，报道上极具岭南风格，甚至一些标题直接使用粤语词汇。

四、广告的内容

拥有不同目标读者群的报纸，其包含的内容自然也不同，而选择在其刊登的广告也会随之不同。例如《体坛周报》将读者对象定位于体育迷，又在体育迷中紧紧锁定青少年这一消费群体，内容以竞技体育为主，将青少年喜爱的足球、篮球、棋类作为黄金项目，迅速报道重大精彩赛事，形成以短文章为主、信息密集型的体育报道风格。目前该报每周的发行量高居全国体育类报刊榜首，跻身于全国地方报业百强之列。所以生产与体育相关的产品且计划打造全国知名品牌的公司往往会选择它作为广告投放的对象。

《金融时报》、《中国证券报》的读者一般是学历、收入较高且对财经感兴趣的经理、白领等中高收入阶层人员。其广告主往往是保险公司、基金公司和银行。他们会考虑在财经类报纸上投放塑造公司形象、金融理财产品、基金认购的广告。报纸的受众可以说是依附于其内容的，而媒体优质的内容对其广告收入事实上是强有力的支持。可以说受众特征也在一定程度上影响了广告版面的内容。

当然，报纸的目标读者对其内容影响的方面除了新闻来源、版面栏目设置、排版主次及广告内容外还有很多，此处不一一介绍。但研究此影响的起因、过程及效果都会对报纸今后的改革及健康发展有深远的意义。当今的报纸媒体应该在遵守社会伦理道德的前提下，准确地对自身进行定位，以目标受众为导向，从他们的特征出发，满足他们的个人需求，最终完成媒体品牌的培养和建设。

第五节　分众化时代受众对媒体的影响

网络媒体在传播速度、范围和受众参与性等方面的优势是传统媒体无法相比的，上文讲到如果媒体要了解受众，必须通过了解受众对媒体节目内容的反馈（如实施读者调查等）来获得受众的意见，但是网络媒体在获得受众的意见反馈方面可谓非常容易，网络媒体即时的反馈沟通机制让网络媒体工作者可以迅速地了解到公众的信息需求，及

时地予以顺应并更改媒体的内容。这一点传统媒体无法与之相比，传统媒体的受众反馈受时间、空间的限制，存在滞后时间长、结果统计麻烦等问题。

网络通信的便捷性让网络受众热衷于提交反馈意见，也使受众的反馈可以真正地影响网络媒体的内容。例如电视剧《永不瞑目》在京城热播的时候，新浪网上关于此剧的讨论急剧升温，仅一个月的时间就产生了126页网友评论（每页有20条）。除此之外，多数新闻网站上都有类似于"我要评论"、"联络我们"等收集并展示反馈意见的功能，这是最基本的受众反馈来源。其实，网络上任何一种通信方式都可以是反馈途径。通过各种形式的反馈，传播者可以根据受众的喜好，个性化设计媒体内容，这就形成了一种与传统的大众传播相对而言的传播小众化的现象。

所谓小众化或者分众化，是指在现代传播中受众不再是笼统意义上的一群人，而是按照年龄、性别、种族、收入、职业、教育水平、居住区域、兴趣爱好等因素划分的不同的社会群体，媒介必须根据不同群体的特征提供其需要的信息，才能符合不同群体的不同需求。

分众化传播有以下几个具体表现：

第一，受众种类被细化，传播内容随之细化。分众化传播不再追求受众数量上的绝对庞大，而是着眼于特定的受众群，为其提供符合口味的信息和服务，从而间接导致大众传播的平民化、专业化及区域化。在分众化传播时代，甚至会出现针对个人读者定做的"我的日报"。但是也应该认识到，传播的分众化实质上还是建立在大众化的基础上的，它只是用分众的手段追求受众数量的相对增大。

第二，受众的主动性增强。在分众化时代，受众不再是被动地接受信息的传播，他们要求可以根据自己的需求自主地选择要什么样的信息，选择什么时候在什么地方获得信息，"手机报纸"、"手机杂志"的出现，便是一个很好的例子。受众可以根据自己的需求，选择订阅什么样的报纸、杂志，并在想看的时候看，不再受时空的限制。

第三，传、受者间的互动频繁。大众传播是单向性很强的传播活动，其中虽然有诸如读者来信、热线电话、受众参与节目等互动形式，但这种互动机制较弱，且大都是事后的，缺乏即时性和直接性。而在分众化传播时代，个人与个人、媒体与媒体，甚至是个人与媒体之间的信息交流和共享有了可能，传者与受众之间的鸿沟被填平了，人人都是传者，人人又都是受众。这就间接导致了《一虎一席谈》、《超女》的热播。

"分众"一词最早由美国未来学家托夫勒提出，后来在欧美传播学界广为谈论，分众化理论近年来在我国的兴起，不仅是因为它是来自国外的时尚理论，而且是因为中国传媒正面临着分众化的发展现实。

第六节 《超级女声》的成功与受众的影响力

2005年一个娱乐节目《超级女声》轰动全国，这个节目的成功其实在一定程度上反映了受众需求是如何影响娱乐节目内容的。

一、平民接近权的满足

由于娱乐节目的特殊性质,注定了其定位一定要体现"亲近大众、娱乐平民"的原则,否则就难以让人满足。中国电视娱乐节目发展到今天,满足观众的表演欲望并为其提供舞台的参与性娱乐节目已渐渐成为新的收视热点。这不仅仅因为此类节目能够满足观众渴望认同及得到承认的心理,获得一种个人融入群体的力量感,而且从传播学角度看,平民化道路最大限度地迎合了受众使用和参与媒体的需要,实现了对受众接近权的满足。湖南卫视推出的《超级女声》以满足普通百姓实现梦想的愿望为基调,在接近受众上作了有益的探索。

首先,《超级女声》营造了一种欢乐的媒介氛围。媒介内容最大限度地满足受众需求,这是实现接近权的前提。随着社会竞争的日益加剧,人们生活节奏的日益加快,受众对媒介的需求已不仅仅限于获取资讯,而是更希望在媒介营造的虚拟空间中得到身心的放松与压力的缓释,《超级女声》恰恰抓住了观众的这种心理,将随意演唱的平民舞台搬上荧屏。

其次,《超级女声》释放了一个平等参与的媒介空间,《超级女声》的平民性体现在参赛歌手的万人海选上,这个"海"字最能体现参与者的广泛性,可以说让受众的媒介参与权得到了空前的满足。而且《超级女声》从海选到紧张的淘汰晋级阶段,整个过程都被搬上荧屏。海选中30秒的电视使用权,给了每个人平等使用电视媒体时间和空间的权利,实现了真正的平等参与,受众这时才和媒体真正融合到一起,产生了前所未有的"接近"。

最后,《超级女声》把节目扩展为一场全民的娱乐运动。以往的娱乐节目受众群体都有被过度限制的倾向,这使得节目的影响力受到一定程度的制约。《超级女声》在这一点上做了大胆的尝试,采取"不论年龄,不拘外貌,不限身份"的无门槛选拔方式,将大众传播与人际传播融为一体,海选中,每个报名参赛者都有各自的亲友团,他们将节目信息传播给朋友、同事、同学、亲戚,这样一传十,十传百,利用人际关系效用使节目的影响力无限扩大,使分散受众转变为一个"超女"的收视群体。大众传播的造势与人际传播的扩散,在大江南北掀起一场"超女"风暴,扩展为一场全民的娱乐运动。

二、娱乐话语权的下放

所谓"话语权",是公民表达权的一种,即通过新闻媒介而实现的发表对事件的见解,表达或反馈对大众传播媒介看法的权利。随着近些年来人们价值观的变化,受众的社会参与意识和社会责任感显著增强,面对媒体的自主意识不断强化,广大受众不仅要求直接参与媒体的各项活动,而且要求更进一步"接近"媒体,在媒体上自由、公开

地发表意见，表达观点，即希望获得"话语权"。

受众的这一心理变化预示着要想获得受众认可，提升收视率，媒体就必须改变以往以"推"为主的单向传播模式，以平视的眼光看待受众，改变受众的"配角"地位，最大限度地满足受众的"说话"欲望。以此为基点，《超级女声》打破传播者对话语权的垄断，将其分配给受众，受众在地位上升的同时，自然产生对节目的认同感，在《超级女声》设置的各版块中，都可以体现出这一点。

例如，采用了短信投票，通过大众投票决定选手去留的方式，观众可以通过手机短信自主选择喜欢的歌手，过去由传播者掌握的话语权下放到了普通受众的手中，完成了对节目的"实质性参与"。

还有大众评审的方式。除了把目光瞄准节目的终端收视观众外，《超级女声》也为来自各地的参赛者们提供了一个话语平台。每一场比赛，现场都邀请由各唱区出局选手组成的大众评审团，PK赛的投票权则交给了她们。这是对传统的挑战，凭借其"无身份、无距离、无权威"的大众发言，极大地增强了节目与观众的亲近感。

互动点播的方式也很有效，娱乐是一个互动的过程，受众只有在和媒体共同参与下，才能真正找到受尊重的感觉，并得到属于自己的快乐。《超级女声》精心设置了"场外互动点播"环节，完全随动于场外观众的节目形式，让观众意愿得以充分表达，同时也体现了节目对观众的一种尊重与回报，具有极强的感染力，由此而搭建起的双向话语空间，融传播与即时反馈为一体。

总的来说，《超级女声》一改以往娱乐节目的贵族气质，以真实、朴素的平民风格吸引了无数观众的眼球，深刻诠释了"受众本位"这一传播理念，它的成功不是偶然的，而且引领着电视娱乐节目市场的渐变。

第七节　《南方日报》2008年全国"两会"报网互动传播

一、网络媒体受众的新特点

以互联网为代表的新媒介以其独特的技术优势为受众提供了一个全新的信息传播和交流的平台。在虚拟、快捷、方便、互动、海量、多媒体为一体的新媒介环境下，受众的行为和心理呈现出了新的特点。

首先是受众的匿名性。网络是人们共同构建的虚拟空间，受众可以在虚拟角色的掩饰下自由地表达自己的观点和看法，自由地扮演不同的角色，做出一些虚拟的行为，而不必顾虑产生的后果。这种匿名性的特点满足了受众渴望平等、纯粹交流的心理诉求，激发了受众的参与意愿，同时也鼓励了多元化观点的产生。

其次是受众实现角色的转换，他们成为传播者和传受者的统一体。以互联网为代表的电子科技的发展使受众能轻易进行信息的传播。传统媒体"渠道霸权"的时代结束，受众掌握了传播信息的渠道。博客、播客、论坛，以及由于3G技术发展而后来参与进来的手机移动传播，让传播者和受众的身份不再明确，每个人既是传播者又是受众，人们在瞬间就能实现角色转换。

再次是受众获得信息的能力和自由度大大增强。在新媒介环境下，只要拥有电脑和网络，就等于拥有了海量信息库大门的钥匙。人们只要连接上网，就能获得网上海量的信息资源。各大门户网站为人们提供分门别类、各色各样的资讯，搜索引擎服务于人们不同的信息需要，受众的自主性和自由度增强，成为了信息的主动索取者。

最后是网络舆论群的产生。由于网络传播快捷、互动性强的特点，一旦有某一个个体关注了某一个事件，或者是发表了某些观点言论，就很容易吸引有同样兴趣点的其他个体来关注，从而形成了"网络舆论群"。目前，网上论坛和QQ群都聚集了大量人气，是舆论群的典型代表。舆论群规模的大小决定了它对社会舆论的影响力，甚至会影响传播媒介把关人的把关标准。

二、会议报道的报网互动传播

面对新媒体的逼人气势，报纸媒体应该如何应对？

不少报纸媒体主动借助新媒体的优势，积极利用其上升的势头，与新媒体互补融合，探索出了"报网互动"的新型传播模式，将报纸媒体优秀的新闻采编优势与网络媒体的海量、便捷、互动等特点结合起来，报网互动的实践成为了报业保持竞争力的一大法宝。

媒介传播的核心是内容，内容的成功关键是看受众的评价。于是，报网互动也就成为了探析新媒介环境下受众影响媒介内容的良好的切入点。报纸媒体怎样根据新媒介环境下受众的特点，利用新媒体进一步盘活传统资源优势，编辑出特色内容呢？

在2008年的"两会"报道中，《南方日报》与南方网联手专门开辟了"网尽两会"板块，成功地实践了报网互动之路。以下，通过对《南方日报》的典型案例进行分析，可以初探出新媒介环境下受众对报纸媒体的传播内容的影响。

1. 受众参与议题设置

新媒介从根本上改变了受众在传播中的地位，受众能自由地发表自己的观点和言论，畅所欲言，舆论群的形成又进一步扩大了某些个体言论的影响，在网上形成讨论热潮，甚至成为社会的讨论话题。一些网民的讨论登上了报纸版面，成为了报纸媒介内容的一大来源。

在2008年全国"两会"的报道中，《南方日报》就联合南方网，早在2月25日开始了"直通两会"议题征集活动，鼓励网友提出在"两会"中自己最关心的话题，《南方日报》将统计整理相关资料，根据网友们最关心的话题作相应的解读和报道。

《十问东莞》报道的诞生同样也反映了新媒介环境下受众参与议题设置的过程。一位网民在网上发表了一篇名为《十问东莞》的网文，帖子的出现引起了广大网友的支

持,引得网络"热闹非常"。2008年3月10日,《南方日报》"网尽两会"版面的"今日强帖"栏目对网文《十问东莞》进行了细致的报道。① 此篇报道又引发了广大读者的讨论。记者没有停留于浅层次的事件报道上,而是进一步挖掘事件的新闻价值,于是,根据网文的内容采访了东莞市市长并于2008年3月11日作了《东莞市长李毓全回应〈十问东莞〉——网民的忧患意识是东莞新一轮发展精神动力》的报道。②

《十问东莞》系列报道反映了在新媒介环境下,受众自主性和主动性大大增强了,参与到报纸媒介的议题设置中。传统的新闻内容采写在新媒体的介入下产生了改变,形成了"网民发帖报料—记者求证—新闻见报—网民或读者跟帖、响应—记者再求证—新闻再见报"的新闻深加工的新模式。新闻内容的价值在传播的过程中不断得到挖掘和扩大。

2. 权威解读

对媒介传播内容的原创能力而言,由于科学技术的发展,信息资源的社会共享程度日益提升,独家资源、独家新闻变得越来越稀缺,信息的同质性增强,很难成为一家媒介核心竞争力的支撑点。另一方面,随着新媒体技术的日益进步,受众获取信息的渠道越来越多,激发了受众获取资讯的自主性和积极性,受众不再满足于浅层次、高同质性的信息传播,对媒介内容提出了更高的要求。因此,如何依靠自身内部资源,赋予同质化的信息新的附加值,成为了媒介内容成功的关键。要在茫茫的信息海洋里脱颖而出,吸引到更多的受众,就必须将媒介内容的竞争重点从独家素材、独家新闻转变为独家视觉、独家观点,提高对内容的加工制作的文化附加值。

在2008年全国"两会"的报道中,《南方日报》联合南方网,就"两会"重要的议题、热门话题、网友关心的热点,利用多年的资源积累,邀请如广东省教育厅厅长罗伟其、著名社会学专家李银河、中山大学校长黄达人等高端嘉宾做客设在北京的"两会聊天室",针对网友的问题进行深入权威的解读。与此同时,在"网尽两会"的专版上开辟"两会聊天室"栏目,把嘉宾的精华语录刊登出来,加上记者的进一步分析和评论,基本上形成了网友提问、专家答疑、在线直播、权威报道、受众反馈、媒体及时回应的模式,在提供新闻事实的基础上,提供价值判断、观点参考,增加了传播内容的文化附加值,提高了《南方日报》的核心竞争力。③

3. 受众直接参与媒介内容编辑

新媒介激发了受众在传播过程中的参与意愿和积极性,形成了传播者和受传者的有机统一体,受众甚至进一步参与到媒介内容的编辑中。在《南方日报》关于2008年全国"两会"报道中,继承了过去"我为两会写社论"的特色,开辟了"有报天天读"

---

① 《南方日报》2008年3月10日 A07版"今日强帖"。
② 《南方日报》2008年3月11日 A07版"热点追踪"。
③ 《南方日报》2008年3月8日、9日、16日"网尽两会"专版"两会聊天室"栏目。

栏目，邀请网友和读者对各家报纸关于"两会"的报道发表评论，编辑挑选部分精彩评论刊登。受众直接参与到媒介内容的编写中，满足了受众抒发意见、传播观点的心理，更反映出新媒介环境下，报纸媒介受众导向观念的进一步增强。受众参与媒介内容编写是受众对报纸媒介传播内容产生影响的最直接的体现。

三、报网互动传播的思考

结合《南方日报》和南方网的互动传播分析，可以从受众对媒介内容的影响方面作以下思考。

1. 重受众个性与适度把关

在新媒体环境下，大众作为传播者，给报纸媒体提供了大量的信息来源。在采用受众提供的信息资源时，报纸媒体应始终保持对网络、受众的一种平视和尊重，对一些个性化表达，虽然不是特别正规，但可以适当保留，保持原汁原味。但是，编辑应明确报纸的定位，对网上的大量"猛料"保持某种超然的冷静，进行必要的把关，传播真正的精华，同时，不能被受众的观点束缚，发挥报纸作为大众传播媒介的舆论引导作用。

2. 用观点打造品牌

在独家新闻日益匮乏的今天，要获得受众的肯定，培养出忠实的读者，报纸媒体应该着力打造有"自身特色"的新闻，赋予新闻"媒体个性"，将内容的竞争重点放在为受众提供专业的观点参考和价值评判上，为观点打造品牌，也就是为媒体打造品牌。

3. 打造"在线编辑部"

除了前方的记者供稿，编辑应该经常上网"淘宝"，关注网络热点和网友热评、观点，把网络发展为第二资讯来源库，同时，提高对网络资讯迅速反应的能力，在网上发现新闻线索，马上做成话题，并附上记者的专业评论。

面对新媒体的冲击，在激烈的竞争中，报纸媒体不应妄自尊大，也不能妄自菲薄，而应该借助新媒体的优势，整合自身资源，探索一条新型发展道路。报网互动就是一个被实践证明了的，可行的，有效的战略。在"内容为王"的传播时代里，深刻认识新媒体所带来的传播方式变革的实质，充分理解并肯定受众在传播过程中的新定位，深入了解受众的特点，分析受众对媒介内容的影响，及时改变更新传播观念，是编辑富有生命力的媒介内容并进行有效传播的保证，从而，报纸媒体才能跟上信息时代的步伐，保持其核心竞争力。

第八节　受众的地域性与南方电视台的定位

南方电视台身处广东这一特殊地区。对于电视行业而言，说它特殊，一是因为它特殊的地理位置——紧邻香港。虽然香港的电视频道在中国内地很多省份都不准落地，但在广东却可以收看到。所以对于广东的电视频道来讲，既面临中国内地其他省份频道的竞争，同时还有来自香港电视频道的竞争。其中，香港电视频道已经成为最主要的竞争对手，其在节目制作、编排、播出等方面已有十分丰富的经验，特别是娱乐类节目受欢迎程度较高。

二是广东地区特殊的语言环境。绝大多数广东人日常都用粤语进行交流，粤语节目吸引的观众几乎占所有观众的2/3，因此语言就成为许多电视频道在广东发展的瓶颈。那么，在这一特殊环境下，南方电视台的出路在哪里呢？

在分析了自己的优势与所处的环境之后，南方电视台首先从市场出发找准频道定位，逐步变频道资源的优势为节目特色的优势，走"专业化、对象化、本土化"的道路，走"平民化"路线战略，最大限度地拓展市场空间，集中力量，合力打造"南方"大品牌，使分散的频道小优势成为整合的"南方"大优势。以本土化这一香港电视不可替代的特色争取本地观众。因为本土化这一点香港频道是不能模仿的，也就是说在这一点上南方电视台是有绝对优势的。

南方电视台利用差异化战略，打造了一批贴近实际、贴近生活、贴近群众的本土化的品牌节目，形成了自己的核心竞争力。都市频道的《城市特搜》、《都市笑口组》，以市井文化为内核，以新鲜、趣味和活泼的形式，直接为本土观众提供了丰富的本土资讯和服务。

一、内容上的区域化与本土化

中国是个大国，地广人多，而且各地区差异比较大，由于历史长期发展和沉淀的结果，很多地区都形成了自己的特色文化。文化作为广播电视发展的依据，这种状况决定了我国广播电视产业的发展不仅要有规模，而且要采取不同的形式，因地制宜，要将电视的发展和当地的文化紧密联系起来。大众传媒是文化事业的重要组成部分，从本质上讲，传媒就是文化，是大众共享的文化。

电视本身就是一种文化现象，它的存在和发展必然要植根于特有的文化环境之中。传播作为人与人、人与群体、群体与群体之间的社会信息交往，实际上是一种传递文化信息的符号互动的过程。因此，文化对传播必然会有着重要的影响。文化具有自己的很多特点和种类，它的不同特点对于广播电视事业有着不同的影响和制约。具体说来，在电视媒体的本土化过程中，本土的政治文化、经济文化、文化教育都会或多或少地对电视媒体产生一定的影响。文化对电视媒体传播的影响，源自文化本身传播的圈层原理和文化的维模与适应原理，以及文化的优势扩散原理。

二、三个基本原理

何谓文化的圈层原理？文化圈层有很多种不同的划分，在这众多的划分中地域划分是一个很重要的划分方式，不同的国家、不同的地区由于区域差别会形成很多自己的文化圈层，而且这些以自己地域为范围的文化划分有很强的自我特色，在各自的领域形成自己的特色；当然，在某个区域范围内的人们也会在很大程度上受到这种区域文化圈层的影响，这种圈层的划分在一定程度上左右了人们的行为和思想。文化圈层性的这种特点就在客观上要求电视媒体实行窄播和本土化。南方电视台的定位也就是适应广东这一独特的文化圈层，坚持粤语文化，在节目制作中大量运用粤语，充分照顾广东受众的语言习惯。

那么，什么是文化的维模与适应原理？文化维模原理就是指文化圈层对外来文化起到一种选择和自我保护作用，当所传播的内容有利于原有文化的维模时就很容易被接受，而且在接受的过程中把它作为一种新的营养接受补充到原来的文化体内；但是当外来文化不利于原有文化维模时就产生抵制和排斥。正是因为这种文化维模特性，在广播电视中必须将文化的维模原理和电视的传播结合起来，只有这样才能够在夹缝中求得生存和发展，只有将自己本身植养到自己所在的文化圈层中才能够在新时代的环境下求得生存和取得发展。就像在分析广东的竞争对手上一样，广东由于其特殊的语言环境，所以内地栏目对其的挑战并不是很大，相对的最大竞争对手来自香港，但是它也充分发现其优势，那就是贴近实际、贴近群众、贴近生活，因此南方电视台就必须突出地方性，注重本土性，反映民众性，才可能具有立足之本，并在竞争中发展壮大。这样既能发挥其特色，又能很好地应对来自港台节目的竞争。

文化的优势扩散原理又是什么呢？文化传播的优势扩散原理就是指先进、发达、文明程度较高或在某些方面具有一定相对优势的文化，容易得到传播和扩散。例如香港节目由于其经济发展水平，相应的促成了其文化优势，因此容易对南方电视台形成巨大挑战，抢夺其受众。因此南方电视台必须提高电视台的水平和素质。如果说质量是广播电视台的生命，那么，"本土特色"则是其生命的支柱。

本土化应该理解成是一个过程而不是一个目的。一个事物为了适应当前所处的环境而做的变化，通俗地说就是要入乡随俗。本土化这一概念也广泛用于不同的行业。本土化是现代营销观念的反映，它的核心是：企业一切经营活动以消费者为核心，而不是以商家的喜好、习惯为准绳，企业规范必须随地区性变化引起的顾客变化而改变，运用到媒介经营就是指媒介内容依据受传者自身的特点来调整与决定。南方电视台的成功经验使我们可以清晰地看到其区域定位、本土化传播理论的成功运用，同时也是本土受众对媒介经营方式、媒介传播内容的影响的一个典型案例。

最终体现这一本土化定位的还是要靠具有本土化色彩的节目。对于一个地方频道，这一点是最重要的，同时也是最难的。因为本土化虽然使定位更明确和细化，但同时也使节目的范围缩小了。本土化节目要比其他节目更贴近生活，贴近观众。南方电视台从这一定位出发，制作了许多这类节目，其中某些已经成为品牌栏目。下面就一些家喻户晓的栏目进行分析，看其本土化定位是怎样体现的，从而分析具有区域特色的受众对电视栏目内容的决定性影响，从这样一个点来让我们更好地了解受众对媒介内容的巨大影响。

三、南方电视台的节目设置

《江涛话市》是南方电视台的一档名牌栏目，同时也是其成功本土化的典型代表，做为一档关注民生的脱口秀节目，围绕柴米油盐、家长里短开讲，并辅以夸张的漫画突出主题，并设有"今日最佳奖"环节充分发挥观众参与节目的积极性，把每个话题放在网站上，让观众参与发表天马行空式的观点和议论，然后在节目中读出当天最有智慧、最有搞头、讲得最好的网友的观点，并发一定的奖品进行奖励，使这个活动变成了大家思想最奔放的园地。还有"大家K"也是与观众互动的一个典型代表，把江涛每天在节目中唱的根据节目内容改唱的歌词放在网站上让观众参与讨论，并有偿地征求一些意见。"观众留言"的设置也是鼓励观众把生活中遇到的大小麻烦说出来并帮助其解决，这虽然有可能出现媒介越位，但是它却很好地突显了栏目贴近群众、贴近生活、贴近实际的特色。

《真实故事》则设有"征集故事"、"征集剧本"、"征集大众演员"等特色环节。南方的天空五光十色，平凡的生活中也有不寻常的经历，那些感人至深的真情故事，那些曲折离奇的现实遭遇，那些匪夷所思的社会真相也就是《真实故事》的内容来源。《真实故事》立足广东、植根本土，以全真纪实的拍摄手法将那些感人至深的真情故事、曲折离奇的现实遭遇、匪夷所思的社会真相等搬上荧屏，再现原生态的现实生活，倾力打造广东地区唯一一档老百姓自己演绎自己故事的电视栏目。并在社会上征集大量群众演员，提高观众的参与感，同时也增进了亲切感，让它更贴近广东普通观众的语言行为和生活习惯，而不是走明星路线。

作为南方电视台另一特色栏目的《都市笑口组》，是具有本地风格的短剧——风格短平快，内容紧贴当下，以粤语系列小品剧为主打，突破传统，现实故事与虚拟背景双管齐下，笑演时下都市人最关心的热门话题。剧中人物滑稽搞笑，同时使出两手绝招博欢心：除了笼络了电台粤语广播剧的"鬼马"精英，剧中一人演多角，既"悭人手"又滑稽搞笑，还全球独家首创采用虚拟漫画背景，迎合了最"IN"的网络flash文化，使每一出小品更具漫画色彩和喜剧效果。时长10分钟，发挥短剧的优势，一般马路上出什么新闻，几日后在剧情中便会有所反映。语言上使用粤语使观众觉得更生活化，再加上内容一般为大家所关心或最近发生的，更具有真实感。其技术上的优势在于充分利用现代的先进技术设备——背景的虚拟，漫画效果为节目添砖加瓦。最后其喜剧色彩又为奔波了一天的都市人送去一份睡前甜点，充分考虑了广东这样一个经济发展大省人们的生活压力，缓解他们的紧张情绪，使节目融入了更多人性关怀的因素。

四、节目的对象化和专业化

随着大众传播的分众化趋势，面对越来越多的信息，人们的注意力被不断分散，因此，受众的选择显得越来越重要。从心理学的角度来看，所谓注意是指人类心理活动或意识对一定对象的指向与集中，注意的基本功能是对信息进行选择。面对大量的信息，人要正常地工作和生活，就必须选择重要的信息，排除无关的信息。在这个选择的过程中，人的动机、需要、情绪、情感等因素都会起到相当重要的作用。当传播内容能够满足人们的动机和需要，并能够带来愉悦的心理和生理体验时，人们的注意力就会指向和集中到这些内容上来。由于个体的动机和需要不尽相同，于是就有了分众传播的必要。

南方电视台清晰的频道定位和明确的市场区隔，形成南方台五个频道齐头并进、同步增长的良好势头。经济频道（TVS-1）定位于关注民生的普通话频道，以面向百姓、民生视角为本；南方卫视（TVS-2）定位于广东新型的本土合家欢粤语频道，面向广东尤其是珠三角城市群中的粤语市民，办市民化的电视；综艺频道（TVS-3）定位于开心频道，是全国首家以"开心电视"定位的专业频道，打造专业化的综艺娱乐平台；影视频道（TVS-4）定位于"专放老百姓爱看的影视剧"的专业影视频道，是南方电视台的收视和创收大户，目前已成为名副其实的"影视第一频道"；少儿频道（TVS-5）是中国大陆第一个面向儿童的专业少儿频道，并迅速成长为华南最有影响力的少儿频道。

由此可见，南方电视台的定位不仅是充分考虑了区域受众对传播内容的影响，同时也是分众传播理念的一次成功运用，在提供广东地区观众喜闻乐见的、真正需要的文化信息的基础上，从分众传播的角度，将广东地区的受众进行再分类，分别设立五个频道，以更好地满足不同的需要。

南方电视台的成功经验值得我们作更深层次的分析与思考，它的本土化定位无疑是其成功因素中不可忽视的重要方面，同时，其专业化、对象化、平民化路线也是不可忽视的，其实这就是一种针对不同年龄、阶层、区域、要求对象的分众化传播。

目前，南方电视台进入全速发展时期，以整体的品牌形象、精益求精的节目质量和制作水平踏入一个全新的纪元，广告总收入比两年前增长了四倍，本土化定位使南方电视台在与香港频道的竞争中脱颖而出，吸引了广东观众的目光，找到了一条与自己风格贴近而又适合自己的道路。

第十三章　媒介内容与大众文化、意识形态

第一节　大众文化与大众传播媒介

一、大众文化的定义

很多学者把大众传播媒介和大众文化联系在一起讨论，认为大众传播媒介的内容代表着大众文化的特征，而现代大众文化的形成和流行则在很大程度上借助于大众传播媒介的传播活动。要研究大众文化与大众传播媒介的关系，必须先了解什么是大众文化。

"大众文化"一词在英文中有两种表达方式："popular culture"和"mass culture"。很多学者认为"mass culture"指的是一种为平民所存在的低层次文化，蕴涵着对大众文化的轻视和不屑。因此，"popular culture"被普遍认为是可以与大众文化相对应的词。

约翰·斯托雷在《文化理论和大众文化导论》中列举了大众文化的六种定义[①]：

（1）大众文化是为许多人所广泛喜欢的文化。这个定义强调大众文化的受众在数量上众多，具有数量上的优势。

（2）大众文化是在确定了高雅文化之后剩余的文化。这个定义注重大众文化与高雅文化的明显区别，指明大众文化的非主流性。

（3）大众文化是具有商业文化色彩的、以缺乏辨别力的消费者大众为对象的群众文化。这个定义是从批判和否定意义上来理解大众文化的，认为大众文化的消费者并非具有较高的文化素质。

（4）大众文化是人民为人民的文化。这个定义说明大众文化的创造者是人民，享有者也是人民大众。

（5）大众文化是社会中从属群体的抵抗力与统治群体的整合力之间相互斗争的场所。这个定义表明大众文化的内容反映了社会阶级对抗斗争的内容。

（6）大众文化是后现代意义上的消融了高雅文化和大众文化之间界限的文化。这个定义突出了大众文化与高雅文化的融合或互相渗透的趋势，但是没有关注到两者之间

---

① Storey, John (1998). *An Introduction to Cultural Theory and Popular Culture*. pp. 6 – 18.

的差异性。

上述定义中的大众文化呈现出多种多样的特征,有学者认为应该从以下几点来把握大众文化的含义:第一,大众文化并不是任何社会形态都必然伴随的现象,而仅仅是工业文明以来才出现的文化形态,尤其是在大众传播媒介作为社会信息传达的主要工具,社会信息的流通规律按商品市场规律去运行的情况下才存在的;第二,大众文化是社会的都市化的产物,以都市普通市民或不特定的大众为主要受众,他们同时也是大众文化的制作者;第三,大众文化具有一种与政治权力斗争或思想论争相对立的感性愉悦性,是非主流的、不严肃的;第四,大众文化的特征在于它不是神圣的,而是日常的。因此这位学者认为可以对大众文化有一个简洁的定义——大众文化是以大众传播媒介为手段,按商品市场规律去运作,旨在使大量普通市民获得感性愉悦的日常文化形态。①

在这个意义上,通俗诗、报刊连载小说、畅销书、流行音乐、电视剧、电影和广告等都属于大众文化。而网络、手机、数码相机等多种多样新媒体和辅助性工具的产生也促成了网络大众文化的浪潮,通过视频制作和博客写作等各种形式形成的文化如"恶搞"等层出不穷。

二、大众文化的特征

在科技不断进步普及和商业经济迅速发展的时代,社会公众都是文化参与的主体,新媒体的传播机制和手段更促成了大众可以一起分享和营造大众文化,而现代大众文化则越来越具有消费主义和享乐主义的特征。

一般来说,大众文化具有如下特征:

(1) 日常生活性。内容主要反映都市生活和人们的日常生活。

(2) 商业化操作手段。大众文化具有商业化的特征,其目标在于商业上的利益收入,如商业电影就必须有严格的投入和市场预算,主角要有票房号召力,宣传投入大,上映时间必须符合市场规则。

(3) 娱乐性强。经常作为贺岁大片出现的商业电影在内容上必须符合大众的口味,内容轻松愉快,以娱乐为主,不涉及严肃主题。

(4) 内容和主题较为肤浅,能让大多数社会成员理解和接受。如果稍有深度就等于限制了接受者的人数。

(5) 功利性强。大众文化作品的主要目的是通过传播行为获得市场和占有份额,获取经济利益,赢得公众的注意力资源,因此,在制作和推出产品的过程中其功利性目标都很明确。

(6) 全球化趋势。大众文化的产品可以通过不断复制和推广来扩大收益,而全球

---

① 王一川:《当代大众文化与中国大众文化学》,《艺术广角》2001年第2期。

化趋势是近年来大众文化产品的重要特征。例如电影的主角是来自不同国家的明星，便于影片在当地推广；题材也趋于国际化，故事内容涉及多个国家；等等。在大众文化的推广上也不再局限于单一的国家和地区，而是以全球为目标。

（7）内容上和表现上具有较强的感性冲击力。要吸引受众的目光和购买行动，大众文化产品必须具有较高的冲击力和刺激性，如动作片中的各种高难度表演、娱乐片中的豪华场景和服饰等都是为了增加作品对受众的感性吸引力。

三、大众文化与大众传播媒介的内容

从大众文化的基本特征上可以看出，大众文化的内容特征与现代大众传播媒介传播的内容在某些方面比较类似。例如，大众文化的内容一般来说有这些特征：

（1）时髦和时尚。讲究时新，讲究超前的观点，过时的东西没有价值。

（2）肤浅。大多数人都可以接受和理解的，拒绝艰深难懂的和阳春白雪的东西。

（3）通俗。通俗性，通过流行歌曲、电视连续剧、广告、时装、模特表演、网络文学、畅销书以及动漫、网上视频、网络游戏、手机视频、手机短信等方式迅速获得市场，得以流传。

（4）方便。容易获得的，成本不高的，方便购买和入手的东西。

（5）批量。容易被复制，被大量制作的。如流行音乐通过 CD 媒体可以大量复制，通过书店、音乐连锁店或者网上下载可以简单获取。

（6）快速。制作和发行、销售渠道便捷，从发售到获得的时间越快越好。

这些特点其实都符合现代大众传播媒介对传播内容的基本要求，如时新性，符合大多数受众的信息接收特点，获得媒介内容的手段要方便——网上报纸和手机报纸应运而生。而且，媒体内容也通过各种传播方式被不断复制和快速发行。广东省羊城晚报集团旗下的《新快报》在当天晚上 9 点之后可以在其官方网站上看到第二天的《新快报》，这都是为了更好地突出媒体的快捷、新鲜和方便的特点。

西方媒体有时为了更好地以更少的成本获得更符合大众口味的娱乐节目，会采用各种罐头节目来填充电视栏目。所谓罐头节目就是由媒体组织外部的个人或者机构制作的各种电视内容，如地理、文化、美食、猎奇等，按电视台栏目的要求制作成电视台立刻可以使用的版本——长度 45 分钟左右，内容有趣并符合大多数受众的口味。这种罐头节目可以填补电视台节目不足的问题，同时制作成本又比电视台自制低，因此很受欢迎。

另外，大众传播媒介的娱乐节目也是反映大众文化内容的重要场所，例如时尚、体育、美食、消费、影视、各种真人秀和谈话节目，其实都是大众文化的主要产品。这种内容的不断增加也导致大众传播媒介上新闻类节目的娱乐化和过度包装。

大众文化与大众媒介关系密切。大众文化由专业传媒机构使用大众媒介，大量、迅速地传播信息，影响受众。大众媒介的应用拓展了大众文化的公共领域和大众文化的对

象、范围。简而言之，大众文化主要是在大众传媒的引导下发生、发展和变化的，没有大众传媒，也就没有大众文化。在这个意义上，大众文化也是一种传媒文化。

2008年的"艳照门"事件正是由于网络媒介的平台为面广量大的受众群体提供了传播的条件，以至于一时间，大城市小乡镇、街头巷尾，大报纸、小报纸，甚至很多电视媒体不断报道"艳照门"的最新进展情况。由此可见，利用当代大众传播媒介，成批地制作和传输大量信息并作用于受众，是大众文化的重要特点。

由此可见，大众文化与大众传播媒介是密切相关的，大众文化必须通过广泛传播和普及才能形成文化，而大众传播媒介是传播大众文化最合适的渠道。同时，作为大众传播媒介也无法将自己与大众文化分离开来，在面向大众这一点上两者是一致的。大众传播媒介在内容选择上与大众文化的内容特点有类似之处，如时新、通俗、吸引力、易于传播和复制等，因此，大众传播媒介的内容选择也不可避免地受特定社会的大众文化的影响。

第二节 大众文化对大众传播媒介内容的影响

大众文化对大众传播媒介内容的影响主要表现在四个方面，即媒介内容的多元化、浅显化和娱乐化，以及对文化版本的反映。

一、媒介内容多元化

随着改革开放的深入、市场经济的建立和健全，我国的大众文化也得到很大的发展，如今中国的大众文化已经发展成为与来自官方的主流文化、来自学界的精英文化并驾齐驱、三足鼎立的社会文化形态。它打破了官方主流文化对话语权的垄断，更加贴近大众。

而大众传播媒介的内容选择也不能忽视大众文化的特点，为了赢得更多受众的关注，媒介的内容也随之发生了变化，一方面由倾向于讨好官方转为更趋向于关注大众，内容更加贴近生活、贴近群众、贴近现实。由年轻主播说新闻的新型新闻节目受到越来越多的欢迎，连中央电视台这种国家主流媒体也不得不顺应这样的大趋势，改变其新闻报道的内容与形式。央视二套"第一时间"里的主播马斌可以一边读报纸，一边喝茶，时而拍案惊起，时而感慨而叹，让电视机前的观众大呼痛快。

同样，与大众文化相比，精英文化、高级文化由于其专业性、高端性的限制在媒体上成了阳春白雪，叫好不叫座。而一些学术精英分子由于走大众化路线而获得很好的传播效果，如《百家讲坛》里的学者通过央视这个广阔的平台，迎合了大众文化的特点，抓住了受众的心理，一时间将原本少人问津的学术变得妇孺皆知。可见，大众文化的崛起使官方主流文化、精英高级文化原有的地位发生了巨大动摇。人们从固有的或僵化或严肃的文化中脱离出来，思想得到进一步解放，既积极影响了国民人格塑造和社会发展面貌,也引发了多重社会效应和多种不同的评价和议论。人们听到了不同的声音,有庄严的,有深刻的,也有活泼的,浅显的,这一切都使得大众传播媒介的内容变得更加多元化。

二、媒介内容浅显化

大众文化具有商业性,是一种消费品,传媒为了最大限度地吸引受众,必然极力迎合受众的趣味。然而众口难调,为了取得利益的最大化,传媒必将舍弃精英类大众,转而极力迎合文化层次一般的大众,媒介的内容也随之改变。例如,中国古代文化经典著作艰深难懂,但蔡志忠的漫画将一切变得简单有趣,从"四书""五经"到《孙子兵法》,从《世说新语》到《聊斋志异》,从《六祖坛经》到《禅说》,这些用漫画说经典的方式浅显易懂,易于为大众接受。

但另一方面,大众文化的商业性和复制性也决定了它的作品是一种急功近利的速食产品,平面,没有深度,碎片化,很难维持较长时间。如自从《百家讲坛》节目推出易中天后,节目内容便以此复制,多次复制后也导致了大众的审美疲劳,收视率严重下降。浅显的内容容易导致疲劳,容易过时和被遗忘。

三、媒介内容娱乐化

大众传播媒介的社会功能之一就是提供娱乐,使受众能够从工作、学习和生活的紧张压力下解放出来,获得轻松和休息。在大众文化的影响下,传播的娱乐功能不断被放大。麦克唐纳曾说过:"大众文化的花招很简单——就是尽一切办法让大伙儿高兴。"对大众文化的生产者来说,娱乐大众是一个基本目标。而对普通大众来说,寻求娱乐则是文化消费行为的基本模式。基于这样的认识,近年来媒介内容的娱乐化倾向越来越严重,传播内容中娱乐性成分所占的比重越来越大,新闻节目或版面受到挤压,而且新闻节目本身的娱乐性因素越来越多,连严肃新闻也竭力用娱乐性来包装。

在不断普及的数字电视频道里,大部分是专门的娱乐频道,如音乐频道、怀旧电影频道、时尚靓装频道等等,娱乐节目24小时连轴上演,新闻主播更像是从选秀节目里走出的帅哥美女,方式或者像是说评书,或者像是说相声;新闻频道里也充满了政治家的花边新闻。正如媒体文化研究者和批评家尼尔·波兹曼所批判的,公众话语都日渐以娱乐的方式出现,并成为一种文化精神;一切文化内容都心甘情愿地成为娱乐的附庸,而且毫无怨言,甚至无声无息,其结果是人们成了一个娱乐至死的物种。[①]

四、媒介内容的文化版本

西方新闻学常常把新闻称为新闻故事,其意在于视一个新闻素材为一个故事,主张

---

① 尼尔·波兹曼:《娱乐至死》,章艳译,广西师范大学出版社2004年版。

新闻记者从讲故事的角度来收集和采写新闻。这样一来,新闻故事一般都会有一定的模式,而这个模式恰恰反映了媒介周围的社会文化的特点。例如,很多新闻故事都通过一个事例说明了善有善报、互相帮助、与人为善和亲情至上的理念,这些都留有社会文化的印记。

社会文化版本对媒介内容的影响还表现在媒介内容常常无意识地反射一个社会的主流价值观这一点上。所谓社会主流价值观就是一个社会统治阶级的主要意识形态和社会道德的基本取向,社会主流价值观的传播和承继在很大程度上是通过大众传播媒介来传播的,例如反映在新闻故事中的意识形态和价值观。

1999年5月8日早晨5时45分,以美国为首的北约至少使用3枚导弹袭击我驻南斯拉夫大使馆,造成3人死亡,1人失踪,20多人受伤,馆舍严重毁坏。当地时间7日晚,北约对南斯拉夫首都贝尔格莱德市区进行了空袭以来最为猛烈的一次轰炸。晚9时始,贝尔格莱德市区全部停电。子夜时分,至少3枚导弹从不同方位直接命中中国使馆大楼。导弹从主楼五层楼顶一直穿入地下室,使馆内浓烟滚滚,主楼附近的大使官邸的房顶也被掀落。当时,中国大使馆内约有30名使馆工作人员和驻南记者。新华社女记者邵云环、《光明日报》记者许杏虎和夫人朱颖不幸遇难;另有1人失踪,20多人受伤。这是一个很大的新闻,但是美国媒体对这个事件的报道很少。

而在2001年4月1日上午,美国一架军用侦察机在中国海南岛东南海域上空活动时,撞毁中方对其进行跟踪监视的一架军用飞机,中国飞行员王伟牺牲。事发后,美机未经中方允许,擅自侵入中国领空,并降落在海南陵水军用机场。中方暂时扣留了美方机组成员。为此,美国媒体大报特报,就此事谴责中国的做法。可见,美国媒体是站在美国主流价值观的立场上来看待这两个不同的事件的,因此新闻报道的程度也不同。

美国学者曾分析了20世纪80年代美国电视剧中的主要人物的类型,发现主要人物多为白种人,而反面人物多为操外国口音的移民阶层。

20世纪80年代曾发生过两宗航空事件,美国媒体都作了较为详细的报道,但是报道的新闻框架却截然不同。1983年苏联飞机击落一架韩国民航客机,导致全部旅客丧生。当时正是"冷战"期间,与苏联处于对立面的美国政府立刻发表声明,定义这个事件为"袭击",谴责苏联的这种行为。美国媒体的报道也反映了这种价值观,将事故定位为政治问题,指责苏联政府故意击落民航飞机。

1988年又有一次民航飞机被击落的事件,这次是美国战机击落了伊朗的民航客机,也导致了全部机组成员和旅客丧生。这次美国政府同样立刻发表声明,声称这是一次由于"技术失误"而导致的悲剧,主要原因是战机的成员误认了伊朗客机的符号;还公开强调这两次事件不能相提并论,因为美国与伊朗处于作战状态。美国的媒体也采用同样的声调报道这次事件,例如《时代》和《新闻周刊》的标题就明显不同:

对1983年民航客机被击落的报道标题:

- 《空中谋杀》
- 《空中的残忍伏击》
- 《空中惨案——苏联击败民航客机》
- 《莫斯科为什么这样做》
- 《(空中) 袭击》
- 《让莫斯科招架》

对1988年的航空事故的报道标题：
- 《它为什么发生？》
- 《海湾错在哪里？》

美国传播学家艾特曼从新闻框架的角度分析认为，两种不同的报道框架来自于对美国主流价值观的印证。[1]

美国传播学家布里德认为美国媒体对主流社会的报道也是存在偏向性的，例如对于美国社会的一些阶层的报道是趋于固定的：

（1）作为美国社会主流阶层的象征，银行、宗教、法律、医疗等领域被塑造为神圣不可侵犯的；

（2）一些主流的价值观在新闻报道中被强调，如宗教的重要性和爱国主义被正面渲染，法律界的相关报道都常常以正面新闻出现；

（3）地方报纸避免报道银行贷款危机的新闻；

（4）新闻媒体极少报道教会或牧师的丑闻；

（5）法律工作者的媒体形象比较完美高大；

（6）医疗和教育部门几乎没有负面新闻。[2]

为什么会有这种报道上的偏向？这是因为上述领域是美国主流阶层和社会精英的集中地，体现着西方社会的主流价值观。美国媒体虽然对此也有批评报道，但是在数量上大大少于对其他社会群体和阶层的负面报道。

第三节 女性文化与女性媒体的内容

随着社会经济文化的发展，人类生活水平的提高，公众对媒介的接近程度和依赖程度日益提高和加强，今日的大众传播几乎深入到了每个人的日常生活当中。媒介作为社会有机体的重要组成部分，也是社会文化传播和展示的重要平台。但是在大多数国家，大众传媒并没有用均衡的方式描绘妇女在不断变化的世界中对社会的贡献，相反，报道

---

[1] Entman, R. M. (1991). Framing U.S. Coverage of International News: Contrasts in Narratives of the KAL and Iran Air Incidents. *Journal of Communication*, 41 (4): 6–27.

[2] Breed, W. (1995). Social Control in the Newsroom. *Social Forces*, May: 326–335.

第十三章 媒介内容与大众文化、意识形态

的重点往往是妇女的传统角色。对此,现代政府和各种女性社会组织都在不断提高女性的社会地位,随着社会的不断进步,女性媒介也在各国出现了。

一、女性媒介的出现

所谓女性媒介是指以女性为主要受众的传播媒介,如女性报纸、杂志、广播电台和电视的女性频道以及专门网站(或者新闻网站中的女性专页)等。

女性媒介的出现既是媒介迎合社会文化内容的做法,其本身也是一种文化现象。这种媒介的出现可以看作是女性文化不断扩大,媒介需要表达女性自身需求的结果。以往的媒介传播内容中对女性的表述可以说是不足的。1996年3月妇女传播监测网络对我国最具权威性的八家报纸的新闻版进行了调查,结果发现相关女性的新闻报道非常少,仅占11.19%,而新闻中涉及女性问题的比例更低;出现在主流媒介中的女性形象也多是以家庭性的角色为主。① 社会文化中女性文化的兴起要求大众传播媒介对女性个体要有丰富的表现和大量的报道,因此女性媒介成为传播和构筑女性文化的一个重要空间,女性文化也成为大众传播媒介的一个重要的内容。

以美国为例,女性在媒介中的状况随着美国历史的变化和社会的发展而变化。以女性在媒介广告中的角色为例,20世纪70年代美国女性主义学者对印刷媒介广告中女性形象的研究结果表明,随着时间的推移和妇女地位的提高,大众传播媒介的内容对女性的表现也有变化。研究人员对1971年的《新闻周刊》、《时代》、《美国新闻与世界报道》等新闻杂志中的广告进行研究后发现,印刷媒介广告中的女性以工作角色出现的形象非常少,约占9%;而与此对比,广告所呈现的男性中45%是以工作面目出现的。这也表明了当时社会文化对女性的社会定位。

美国较早开始主张妇女选举权的活动,提高女性社会地位的文化活动也十分盛行。早在20世纪70年代,美国的女性解放运动浪潮不断高涨,在妇女运动者的努力下,美国陆续颁布了一系列旨在消除性别歧视、改善女性生存状况和社会地位的国家级的法律和法规,在部分原有法案中也加入了关于妇女权益的相关条款。这些社会运动和政策实施促进了美国妇女地位的提升和妇女文化的发展。

随之,美国的女性媒体开始兴起,其中女性电视频道的不断涌现可以看成是美国女性社会状况与女性社会地位提高的结果。在美国,除了各大电视台均有自己专属的女性栏目和节目之外,公开宣称整个频道是服务于女性的有三家:人生频道(Lifetime)、氧气频道(Oxygen)和女性娱乐频道(Women's Entertainment)。这三家女性频道全部为有线电视频道,并已深入到美国女性以至男性的文化生活之中。人生频道认为其宗旨是致力于提供高品质的娱乐和咨询节目,并倡导讨论影响妇女及其家庭的相关问题。在2001年,人生频道在所有的有线电视频道中收视率名列第一。

---

① 妇女传媒监测网络:http://www.genderwatchina.org/pages/index.asp.

二、女性频道的内容特点

女性频道中的一些节目也确实突破了传统频道中为女性定位的角色,表现了真实的、多样的女性生存状态。具体表现有两点:

首先,报道内容的主角是女性。在从事女性传媒业的工作人员中,女性工作人员占绝大多数,无论是编辑还是记者,都以女性为主,这改变了传统传媒行业中以男性角度为报道主要视角的做法,确立了女性新闻工作人员在女性媒介中的主体地位,让女性拥有了媒介定位、确定新闻选题、选择报道角度和风格等一系列自主权。

女性新闻工作者以自己的价值体系去观察和理解事物,确立媒介的主旨和风格,给大众传播媒介的内容和议题带来了一定的变化。不仅仅是在美国,20世纪90年代初期,日本的媒介研究者发现日本的全国性日报的新闻选题中与女性有关的主题不断增加,其原因正是日本的大众传播媒介组织中女性新闻工作者的不断增加,女性新闻工作者的增加使新闻报道比以往更能关注社会文化中的女性,关注女性角度的新闻价值。

其次,媒体报道的内容以女性为主。女性媒介的传播内容中女性出现的频率、被引用的频率和被拍摄的频率远远高于以往其他媒介。女性媒介的定位在于以女性报道为中心,与女性有关的内容占据重要版面,设置多个以女性为主题的栏目,着重反映女性生活和女性社会问题。以氧气频道为例,《肌肤深处》和《分娩的故事》就是这类节目的代表。《肌肤深处》是一部系列电视纪录片,探讨美容手术的相关问题,通过病人的自我阐述,揭示整容手术背后的一系列问题。《分娩的故事》则用摄影机记录妇女从怀孕到生产的全过程,拍摄各种具有不同背景、不同生活状况的怀孕妇女如何迎接新的生命,以及生产时家人及朋友的种种态度和表现。

另外,以女性为题材的电影也大幅增加,表现的女性主题也非常丰富。如《霹雳娇娃》、《古墓丽影》、《完美的女人》、《迷失东京》等女性电影。这些电影对女性人物的表现也更加多元化和立体化,不仅在商业层面和艺术层面,而且在文化层面和政治层面也都有所收获。

总的来说,女性媒介的报道选题和报道方式是把女性作为一个独立的主体,在报道美容、家庭、娱乐等方面的题材时,也与以往媒介的角度不同,力图表现女性的自主意识,传达"女人是自己的主人"的观念。女性时尚杂志如 *Cosmo Girl*、*Elle*、*Seventeen* 等更是以突出的视觉表现展现女性美,以主人公的姿态展现着女性的特质,使女性成为自己的审美主体。

第十三章 媒介内容与大众文化、意识形态

第四节 香港的低俗文化与偷窥报道

一、香港大众文化的低俗性

香港作为一个高度发达的资本主义社会，物质高度丰裕，民主化程度也相当高。这承自港英时期百多年殖民地统治的强调自由、民主的西方政治体制。香港媒体拥有相当高的新闻自由和选材自由。强调新闻自由的西方新闻制度是使得香港媒体拥有广阔选材空间的基础，而长期的西方式的统治也令香港人在思想上根植了新闻自由、独立的第四权力观念。

但是香港物质的发达却并不与高等教育的发达相称，以致高度民主的新闻选材制度容易蜕变成为民粹的甚至低俗的选材制度。根据香港的教育制度，在中五（高中毕业）时，8万名中学生参加香港中级程度会考（香港中学文凭考试）。其中3万学生，即37.5%可以通过，取得中六学位。他们念完中六、中七（预科），参加香港高级程度会考，其中大约50%的学生可以升入大学，目前香港只有1.5万个大学一年级的学位。所以，香港的高中毕业生只有大约18%能升入大学。照此推算，香港有机会接受高等教育的比例不足20%。由于香港受教育程度较高，无可否认香港人的整体素质相对较高，但又因为高等教育率偏低，导致香港的大众文化呈现一种低俗化的现象。

香港的大众媒体拥有高度的新闻自由和选材自由，同时其经营体制也是全盘市场化的。也就是说，大众媒体没有政府财政支持而是全面自负盈亏。香港媒体有生存压力，因此很迁就大众的口味和喜好，这种以受众喜好为最高原则的报道方针造成了香港媒体新闻报道的低俗化，也导致了香港大众文化的低俗，文化的低俗与媒介内容的低俗相辅相成，使香港的大众传播媒介中的低俗报道和黄色新闻更加泛滥。

二、《东周刊》事件

偷窥名人丑事和隐私，将其作为头条新闻大报特报，这是香港媒体受低俗文化影响的表现之一。2002年10月，香港《东周刊》杂志在封面上醒目地刊出一张女性受虐的半裸照片。内文虽然未对这位女性指名道姓，却表示是一位女星多年前遭绑架后被人拍下裸照。照片一出，该期杂志立即被抢购一空，甚至当日翻印再卖。这就是在社会上引起轩然大波的"刘嘉玲绑架案"事件。

香港演员刘嘉玲在1990年被黑社会劫持后被迫拍照，12年后照片出现在一本发行量颇大的娱乐杂志的封面之上。如果没有香港大众文化中喜欢名人隐私的倾向，媒体可能不敢如此大胆地选择以此为内容。事实也证明了这一点，香港的管理部门收到了多宗相关的投诉，也有很多人站出来抗议，但是另一个事实就是，该期杂志出版当日即时卖

断货，甚至当日就要翻印再卖。正是因为香港的色情文化的土壤，才让《东周刊》杂志敢冒天下之大不韪以此内容为封面。

这其实还是大众媒介为了生存向大众文化妥协的结果。事发数日后，这个事件引起了香港社会的声讨，香港电影业、教育界、劳工界等几十个组织在多份报章刊登联署声明，强烈谴责《东周刊》这种为求商业利益罔顾受害者痛苦的行为，并抨击这种做法扭曲新闻自由。香港演艺界也于11月3日组织声势浩大的"天地不容"声讨会，向港府要求严惩事件的幕后主导。时任行政长官的董建华及港府高官亦表示会跟进事件，若涉及刑事犯罪，绝不手软。

三、《壹本便利》事件

就在《东周刊》事件声势浩大地落幕，正气仿佛得到弘扬，色情、暴力、偷窥得到限制的时候，又一个大事件发生了。2006年8月19日，香港组合Twins在马来西亚举行"环游世界云顶演唱会"，演唱会结束后两位歌手去后台更衣，没想到却被偷拍到整个更衣过程，而其中一位歌手阿娇的照片更被刊登在8月22日出版的《壹本便利》封面上。《壹本便利》做过不少出位报道，备受抨击。香港影视及娱乐事务管理处当时把该杂志暂列作二级不雅刊物。《壹本便利》是香港壹传媒旗下的杂志，该杂志原本是一本潮流杂志，后来因为销量暴跌，壹传媒主席黎智英指示该周刊要调整编辑方针，由时尚休闲刊物改为以八卦、揭秘式新闻为主，频频以走光照片为封面。

可见，只要大众文化的内容没有改变，媒介的内容依然会受到大众文化的深度影响。在这次"阿娇偷拍事件"后，香港影视处接到了有关投诉103宗，是2006年投诉最多、最激起民众愤慨的事件。9个妇女团体组成的平等机会妇女联席亦发表声明，强烈谴责有关杂志的做法，认为此举不但侵犯了女艺人的隐私权，令受害人感到威胁及不安，指出这个事件促进了不良偷窥文化的横行。香港新闻工作者联会在表示震惊并予以强烈的谴责之后也认为，这种偷拍行为完全违反了传媒道德操守，应引起社会各界包括新闻界同业的重视，呼吁新闻同业人员增强社会责任感，为塑造良好的风气做出努力。香港艺人也如"刘嘉玲事件"一样为阿娇举行声援大会，《壹本便利》被裁定违法。

总的来说，从以上两个事件可以看出香港大众文化对媒介内容的影响。因为香港媒体的市场化经营方针，不得不以大众的需求为上，媒介的内容必须以大众的需求为目标，方能满足媒介的生存需求。反过来，大众媒介若跟随大众文化随波逐流，则会推动大众文化的强势，使得媒介在大众文化的需求下更加被动。从一个侧面来说，大众文化是靠大众传播媒介推动并形成的，与此同时，大众传播媒介也反受大众文化的制约，在某个方面越陷越深，难以自拔。

第十三章　媒介内容与大众文化、意识形态

第五节　电视娱乐节目对大众文化的迎合

一、我国当代大众文化的特点

本章讲解了大众文化的概念和特征，我国当代社会的大众文化除了包括上述特征之外，还有以下一些特征：

（1）平等观念。平等的观念已经深入人心，我国大众希望表达自己的观点，拥有平等的话语权，对媒介的参与性提出了更高的要求。

（2）浮躁。在快餐式生活方式大行其道的今天，社会大众的心态普遍比较浮躁，尤其是年轻一代，他们渴望一夜成名，急功近利的心态比较明显。

（3）宣泄。现代快节奏的生活加剧了普遍的社会心理紧张，现代大众文化含有宣泄的特征。人们更倾向于接受那些信息含量可能并不是太高而气氛相对轻松活泼的文化消费形式，使人们释放紧张情绪、安抚痛楚、消除忧愁、平衡心态、缓和冲突、保持自我，各种娱乐产品为人们闲暇时间的消遣提供了广泛的文化手段。

（4）泛娱乐化。泛娱乐化指的是一股以消费主义、享乐主义为核心，以现代媒介为主要载体（电视、戏剧、网络、电影等），以内容浅薄空洞甚至不惜以粗鄙搞怪、噱头包装、戏谑的方式，通过"戏剧化"的滥情表演，试图放松人们的紧张神经，从而达到快感的思潮。

（5）审丑心理。长久的审美疲劳之后，大众现在更关注"丑"，尤其是可以张扬个性的网络媒体，芙蓉姐姐就是这样红起来的。

这种当代大众文化的特点也在很大程度上影响了媒介的传播内容。

二、《超级女声》的成功与大众文化

有人认为超级女声节目的火暴和成功反映了出生于 20 世纪八九十年代的女生们想独立、想自我实现的心态和自我意识的增强，也是这一代青少年偶像情结的显示。其实，《超级女声》以及类似选秀节目又何尝不是为迎合这种青年文化而设立的呢？现在的 80 后已经逐渐成为了社会舞台上的主角，与前辈们相比，他们更加自我，个性张扬，喜欢与众不同，甚至标新立异。他们中的很多人渴望有能一夜成名、出人头地的机会。反映这一代人的文化价值观的选秀类节目因此迅速走红。

（1）"海选"与媒介参与。继 2005 年《超级女声》的火暴场面之后，"海选"大潮一时间席卷了大江南北。针对这种现象，社会舆论褒贬不一。但不论结果如何，所谓"存在即合理"，"海选"的走红一定有来自大众文化心理的深层原因。分析一下就可以看出，"海选"这种形式是公平民主的最好体现，没有门槛的"海选"，让草根阶层看到了希望，每个人都有可能、有机会成名。"海选"最大程度地满足了大众的参与需

求。不但可以坐在电视机前当受众，也完全可以亲自参与进来成为一名选手，迎合了年轻人想一夜成名、急功近利的社会心理。

同时，大众的审丑心理在"海选"中也得到了满足。《超级女声》的"海选"阶段创造了"审丑"奇迹。很多看过节目的人也都直言不讳地承认，比起后面的比赛更爱看它的"海选"直播，因为可以在丢丑的表演者身上寻到开心。

（2）短信投票。当每位歌手都积累了一定数量的粉丝之后，《超级女声》赋予了粉丝们极大的参与权——由短信投票决定选手的去留，决定最后决赛的三甲排名。短信投票满足了人人均渴望的一种话语权与决定权，让成千上万的粉丝们疯狂了，他们呼朋唤友，帮偶像拉票，成为了"超女"最忠实的支持者和免费的宣传员。

（3）感情因素。每当淘汰的时刻来临，便是一场情感大戏的开始。这时，现场就会播放悲伤的音乐，主持人讲起煽情的话语，大屏幕打出选手各个时段的参赛片段，选手们大多被这种音乐和回顾画面弄成泪人，观众也往往被感动得泪流不止。这正是观众所需要的情感宣泄方式。

（4）商业化操作。《超级女声》是一档以音乐选秀为外壳的电视娱乐性节目，提出"想唱就唱"的理念和口号，只要喜爱唱歌的女性，不分唱法、不计年龄、不论外形、不问地域，均可免费报名参加，连同节目中大众投票决定选手去留的淘汰方式，倡导一种"全民快乐"的娱乐方式，是一场实实在在的没有门槛的大众歌会。同时，《超级女声》还具有很多新鲜的做法，如"海选"、区域决赛、总决选、大众评委、PK、待定等很多独特的赛事规则。

（5）娱乐性。《超级女声》带来了中国娱乐节目彻底的平民化和娱乐青春化，它抛开以往类似节目专业、主流的帽子，形成了一次全民大狂欢。可以说《超级女声》的成功是因为顺应了80后青年受众自我、平等、参与、张扬个性等娱乐文化观，将电视屏幕变成一个巨大的游戏场地，并且免费对大众开放。事实上，参加比赛的选手也多是抱着"玩一玩"的态度前来报名的，参赛者在享受快乐的同时，还过了一把上电视的瘾。这种具有强烈心理接近性的"平民游戏"借助电视媒体高效的传播能力，迅速征服了荧屏内外的参与者和受众，正因为有了"全民参与"的热潮，才会产生"全民同乐"的收视效应。

第六节 社会意识形态对媒介内容的影响

一、社会意识形态的定义

所谓意识形态，指的是一种象征性机制，是社会中一种内聚的、整合的力量。媒介的意识形态传播是通过利用能与受众产生共鸣的熟悉的文化主题来进行的。意识形态层次包含了所有我们讨论过的内容，因此是我们探讨的媒介影响因素中最为宏观的一层。

第十三章 媒介内容与大众文化、意识形态

与前面几章相比，探讨意识形态也是研究传统与研究视角的转变。研究意识形态的学者通常采用马克思主义取向。这种研究强调更多总体的、抽象的理论探讨，而非用实验数据来证明具体的假设。

休梅克和她的同事对媒介报道异端行为（deviance）的方式做了深入的分析。比如，她发现，被报纸视为异常的政治团体通常会受到较少的友善对待。新闻选择标准本身便被认为是建立在异端行为的维度之上的，包括了争议性、轰动性、显著性和反常性。人物或事件越异常，越有可能被报道，也越有可能遭遇刻板印象。

在意识形态层次，我们必须关注的是社会权力的本质。我们必须探讨媒介内容在什么程度上被用于增强某个团体（阶级、性别或种族）的利益与权力。马克思主义研究的范式便关注于权力与意识形态。在讨论新闻记者的职业意识形态时，有一个有用的概念，那便是 Thomas Kuhn 关于"范式"的观点，即"一个被接受的模型或模式"，有助于认识这个世界。新闻范式中主要的一种是客观性原则。

● 人物或事件越异常，越有可能被报道，也越有可能遭遇刻板印象。
● 一个国家与另一个国家相比，其政治、经济、文化意义越多，前者越有可能出现在后者的大众媒介之上。
● 当主题超越了媒介合法论争的范围，或是在一致或反常时，新闻记者不会使用诸如平衡之类的客观性原则。
● 当主流意识形态受到威胁时，精英们会以一个阶级的形式对媒介作出回应。
● 媒介与精英的联系越紧密，媒介内容越可能与那些精英的意识形态观点相一致。
● 对于媒介职业范式的违反必须修复。
● 对于一个既定的议题，电视媒体会比纸质媒体更常以意识形态冠之。

二、意识形态影响传媒视角

影响传播内容的因素很多，传播者、媒介组织本身、受众以及各种社会因素都可能通过不同的方式不同程度地对媒体在选择传播内容和传播角度上有所作用。在当代社会，意识形态在报道某一个具体的新闻时已不再是最关键的因素，但是它在整个西方媒体对中国新闻的报道上却占有很重要的位置，其隐形的内在的作用不容忽视。下面将着重从意识形态的角度来分析西方媒体如何选取中国新闻事件报道内容及其报道视野，并将从意识形态主导下的报道状况，西方媒体曲解报道中国新闻的原因，意识形态对立传统的遗留影响以及意识形态对受众接受心理的作用，以及文化霸权的影响四个纬度来进行具体的说明和解读。

意识形态的含义是多层次的。狭义的意识形态指统治阶级的意识形态；广义的意识形态是指特定的社会集团（或共同体）对自身社会地位和利益要求的自我意识和自觉表达。意识形态是传播研究的一个重要方面。在过去的 50 年里，已经有很多学者和研究机构对其进行了深入的研究并取得了重大的成就。虽然不同时期各个流派的研究侧重点以及相关的理论各有不同，但它们都有共同的研究视野和基点，即：媒介的传播内容是受意识形态的影响，媒介可以看成是一个社会的意识形态的道具，它有维护社会安定的职能，会自觉地从社会领导阶层和主流价值观的角度出发来报道新闻，反映意识形态的内涵；它是从社会背景的宏观角度以及价值观念的深层原因来解读和分析媒介传播内容的选取的，因此很容易具有时代和民族的印迹，差异性也较大，但同时又具有内在的同质性和稳定性。

三、拉萨"3·14 事件"与西方媒体的报道

北京时间 2008 年 3 月 14 日下午，拉萨市区发生了严重的打砸抢烧暴力犯罪事件。以达赖集团为首的民族分裂分子纵火 300 余处，18 名无辜群众被烧死或砍死，受伤群众达 382 人。暴徒沿街破坏汽车、民房及各种店铺，甚至连救护车都受到了攻击。"藏独"分子残忍地杀害无辜民众，执勤的民警也遭到围攻。它严重扰乱了社会秩序，危害了人民群众的生命财产安全，牵动了广大中国和世界人民的心。

但是对这样一个令人民心痛不已的暴力事件，西方媒体的报道却让所有中国人民无比寒心。部分西方媒体采用弄虚作假的手法对拉萨的打砸抢烧事件进行了一系列歪曲事实的报道，尤其是以 CNN 为首的报道中裁掉暴徒攻击军车的画面，断章取义，混淆视听，刻意制造假象来欺瞒观众。新闻报道的主持人卡弗蒂甚至发表十分明显的带有种族歧视的言论——"中国人都是暴徒和恶棍。"这样严重失实的报道和恶毒攻击言论引起了全世界华人和正义人士的严重谴责和声讨，CNN 主持人卡弗蒂已经在中国人民义正严辞的抗议和国际舆论的压力下对中国人民进行了道歉，但其缺乏诚意的道歉以及西方媒体的态度都表明了它们由于意识形态上的偏见对中国的重大误解。

真实、客观、公正是新闻报道的三大基本原则。而 CNN 在此次"3·14"拉萨打砸抢烧事件的报道当中却连这三个原则当中的任何一个都没有达到。联合国教科文组织于 1983 年公布的《国际新闻职业道德守则》第八条明确规定："尊重别国文化，维护别国文化的尊严，尊重别国自由选择政治、社会、经济和文化模式的权利。"从 CNN 关于拉萨事件的报道可以看到西方媒体由于意识形态作祟，从而忽视对别国尊重的一面。在关于中国重大事件的报道当中，西方媒体一直都是以负面新闻为主，很多新闻也是经过加工后扭曲事实的报道。

四、意识形态主导下的西方媒体的中国报道

众所周知，选取一则新闻及报道的视野是与意识形态、价值取向紧密联系在一起的。传播学家威廉斯早在 1761 年就说过，"沟通、传播的价值不在于贡献出问题的答案，而在于不时展现人类意识形态格外尖锐的一面。"诚然，不管是什么样的传播都会不自觉地带有意识形态的烙印。但是基于新闻真实客观的原则，传媒工作者要通过努力去降低意识形态对报道事实的影响。西方媒体在中国新闻上常有失偏颇的报道方式也就

折射出其意识形态上的众多偏见,它表现在关于中国报道的有失公允的做法上:常常洗牌作弊,妖魔化中国,只报道其中的一小部分,不报道完整的事实,戴着有色眼镜看待中国问题。报道过程中常常有很多虚假信息,充斥着横加指责的言论。一旦有不符合西方媒体认同的价值观和意识形态的事件发生便随便发起攻击,以其狭隘的思维视野来看待中国,带有刻板印象,容易不自觉地陷入偏见的怪圈。

CNN 在拉萨"3·14 事件"的报道中,采用的报道手法是每个新闻工作者都感到羞耻的。由于剪裁掉了暴力分子袭击民众和军车的部分,刻意给人造成暴力分子是和平示威,而中国军人和中国政府却对他们进行残酷镇压的误解。这种断章取义的做法,颠倒了黑白,混淆了视听,给观众呈献的是精心加工和刻意曲解的"事实"。这种严重背离真实的"事实"还能称为事实吗?在很多西方人尤其是美国人心目中,对中国的印象就是专制独裁,缺乏民主和自由。个别新闻工作者甚至赤裸裸地表现出意识形态上的偏见,用言论进行攻击和误导,严重伤害了中国人民的民族情感。《德国画报》3 月 28 日的报道中使用的截图甚至比 CNN 更加恶劣,德国 N-24 电视台的新闻图片竟然以旧充新,并涉嫌 PS 处理。在采访中国大使时竟然在大使对话过程中,插入尼泊尔警察画面,来进行诬蔑。部分西方媒体的种种造假手段,简直令人瞠目结舌。深究其背后的根本原因,都是由于意识形态在作怪。

五、西方媒体为何曲解中国

西方媒体之所以常常用不友好的态度来报道中国问题,归根到底是出于意识形态的误读。由于文化背景和经验范围的严重缺失,致使西方民众和西方媒体不能够理解中国的很多状况。他们根深蒂固的文化认知偏见很容易导致误解,于是他们在有意无意当中就误读了中国。在西方人的眼里,中国是个人权恶劣、专制独裁的国家,百姓生活在水深火热当中。无法摆脱固有的观念,就对选取新闻有很大的限制性。正如传播学创立者之一施拉姆指出的:"在信息传播网上布满了把关人。"在这些人中,媒介工作者往往是第一个把关主体。他们要先开始关注各种事件,对它们有个了解并形成自己的认识,再根据自己的经验和价值观以及综合考虑多种作用因素来决定选用哪些消息、摈弃哪些信息。无论怎样"客观"、"公正",我们都无法否认"把关人"的价值观念和意识形态在新闻传播过程中的种种影响。

既然我们知道了西方许多民众甚至包括传媒工作者都对中国有很深的误解,那就不难理解他们会带着这种误解去报道和解读中国的新闻了。意识形态是深层次的作用因素,产生的是内在的影响,它决定一个人看待事物的眼光和角度。基于西方民众对中国认知的匮乏,以及文化认知上的巨大差异。这些于无形中影响了他们看待问题的角度,根深蒂固地认为资本主义优越于社会主义,根深蒂固地认为中国缺乏民主自由,就会偏执地把这些看法加入到解读事件过程当中。在 CNN 关于拉萨"3·14 事件"的报道中,新闻工作者完全有能力获得整个事件的全部视频,了解到整个事件的真相,但是他们却有所保留甚至是在刻意剪辑后给大家呈献出一幅截然相反的事态发展图。本质上来说这是一种由于意识形态作祟的有意识的误导行为，完全违背了新闻报道的原则，失去了作为一个新闻工作者的职业道德和操守。

六、意识形态对立引起的传播障碍

西方对中国在意识形态上的对立历史悠久。这在冷战时期表现得尤为突出，作为一个新兴的社会主义国家以及属于以苏联为首的社会主义阵营，使得中国遭到西方世界的封锁和抵制。意识形态上尖锐对立，双方的媒体也或多或少的参与进这样的一种对立中来。不难想象，出现在媒体上的对立国家的形象往往是负面的，令人厌恶和摈弃的，新闻选取的价值和标准是屈服于意识形态斗争的需要的。

在严重对立的年代里，中国对于西方的报道是"资本主义是腐朽的落后的，社会主义必将取代资本主义"；而西方眼中的中国则是"专制独裁、没有民主和自由"。这样刻意地形象塑造必定只会去选择对方国家的不足来报道，对于对立国家的成就则闭口不谈，即使是同样的事件，双方的角度也大相径庭。随着两大对立阵营的逐渐瓦解，以及中国走具有中国特色的独立自主的外交政策，我国开始和西方一些国家有了战略上的合作关系，双方媒体的意识形态意识开始淡化。但到了20世纪90年代中期，西方媒体尤其是美国主流媒体不但将报道重点集中在人权问题、台湾问题、西藏问题等对中国的负面报道上，甚至有一段时间还鼓吹"中国威胁论"，宣扬中国对地区和国际安全的威胁，严重损害了中国的国家形象和国际地位，也伤害了中国人民的感情。

在此次关于拉萨"3·14事件"的报道中，西方媒体也倾向于把达赖分裂集团当成是正义的一方，用失实不当的报道方式来损害中国政府和军人的形象。这样的失实报道方式和行为一定程度上是由于一贯的报道传统。意识形态上的对立造成了西方媒体报道风格上对中国的不友善，即使随着全球化的发展，对中国的了解和认识开始增多，但是意识形态的深层次的内在影响还是很难消除，影响了西方媒体报道中国新闻的内容和角度。

七、意识形态与媒介受众的接受心理

由于长久以来意识形态的对立，这种偏见心理已经在西方民众的心目中滋长壮大。西方媒体常常播报中国的负面新闻来吸引观众的注意力。与此同时，由于信息资源和渠道的匮乏，西方民众一般都是从本国的媒体接触到中国的信息，久而久之，在负面新闻报道的信息轰炸下，也就已经从心理上认定了中国的这种形象。这种形象一旦认定，就很难改变，并且不愿意接受与这种形象不符的信息。所以在各种因素综合作用下，西方民众开始只乐于接受关于中国新闻的负面信息，受众作为传播过程中的一个十分重要的环节，媒介工作者不敢对受众的需求和爱好有所忽视，西方媒体喜欢紧紧锁定让中国难堪的新闻，即使是正面的新闻也要加上主观臆断的嘲讽色彩，这样就形成了一种恶性

循环。

　　另一方面，在西方意识形态的偏见作用下，容易造成西方文明至上的观念和西方国家意识形态和主导价值观中心主义。看不起其他民族的文化，依旧用殖民主义的心态来看待国际事务，这就必然会在接受他国信息的过程中有很多阻碍，甚至掩耳盗铃、闭目塞听。同时又容易造成一种畸形的使命感，认为要用自己民族的文化和价值观来拯救其他国家的人民，某种意义上即称之为文化霸权主义，试图用本民族的文化去感化和拯救别人。于是在看待其他国家事务时，尤其容易有选择性地看到和接受那些负面的信息。我们可以把这种作用过程看作意识形态在媒介议题设置上的隐性作用。

第十四章　媒介社会与媒介素养教育

第一节　媒介素养的起源和发展

一、提倡媒介素养的背景

现代社会可谓媒介社会，大众传播媒介和各种物质媒介已经深深地参与到人们的日常生活和工作中了，人们的工作方式和生活形态都受到各种传播媒介的不同程度的影响。例如，手机媒介让人们能随时随地地与他人通话，它的出现大大地加深了人与人之间的日常沟通；网络媒介给人们提供了易于查询的信息库，人们对知识的获取和储备更上了一个层次。不仅仅是提供信息的媒体，人们对信息本身的需求也比以往大大增加了，信息可以帮助人们作出更准确的判断和选择，同时也是工作和生活中不可缺少的支撑。但是，媒介技术的进步和社会信息量的增大，并不意味着所有人都可以正面地、有效地利用各种媒介获取信息，新媒介给人们带来了信息获取和使用上的方便，同时也带来了问题。例如，下列问题就是随着新媒介的普及和应用而产生的：

- 信息量过多，导致人们在信息阅读和选择上花费更多的时间；
- 垃圾信息干扰人们识别判断自己所需的信息；
- 传播者的非专业化导致虚假信息不断增加；
- 由恶意的网络信息发布引起的各种犯罪；
- 网络信息导致对个人隐私等各种权利的侵犯；
- 由网络技术层面的漏洞引起的犯罪。

以上问题的出现也说明现代人不但要会使用各种传播媒介获取信息，也需要具有足够的知识和判断分析能力来识别和审视媒介的信息，这就涉及媒介素养的课题。

媒介素养是英国学者富兰克·雷蒙德·李维斯和丹尼斯·托马森提出的概念，他们在1933年发表了《文化和环境：批判意识的培养》，主张人们对大众传媒带来的流行文化要具备批判意识。至今，媒介素养研究已经有了很大的发展，由最初的单纯的抵抗防疫媒介的阶段发展到提倡加强全民对媒介的使用能力与表达能力，相关研究成果也越来越多。

二、媒介素养的定义和意义

媒介素养是指人们对各种媒介信息的解读和批判能力以及使用媒介信息为个人生活、社会发展所用的能力。所谓媒介素养的培育，就是指导学生正确理解、建设性地享用大众传播资源的教育，通过这种教育，培养学生健康的媒介批评能力，使其能够充分利用媒介资源完善自我，参与社会发展。①

在我国，媒介素养的概念在20世纪90年代以后才被介绍，并为学者所关注和研究。单晓红在指出我国媒介素养研究起步较晚的原因时指出，由于我国的传播学理论一直延续美国传统，热衷于研究传播的效果等具有实用功能的环节，对欧洲批判学派的研究一直不够关注；同时与我国的媒介环境的特点有关，我国的媒介一直属于党和政府的耳目喉舌，媒介素养及其批判性的概念实质似乎不太适应我国的媒介特点。正是由于这样的双重背景，媒介素养长期未能在传播学研究的主流领域获得应有的关注。②

但是应该认识到，不管媒介制度和媒介环境有何特点，任何一个国家的大众传播媒介在制作上、报道特点上、表现形式上以及人们对媒介产品接受阅读方式上都是有其特点和共性的。而正是媒介在报道和表现形式上的这些特点，左右或者影响了人们对媒介信息的判断和接受。在现代信息社会里，大众传播媒介发挥的作用和影响越来越大，媒介素养教育的意义也越来越重要。

那么，大众传播媒介是如何左右或者影响人们的信息接受和理解的呢？

首先，大众传播媒介的信息是一种产品，这一点往往是大多数媒介信息的获取者不能清楚认识到的。现代大众传播媒介是一个信息收集编辑和制作的企业，它以信息传播为生存手段，有生存的压力和利益上的追求，因此，在媒体信息的编辑和制作方面，如何节省成本以获得更大市场效益是媒体时时考虑的问题，这种思考方式反映在新闻收集和编辑方面，就是特定的新闻价值观和编辑方针指导下的程序化作业；反映在最终新闻的内容和风格方面，就是特定的报道角度和报道框架的呈现。也就是说，大众传播媒介把新闻视为一种面对大千世界的信息作品，在新闻采集和编写、发行方面是具有其特定的价值观和制作规范的。这些特定的价值观和规范在上述章节里已经得到了详细的论述。

其次，媒介的新闻作品还可以看成是多种社会影响力相互作用相互博弈的结果。随着大众传播媒介在现代社会中发挥的作用的不断加大，越来越多的社会组织和权力机构开始介入或者利用大众传播媒介的功能来达到说明解释、议题设置、引导疏导和危机管理等社会作用，它们越来越多地通过各种方式介入大众传播媒介的信息作品的制作和发行过程中，发布并说明自己的议题、观点和立场。而媒介出于对信息的需求和新闻价值的关注，也愿意把这些信息当作新闻来发布。这样一来，现代社会里的媒介信息，就不

---

① 该定义来自复旦大学媒介素养小组，http://www.medialiteracy.org.cn/index.asp。
② 单晓红主编：《媒介素养引论》，浙江大学出版社2008年版，第一章。

是单纯的媒介作品了,而是受到各种社会影响力的影响,是一个多种社会因素共同作用的结果。

因此,现代社会的媒介阅读者不应该简单地依赖和信任媒体的信息,而是需要以一种分析和审视、批判的眼光来对待媒体信息。据一项调查表明,广州地区在一次关于大众传播媒介对青少年的影响程度的调查中发现,59.2%的学生认为他们的社会知识和信息主要来源于广播电视、报刊网络等大众传播媒介,中小学生课余最爱参加的是看电视、读书报、上网、玩电脑等以传播媒介为工具的活动。可见,大众传媒在很大程度上开始对现代人尤其是年轻人的人生观、价值观和行为方式产生着影响。所以媒介素养教育的意义更体现在对社会了解较少的青少年身上,这种教育可以帮助他们更好地认识和读解媒介信息,增加对媒体信息的分辨和分析能力。在网络媒体和各种新媒体成为社会传播的重要主体,信息传播的把关更加自由时,在人们可以轻松地面对和获取海量的信息,同时,在信息的呈现方式在视觉化、娱乐化方面达到更高层次的今天,媒介素养教育的意义更加凸显。

第二节 媒介素养的理念与原则

一、媒介素养的八大理念

媒介素养理论的主要内容是什么?首先值得介绍的是媒介素养的八大理念。这八大理念来源于加拿大一个成立于1984年秋的重要的媒介素养教育组织——加拿大耶稣会士交流机构(简称JCP),是由JCP执行主席约翰·庞金特提出的。这个组织致力于为教师、家长、宗教组织、学校董事会、学生和其他对此感兴趣的人提供大量资源和服务,旨在鼓励、推动和发展全加拿大中学的媒介素养教育。约翰·庞金特也因此被誉为"加拿大媒介素养教育之父"[1]。媒介素养的八大理念如下:

第一,媒介并不提供外部客观世界的简单映像。告诫人们不要简单地把媒介当成一面镜子,或者是一部客观的照相机。媒介对外部世界的描述是有选择、有特定角度的,并非是客观事实的真实写照;媒介信息是客观事实的描述,但是只是出于一个角度的而非全面的描述。

第二,人们对于外部世界的多数观察和体验是通过媒介获得的。这说明了人们与大

---

[1] 参见宋小卫《西方学者论媒介素养教育》,http://academic.mediachina.net/article.php?id=2188。文中介绍约翰·庞金特(John Pungente)为"媒介素养教育组织加拿大联合会(Canadian Association of Media Education Organizations)"的主席。他是《媒介素养教育——安大略教育部教师资源指南》的作者之一,该指南于1989年出版之后,先后被翻译成法语、意大利语、日本语和西班牙语等多种语言。他还与另一人合作,将澳大利亚巴里·麦克马洪(Barrie McMahon)和罗宾·奎因(Robyn Quin)所写的媒介教育课本《应对传媒》(Meet the Media)改编为适合加拿大学生阅读的课堂教材,这本经过改编的教材现在加拿大许多学校的媒介素养教学中使用。

众传播媒介的密切关系。现代媒体在信息提供方面具有传播速度快、传播范围广、信息量大等特点,人们出于信息获取的便利性,往往对媒介信息有一定程度的依赖,这种依赖导致媒介理所当然地成为我们观察社会和外部世界的窗口,我们对于自己所处的社会环境和外部世界的认识以及理解,在很大程度上是依赖媒介提供的信息而形成的。

第三,人们将根据诸多个人因素来捕获媒介信息的意义和蕴涵。这说明人们在阅读媒介信息时会结合自己已有的知识、经验和其他个人因素来判断和理解。也就是说,人们在接受媒体信息的时候并非永远是被动的,很多个人因素以及个人所处的社会集团因素会在信息读解的过程中发挥作用。

第四,媒介素养的目的在于提醒人们注意商业动机对媒介的影响。现代媒体组织可以看成一个企业,其商业目的和利益追求是非常明显的。因此,较多的商业因素也会渗透到媒介信息的制作过程中,在媒介作品中含有特定的商业诱导因素。

第五,所有的媒介产品都具有劝服因素。大众传播媒介主张新闻报道的客观、公正、中立等原则,不能否认这些原则在媒体实践中的体现和运用。但是反过来,也不能把媒体作品看成是百分之百的客观、公正和中立原则的体现,这些原则在具体的实践中会在某种程度上被限制。而脱离了上述原则的信息作品都是含有特定导向的,也就是约翰·庞金特所谓的"劝服因素"。

第六,媒介对于政治和社会变革具有巨大的影响。回首人类社会发展的历程,或者回顾中国的现代化发展历程,大众传播媒介对社会政治和经济的巨大影响力都是无法否认的。

第七,每一种媒介都有自己的文本建构规则。也就是说,媒介的信息选择和编辑是出于特定的价值观和编辑方针以及报道框架的,这些要素极大地左右了媒介的新闻文本的建构规则和呈示方式。

第八,人们应该学会去品赏不同媒介带来的美的形式与影像。认识不同媒体信息传播的特点,从不同角度理解媒体的文本和影像特点。

约翰·庞金特上述八大理念中,第一、第二、第四、第五、第七都非常重要而且具有现实指导意义,可谓一针见血地道出了媒介传播和其特定的信息构造对人们的直接影响,这八大理念具有跨越国界的指导意义。

二、媒介素养的十八项基本原则

媒介素养教育的十八项基本原则是英国学者莱恩·马斯特曼提出的①。这十八项原

---

① 参见宋小卫《西方学者论媒介素养教育》,http://academic.mediachina.net/article.php?id=2188. 文中介绍莱恩·马斯特曼(Len Masterman)为英国利物浦大学高级研究员,联合国教科文组织及欧洲议会媒介素养教育问题咨询顾问。他的论著《有关电视的教育》(*Teaching About Television*)、《媒介教育》(*Teaching the Media*)和《二十世纪90年代欧洲的媒介素养教育》(*Media Education in Europe in the 1990s*)是欧美媒介素养教育界的重要读物。

则从不同的角度说明了媒介素养教育的意义和中心要点。具体表述为：

（1）媒介素养具有重要的意义；
（2）媒介素养的一个核心概念是"再现（representation）"；
（3）媒介素养是一种终身教育；
（4）媒介素养应当着眼于增强学生对于媒体信息的独立自主的批评、判断能力；
（5）媒介素养重在调查研究，它不应将某种特定的文化价值强加于人；
（6）媒介素养应当与时俱进，善于应对周遭情势的变化；
（7）媒介素养的核心理念首先是分析的工具；
（8）学会灵活地应用各种分析的方法与工具；
（9）媒介素养效果的两种评估标准；
（10）媒介素养教育中学生的"自我评价（self-evaluation）"很重要；
（11）媒介素养尝试重塑教者与受教者的双边关系；
（12）媒介素养更多的是通过对话来展开自己的调查研究；
（13）媒介素养本质上是能动的、与人分享的，它鼓励发展一种更加开放的、民主的教学方法；
（14）媒介素养涉及合作的学问；
（15）媒介素养认定文化批评的位置高于文化生产；
（16）媒介素养是一种牵涉整体的教学过程；
（17）媒介素养信守变无止境的原则；
（18）媒介素养植根于一种独具特色的认识论。

上述原则中比较重要的有以下几点：

第一，媒介素养强调"再现（representation）"这个关键词，主张媒介不是简单的现实反射镜，也不是现实社会百分之百的真实写照，媒介通过符号再现现实，而媒介的符号选择是具有其特定的原则的。媒介素养教育要求首先承认这一点，否则就无法开始。

第二，媒介素养是一种终身教育，现代人的教育过程贯串其生涯，因此媒介素养教育绝不仅仅是在校学生的事情，走入社会的青年人、中年人和老年人同样有必要进行媒介素养的提高。随着信息化社会的发展，各个领域里的人们也都有必要提高自己对媒介信息的判断和分析能力。

第三，媒介素养的培养重点在于增强学生对于媒体信息的独立自主的批评和判断能力，而不是要求学生死记硬背一些观点和判断标准。另外，媒介素养重视媒介内容和社会调查研究的结合，它是建立在调查和分析基础上的结论，而不是某种特定的文化价值的强加于人。媒介内容的分析尤其应该把事件和问题放在更广阔的历史和社会背景中来分析和考察。

第四，媒介素养教育的核心是让学生掌握分析工具和分析手法，而不是教材和课本上的章节。同时,媒介素养十分强调这种学习和教育应当与时俱进,善于应对社会情势的变化,善于应对媒体环境的变化。还有一点十分重要,媒介素养教育重视人和人之间的互动学习,鼓励与其他人分享自己的感受,鼓励一种在开放的、民主的氛围中的学习和分析,鼓励学习者承担更多的责任,对自己的信息需求有更清晰的认识,有更主动的接触行为。

第五,也是这些原则的点睛之处在于强调文化批评的位置高于文化生产,这是媒介素养教育的中心点。

第三节 大学生就业信息获取行为的媒介素养解读

一、大学生的就业信息获得与媒介素养

在信息化和全球化时代,大众媒介的传播成为现代人最重要的知识获得方式之一,媒介的传播内容对社会和个人具有不可忽视的影响,这种影响可以是正面的也可以是负面的。信息时代的大学生对新的信息有着天生的敏感和迅速的吸收能力,对大众媒体如电视、网络、报纸、杂志有着很强的主动接触意识,这是他们的优点,同时也可以看成是一种弱点。因为大众传播媒介的信息有真伪之分。如果对伪信息缺少分析能力和识别能力,轻信妄动的话,小则给个人生活带来不必要的损失,大则给社会环境带来负面影响。例如,一些大学生对一些虚假的媒体信息和一些境外媒体信息没有相应的分析能力,易于相信随从,最后导致盲目行动。同时,大众媒体也是一种能提供大量公共服务信息的公共资源,大学生应该正确有效地利用媒体传播来了解社会,发挥自己的特长,为社会服务,理性地有效地适用大众传播媒介是当代大学生必须掌握的一种实际技能。

很多先行研究表明[①],大学生使用大众传播媒体的目的多在于了解国内外新闻事件;增长知识,查找信息;娱乐,放松;追连续剧、连载;通讯,交友聊天;展示自我;等等。其中最具有媒体接触主动性目的的是查找自己想知道的信息和知识。而在各种大众传播媒介中,网络媒体又是大学生最乐于和容易接受的媒体。例如广州大学城的大学生中有92.1%经常接触和使用网络媒体[②]。

以下以大学生从网络媒体上获得就业信息的媒体接触行为为例,从中了解和研究大学生就业信息的获取状况和特点,并从媒介素养教育的角度给予分析,探讨由此引出的网络媒介素养教育的课题。本研究的背景在于近年来高级人力资源不断受到社会的重

---

① 例如,张玲《新世纪中国大学生就业首选企业调查》、陶然《网络传媒对大学生信息获取以及思维力式的影响分析》、江剑伟《当代大学生媒介消费行为统计分析》等研究。

② 源于笔者于2005年3月在广州大学城所作的调查。

视,高校扩招,高级人才源源不断流入社会,导致大中城市就业机会短缺,竞争激烈,就业形势变得越来越严峻。在这样的情况下,大学生对于网络媒体上的就业信息的关注程度也不断提高,这是一种有明显主动意识的信息接触。这种有意识的信息接触活动可以比较明确地反映大学生信息获取和媒体接触的特点,相关数据和分析可以帮助我们了解大学生目前的媒介素养水平和特点,改善大学教育中媒介素养教育的方法和力度。

媒介素养是指媒体受众对各种信息的解读、分析、批判能力以及使用媒体信息为个人生活和社会发展所应用的能力。所谓媒介素养教育,就是指导学生正确理解、建设性地享用大众传播资源的教育,通过这种教育,培养学生具有健康的媒介批评能力,使其能够充分利用媒介资源完善自我,参与社会发展。20世纪70年代以后,联合国教科文组织积极推广学校中的媒介素养教育,目前已有加拿大、英国、法国、德国、美国、日本等多个国家将媒介素养教育设为大学教育的正规教育内容,而相对来说,我国大学中的媒介素养教育比较落后,针对媒体上就业信息的相关指导更加薄弱。

本研究调查设计的重点放在大学生对网络媒体信息的接触状态,网络就业信息对大学生的影响,以及他们对网络媒体信息的判断和信赖程度所反映的媒介素养水平这几个问题上。2006年5月网络与就业研究小组对中山大学南校区和东校区在校本科生开展了一次问卷调查,这次的问卷调查①从就职信息传播中网络媒体的作用、影响力和可信程度三个方面分析了网络媒介对大学生就业观的影响,反映了中山大学学生所具有的媒介素养水平。

下面是调查的综合结果(参见表14-1)。

表14-1 大学生就业信息的获取与网络媒体②

1. 一周内网络媒体的接触程度		2. 获得就业信息的媒体选择(多选)	
完全不上	0.4%	报纸	29%
1—2小时	2.1%	电视	15%
3—5小时	6.0%	网络	51%
5小时以上	91.1%	其他	5%
3. 对人才市场网的接触		4. 对学校就业网的关注	
经常上	7.8%	经常上	17.4%

---

① 此次调查共发放问卷1000份,收回问卷913份,回收率为91.3%,其中有效问卷为859份,有效率为94.1%。

② 本表相关数据来源于笔者指导的网络与就业研究小组2005年6月的《大学生就业信息的获取与网络媒体》调查。

续表 14-1

偶尔上	40.6%	偶尔上	44.8%
从来不上	51.6%	从来不上	37.7%
5. 从 BBS、博客上获得就业经验的程度		6. 是否关注网上的国家有关大学生就业的政策	
经常	19.6%	经常	5.3%
偶尔	54.4%	偶尔	68.0%
从来不	26.0%	从来不	26.7%
7. 通过网络投递简历		8. 是否受网上招聘标准的影响	
有	36.3%	受影响	14.6%
没有	63.7%	有一点影响	63%
		不受影响	16.4%
		不清楚	5%
9. 受"就业难"网络报道的影响		10. 各种媒体可信度排榜	
影响很大	7.5%	电视	1
有一点影响	70.8%	报纸	2
不受影响	16%	杂志	3
不清楚	5.7%	网络	4
11. 你认为网络对大学生就业现状的报道真实吗?			
真实	3.6%		
部分真实	80.8%		
不真实	1.8%		
不清楚	13.9%		

二、大学生就业信息获得的特点与媒介素养水平

从表 14-1 的数据中可以看出大学生就业信息获取方式的一些特点,表现在媒体选择、专业资源的利用、求职实践、相关报道的影响力和信赖程度几个方面,这些方面也同时反映了大学生的媒介信息阅读理解上的特点。

1. 大学生就业信息获得的媒介选择

网络媒体是大学生首选的信息传播媒体,这与网络媒体信息量大、更新速度快、信息范围广泛有关,也与大学生喜爱新媒体、认同网络传播的多样性有关。一些其他的面向广州大学城学生的媒体接触调查表明,大学生之所以喜爱网络媒体,是因为网络媒体的互动性强,受众同时也可以是传播者,大学生既可以在网络上接受新的信息,也可以通过诸如 BBS、QQ、博客等来与特定的群体进行沟通,发表自己的观点和想法。所以,网络媒体是大学生群体最受欢迎的大众传播媒介,与传统媒体的报纸、电视和杂志相比遥遥领先。同时,大学内网络设施领先,上网方便快捷,成本相对来说不高,也是大学生选择网络媒体的客观原因之一。

就业信息也是新闻信息中的一类,大学生还是主要选择网络媒体来获得相关信息,除了网络信息的获得比较方便、成本低的原因外,大学生们应该是注重网络信息的传递快捷和更新迅速这个特点。在网络媒体上,各个招人单位都可以通过自己的主页或特定的网页在第一时间发布本公司的招聘信息,发布信息的成本低廉,这是传统媒体所无法比拟的优势。同时,大学生在开始就业活动前基本上都拟定了自己的目标公司,网络媒体可以帮助他们直接与目标公司接触,获得第一手信息。

但是,从大学生就业信息获得的媒体选择上看,他们对媒体的接触程度极不平衡,对网络媒体较为偏重(占51%),而其他媒体如报纸(29%)、电视(15%)和其他(5%)的接触率就比较低。这说明大学生们的媒体选择还不太成熟,只从方便、快捷的角度选择媒体,而没有考虑到不同的大众传播媒体的传播特性会导致信息可信程度的不同和片面性的问题,没有认识到应该多方面接触各种媒体以获得全面客观信息的重要性。问题10的调查数据也表明了大学生就业信息获得方式中的一个"矛盾"——网络媒体的使用率最高,但是他们对网络媒体信息的相信程度最低。这种媒体接触上的"矛盾"从一个侧面反映了大学生媒介素养的欠缺。

2. 专业就业信息的接触与利用

网上的信息各种各样,从就业信息的角度来讲,专业的人才市场网和学校的就业网都是信息的汇总地,但是中山大学学生对专业信息网的接触并不十分积极,经常上这些专业网的人只占7.8%—17.4%,40.6%—44.8%的人只是"偶尔上",从来不光顾就业专业网的人有51.6%;而学校的就业网应该说有针对性比较强、成功率比较大的招聘信息,但是,从来不光顾的学生也达到了37.7%。

这说明大学生们对专业的就业信息网还不够重视。虽然一些就业信息网商业性强,信息良莠不齐,真假难辨,但是应该能反映出就业大环境的特点,是大学生们应该了解的范围。同时,大学内的就业信息网络还是有一定的可靠性的,应该多多利用这些网上资源。

网络媒体信息海量,如何选择对自己有用的信息,帮助自己的成长和发展,是大学生最应该具有的能力之一,是否主动接触大众传播媒体只是一个人媒介素养的基础部分，而能有意识地接触对自己有用的网络资源，并对这些资源有客观理性的认识和判断，才算是具有较高的媒介素养。

3. 间接就业信息的接触与利用

网络上的就业信息不但有来自招聘单位的信息，还由于网络媒体上信息发布的自由程度较大，所以不少人在 BBS 和博客上发表自己的就业经验，应该说这是一种传统媒体难以匹敌的传播优势，对大多数第一次进行就业活动的大学生来说也是获得经验的一种机会，但是，经常上网从 BBS 和博客上获得就业经验的大学生只有 19.6%，"偶尔"派占大多数即 54.4%，从来不看的大学生也有 26%。

国家有关大学生就业的政策和制度在网上也多有发布，大学生们对此的关注程度如何呢？调查结果表明，也是"偶尔"派占大多数（68%），从来不关注的人占 26.7%，经常关注的人只有 5.3%。这说明大学生们把就业活动看成是个人的事，不太关注就业大环境和国家的宏观指导，也不太关心相关的政策和制度。这样的信息获得倾向表明，大学生们在就业活动中可能不会利用相关政策和制度来保护自己的权益。

4. 网络媒体上的就业活动

相关调查项目表明，中山大学的学生中利用网络媒体传递自己的求职意向的人只有 36.6%，其余 63.7% 没有尝试用网络媒体投递求职信。由此看来，大多数大学生接触网络媒体的主要目的还比较单纯，只是信息获取，并没有利用网络媒体传递自己的信息的举动。

5. 网络媒体上就业信息的影响力

那么大学生对网络媒体上有关就业趋势和现状的报道有什么反应呢？或者说，网络媒体上的就业报道是否对大学生的就业心理和就业意向有所影响呢？调查表明，受网络上招聘条件影响的大学生（受影响和较受影响的合计）占 77.6%；受网络媒体"就业难"报道影响的大学生（受影响和较受影响的合计）占 78.3%。这说明网络媒体上的相关信息和报道对大学生的就业意识和心理还是有一定影响的。

在这里应该注意大学生应该如何对媒体报道进行理性分析的问题，这也是媒介素养教育的重要内容。关注媒体上的有关报道，但是又不为报道所轻易左右，对媒体报道的内容保持理性的态度和立场。这一点往往是大学生在面对媒体的就业报道和就业信息时难以做到的，也是在大学阶段应该培养的基础的素质和能力之一。

6. 网络媒体信息的可信度

调查显示，中山大学的学生认为网络媒体信息的报道部分真实的占 80.8%，从这个角度看，大学生对网络媒体上信息失实的现状还是有所认识的，对待网络信息还是比较理性且具有防范意识的。同样，在他们对所有传播媒体的可信性的排行中，网络媒体的可信程度被认为是最低的。这里就和调查中的第一个问题有了比较，大学生们最喜爱网络媒体，但是同时又认为网络媒体的可信度最低，这种互相矛盾的认识，反映了大学生媒体利用和接触上的不成熟，也反映了现代传播媒体的传播特性需要人们具有较高的

媒介素养水平。

综上所述，可见中山大学的学生在就业信息的获取上具有以下几个特点：偏重网络媒介，各种媒体的使用率不均衡；对网上有关就业的专业信息接触、利用不够，造成网上有用资源的浪费；利用网络媒体发布个人求职信息的人还不多，比较容易受到网络媒体就业报道的影响，对网络媒体信息有一定的警觉感，但是还是缺乏正确的分析意识和能力。

三、如何提高当代大学生的网络媒介素养水平

大学教育中面向大学生的一般性媒介素养教育应该在以下三个方面对大学生进行理论教育和能力培养。首先，通过面向各专业学生以公选课形式设置《传播学》、《新闻学》等基础教育课程的形式，培养学生具有理性分析媒介信息的真实意义，辨别"媒介塑造的世界"与"真实世界"的差别，理性地接受或使用媒体的信息，根据自己对媒介信息的判断理智地决定自己的态度和行动的能力。其次，了解媒体信息和新闻的制作、传播过程，对媒体传播的运作、经营理念有一定的了解，使学生具有能完整、客观地评介媒体的传播活动、功能和缺陷的能力。最后，对大众传播媒体组织的性质有所了解，使学生学会利用媒体促进自身发展和进步的能力，知识不断更新，学无止境。媒介素养教育的目的是使学生了解自己对信息的需求，了解媒体信息对现代社会成员的重要性，从而使自己能更好地成长为信息化社会的有用人才。

而针对大学生就业信息的获取和就业活动的展开，本研究认为，大学媒介素养教育还应该注重各种传播媒体尤其是网络媒体的传播特性，在以下方面加强重视和指导的力度：

首先，应该在大学公选课的课程设置中明确媒介素养教育的课程，加大授课分量。我国大学教育的课程设置一般来说还没有体现出对媒介素养教育的重视，应该重视并促成以《媒介素养》为名的专门课程在全校范围内的必修或选修，在这些课程中设置专门章节讲述网络媒体的传播特性，以及网络就业信息的查询、搜索、收集和分析。

其次，加强对媒体上的就业信息的真实性和客观性的分析能力，培养学生分析信息的手法并进行分析训练。目前，中山大学已开设的相关科目如《传播学》、《媒介社会学》、《现代媒体理论与实务》和《大众媒体研究》等课程中，已有对媒体信息进行实证分析方法的讲授，让学生通过实例分析了解媒体的传播功能和信息传播的特点，举行特定题目的课堂讨论会、新闻分析会、读报会和媒体传播案例分析会等，培养学生的实际分析能力。

再次，指导学生学习媒体信息的制作方法和发布技巧，针对个人发展的目标提高科学收集就业信息，理性分析就业广告，在网络媒体上有效发布个人求职信息的能力。鼓励学生通过团体形式对网络媒体和网络信息做统计调查和分析，写出分析报告。

最后，大学应重视每年对全体学生进行媒介素养教育评估。通过课程考核和发放实

际调查问卷，了解学生的媒介素养水平。在课程考核中除了测试学生对基础理论的掌握和理解之外，还应考核学生对传统媒体和新媒体信息的接受、分析和批评能力。定时实施学生媒介素养调查，了解媒介素养教育的实施情况和学生媒介素养的水平及特点，作为相关研究的课题和教学改革的依据。

现代社会可谓媒介社会，正确、主动地接触媒体尤其是网络媒体，理性地接受利用媒体资源已经成为当代大学生在学习、就业和自我发展过程中不可缺少的基本能力之一，大学教育应该重视媒介素养教育在全专业学生中的展开，重视针对三、四年级面临就业课题学生的辅导，以便更好地帮助他们顺利走向社会。

第四节 我国政府公务员的媒介素养

在我国政府工作人员中，政府公务员由于其地位高，容易被媒体关注，他们的媒介素养水平往往显得更为重要。政府公务员的媒介素养是指政府公务员通过掌握与媒介交往的技巧，提升自己的领导艺术和领导水平的能力，新时期政府公务员提高自身的媒介素养，是提升自身综合素质的需要，正确有效引导舆论的需要，打造"阳光政府"的需要以及推进全民媒介素养教育的需要。对政府公务员媒介素养的要求，在不同时期有不同的具体表现。现阶段的重要课题则是建立健全政府新闻发布制度和加强官员媒介素养培训两个方面。

一、我国政府公务员的媒介素养现状

徐雁龙曾于 2006 年 4 月到 6 月间，对中部某省 125 位县级以上的领导干部进行了一项题为"政府公务员与媒体关系"的问卷调查，他将政府公务员的媒体素养分为了解媒体、接触媒体和参与媒体三个层次，调查结果显示，这些领导干部每天接触媒体时间平均超过 3 个小时，跟各种媒体（包括网络媒体）打交道已经成为其工作的重要组成部分。而且，领导者在了解媒体层面，包括熟知媒体形式、了解媒体运作规律、知道国际主流媒体情况等方面，具有较高的素养；然而，在接触媒体层面，包括成功辨识媒体信息真伪、判断媒体信息价值、被动接触媒体等方面，则还需进一步提高；在参与媒体层面，领导者则大多表示了高度的不自信，在参与媒体议程的建构、主动与媒体沟通、通过媒体应对危机等方面还没有形成应有的意识。①

同样，黄琳斌在 2006 年 5 月到 6 月间，面向卫生部等国家 13 个部（局、署），全国除港澳台外的所有省（自治区、直辖市）及其下辖部分市、县，100 所本科院校和 100 家国有大型企业的 2510 名政府公务员（其中县处级干部 650 名，地厅级干部 1510

---

① 徐雁龙：《当领导遭遇媒体》，《决策杂志》2007 年第 3 期。

名,省部级干部350名)进行了问卷调查。共收回有效问卷270份。① 黄琳斌的调查结果表明了我国政府公务员的媒介素养的一些特点。

(1) 政府公务员能积极接触大众传播媒体,主要是报纸媒体。在回答"了解新闻最主要的途径是什么"时,51.39%的人选择报纸,27.78%的人选择电视,19.91%的人选择网络,0.92%的人选择广播。在回答"正常工作日的读报时间是多少"时,6.35%的人选择不到15分钟,29.10%的人选择不到半个小时,39.18%的人选择不到1小时,25.37%的人选择超过1小时。在回答"是否每周至少上一次网"时,88.85%的人表示肯定。黄琳斌指出,超过五成的人将报纸作为最主要的新闻源,并且超六成半的人每天读报时间超过半小时,可见多数政府公务员有读报的习惯;他们对报纸的信赖度也最高,这同他们的年龄和身份可能有直接关系。此外,面对网络这一传统媒介的集大成者,绝大多数人也能与时俱进。

(2) 大部分政府公务员重视媒体的作用。在回答"传媒对本职工作的作用如何"时,72.12%的人称"很重要",27.88%的人称"有帮助"。在回答"是否接受过如何与传媒打交道的培训或读过《新闻学概论》之类的书或听过类似讲座"时,63.70%的人表示肯定。在回答"您认为当前传媒总体状况如何"时,14.81%的人回答"较令人满意";76.67%的人回答"尚可,有待规范",8.52%的人回答"问题严重"。调查者认为,超过七成的人高度重视传媒与本职工作的关系,这说明多数政府公务员能清楚认识到传媒的巨大力量以及对促进执政工作的重要意义。此外,近六成半的人对传媒的基本情况也有所了解。而超过七成半的人认为当前传媒的总体状况还可以,说明大多数政府公务员对传媒现状的看法比较客观、理性。

(3) 政府公务员对大众传播媒介的"防范"心理。在回答"有些地方要求记者采访应通过有关部门同意,您认为这一规定如何"时,81.63%的人赞成此举。在回答"您认为报纸应如何安排领导活动报道版面"时,5.62%的人回答"完全根据其政治地位",13.96%的人回答"主要根据其政治地位",15.47%的人回答"完全根据其活动的新闻价值",64.97%的人回答"主要根据其活动的新闻价值"。在回答"假如某地一条新建高速公路一段路面突然塌陷并造成数人受伤,您认为最有利于社会安定团结的做法是什么"时,58.02%的人选择第一时间通报传媒,35.50%的人选择等基本控制事态或已有这个把握后再通报媒体,2.29%的人选择等大体解决问题后再通报传媒,4.20%的人选择不主动通报传媒。黄琳斌指出,不少地方为了维护本地"形象",明文规定记者采访应经相关部门批准。

从调查看,超过八成的政府公务员赞成对记者采访设限,暴露出他们对传媒很深的防范心理,这其中也可能有"多一事不如少一事"的官场心态。而超过八成的人认为报道领导活动应主要或完全根据活动本身的新闻价值而非其政治地位,这说明传统的那

---

① 黄琳斌:《政府公务员"新闻执政力"调查及分析》,《青年记者》2006年第23期。

种按政治规格安排领导活动报道、不管实际传播效果的做法令广大政府公务员反感。此外，接近六成的人选择突发事件发生时在第一时间通报媒体，这说明懂得在"第一时间控制舆论主导权"的人多起来了。不过，仍有超过四成的政府公务员不明白这个道理，令人忧虑。

（4）不少政府公务员对媒体报道持批判眼光。在回答"当前走市场路线的传媒最不能让您满意的是什么"时，34.71%的人回答"广告太多太滥"，30.58%的人回答"对新闻事实把关不严"，16.11%的人回答"格调有待提高"，14.88%的人回答"舆论监督类稿件导向把握不好"，3.72%的人选择"其他"。调查者认为，超过三成的人不满市民生活类媒体报道失实，仅次于不满广告过多，可见不少政府公务员能以批判的眼光对待传媒的报道。

对于这次调查，黄琳斌认为，较多的政府公务员能紧跟信息时代的步伐，与传媒保持积极的接触；对传媒的报道有辨别和批判能力；对传媒的概况有一定的了解，对传媒现状的评估比较符合实际；对传媒与本职工作的关系有清楚的认识，具备传播意识。对日常工作的议题设置，多数政府公务员对记者存在严重的不信任，不愿积极主动与之沟通，这是一个较为明显的问题；对正面宣传，多数政府公务员主张要回归新闻本位，而不是官本位，这对新闻界改革领导活动和会议报道相当有利；对公共危机管理，多数人懂得一开始就要借助传媒掌握突发事件的舆论主导权，但比例还有待较大提高。总体上看，当前我国政府公务员的传媒素养可谓高低不平，喜忧参半。这种情况也可以用来推测我国各级政府新闻发言人的媒介素养的水平和特点。

二、提升政府新闻发言人的媒介素养水平

由于政府组织在我国社会生活中的重要作用和特殊地位，政府的新闻发言人又处于最先了解和发布重要公共信息的特殊的传播地位，他们的媒介素养水平就更显得重要了。政府新闻发言人的媒介素养表现在以下几个方面。

首先是理解新闻，了解大众传播媒介的新闻制作原理。这一点对于政府组织的工作人员来说是比较困难的，因为"隔行如隔山"，没有在媒体组织有过工作经验的人是很难得知和理解大众传播媒介的新闻选择、新闻制作的原理以及实务的。政府组织的工作人员一般都会站在政府管理的立场上对待大众传播媒体，由于我国媒体的"喉舌"性质，把大众传播媒介直接看成是政府管辖的下属之一的看法可占大多数。这里就需要有一个观念上的转变。也就是媒体体制的变化和"喉舌"性质的淡化，使我国大多数媒体转型为以市场经济为主的经营体制，媒体更加重视市场的需要而不是政府的指挥。在新闻报道上，媒体往往从读者和市场的需求出发选择新闻，而不是完全听从政府和行政的命令。所以，作为代表政府出面与新闻媒体打交道的政府新闻发言人要理解新闻采写原理，了解新闻传播的规律和原则，这样就可以按照媒体的选择标准整理政府信息，使政府信息一开始就符合媒体的传播标准。这个要求也表现在政府新闻发言人应对媒体

提问和采访的具体沟通中，去掉官腔，重视人本。对于这一点，各级政府应该积极开展各种面向政府公务员和工作人员的培训活动，让专业人员帮助他们提高这方面的知识。

其次要理解不同的大众媒介的传播特性。在大多数政府公务员里面，大众传播媒介仅仅指报纸、电视和电台，忽视了"第四媒体"——网络媒体的传播效应，对被称为"第五媒体"的手机媒体也不够重视。但是在现代信息社会里，具有传播上的爆发效应的还是这些新媒体，它们的传播速度、传播范围和难控制性使其成为引发大型社会问题的"导火索"，在"非典"危机和近几年的大型公共安全事件中都有网络媒体和手机媒体作为主要的危机信息传播渠道的案例。所以，政府的新闻发言人更要重视不同媒体的传播特性，传统媒体的特性是传播内容相对比较容易被控制，而网络媒体和手机媒体就具有更大的自主传播性，内容不容易被"把关"。

政府的新闻发言人不但要时时关注网络媒体、手机媒体的传播议题，还要在新闻发布时注意到这些新媒体的特性。这一点要求政府的新闻发言人要具有较高的计算机素养和网络素养①，包括计算机使用能力、了解并重视网络资源的价值、使用网络获得特定信息并加以处理和利用的能力，同时，还要对与政府工作有关的网络传播议题进行关注和监测，对可能引发社会公共危机的网络议题有预警意识。

最后，要与新闻记者建立良好的互动关系。政府新闻发言人的角色不但是传播者，也应该是一个出色的沟通者，信息社会里的政府新闻发言人要具备主动参与大众传播媒介的议题设置，善于将政府议题变成媒介的议题，继而影响公众议题的能力。这需要政府新闻发言人与媒体工作人员有良好的工作关系甚至是与工作划清界限的私人关系。这是政府组织与媒体组织保持畅顺沟通的保证。政府的新闻发言人要对这个原理有明确的理解，即媒介对某个问题的强调程度与公众对其关注程度成正比，媒介对各种问题报道的优先顺序与公众对其重要性的认识也成正比。那么，政府新闻发言人作为媒介信息的一个重要来源，也对媒介的议题设置具有重要的影响，他应该在尊重和理解新闻传播规律的前提下主动、有效地扩大这种影响，使政府议题能有效地成为媒介议题乃至公共议题，更有效地引导舆论，提高政府的执政能力。

总之，在当前中国媒体市场化和产业化不断深化的情况下，政府新闻发言人应该变被动为主动，提高自己的媒介素质水平，顺应新闻规律，运用传播技巧来达成政府传播的目的。

---

① 国外部分学者认为，媒介素养是由传统素养、计算机素养和网络素养组成的。参见蒋宏《信息社会环境下的重要课题——公民传媒素养教育》，蔡国芬等编《媒介素养》，中国人民传媒大学出版社2005年版，页94。

参考文献

1. 李希光. 畸变的媒体. 上海：复旦大学出版社，2003.
2. 邵培仁. 传播学. 北京：高等教育出版社，2000.
3. 郭庆光. 传播学教程. 北京：中国人民大学出版社，1999.
4. 陈燕等. 传播学研究方法. 北京：科学出版社，2002.
5. 张国良. 传播学原理. 上海：复旦大学出版社，1995.
6. 胡正荣. 传播学总论. 北京：北京广播学院出版社，1997.
7. 张隆栋. 大众传播学总论. 北京：中国人民大学出版社，1993.
8. 戴元光. 传播学通论. 上海：上海交通大学出版社，2000.
9. 约翰·斯坦福. 人类传播理论. 北京：清华大学出版社，2003.
10. 斯坦利·J. 巴伦. 大众传播概论. 北京：中国人民大学出版社，2005.
11. 张玲. 新世纪中国大学生就业首选企业调查. 科技日报，2005-04-19.
12. 陶然. 网络传媒对大学生信息获取以及思维力式的影响分析. 新闻与传播研究，2002（7）.
13. 江剑伟. 当代大学生媒介消费行为统计分析. 华东船舶工业学院学报（社会科学版），2003（9）.
14. 戴维·巴特勒著. 媒介社会学. 赵伯英，孟春译. 北京：社会科学文献出版社，1989.
15. 塞伦·麦克莱. 传媒社会学. 曾静平译. 北京：中国传媒大学出版社，2005.
16. 黄成炬. 媒介社会学//鲁曙明，洪浚浩主编. 传播学，北京：中国人民大学出版社，2007.
17. 宋小卫. 西方学者论媒介素养教育. http://academic.mediachina.net/article.php?id=2188.
18. 单晓红主编. 媒介素养引论. 杭州：浙江大学出版社，2008.
19. 徐雁龙. 当领导遭遇媒体. 决策杂志，2007（3）.
20. 黄琳斌. 政府公务员"新闻执政力"调查及分析. 青年记者，2006（23）.
21. 蒋宏. 信息社会环境下的重要课题——公民传媒素养教育. 蔡国芬等编. 媒介素养. 北京：中国传媒大学出版社，2005.

22. 冯广超. 数字媒体概论. 北京：中国人民大学出版社，2004.
23. 麦奎尔著. 麦奎尔大众传播理论（第4版）. 崔保国，李琨译. 北京：清华大学出版社，2006.
24. 郭庆光. 传播学教程. 北京：中国人民大学出版社，2003.
25. 德弗勒，洛厄里著. 大众传播学研究的里程碑. 北京：中国人民大学出版社，2003.
26. 麦奎尔. 大众传播理论. 张国良编. 20世纪传播学经典文献. 上海：复旦大学出版社，2003.
27. 朱世达. 当代美国文化. 北京：社会科学文献出版社，2001.
28. 张慧元. 大众传播理论解读. 苏州：苏州大学出版社，2005.
29. 彭兰. 网络新闻传播结构的构建和分析（上）. 国际新闻界，2003（1）.
30. 彭兰. 网络新闻传播结构的构建和分析（下）. 国际新闻界，2003（3）.
31. 黄鹂. 论网络传播功能的特点. 华中理工大学学报（社科版），2000（2）.
32. 威尔伯·施拉姆，弗雷德里克·赛伯特，西奥多·彼得森. 报刊的四种理论. 北京：新华出版社，1980.
33. 芮必峰. 西方"媒介哲学"评介. 新闻与传播研究，1996（4）.
34. 郭镇之. 对"四种理论"的反思与批判. 国际新闻界，1997（1）.
35. 赫伯特·阿特休尔. 权力的媒介. 北京：华夏出版社，1989.
36. 陈丽. 浅析报刊的四种理论. 中华传媒网，http：//media. szu. edu. cn/Article/（2006－06－10）.
37. 哈罗德·拉斯维尔著. 世界大战的宣传技巧. 张洁，田青译. 北京：中国人民大学出版社，2003.
38. 威尔伯·施拉姆. 传播学概论. 北京：新华出版社，1984.
39. 丹尼斯·戴扬，伊莱休·卡茨著. 媒介事件. 麻争旗译. 北京：北京广播学院出版社，2000.
40. 丁超. 新闻不能制造——访中国人民大学教授陈力丹. http：//www. crta. net. cn/lilun/ShowArticle. asp？ArticleID＝1519.
41. 西奥多·怀特著. 美国的自我探索——总统诞生记（1956—1980）. 美国大使馆文化处出版.
42. 沃纳·赛佛林，小詹姆斯·坦卡德著. 传播理论 起源、方法与应用. 北京：华夏出版社，2000.
43. 兰斯·班尼特著. 新闻：政治的幻象. 杨晓红译. 北京：当代中国出版社，2005.
44. 陈力丹. 美国传播学者休梅克女士谈影响传播内容的诸因素. 传媒学术网. http：//academic. mediachina. net/article. php？id＝2186#（2005－11－28）.
45. 喻国明：山西封口费事件与记者职业境遇相关. http：//news. sina. com. cn/c/2008－

11-27/072116734274. shtml（2008-12-12）.

46. 施清彬. 香港报业现状研究. 香港：香港中国新闻出版社，2006.
47. 王波. 从日本"记者俱乐部"看日本报纸. http://www.zjol.com.cn/05cjr/system/2003/06/19/001682965.shtml.
48. 柏拉图著. 理想国. 郭斌和，张竹明译. 北京：商务印书馆，1989.
49. 亚里士多德著. 政治学. 颜一，秦典华译. 北京：中国人民大学出版社，2003.
50. 马基雅维利著. 君主论. 张志伟译. 西安：陕西人民出版社，2001.
51. 托马斯·霍布斯著. 哲学家与英格兰法律家的对话. 姚中秋译. 北京：生活·读书·新知三联书店，2001.
52. 黑格尔著. 历史哲学. 王造时译. 上海：上海书店出版社，2006.
53. 陈力丹. 舆论学——舆论导向研究. 北京：中国广播电视出版社，2005.
54. 吉姆·麦克纳马拉. 管理者公共关系手册. 北京：中央编译出版社，1999.
55. 本·巴格迪坎. 传播媒介的垄断——一个触目惊心的报告：五十家大公司怎样控制美国的所见所闻. 北京：新华出版社，1986.
56. 大卫·克罗图，威廉·霍伊尼斯著. 运营媒体 在商业媒体与公共利益之间. 董关鹏，金城译. 北京：清华大学出版社，2007.
57. 包丽敏. 分析华盛顿邮报关于美众议院表决给予中国PNTR的报道. http://www.chinamediaseudies.com/tsinghua_content.asp?DocID_134（2001-05）.
58. 郑杭生主编. 社会学概论新修（第三版）. 北京：中国人民大学出版社，2002.
59. 高丙中. 社团的兴起及其合法性问题. http://www.chinanpo.org.
60. 郗彩红. 西方大众社会理论中"大众"概念的不同义域. 学海，2007（4）.
61. 德弗勒，洛基奇著. 大众传播学理论（第五版）. 杜力平译. 台湾五南图书出版公司，1991.
62. 雅克·拉康，让·鲍德里亚著. 视觉文化的奇观. 北京：中国人民大学出版社，2005.
63. 王一川. 当代大众文化与中国大众文化学. 艺术广角，2001（2）.
64. 尼尔·波兹曼. 娱乐至死. 章艳译. 桂林：广西师范大学出版社，2004.
65. Gaye, Tuchman. Making News（日文版）. 东京大学出版社，1978.
66. Shoemaker, J., Reese, D. *Mediation the Message.* Longman Publishers USA, 1996.
67. Fischman, J. F. Views of Network News. *Psychology Today*, July, 1985.
68. Robinson, M. J. Jesse Helms, Take Stock. *Washington Journalism Review*, 1985, No. 7.
69. McCombs, M. E. Elaborating the Agenda-setting Influence of Mass Communication. 庆应义塾大学新闻研究所年报，1976（7）.
70. Noelle-Neumann, E. & Mathes, R. The Event as Event and the Event as News: The Significance of Consonance for Media Effects Research. *European Journal of Communication*,

1987（2）.

71. Shoemaker, P. J. & Rees, S. D. *Mediating the Message*：*Theories of Influences on Mass Media*. NY：Content Longman, 1991.

72. White, D. M. The Gatekeeper. *Journalism Quarterly*, 1950（27）.

73. Breed, W. Social Control in the Newsroom：A Functional Analysis. *Social Forces*, 1955（33）.

74. Wright, C. R. *Mass Communication*. New York：Random House, 1959.

75. 竹内郁郎. 大众传播的社会理论（日文版）. 东京大学出版社, 1996.

76. Merton, R. K. *Social Theory and Social Structure*. Chapter 1.

77. Katz, E. & Lazarsfeld, P. F. 人际影响（日文版）. 竹内郁郎译. 培风馆, 1956.

78. Katz, E., Blumler, J. G. & Gurevitch, M. Utilization of Mass Communication by Individual. In J. Blumer & E. Katz（eds.）. *The Use of Communication*. Beverly Hills, Calif.：Sage, 1974.

79. Cooley, C. H. *Social Organization*. Charles Scribner's Sons, 1909. Part 2, Communication, especially Chap.

80. Lazarsfeld, P. F. & Merton, R. K. Mass Communication, Popular Taste and Organized Social Action. In Bryson, L.（ed.）. *Communicaion of Ideas*.（1948）. Reprinted in Schramm, W.（ed.）.

81. Mills, C. W. *The Power Elite*. Oxford Univ. Press, 1956. 这里主要参照日语版内容，鹈饲信成译, 东京大学出版社, 1958.

82. Schramm, W. How Communication Works. In Schramm, W.（ed.）. *The Process and Effects of Mass Communication*. Univ. of Illinois Press, 1954.

83. Reiner, R. Media Made Criminality, In Maguire, M. & Reiner, R.（eds.）. *The Oxford Handbook of Criminology*. Oxford：University Press, 1997.

84. McCombs, M. E. & Shaw, D. L. *The Agenda-Setting Function of Mass Media*. Public Opinion Quarterly, 1972.

85. Lippmann, W.（1922）. *Public opinion*. New York：Macmillan. 日文版, 岩波书店, 1978.

86. McQuail, Denis. *Towards a Sociology of Mass Communication*, Chapter 1, *Mass Media and Modern Society*. England：Penguin, 1972.

87. Altschull, J. H. *Agents of Power*：*The Role of the News Media in Human Affairs*. New York：Longman, 1984.

88. Lasswell, H. D. The Structure and Function of Communication in Society. In L. Bryson（ed.）. *The Communication of Ideas*. New York：Harper and Brothers, 1948.

89. Lazarsfeld, P. F & Merton, R. K. Mass Communication, Popular Taste and Organized So-

cial Action. In W. Schramm & D. F. Roberts (eds.). *The Process and Effects of Mass Communication.* Urbana: University of Illinois Press, 1948.

90. Wright, C. R. Functional Analysis and Mass Communication. *Public Opinion Quarterly*, 1960 (24).

91. Mendelsohn, H. *Mass Entertainment.* New Haven, CT: College and University Press, 1966.

92. McQuail. *McQuail's Mass Communication Theory.* Lomdon: Sage, 2000.

93. Katz, E., Gurevitch, M. & Haas, H. On the Use of the Mass Media for Important Things. *American Sociological Review*, 1973 (38).

94. Curran, James & Park, Myung-Jin. Beyond Globalization Theory. In James Curran and Myung-Jin Park (eds.). *De-Westernizing Media Studies.* London: Routledge, 2000.

95. Katz, E. The Two-Step Flow of Communication: An Up-to-date Report of a Hypothesis. *Public Opinion Quarterly*, 1957 (21).

96. Klapper, J. T. *The Effects of Mass Communication.* New York: Free Press, 1960.

97. McCombs, M. E. & Shaw, D. L. The Agenda-Setting Function of Mass Media. *Public Opinion Quarterly*, 1972 (36).

98. Gerbner, G. & Gross, L. Living with Television: the Violence Profile. *Journal of Communication*, 1976, 26 (2).

99. Iyengar, S. & Kinder, R. *News that Matters: Television and American Opinion.* Chicago: University of Chicago Press, 1987. Chap. 9, 11.

100. Fischman, J. F. Views of Network News. *Psychology Today*, 1985, July.

101. Robinson, M, J. Jesse Helms, Take Stock. *Washington Journalism Review*, 1985 (7).

102. Danielian, L. H. & Reese, S. D. A Close Look at Intermedia Influences on Agenda Setting: The Cocaine Issue of 1986. In P. J. Shoemaker (ed.). *Communication Campaigns about Drugs: Government, Media and the Public.* Hillsdale, N. J.: Lawrence Erlbaum, 1989.

103. Funkhouser, G. R. Trends in Media Coverage If the Issues of the 60s. *Journalism Quarterly*, 1973 (50).

104. McCombs, M. E. & Shaw, D. L. The Evolution of Agenda-setting Research: Twenty-five Years in the Marketplace of Ideas. *Journal of Communication*, 1993, 43 (2).

105. Shoemaker, P. J. & Rees, S. D. *Mediating the Message: Theories of Influences on Mass Media.* NY: Content Longman, 1991.

106. Tichenor, P., Donohue, G. & Olien, C. Mass Media Flow and Differential Growth in Knowledge. *Public Opinion Quarterly*, 1970 (34).

107. Cook, T. D., Appleton, H., Conner, R. F., Shaffer, A., Tamkin, G. & Weber,

S. J. *"Sesame Street" Revisited: A Case Study in Evaluation Research.* New York: Russall Sage Foundation, 1975.

108. Katzman, N. The Impact of Communication Technology: Promises and Prospets. *Journal of Communication*, 1974 (24).

109. Chlidern, T. & Post, J. *The Information-poor in America.* Metuchen, N. J.: Scarecrow press, 1975.

110. Rogers, E. M. Communication and Development: The Passing of the Dominant Paradigm. *Communication Reasarch*, 1976 (3).

111. Wanta, W. & Elliott, W. R. Did the "Magic" Work? Knowledge of HIV/AIDS and the Knowledge Gap Hypothesis. *Journalism Quarterly*, 1995 (72).

112. Sharp, E. B. Consequences of Local Government under the Klieg Lights. *Communication Research*, 1984 (39).

113. Powell, A. C. *Diversity in Cyberspace.* Address presented to the Association for Education in Journalism and Mass Communication, Washington, D. C, 1995.

114. Griffin, R. J. *Energy, Education, and Media Use: A Panel Study of the Knowledge Gap.* Paper Presented at the Annual Meeting of the Communication Theory and Methodology Division, Association for Education in Jounalism and Mass Communication, San Antonio, Texas, 1987, August.

115. Weir, T. *The Continuing Question of Motivation in the Knowledge Gap Hypothesis.* Paper Presented at the Annual Meeting of the Communication Theory and Mass Communication, Washington, D. C., 1995, August.

116. Gerbner, G. L. & Gross, L. P. Living with Television. *Journal of Communication*, 1976, 26 (2).

117. Gerbner, G., Gross, L., Morgan, M. & Signorielli, N. The "Mainstreaming" of America: Violence Profile No. 11. *Journal of Communication*, 1980, 30 (3).

118. Gerbner, G. & Gross, L. P. The Scary World of TVs Heavy Viewer. *Psychology Today*, 1976, Apr.

119. Gerbner, G., Gross, L., Morgan, M. & Signorielli, N. The "Mainstreaming" of America: Violence Profile No. 11. *Journal of Communication*, 1980, 30 (3).

120. Goffman, E. *Frame Analysis: An Essay on the Organization of Experience.* Philadelphia: University of Pennsylvania Press, 1974.

121. Gamson, W. A. & Modigliani, A. Media Discourse and Public Opinion on Nuclear Power: A Constructionist Approach. *Amercian Journal of Socilogy*, 1989.

122. Ball-Rokeach, S. J., Power, G. J., Gurthrie, K. K. & Waring, H. R. Value Framing Abortion in the United States: An Application of Media System Dependency Theory. *In-*

ternalional Journal of Public Opinion Research, 1990.

123. Nelson, T. E., Rosalee, C. A. & Zoe, O. M. *Media Framing of a Civil Liberties Conflict and its Effect on Tolerance.* Americal Political Science Review, 1997 (91).

124. Power, A. & Andsager, J. L. *How Newspapers Framed Breast Implants in the 1990s*, 1999.

125. Iyengar, S. *Is Anyone Responsible? How Television Frames Political Issues.* Chicago: University of Chicago Press, 1991.

126. Neuman, W. R., Just, M. R. & Criegler, A. N. *Common Knowledge: News and the Construction of Political Meaning.* Chicago: University of Chicago Press, 1992.

127. Price, V., Tewksbury, D. & Powers, E. *Switching Trains of Thought, The Impact of News Frames on Readers' Cognitive Responses. Communication Research*, 1997, 24 (5).

128. Plmer, J. News Production. In Briggs, A. & Cobley, P. (eds.). *The Media: An Introudction.* London: Longman, 1998.

129. Gans, H. *Deciding What's News: A Study of CBS Evening News, NBC Nighly News, Newsweek, and Time.* New York: Vintage Books, 1979.

130. Weaver, David & Wilhoit, G. Cleveland. *Trends in Professionalism of U. S. Journalists, 1971 to 1992.* Paper presented at the 1994 International Association for Mass Communication Research, 1994.

131. Schudson, M. *The power of news.* Cambridge, Massachusetts: Harvard University Press, 1995.

132. Lichter, S. R., Rothman, S. & Lichter, L. S. 媒介精英：美国的新权力经纪人. Bethesda, MD: AdlerandAdler, 1986.

133. Weaver, D. H. & Wilhoit, G. C. *The American Journalist: A Portrait of U. S. News People and Their Work.* Bloomington, IN: Indiana University Press, 1986.

134. Gans, H. Are U. S. Journalists Dangerously Liberal? *Columbia Journalism Review*, 1985, November-December.

135. Breed, W. Social Control in the Newsroom: A Functional Analysis. In W. Schramm (eds.). *Mass Connunications.* Urbana: University of Illinois Press. Reprinted from Social Forces, 1960 (33).

136. Weaver, H. & Wilhoit, C. *The American Journalists: A Portrait of U. S. News People and Their Work.* Blooming: Indiana University Press, 1991.

137. Black, J. Taking the Pulse of the Nations News Media. *Quill*, 1992, November-December.

138. Sigal, L. V. *Reporters and officials: The Organization and Politics of Newsmaking.* Lex-

ington, MA: D. C. Heath, 1973.

139. Entman, R. M. Framing U. S. Coverage of International News: Contrasts in Narratives of the KAL and Iran Air Incidents. *Journal of Communication*, 1991, 41 (4).

140. Clausse, R. The Mass Public at Grips with Mass Communication. *International Social Science Journal*, 1968, 20 (4).

141. McManus, J. H. *Market-Driven Journalism: Let the Citizen Beware?* Thousand Oaks, CA: Sage, 1994.